建设工程识图与预算快速入门丛书

公路工程识图与预算快速入门

王学军　主　编
杜廷娜　副主编

中国建筑工业出版社

图书在版编目（CIP）数据

公路工程识图与预算快速入门/王学军主编. —北京：中国建筑工业出版社，2010.11（2022.11 重印）
（建设工程识图与预算快速入门丛书）
ISBN 978-7-112-12545-6

Ⅰ.①公… Ⅱ.①王… Ⅲ.①道路工程-工程制图-识图法②道路工程-预算定额 Ⅳ.①U412.5②U415.13

中国版本图书馆 CIP 数据核字（2010）第 197433 号

根据《公路工程预算定额》JTG/T B06-02—2007 和《公路工程基本建设项目概算预算编制办法》JTG B06—2007 的规定，结合工程实践，本书较全面阐述了公路工程预算的编制原理和方法。其中包括工程识图、工程量计算、定额查找、预算编制等几方面。识图部分主要是阐述公路工程主要专业的图纸特点和内容，在工程量计算方面，结合实际的工程图纸，阐述了工程量计算的方法以及定额的套用。本书为刚从事工程建设，特别是造价测算工作的人员提供了图纸识别、造价理论和造价计算方法的技术支持。

* * *

责任编辑：岳建光 郭 栋 张 磊
责任设计：张 虹
责任校对：姜小莲 赵 颖

建设工程识图与预算快速入门丛书
公路工程识图与预算快速入门
王学军 主 编
杜廷娜 副主编
*
中国建筑工业出版社出版、发行（北京西郊百万庄）
各地新华书店、建筑书店经销
霸州市顺浩图文科技发展有限公司制版
北京建筑工业印刷厂印刷
*
开本：787×1092 毫米 1/16 印张：14¾ 字数：359 千字
2011 年 3 月第一版 2022 年 11 月第三次印刷
定价：**49.00** 元
ISBN 978-7-112-12545-6
（40305）

前　言

根据《公路工程预算定额》JTG/T B06-02—2007和《公路工程基本建设项目概算预算编制办法》JTG B06—2007的规定，结合工程实践，本书较全面阐述了公路工程预算的编制原理和方法。其中包括工程识图、工程量计算、定额查找、预算编制等几方面的内容。识图部分主要是阐述公路工程主要专业的图纸特点和基本内容，在工程量计算方面，结合实际的工程图纸，阐述了工程量计算的方法以及定额的套用方法。本书为刚从事公路工程建设，特别是公路工程造价测算工作的人员提供了图纸识别、造价理论和造价计算方法的技术支持。

本书由重庆交通大学王学军主编。

全书的编写分工如下：第一至第五章由杜廷娜编写，第六章由王学军、王银燕、第七章由王学军、陈莹、秦磊编写，第八章由刘玲、张志敏编写，第九章由吴玲玲编写。全书由王学军统稿。

我国的工程造价理论与实践的不断发展，新的内容和问题不断出现，加上主客观条件的限制，书的内容可能不尽完善，难免出现不妥之处，敬请广大读者批评指正。

目 录

第一章 公路路线工程图

道路是带状工程结构物，供车辆行驶和行人步行，承受移动载荷的反复作用。按道路所处地区可分为公路、城市道路、农村道路、工业区道路等。道路的基本组成包括：路线、路面及排水、路基及防护工程等。由于道路修筑在大地上，而地形复杂多变，所以道路工程图有其图示特点，本章将介绍路线平面图、路线纵断面图、路基横断面图。

第一节 概 述

路线工程图用来表达道路路线的平面位置和线形状况、沿线地形和地物、标高和坡度、路基宽度和边坡坡度、路面结构和地质状况等。路线工程图分为道路路线平面图、纵断面图和横断面图。道路沿长度方向的行车中心线称为道路路线，也称道路中心线。由于地形、地物和地质条件的限制，当我们分别从两个方向上观察道路路线的线型时，可得到下述结果：俯瞰是由直线和曲线段组成；纵看是由平坡和上、下坡段及竖曲线组成。所以，道路路线是一条空间曲线。

由于道路修筑在大地表面上，道路的平面弯曲和竖向起伏变化都与地面形状紧密相关，所以道路工程图的图示特点为：以地面作为平面图，以纵向展开断面图作为立面图，以横断面作为侧面图，并分别画在单独的图纸上。平面图、立面图、侧面图综合起来表达道路的空间位置，如图 1-1 所示。

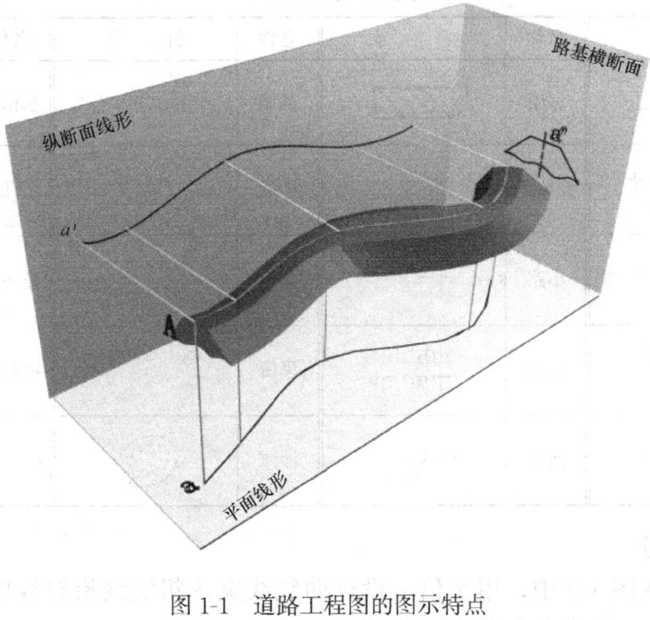

图 1-1 道路工程图的图示特点

第二节　路线平面图

路线平面图用以表达路线的方向和平面线型（直线和左、右弯道曲线），沿线路两侧一定范围的地形、地物情况。由于公路是修筑在大地表面上，其竖向坡度和平面弯曲情况都与地形紧密联系，因此，路线平面图是在地形图上进行设计和绘制的。现以图 1-2 为例说明公路路线平面图的读图要点和绘制方法。

一、地形部分

（1）比例：为了使图样表达清晰合理，不同的地形采用不同的比例。一般在山岭地区采用 1∶2000，平原地区采用 1∶5000。本图采用 1∶2000。

（2）坐标网：为了表示公路所在地区的方位和路线走向，地形图上需要画出坐标网或指北针。图中符号“”表示指北针，符号“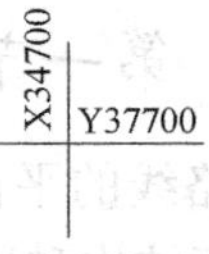”表示两垂直线的交点坐标为距坐标网原点之北 34700m，之东 37700m。由于公路路线太长，不可能在一张图纸上完成整条路线的全图，总是分段画在若干张图纸上，所以指北针和坐标网是拼接图纸的主要依据。

（3）地形图：从图中看出，等高线的高度差为 2m，东北方和西南方各有一座小山丘，西北方和东南方地势较平坦。有一条花溪河从东南流向西北。

（4）地物：地物用图例表示，常见的图例见表 1-1。图中东北面和西南的两座小山丘上种有果树，靠山脚处有旱地。东南面有一条大路和小桥连接茶村和桃花乡，河边有些菜地。西偏北有大片稻田。图中还表示了村庄、工厂、学校、小路、水塘的位置。

路线平面中的常用图例（一）　　　　**表 1-1**

名称	符　号	名称	符　号	名称	符　号	名称	符　号
路线中心线	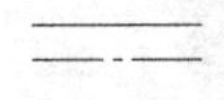	房屋	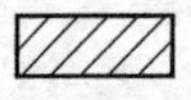	涵洞	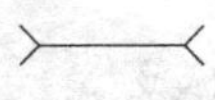	水稻田	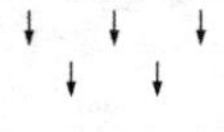
水准点		大车路	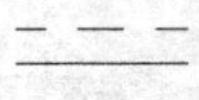	桥梁	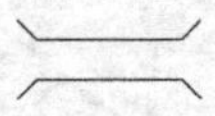	草地	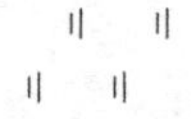
导线点	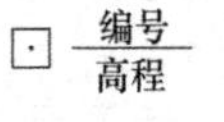	小路	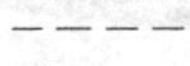	菜地	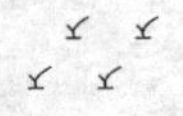	经济林	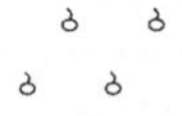
转角点		堤坝	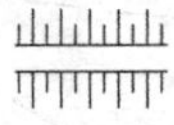	旱田	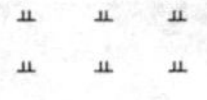	用材林	
通讯线	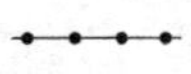	河流		沙滩	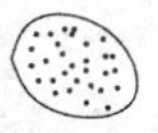	人工开挖	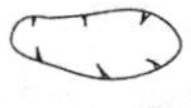

二、路线部分

（1）路线：在图 1-2 中，用 2 倍于设计曲线线宽的粗实线沿路线中心绘制了 21km 600m 至 22km 100m 路段的公路路线平面图。

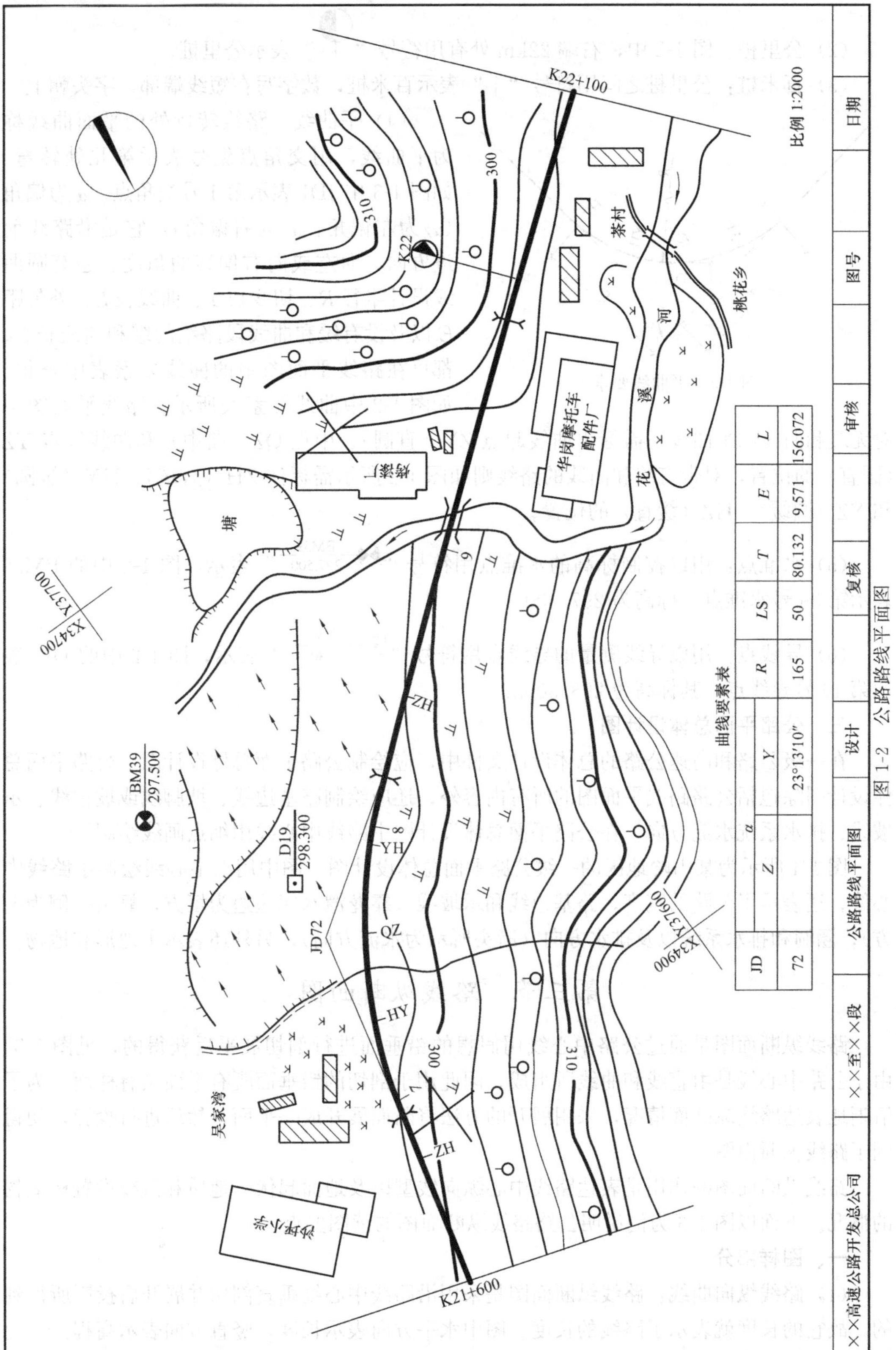

曲线要素表

JD	α		R	LS	T	E	L
	Z	Y					
72		23°13′10″	165	50	80.132	9.571	156.072

图 1-2 公路路线平面图

（2）公里桩：图 1-2 中，右端 22km 处有用符号“”表示公里桩。

（3）百米桩：公里桩之间用符号“|”表示百米桩，数字写在短线端部，字头朝上。

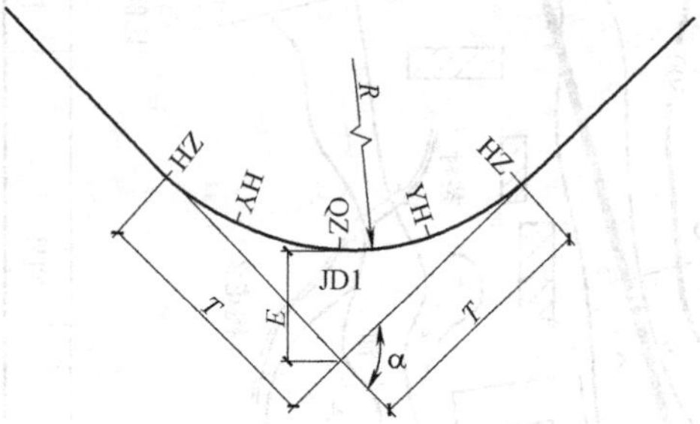

图 1-3　平曲线要素

（4）平曲线：路线转弯处的平面曲线称为平曲线，用交角点编号表示第几处转弯。如图 1-3 中 JD1 表示第 1 号交角点。α 为偏角（α_Z 为左偏角，α_y 为右偏角），它是沿路线前进方向，向左或向右偏转的角度。还有圆曲线设计半径 R、切线长 T、曲线长 L、外矢距 E 以及设有缓和曲线段路线的缓和曲线长 L_S 都可在路线平面图中的曲线要素表中查得，如图 1-2 中曲线要素表所示。路线平面图中对无缓和曲线的平曲线还需标出曲线起点 ZY（直圆）、中点 QZ（曲中）和曲线终点 YZ（圆直）的位置，对带有缓和曲线的路线则如图 1-2 所示需标注 ZH（直缓）、HY（缓圆）和 YZ（圆缓）、HZ（缓直）的位置。

（5）水准点：用以控制标高的水准点用符号“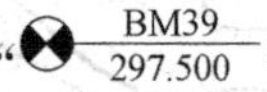
”表示，图 1-2 中的 BM39 表示第 39 号水准点，标高为 297.500m。

（6）导线点：用以导线测量的导线点用符号“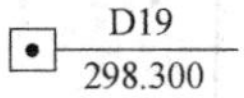
”表示，图 1-2 中的 D19 表示第 19 号导线点，其标高为 298.300m。

三、公路平面总体设计图

在一级公路和高速公路的总体设计文件中，应绘制公路平面总体设计图。公路平面总体设计图除包括公路路线平面图的所有内容外，还应绘制路基边线、坡脚线或坡顶线、示坡线、排水系统水流方向。在公路平面总体设计图中路线中心线用细点画线绘制。

图 1-4 所示为某山岭地区的一级公路平面总体设计图，图中用细中心线绘制了路线中心线，还表示了公路的宽度，路基边线和示坡线（靠龙潭水库这边为填方，靠山一侧为挖方），涵洞和排水系统以及排水方向（箭头所示为水流方向）。另外还表示了地形和地物。

第三节　路线纵断面图

路线纵断面图是通过公路中心线用假想的铅垂面进行剖切展平后获得的，见图 1-5。由于公路中心线是由直线和曲线所组成，因此用于剖切的铅垂面既有平面又有柱面。为了清晰地表达路线纵断面情况，采用展开的方法将断面展开成一平面，然后进行投影，便得到了路线纵断面图。

路线纵断面图的作用是表达路线中心纵向线型以及地面起伏、地质和沿线设置构造物的概况。下面以图 1-6 为例说明公路路线纵断面图的读图要点。

一、图样部分

（1）路线纵向曲线：路线纵断面图是采用沿路线中心线垂直剖切并展开后投影所得到的，故它的长度就表示了路线的长度。图中水平方向表示长度，竖直方向表示高程。

（2）比例：由于路线和地面的高差比路线的长度小得多，为了清晰表达路线与地面垂

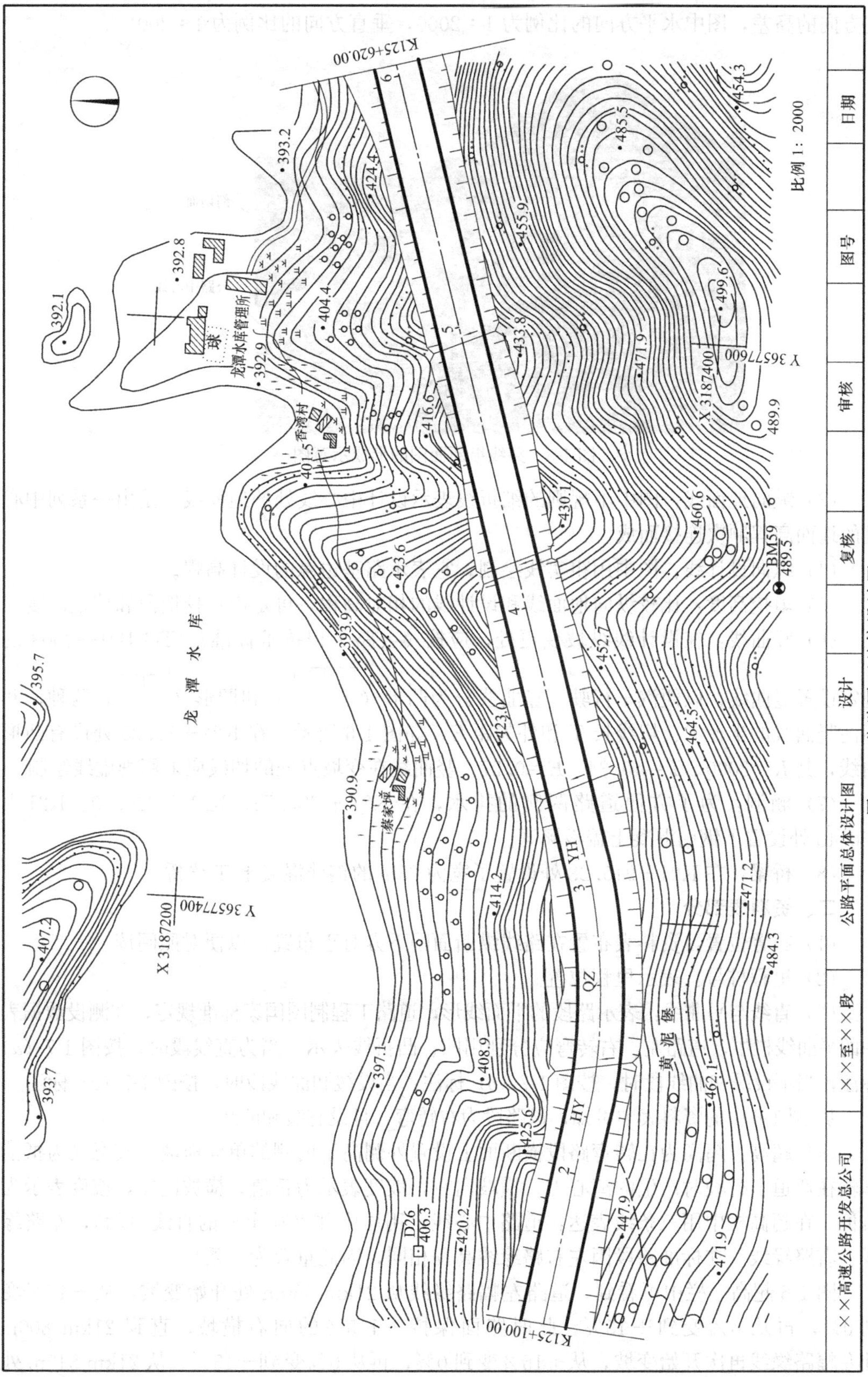

图 1-4 公路平面总体设计图

直方向的高差，图中水平方向的比例为 1∶2000，垂直方向的比例为 1∶200。

图 1-5　路线纵断面图的形成示意图

（3）纵向地面线：图中不规则的细折线表示设计中心线处的地面线，是由一系列中心桩的地面高程顺次连接而成。

（4）纵向设计线：图中用粗实线绘制，它表示路基边缘的设计高程。

（5）填挖高度：比较纵向地面线和设计线的相对高程，可定出填挖地段和填挖高度。

（6）竖曲线：在设计线纵坡变更处，应按《公路工程技术标准》JTG B01—2003 的规定设置竖曲线，以便汽车行驶。竖曲线分为凸形（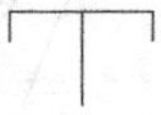）和凹形（）两种，并标注竖曲线的半径 R、切线长 T 和外矢距 E，如图 1-6 所示，在 K22＋12.00 处设有凸形曲线，其 $R=3000$，$T=40.34$，$E=0.27$。竖曲线在变坡点处的切线应采用细虚线绘制。

（7）涵洞：为了方便道路两侧的排水，在 K21＋680.74、K21＋820.00、K21＋960.48 处设置了钢筋混凝土盖板涵洞。

（8）桥梁：在 K21＋915.28 处设置了宽为 25m 的钢筋混凝土 T 梁桥。

二、资料表部分

（1）布置位置：资料表布置在路线纵断面图下方对正布置，以便对照阅读。

（2）里程桩号：表示里程位置。

（3）直线与平曲线：表示路段的平面线形，道路工程制图国家标准规定，在测设数据表中的平曲线栏中，道路左、右转弯应分别用凹、凸折线表示。当为直线段时，按图 1-7（*a*）标注，当不设缓和曲线段时，按图 1-7（*b*）标注；当设缓和曲线段时，按图 1-7（*c*）标注。

从 图 1-6 中的资料表中可知，该路段为右转弯，且设有缓和曲线。

（4）超高：超高为在转弯路段横断面上设置外侧高于内侧的单向横坡，其意义为抵消车辆在弯道上行驶时产生的离心力。横坡向右，坡度表示为正值，横坡向左，坡度表示为负值。在超高栏中用三条线表达：道路中心线（用居中并贯穿全栏的直线表示），左路缘线、右路缘线（在标准路段因左右路缘线高程相同，因此重合为一条）。

图 1-6 超高一栏中可看到，道路左幅路缘线从 21km 660m 处开始变坡，从－15%变到 0%，再从 0%变到＋15%，此时路面保持＋1.5%的向右横坡，直到 21km 800m 处左幅路缘线再次开始变坡，从＋15%变到 0%，再从 0%变到－15%。从 21km 840m 处

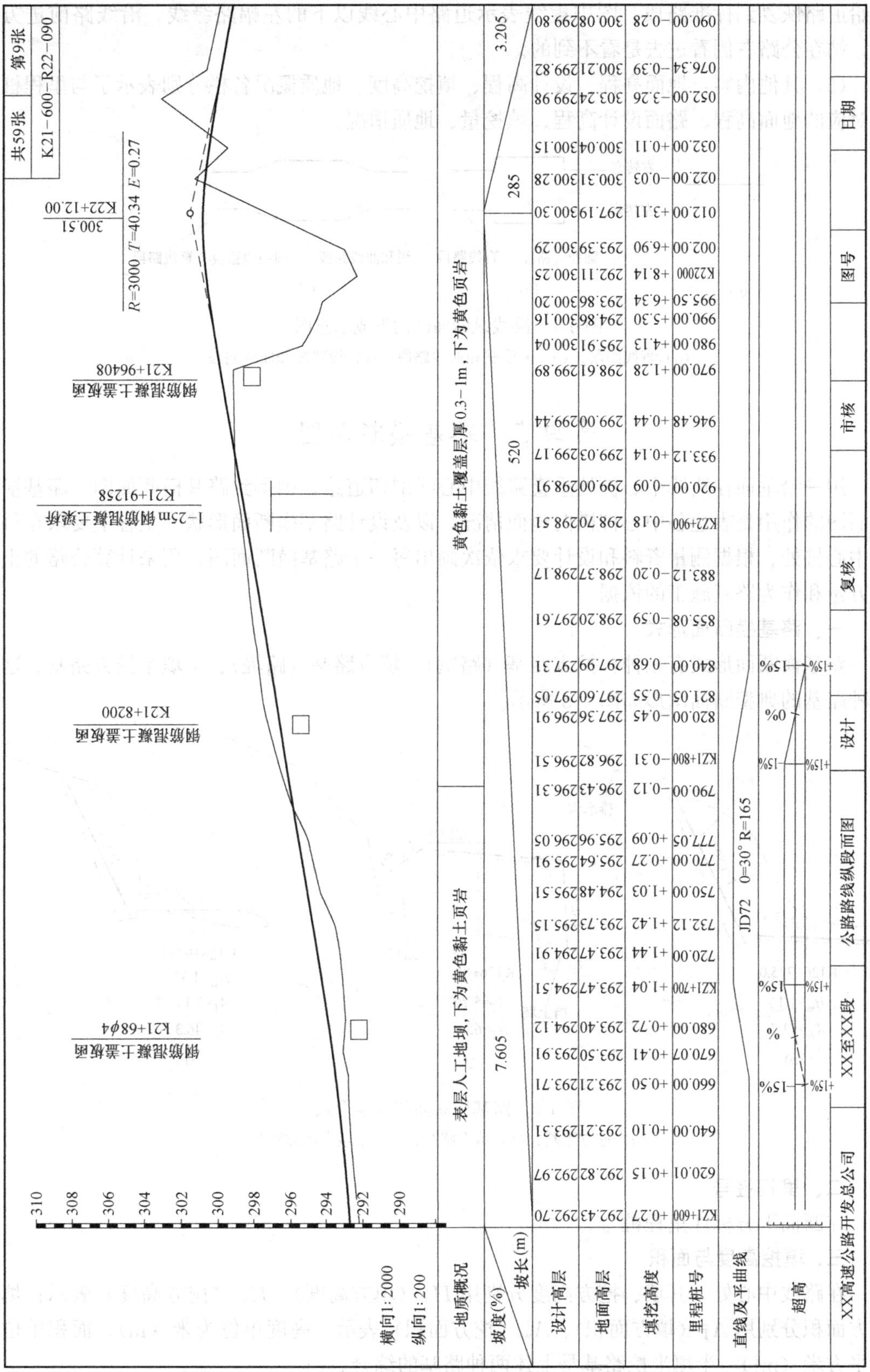
共59张
第9张
K21-600-R22-090
横向1:2000
纵向1:200
地质概况
坡度(%)
坡长(m)
设计高层
地面高层
填挖高度
里程桩号
直线及平曲线
超高
表层人工地坝，下为黄色黏土页岩
黄色黏土覆盖层厚0.3~1m，下为黄色页岩
钢筋混凝土盖板涵
K21+68φ4
钢筋混凝土盖板涵
K21+8200
1-25m钢筋混凝土梁桥
K21+91258
钢筋混凝土盖板涵
K21+96408
R=3000 T=40.34 E=0.27
300.51
K22+12.00
7.605
520
285
3.205
JD72 0=30° R=165
XX高速公路开发总公司
XX至XX段
公路路线纵段面图
设计
复核
市核
图号
日期

图 1-6 公路路线纵断面图

开始道路恢复到标准路段。图中虚线表示道路中心线以下的左幅路缘线，沿线路前进方向，站在公路右侧看过去是看不到的。

（5）其他内容：地面高程、设计高程、填挖高度、地质概况各栏分别表示了与里程桩号对应的地面高程、路面设计高程、填挖量、地质情况。

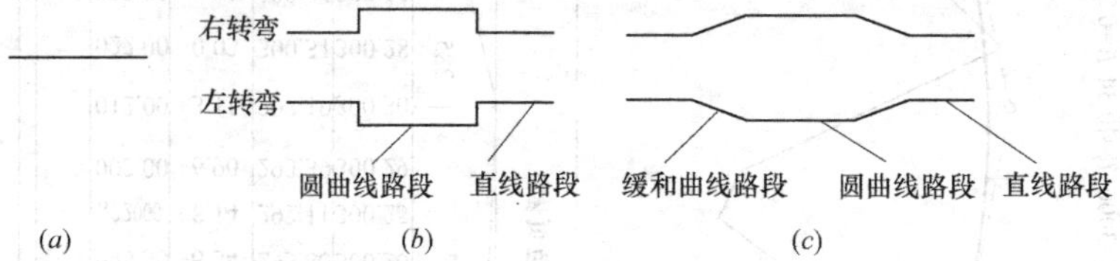

图 1-7　路线纵断面图的形成示意图

（a）直线路段；（b）未设缓和曲线路段；（c）设置缓和曲线路段

第四节　路基横断面图

用一铅垂面在路线中心桩处垂直路线中心线剖切道路，则得到路基横断面图。路基横断面图的作用是表达各中心桩横向地面情况，以及设计路基横断面形状。工程上要求在每一中心桩处，根据测量资料和设计要求依次画出每一个路基横断面图，用来计算公路的土石方量和作为路基施工的依据。

一、路基横断面形式

路基横断面形式有三种：挖方路基（路堑）、填方路基（路堤）、半填半挖方路基。这三种路基的典型断面图形如图 1-8 所示。

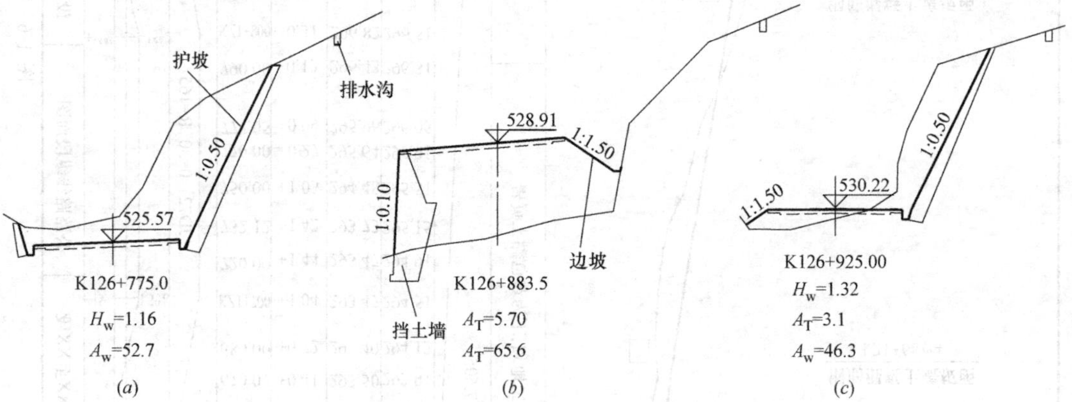

图 1-8　路基横断面的基本形式

（a）挖方路基；（b）填方路基；（c）半填半挖方路基

二、里程桩号

在断面下方标注里程桩号。

三、填挖高度与面积

在路线中心处，其填、挖方高度分别用 H_T（填方高度）、H_w（挖方高度）表示；填挖方面积分别用 A_T（填方面积）、A_w（挖方面积）表示。高度单位为米（m），面积单位为平方米（m²）。半填半挖路基是上述两种路基的综合。

第五节　道路交叉口

人们把道路与道路或道路与铁路相交时所形成的公共空间部分称作交叉口。根据通过交叉口的道路所处的空间位置，可分为平面交叉和立体交叉。

一、平面交叉口

常见平面交叉口的形式有十字形、X 形、T 字形（如图 1-9 所示）等，具体形式是根据道路系统的规划、交通量和交通组织，以及交叉口周边道路和建筑的分布情况来确定的。

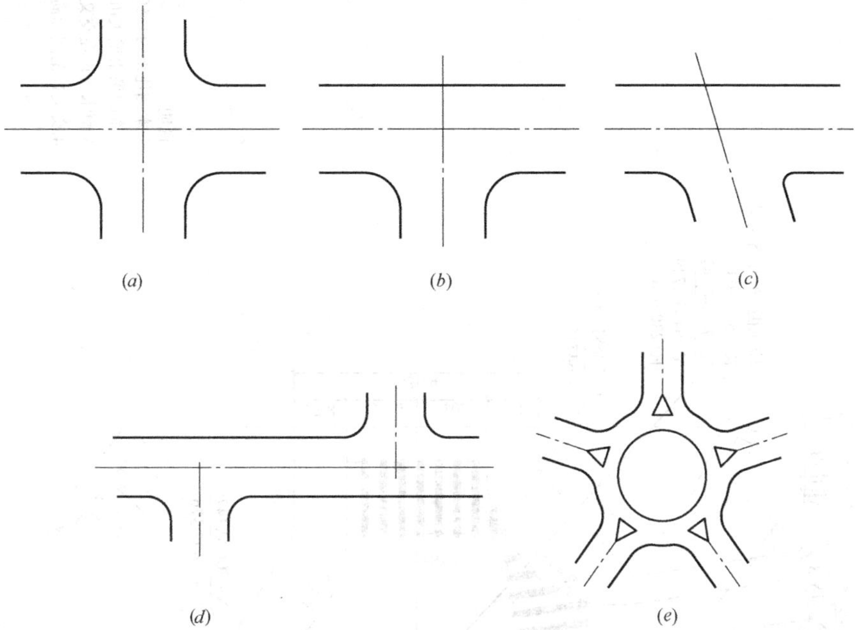

图 1-9　平面交叉口的基本形式

(*a*) 十字形；(*b*) T 字形；(*c*) Y 字形；(*d*) 交错 T 形；(*e*) 多路环形

平面交叉口除绘制平面设计图外，还需绘制竖向设计图，国家道路工程制图标准规定：简单的交叉口可仅标注控制点的高程，排水方向及坡度；用等高线表示的平交叉口，等高线宜用细实线绘制，每隔四条绘制一条中粗实线；用网格高程表示的平交叉口，其高程数值标注在网格交点的右上方，并加括号。若高程相同，可省略标注。小数点前的零也可省略。网格采用平行于设计道路中线的细实线绘制。

图 1-10 和图 1-11 分别为平面交叉口的平面设计图和竖向设计图，该竖向设计图是用等高线绘制的，图中单箭头表示排水方向。

二、立体交叉口

平面交叉口的通过能力有限，当无法解决交通要求时，则需要采用立体交叉，以提高交叉口的通过能力和车速。立体交叉在结构形式上按有无匝道将立体交叉分为分离式和互通式两种，图 1-12（*a*）为分离式立体交叉口，即上、下方道路不能互通。

图 1-12（*b*）为互通式立体交叉口，互通式立体交叉可利用匝道连接上、下方道路，所以在城市道路中大都采用互通式立体交叉。

图 1-13 为四路相交二层苜蓿叶型互通式立体交叉，由两条主干道、四条匝道、跨路桥、绿化带和分离带组成。

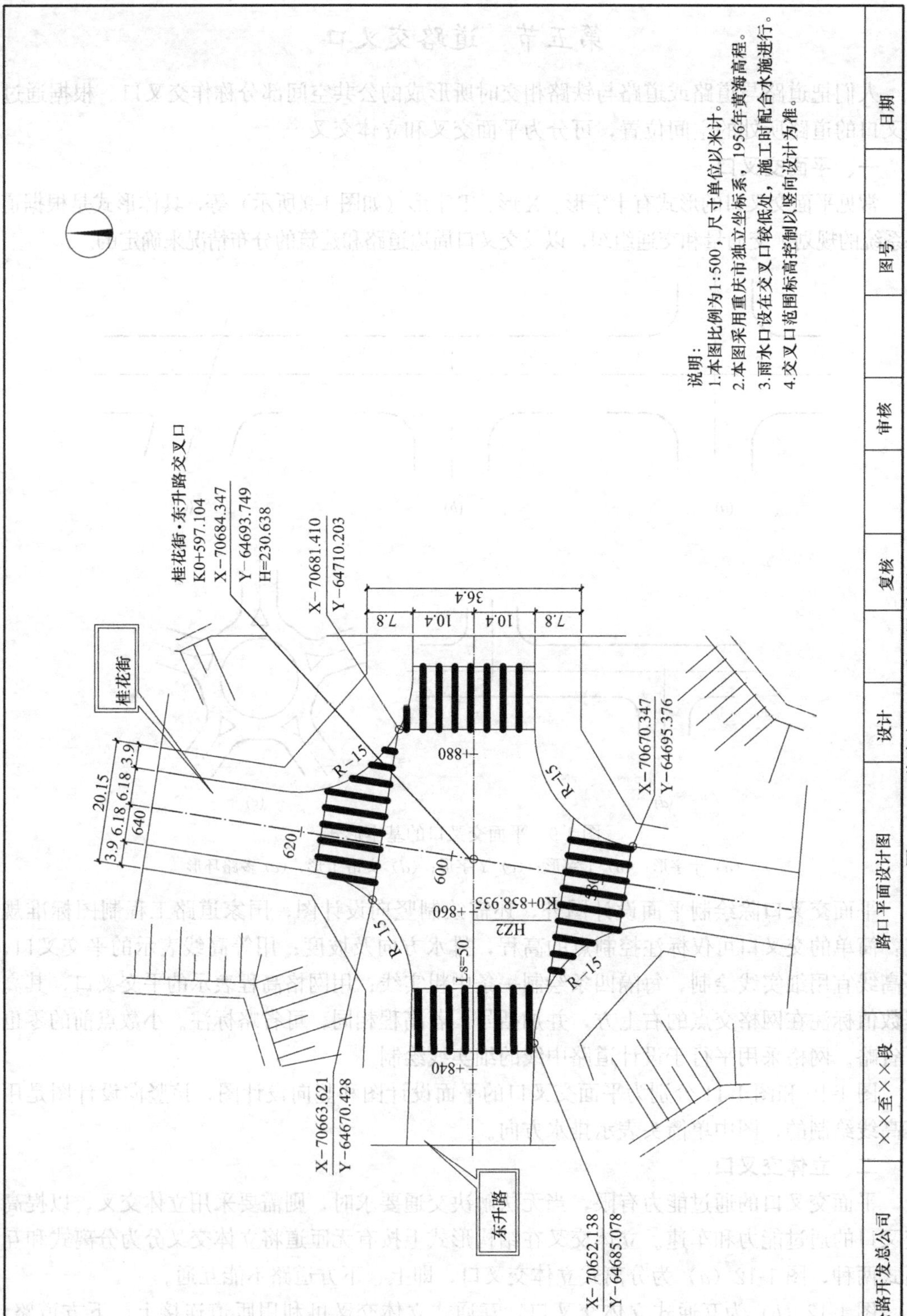
桂花街
东升路
桂花街·东升路交叉口
K0+597.104
X−70684.347
Y−64693.749
H=230.638
X−70681.410
Y−64710.203
X−70670.347
Y−64695.376
X−70663.621
Y−64670.428
X−70652.138
Y−64685.078
36.4
7.8
10.4
10.4
7.8
20.15
3.9
6.18
6.18
3.9
640
620
600
R−15
R−15
R−15
R−15
+880
+860
+840
K0+858.935
HZ2
Ls=50
说明：
1.本图比例为1:500，尺寸单位以米计。
2.本图采用重庆市独立坐标系，1956年黄海高程。
3.雨水口设在交叉口较低处，施工时配合水施进行。
4.交叉口范围标高控制以竖向设计为准。
××高速公路开发总公司
××至××段
路口平面设计图
设计
复核
审核
图号
日期
图 1-10　道路交叉口平面设计图

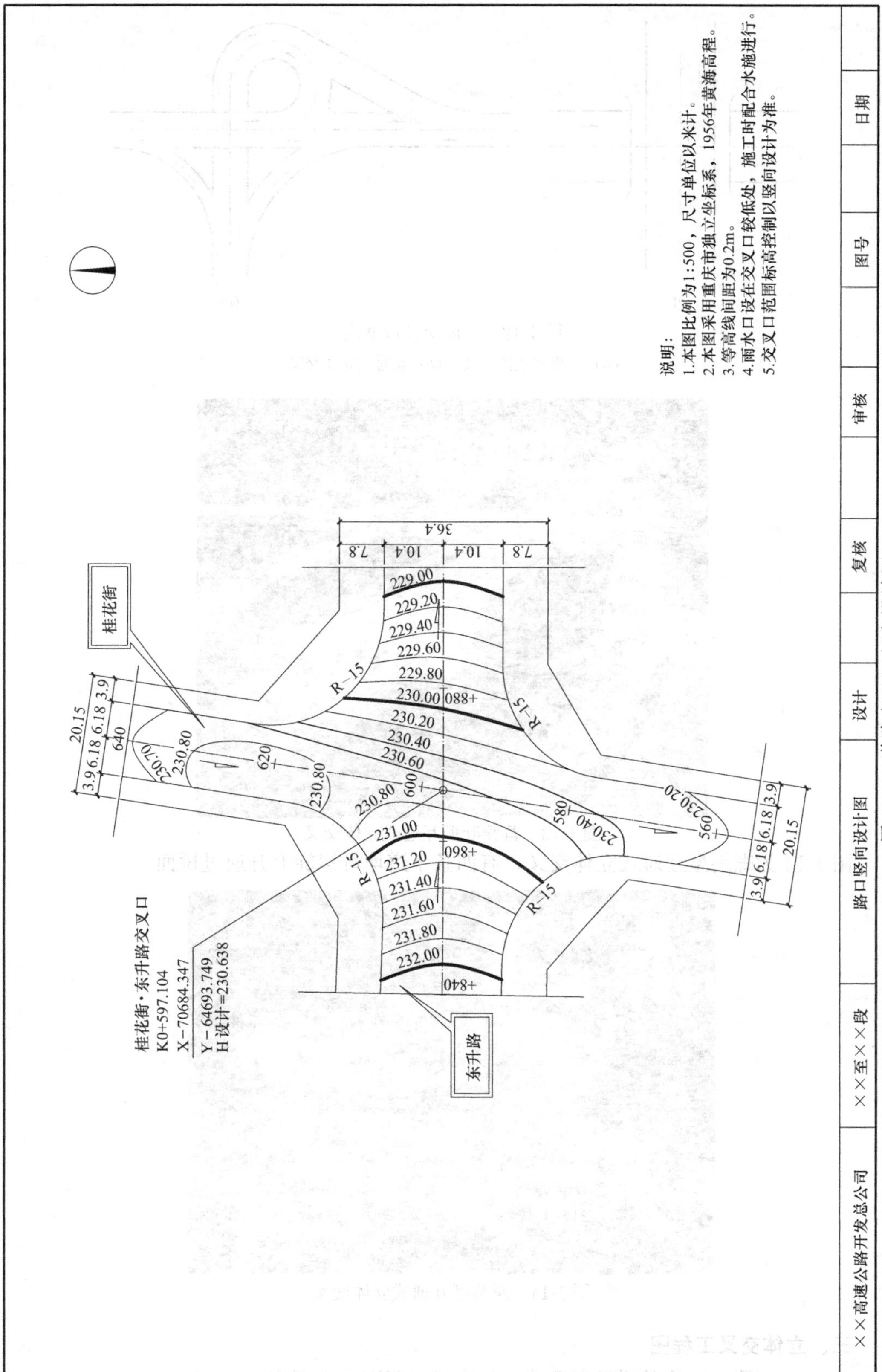

图 1-11　道路交叉口竖向设计图

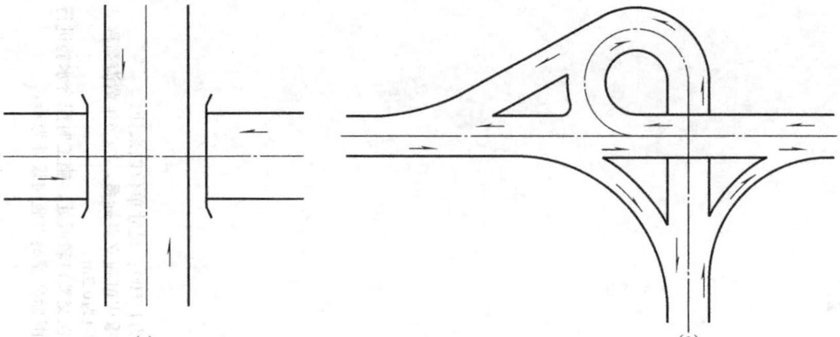

图 1-12　立体交叉口型式

(a) 分离式立体交叉；(b) 互通式立体交叉

图 1-13　苜蓿叶型互通式立体交叉

图 1-14 为螺旋型互通式立体交叉，有四条干道均可螺旋上升通过桥面。

图 1-14　螺旋型互通式立体交叉

三、立体交叉工程图

图 1-15～图 1-17 为某道路互通式立体交叉工程图，主要有：

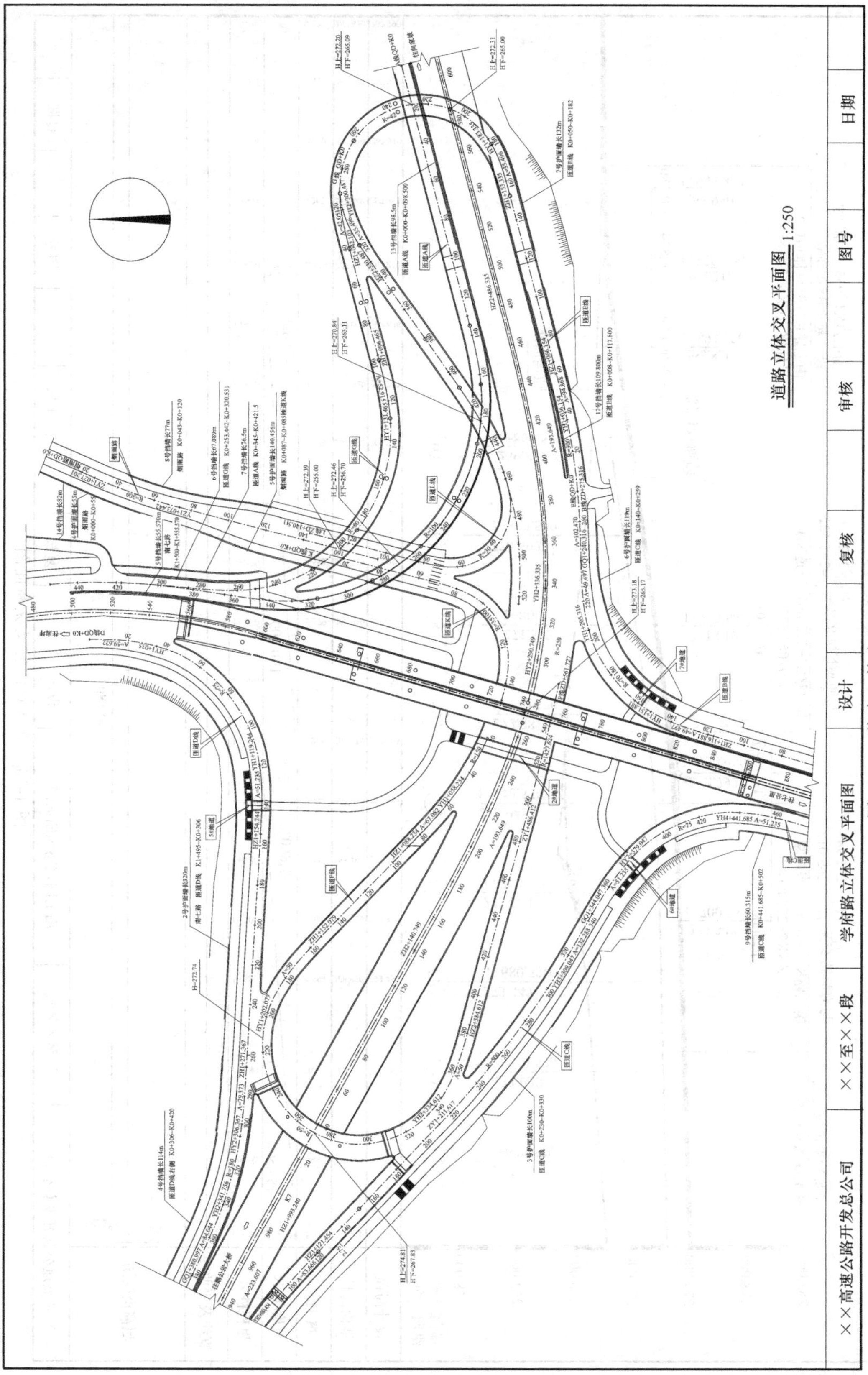

图 1-15　道路立体交叉平面图

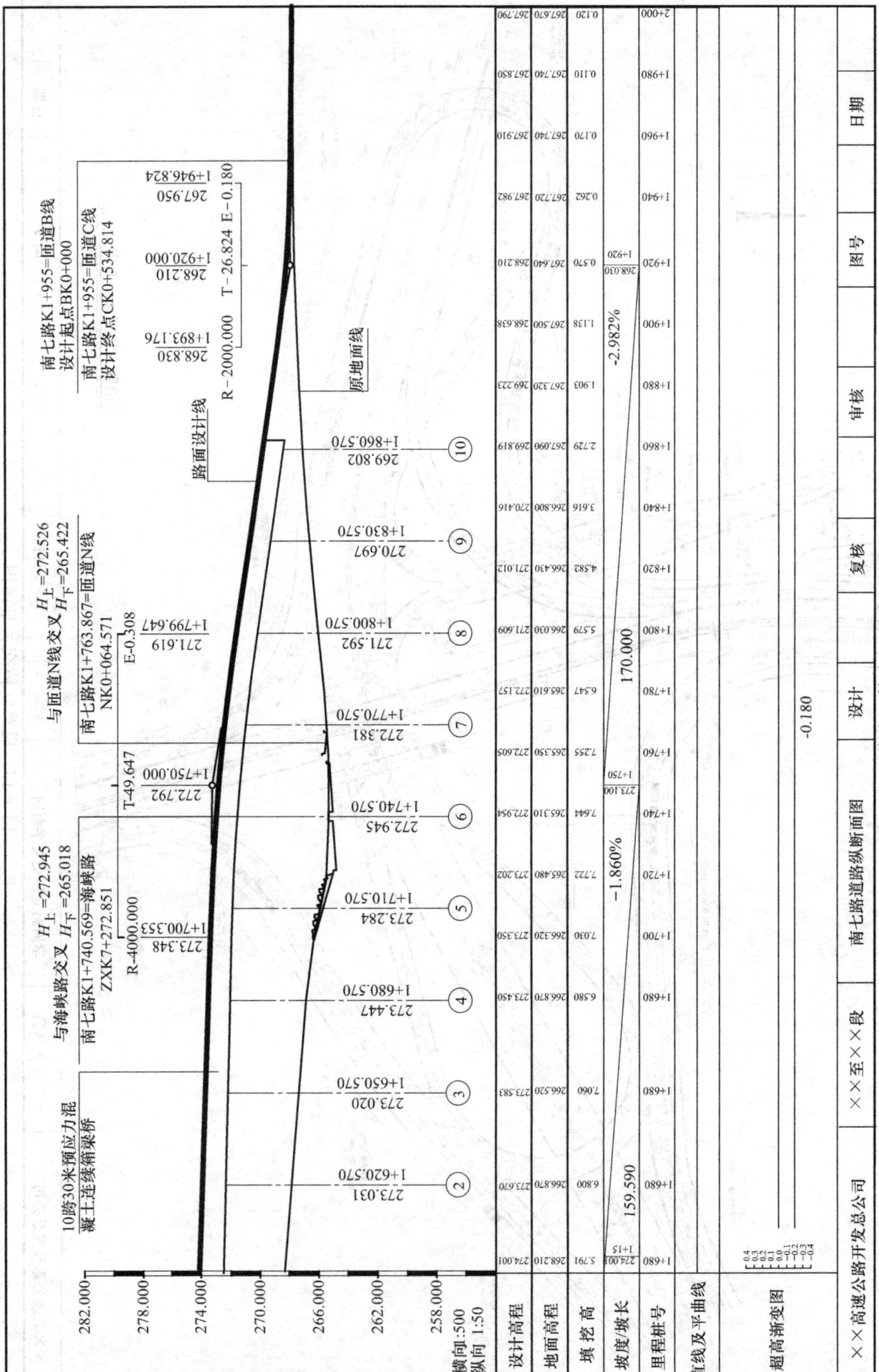

图 1-16 道路立体交叉纵断面图

1. 立体交叉平面图

图 1-15 为立体交叉平面图。图中表明了南北干道和东西干道的走向（从图中可以看出，南北干道为上跨路线）以及连接这两条主干道的各条匝道，同时也表示了人行地道的位置。

2. 立体交叉纵断面图

图 1-16 为该立体交叉道路纵断面图，这是南北走向的干道。图中粗实线为路面设计线，②～⑩轴线为 10 跨 30m 预应力混凝土连续箱梁桥的桥墩位置轴线。在 1km 750m 处有竖向凸曲线。在 1km 920m 处有竖向凹曲线。从资料表直线及平曲线栏中，可知该桥梁的平面线形为直线。

3. 鸟瞰图

图 1-17 为该立体交叉工程的鸟瞰图，供审查设计方案和方案比较用。

图 1-17 立体交叉工程鸟瞰图

第六节 交通工程及沿线设施

一、交通标线

道路交通标线是由标画于路面的各种图线、箭头文字、立面标记、突起路标和路边线轮廓线等所构成的交通安全设施，其作用是管制和引导交通。

各种标线的绘制规则如下：

车行道中心线的绘制应符合下列规定，其中 l 值可按制图比例取用。中心虚线应采用粗虚线绘制。中心单实线应采用粗实线绘制，中心双实线应采用两条平行的粗实线绘制，两线间净距为 1.5～2mm。中心虚、实线应采用一条粗实线和一条粗虚线绘制，两线间净距为 1.5～2mm。车行道分界线应采用粗虚线表示，车行道边缘线应采用粗实线表示。人行横道线应采用数条间隔 1～2mm 的平行细实线表示。减速让行线应采用两条粗虚线表示，粗虚线间净距宜采用 1.5～2mm。导流线应采用斑马线绘制，斑马线的线宽及间距宜采用 2～4mm，斑马线的图案，可采用平行式或折线式。停车位标线应由中线与边线组成，中线采用一条粗虚线表示，边线采用两条粗虚线表示。出口标线应采用指向匝道的黑粗双边箭头表示，入口标线应采用指向主干道的黑粗双边箭头表示，斑马线拐角尖的方向应与双边箭头的方向相反。港式停靠站标线应由数条斑马线组成。车流向标线应采用黑粗双边箭头表示。所有线形见图 1-18 所示。

二、交通标志

1. 交通岛

交通岛应采用实线绘制，转角处应采用斑马线表示，见图 1-19。

2. 标志示意图

在路线或交叉口平面图中应示出交通标志的位置。标志宜采用细实线绘制。标志的图号、图名，应采用现行的国家标准《道路交通标志和标线　第 2 部分：道路交通标志》GB 5768. 2—2009 规定的图号、图名。标志的尺寸及画法应符合表 1-2 的规定。

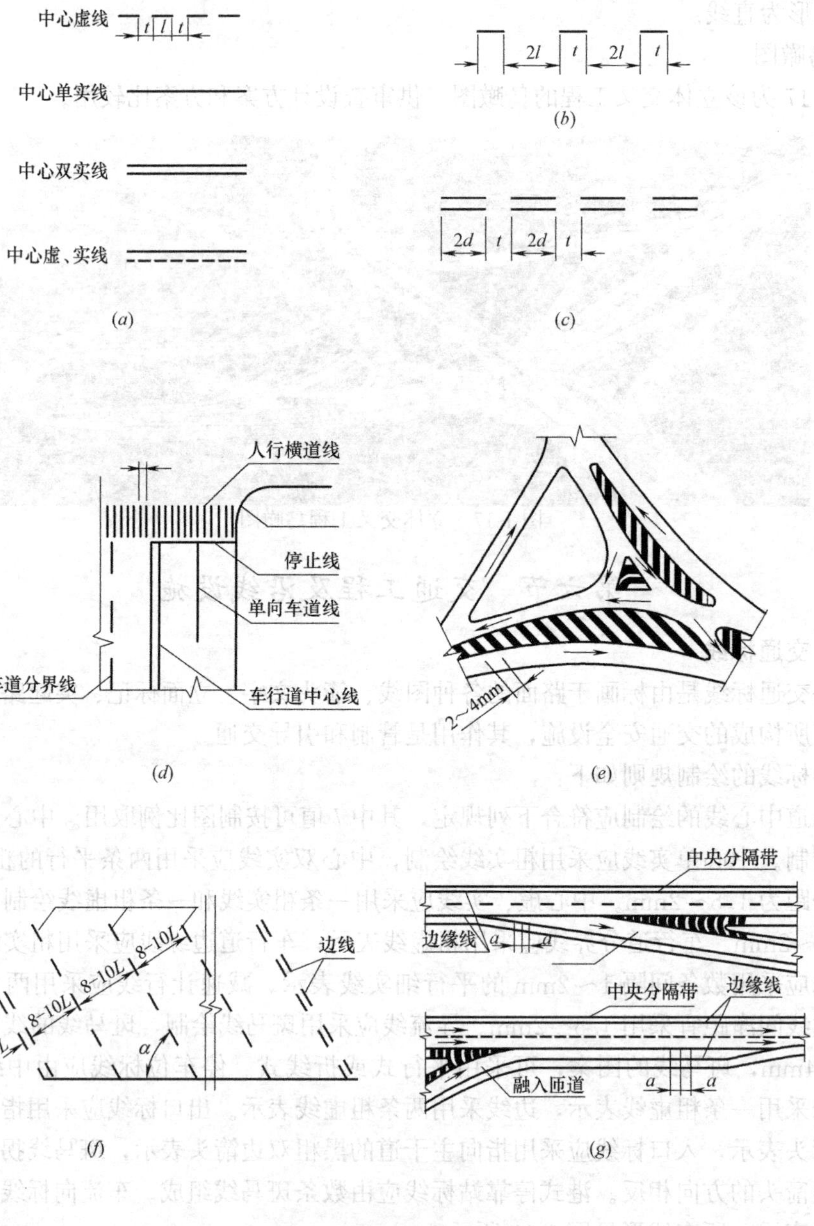

图 1-18　各种标线的绘制（一）

(a) 车行道中心线；(b) 车行道分界线；(c) 减速让行线；(d) 停止线位置；(e) 导流线的斑马线；(f) 停车位标线；(g) 匝道出口、入口标线

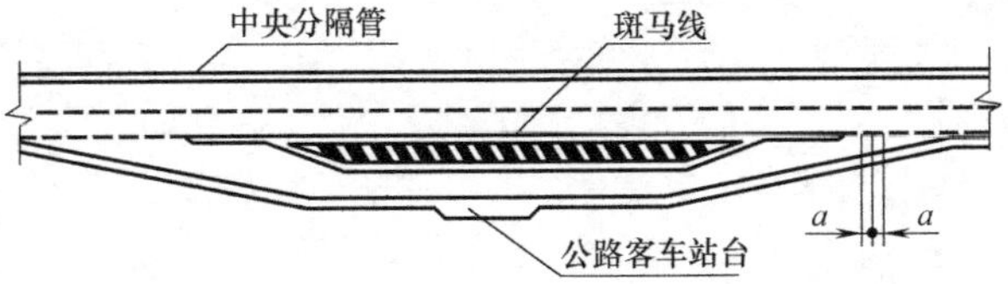

(h)

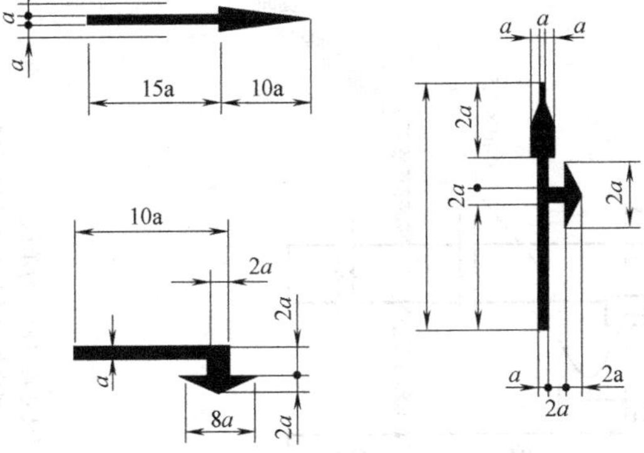

(i)

图 1-18 各种标线的绘制（二）

(h) 港式停靠站；(i) 车流向标线

三、防护设施

交通安全除了通过设置交通标志、路面标线控制交通信号之外，还需要考虑必要的安全防护设施，在高速公路上常设置防撞护栏。图 1-20 所示为波形护栏，该护栏由立柱、波形梁、防阻块三部分组成。平面图、立面图和断面图中表示了波形护栏的结构以及各部分尺寸、连接方式和在道路上的安装位置。

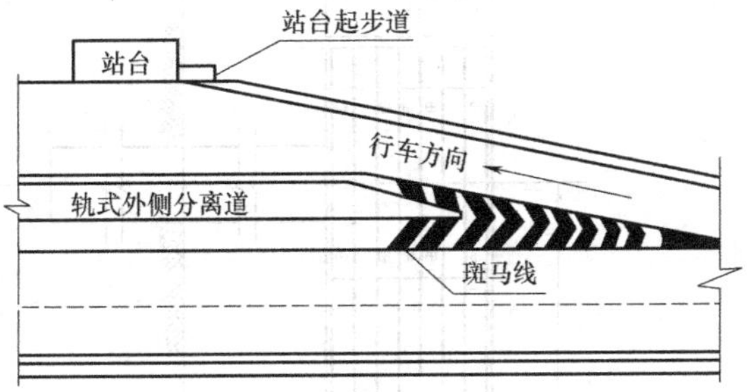

图 1-19 交通岛标志

标志示意图的形式及尺寸 **表 1-2**

规格种类	形式与尺寸(mm)	画 法	规格种类	形式与尺寸(mm)	画 法
警告标志	(图号)(图名) 15～20	等边三角形采用细实线绘制，顶角向上	指路标志	(图号) (图名) 6 6 25～50	矩形框采用细实线绘制
禁止标志	(图号) 45° (图名) 15～20	圆采用细实线绘制，圆内斜线采用粗实线绘制	高速公路指路标志	xx高速 (图号) (图名) a/3 a/3 a/3 a a	正方形外框采用细实线绘制，边长为 30～50mm，方形内的粗、细实线间距为 1mm
指示标志	(图号)(图名) 15～20	圆采用细实线绘制	辅助标志	(图号) (图名) 6 6 30～50	长边采用粗实线绘制，短边采用细实线绘制

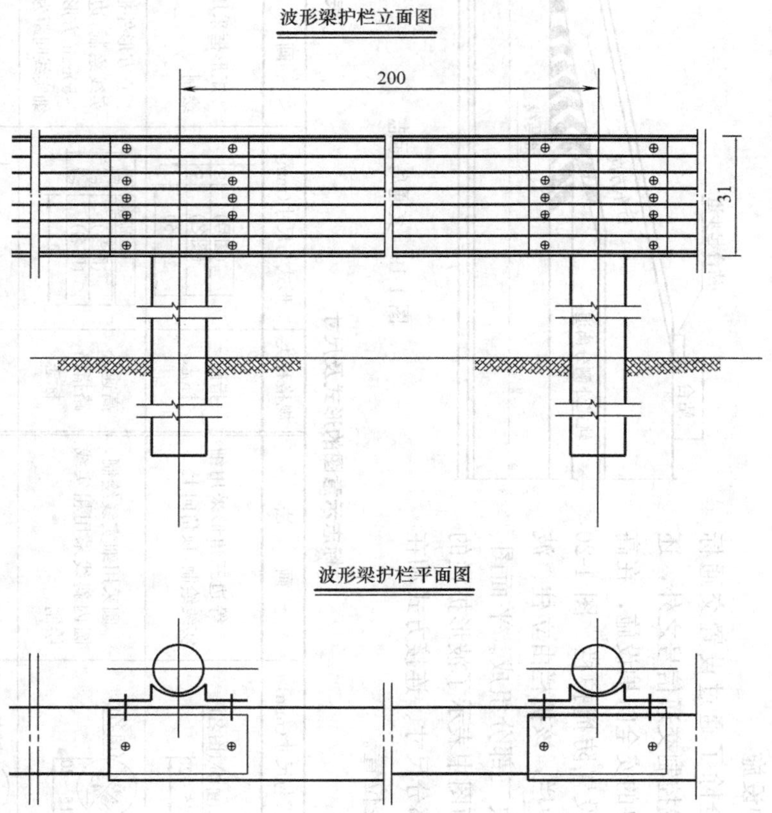

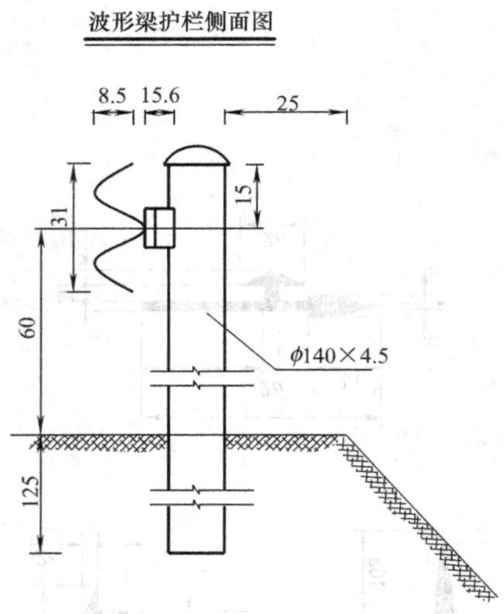

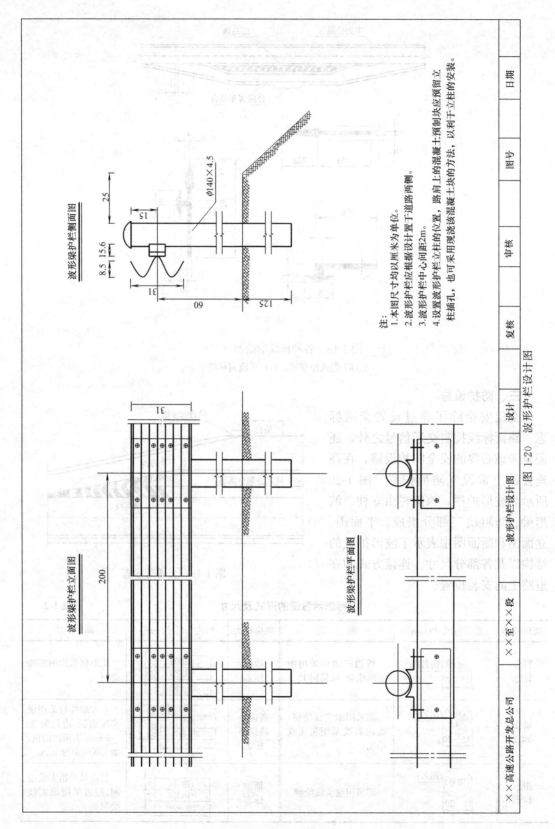

注：
1.本图尺寸均以厘米为单位。
2.波形护栏应根据设计置于道路两侧。
3.波形护栏中心间距2m。
4.设置波形护栏立柱的位置，路肩上的混凝土预制块应预留立柱插孔，也可采用现浇该混凝土块的方法，以利于立柱的安装。

××高速公路开发总公司	××至××段	波形护栏设计图	设计		复核		审核		图号		日期

图 1-20　波形护栏设计图

第二章　路基与路面工程图

公路路基是按照路线位置和一定技术要求修筑的带状构造物，是路面的基础，承受由路面传递下来的行车荷载。它贯穿公路全线，与桥梁、隧道相连，构成公路的整体。

第一节　路基工程图

路基本体工程主要是路基横断面设计，包括路基宽度和高度、路堤边坡和路堑边坡，以及取土坑、弃土堆、护坡道和各种排水设施等设计。

一、路基本体工程图

1. 路基横断面分类

在第一章已经简单介绍，路基按其填挖高度和所处地形的不同，有各种不同的横断面（图 1-8）。其中高出地表面填筑而成的路基称为路堤，低于地面开挖而成的路基称为路堑，在路基同一横断面内，一部分填筑，一部分开挖的称为半堤半堑路基，或半填半挖路基。

在路基横断面图中，要表达路基的宽度和高度。路基宽度是指两侧路肩边缘之间的距离。一般公路的路基宽度为行车道宽度和路肩宽度之和。路基宽度在设计时主要是根据公路等级确定。高等级公路的路基宽度除行车道和路肩宽度外，还包括中央分隔带和路缘带的宽度。高等级公路路肩由硬路肩和土路肩两部分组成。图 2-1 为高等级公路路基横断面图。

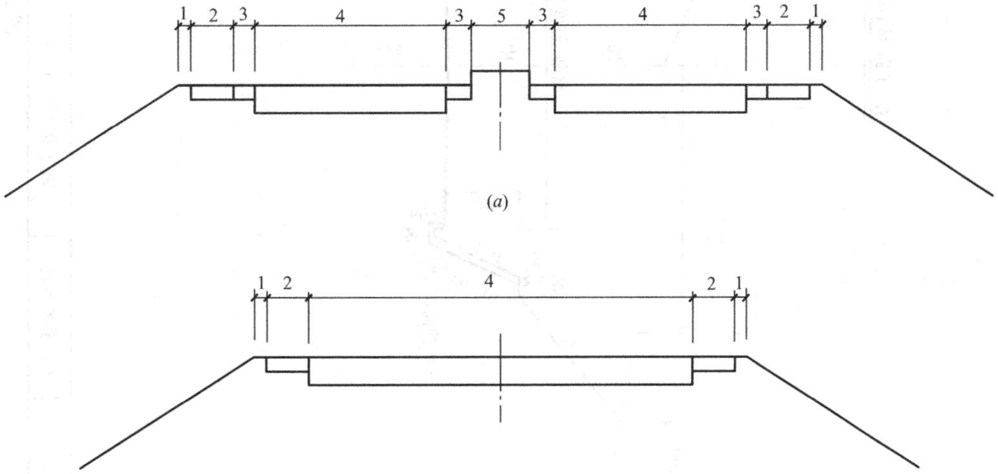

(*b*)

图 2-1　路基横断面图

（*a*）高速公路、一级公路路基标准横断面图；（*b*）二级、三级公路路基准标横断面图

1—土路肩；2—硬路肩；3—路缘带；4—行车道；5—中央分隔带

路基高度是指路基顶面边缘的标高。路基设计标高由路基纵断面设计确定。在受地面水或地下水危害的路段，路槽底面应高出不利水位一定的安全高度。中国根据公路的自然

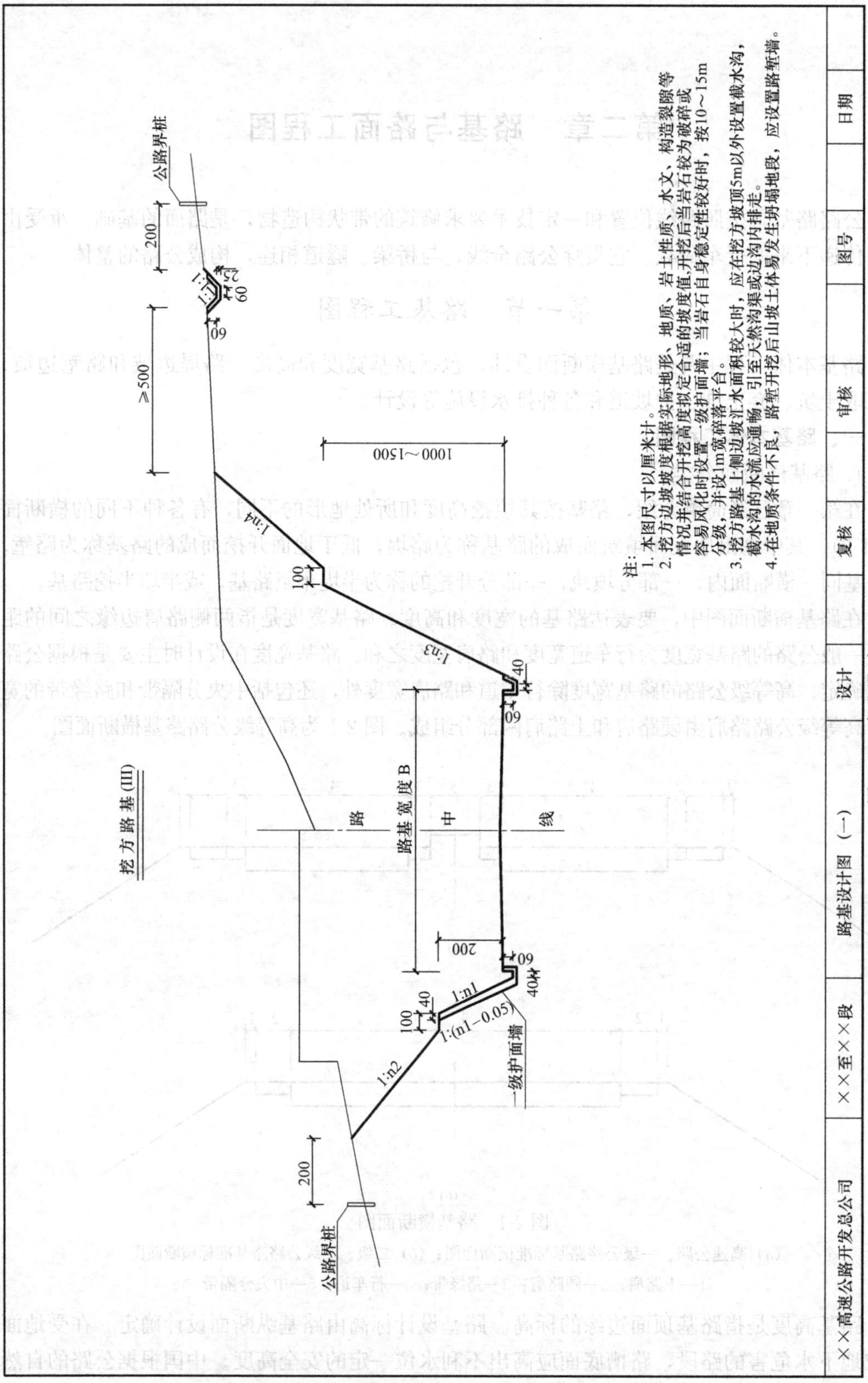

挖方路基(III)
公路界桩
200
1:n2
1:(n1−0.05)
一级护面墙
100
40
1:n1
60
40
200
路基宽度B
路中线
60
40
1:n3
100
1:n4
1000～1500
≥500
60
25
60
1:1
200
公路界桩
注：
1. 本图尺寸以厘米计。
2. 挖方边坡坡度根据实际地形、地质、岩土性质、水文、构造裂隙等情况并结合开挖高度拟定合适的坡度值,开挖后当岩石较为破碎或容易风化时设置一级护面墙；当岩石自身稳定性较好时，按10～15m分级，并设1m宽碎落平台。
3. 挖方路基上侧边坡汇水面积较大时，应在挖方坡顶5m以外设置截水沟，截水沟的水流应通畅，引至天然沟渠或边沟内排走。
4. 在地质条件不良，路堑开挖后山坡土体易发生坍塌地段，应设置路堑墙。
××高速公路开发总公司
××至××段
路基设计图（一）
设计
复核
审核
图号
日期

图 2-2 路基设计图（一）

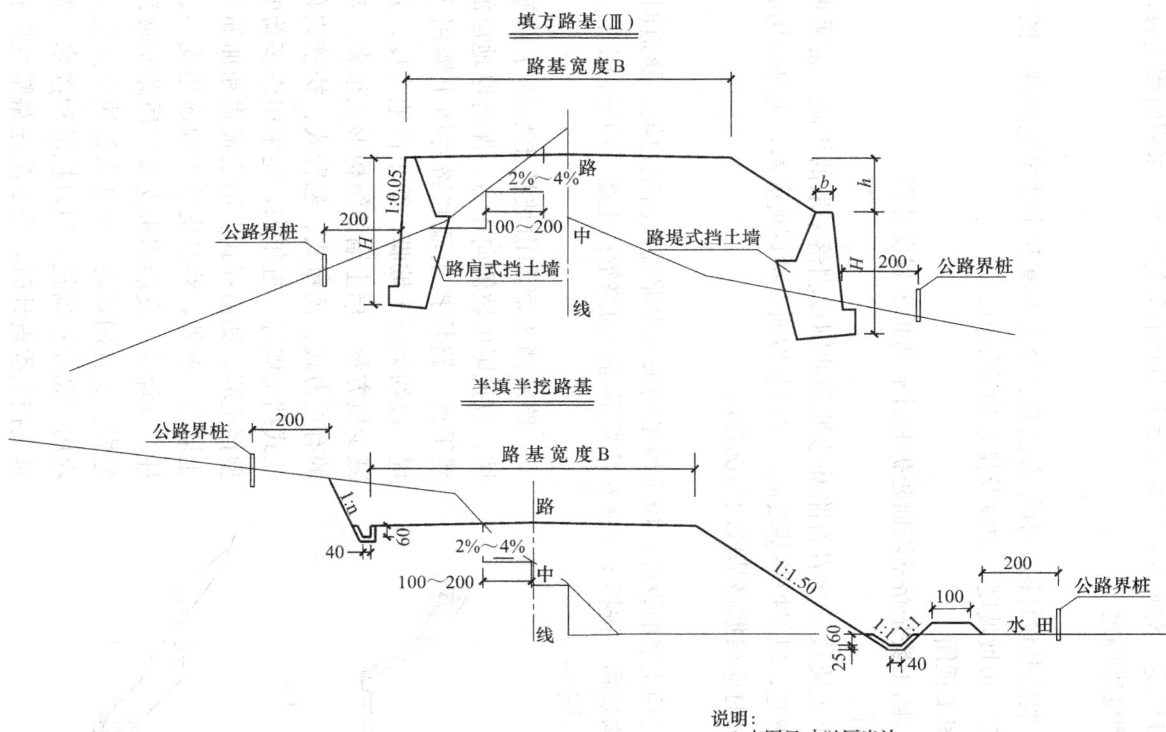

说明:

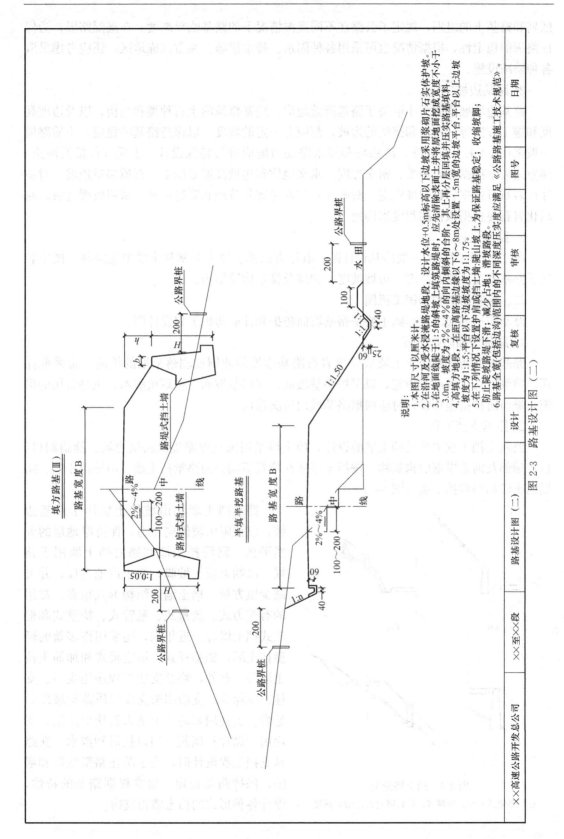

1.本图尺寸以厘米计。
2.在沿河及受水浸淹路堤地段，设计水位+0.5m标高以下边坡采用浆砌片石实体护坡。
3.在地面线陡于1:5的斜坡上填筑路堤时，应先清除表面土并将原地面挖成宽度不小于3.0m，坡度为2%～4%的向内倾斜的台阶，其上再分层回填并压实路基填料。
4.高填方地段，在距离路基边缘以下6～8m处设置1.5m宽的边坡平台,平台以上边坡坡度为1:1.5;平台以下边坡坡度为1:1.75。
5.在下列情况下设置护肩或挡土墙:陡山坡上,为保证路基稳定；收缩坡脚；防止陡坡路堤下滑；减少占地；滑坡路段。
6.路基全宽(包括边沟)范围内的不同深度压实度应满足《公路路基施工技术规范》。

××高速公路开发总公司	××至××段	路基设计图（二）	设计		复核		审核		图号		日期

图 2-3　路基设计图（二）

区划和路基土的组别，规定了公路在不同潮湿情况下的路基临界高度。在潮湿路段，为保证路面的稳定性，根据情况也可采用各种隔水、排水措施。在重冰冻地区，还应考虑采取各种防冻设施。

2. 路基边坡

路基边坡坡度的大小取决于路基所处地形、路基修筑的土石种类和结构，以及边坡高度和施工方法等。路堤和路堑的边坡，都应有一定的坡度，以保持路基的稳定。土质路堤一般采用 1∶1.5 的坡度，高路堤和浸水路堤边坡应进行特殊设计。土质（包括石质土）路堑边坡率根据土质种类、密实程度、水文地质和边坡高度来确定。石质路堑边坡，对整体性岩石可根据岩石硬度确定。对破碎岩层要考虑其节理和裂缝情况，采用较缓边坡，对风化岩石要根据风化的程度来确定。

3. 路基设计图

图 2-2 和图 2-3 为一般路基设计图，有挖方路基、填方路基和半填半挖路基。图中表达了路基宽度、路基高度、边坡坡度、护坡及排水沟等结构。

二、路基防护和加固工程图

路基防护和加固工程图主要是路基坡面防护和冲刷防护工程设计图。

1. 路基坡面防护工程

路基坡面防护是防止土质或风化岩石路基边坡的冲刷或剥落采取的措施。常采取抹面、喷浆、圬工铺砌等措施，以保护路基坡面。在路基坡面上种草植灌木，也是常用的措施。坡面防护措施在设计时应根据路基坡面情况选用。

2. 路基支挡工程

路基支挡工程主要是挡土墙的设计，挡土墙是用来支撑路堤或路堑边坡、隧道洞口、桥台端部及河流岸壁的构筑物。按挡土墙所在位置不同分为路堑挡土墙、山坡挡土墙、路堤挡土墙和路肩挡土墙（图 2-4）。

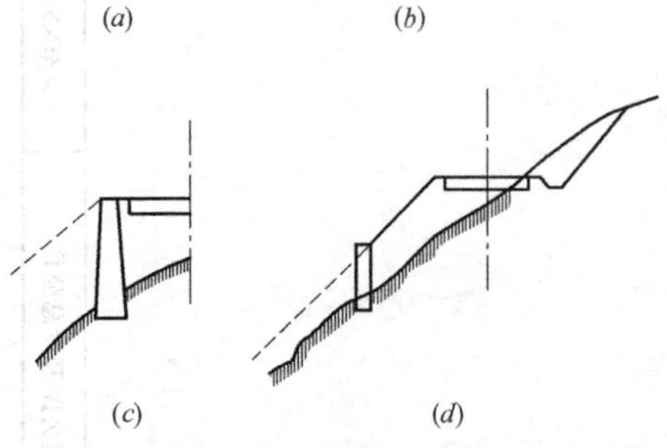

图 2-4　挡土墙分类

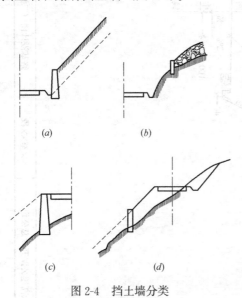

(*a*) 路堑式；(*b*) 山坡式；(*c*) 路肩式；(*d*) 路堤式

路堑挡土墙和山坡挡土墙用于路堑边坡，以抗阻山坡侧向压力，保持厚地层的天然平衡。路堤挡土墙和路肩挡土墙用于路堤，以约束填土坡脚，缩小占地宽度，并可减少填方量。挡土墙的结构形式很多，常用的有重力式、衡重式、悬臂式、扶壁式和框架式挡土墙等。近年来，还采用许多新的轻型挡土墙，如锚杆式、锚定板式和加筋土挡土墙等。此外，路基支挡工程还用支墙、支柱、支垛等。支墙用来支撑岩质路堑坡顶的危岩，支柱用来防止个别大石块的崩坠，支垛用干砌片石砌筑，用以抗滑和渗水。在路基支挡工程设计时，为了防止路堑变形和崩坠，保持路基稳定，通常根据路基的特性，设计各种形式的挡土墙构筑物。

衡重式挡土墙尺寸及工程数量表

基底摩擦系数 f	填土高 H_3 (cm)	基础底坡 N_4	墙高 H (cm)	墙面面坡 N_1	上墙墙背 N_2	尺寸 (cm) B_1	B_2	B_3	B_4	B_5	B_6	H_1	H_2	H_4	H_5	圬工体积 (m^3/m)	基底要求承载力 (kPa)
0.4	0	0.10	400	0.05	0.30	50	106	30	100	112	30	160	240	60	11	4.17	200
			500				120	40	112	124	30	200	300	60	12	5.85	300
			600				134	50	128	144	40	240	360	80	14	7.95	350
			700				148	70	150	166	40	280	420	80	17	10.61	380
			800		0.35		178	70	172	192	50	320	480	100	19	13.91	400
			900	0.05	0.40	50	212	90	214	233	50	360	540	100	23	18.86	420
			1000				230	100	234	258	60	400	600	120	26	22.82	460
			1100				248	120	264	292	70	440	660	140	29	27.86	500
			1200				266	130	280	307	70	480	720	140	31	32.33	600
			1300				284	140	308	349	100	520	780	200	35	38.20	600
			1400				302	150	328	374	110	560	840	220	37	43.78	670
0.4	400	0.10	400	0.10	0.40	80	160	80	213	222	30	160	240	60	22	7.66	200
			500				180	90	237	251	40	200	300	80	25	10.64	250
			600				200	90	254	277	60	240	360	120	28	13.87	250
			700		0.45		234	100	289	311	60	280	420	120	31	18.25	300
			800				256	120	325	351	70	320	480	140	35	23.21	400
			900	0.10	0.50	100	316	140	399	428	80	360	540	160	43	32.02	400
			1000				340	150	427	461	90	400	600	180	46	38.05	420
			1100		0.55		386	170	487	524	100	440	660	200	52	47.33	450
			1200				412	180	520	566	120	480	720	240	57	55.26	450
			1300				438	190	553	608	140	520	780	280	61	63.83	480
			1400				464	200	583	642	150	560	840	300	64	72.44	550
0.5	600	0.10	400	0.10	0.40	100	180	80	233	242	30	160	240	60	24	8.51	200
			500				200	90	254	262	30	200	300	60	26	11.54	250
			600				220	90	268	281	40	240	360	80	28	14.72	280
			700				240	100	292	309	50	280	420	100	31	18.66	320
			800		0.45		276	120	342	363	60	320	480	120	36	24.62	400
			900	0.10	0.45	120	318	140	401	430	80	360	540	160	43	32.53	410
			1000				340	150	427	461	90	400	600	180	46	38.45	450
			1100		0.50		384	170	482	514	90	440	660	180	51	47.20	480
			1200				408	180	510	546	100	480	720	200	55	54.45	500
			1300		0.55		458	200	577	622	120	520	780	240	62	66.36	550
			1400				484	200	600	654	140	560	840	280	65	74.79	580

注：墙高≤8m时采用7.5号砂浆砌片石，>8m时采用7.5号砂浆砌块石。

衡重式挡土墙断面图

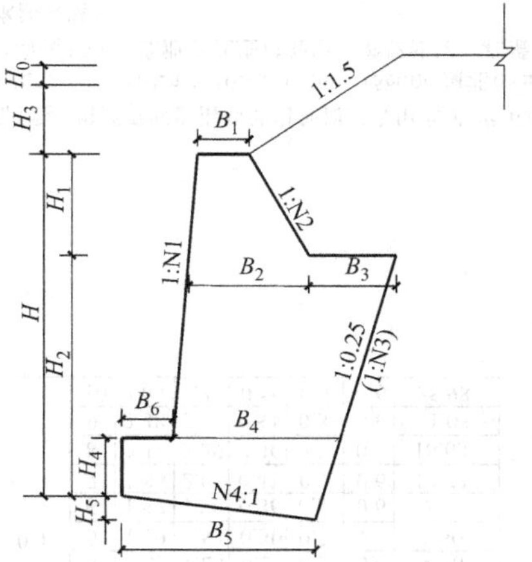

××高速公路开发总公司	××至××段	衡重式挡土墙结构设计图	设计		复核		审核		图号		日期	

图 2-5 衡重式挡土墙结构设计图

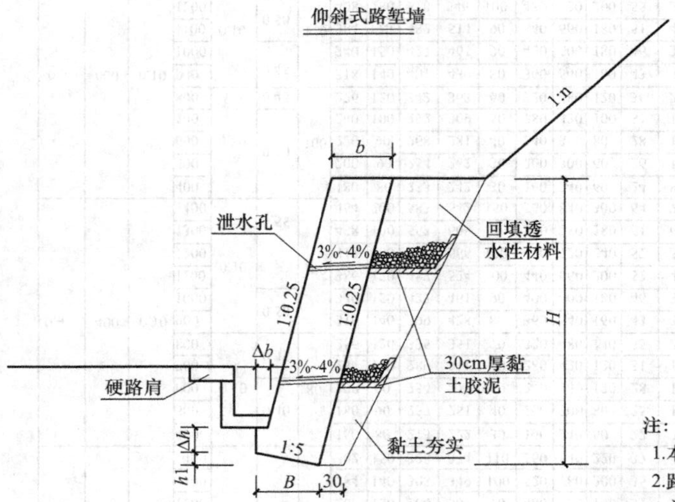

仰斜式路堑墙断面尺寸及工程数量表

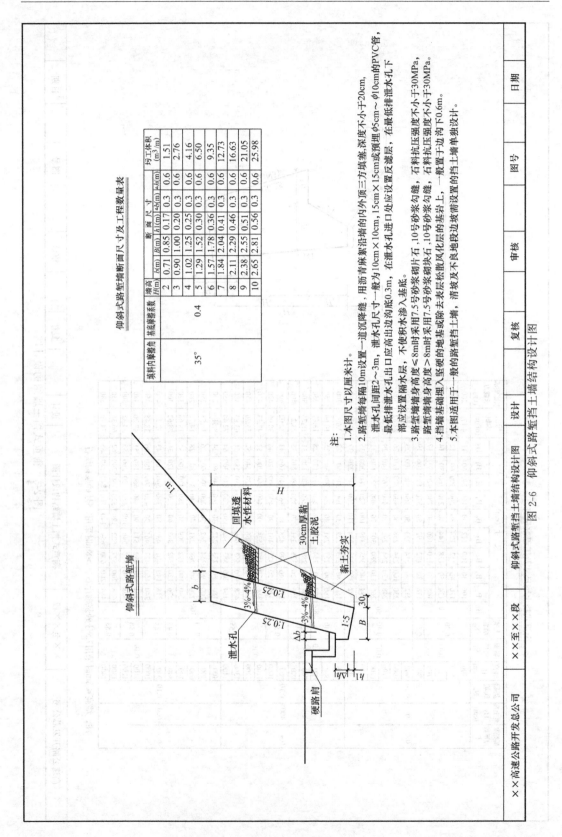

填料内摩擦角	基底摩擦系数	墙高 H(m)	断面尺寸 b(m)	B(m)	h1(m)	Δb(m)	Δh(m)	圬工体积 (m³/m)
35°	0.4	2	0.71	0.85	0.17	0.3	0.6	1.51
		3	0.90	1.00	0.20	0.3	0.6	2.76
		4	1.02	1.25	0.25	0.3	0.6	4.16
		5	1.29	1.52	0.30	0.3	0.6	6.50
		6	1.57	1.78	0.36	0.3	0.6	9.35
		7	1.84	2.04	0.41	0.3	0.6	12.73
		8	2.11	2.29	0.46	0.3	0.6	16.63
		9	2.38	2.55	0.51	0.3	0.6	21.05
		10	2.65	2.81	0.56	0.3	0.6	25.98

注：

1.本图尺寸以厘米计。

2.路堑墙每隔10m设置一道沉降缝，用沥青麻絮沿墙的内外顶三方填塞,深度不小于20cm，泄水孔间距2～3m，泄水孔尺寸一般为10cm×10cm，15cm×15cm或预埋ϕ5cm～ϕ10cm的PVC管，最低排泄水孔出口应高出边沟底0.3m，在泄水孔进口处应设置反滤层，在最低排泄水孔下部应设置隔水层，不使积水渗入基底。

3.路堑墙墙身高度≤8m时采用7.5号砂浆砌片石，10号砂浆勾缝，石料抗压强度不小于30MPa，路堑墙墙身高度＞8m时采用7.5号砂浆砌块石，10号砂浆勾缝，石料抗压强度不小于30MPa。

4.挡墙基础埋入坚硬的地基或除去表层松散风化层的基岩上，一般置于边沟下0.6m。

5.本图适用于一般的路堑挡土墙，清坡及不良地段边坡需设置的挡土墙单独设计。

××高速公路开发总公司	××至××段	仰斜式路堑挡土墙结构设计图	设计		复核		审核		图号		日期	

图 2-6　仰斜式路堑挡土墙结构设计图

护面墙立面图

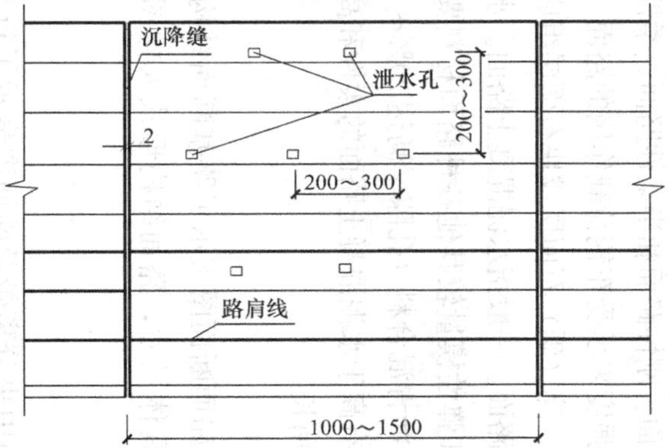

护面墙侧面图

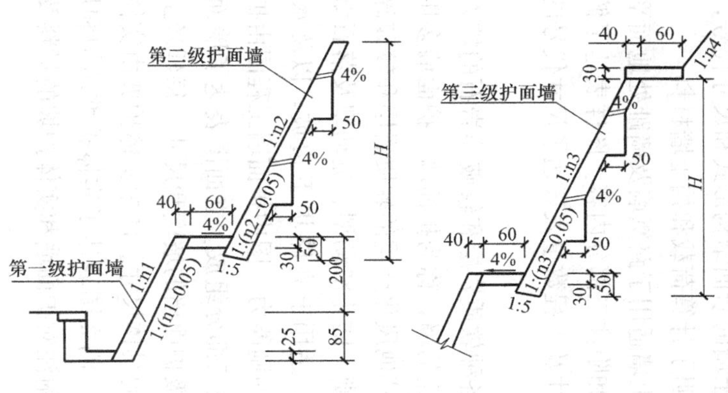

实体护坡

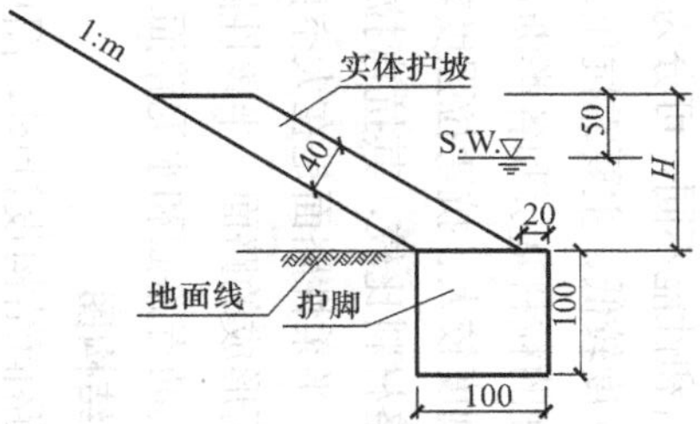

护面墙每延米工程数量表

墙	身																	一道平台	一道帽石	一道耳墙
墙高 H		285	350	400	450	500	550	600	650	700	750	800	850	900	950	1000	1100			
单位		m^3																		
边坡 1:n	1:0.5	1.34	1.71	1.97	2.27	2.59	2.91	3.26	3.61	3.97	4.35	4.74	5.14	5.56	5.99	6.43	6.88	0.18	0.30	0.28
	1:0.75	1.34	1.71	1.97	2.27	2.59	2.92	3.26	3.61	3.98	4.36	4.75	5.15	5.56	5.99	6.43	6.88			0.18
	1:1.0	1.34	1.71	2.00	2.31	2.63	2.96	3.30	3.66	4.02	4.41	4.80	5.20	5.62	6.05	6.50	7.42			0.13

实体护坡每延米工程数量表

编号	边坡 1:m	数量（m^3）				
		H=100	H=200	H=300	H=400	H=500
I	1:1.5	0.721	1.442	2.163	2.884	3.605
II	1:1.75	0.806	1.612	2.418	3.224	4.030
III	1:2.0	0.894	1.788	2.682	3.576	4.470

注:

1.本图尺寸以厘米计。

2.护面墙

（1）本图为实体护面墙，适用于各种软质易风化的挖方边坡。

（2）护面墙除承受自重外，不承受墙后的土侧压力，因此，墙背不得有超挖，如有超挖，必须采用浆砌片石嵌补。

（3）护面墙墙高为4m<H≤7m时，墙背设一道耳墙，墙高为H>7m，墙背设两道耳墙。

（4）护面墙基础应设在可靠的地基上，墙底一般作成向内倾斜的反坡。

（5）护面墙沿墙身长度每隔10～15m，设沉降缝一道，用沥青麻絮填塞，深入10～20cm。

3.实体护坡用于常年受水流侵蚀或略有冲刷的填方边坡。

4.护面墙采用7.5号砂浆砌片石，护坡采用7.5号砂浆砌片石，石料抗压强度不小于30MPa。

××高速公路开发总公司	××至××段	护面墙、实体护坡结构设计图	设计		复核		审核		图号		日期	

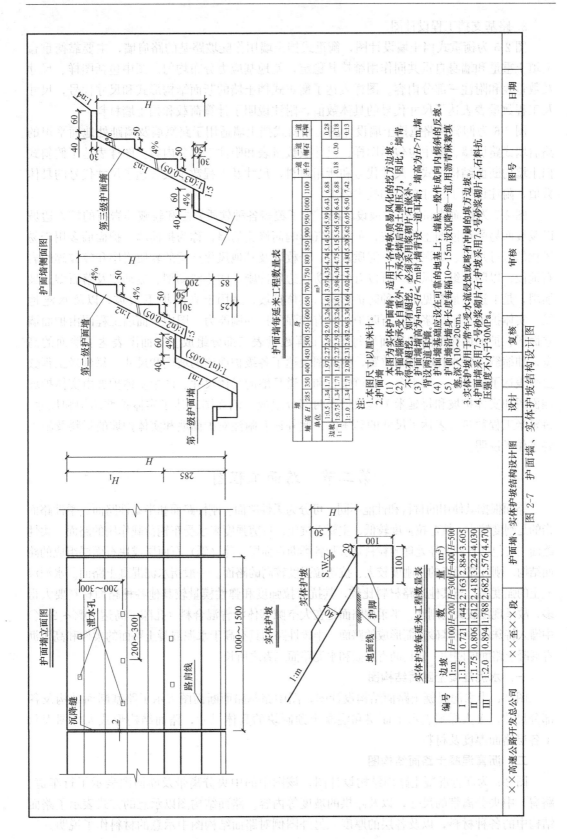

图 2-7　护面墙、实体护坡结构设计图

3. 路基支挡工程设计图

图 2-5 为衡重式挡土墙设计图，衡重式挡土墙用作陡坡路基的路肩墙，主要靠衡重台上填土重量和墙身自重共同作用维持其稳定，使地基应力分布均匀。图中包括图样、尺寸及数量表和附注三部分内容。图样表达了衡重式挡土墙的断面结构形式和尺寸代号，尺寸及工程数量表表达了尺寸代号的具体数值，附注说明了计算荷载和挡土墙材料。

图 2-6 为仰斜式路堑挡土墙设计图，俯斜式挡土墙适用于路堑墙及墙趾处地面平坦的路肩墙或路堤墙。图中也包括图样、尺寸及数量表和附注三部分内容。图样表达了俯斜式挡土墙的断面结构形式、尺寸代号和所用材料，尺寸及工程数量表表达了尺寸代号的具体数值，附注说明了尺寸单位和技术要求。

图 2-7 为护面墙和实体护坡设计图，为了覆盖各种软质岩层和较破碎岩石的挖方边坡以及坡面易受侵蚀的土质边坡，免受大气影响而修建的墙，称为护面墙。护面墙多用于易风化的云母片岩、绿泥片岩、泥质灰岩、千枚岩及其他风化严重的软质岩层和较破碎的岩石地段，以防止继续风化。可以有效地防止边坡冲刷，防止滑动型、流动型及落石型边坡崩坍，是上边坡最常见的一种防护形式。实体护坡，适用于高路堤下边坡，以及水淹地段。实体护坡常采用浆砌片石防护，具有较强的抗冲刷能力。图中护面墙工程图由护面墙立面图、护面墙侧面图和护面墙每延米工程数量表三部分组成。立面图表达了墙面的高宽，伸缩缝，泄水孔的分布位置，侧面图表达了各级护面墙的坡度和尺寸，每延米工程数量表表达了墙身、一道平台、一道帽石和一道耳墙的具体尺寸。图中实体护坡由实体护坡侧面图和实体护坡和每延米工程数量表两部分组成。侧面图表达了实体护坡结构和尺寸，每延米工程数量表表达了尺寸的具体值。此外还有附注对护面墙和实体护坡的材料及施工要求作了说明。

第二节　路面工程图

路面根据其使用的材料和性能不同，可分为柔性路面、刚性路面和半柔性路面。柔性路面指的是刚度较小、抗弯拉强度较低，主要靠抗压、抗剪强度来承受车辆荷载作用的路面。柔性路面主要包括各种未经处理的粒料基层和各类沥青面层、碎（砾）石面层或块石面层组成的路面结构。刚性路面指的是刚度较大、抗弯拉强度较高的路面。一般指水泥混凝土路面。水泥混凝土的强度高，与其他筑路材料比较，其抗弯拉强度和弹性模量较其他各种路面材料要大得多，故呈现出较大的刚性。半柔性路面是在大空隙基体沥青混合料（孔隙率高达 20%～28%）中灌入特殊的水泥基砂浆而形成的路面。半柔性路面具有高于水泥混凝土路面的柔性和高于沥青混凝土路面的刚性，兼具沥青路面和水泥路面二者之所长。

一、水泥混凝土路面结构图

图 2-8 为水泥混凝土路面结构设计图，图中路基路面断面图表示了路基断面结构及各部分尺寸，A 大样图表示了面层和混凝土预制块的具体尺寸，路面结构形式大样图表示了各层路面厚度及材料。

二、沥青混凝土路面结构图

图 2-9 为沥青混凝土路面结构设计图，该图中的中央分离带及断面图表示了行车道、路肩、中央分离带的尺寸，以及路拱的坡度等内容。路面结构图以示意的方式表示了路面结构中的各种材料，以及各层的厚度。另外图例对路面结构图中示意的材料作了说明。

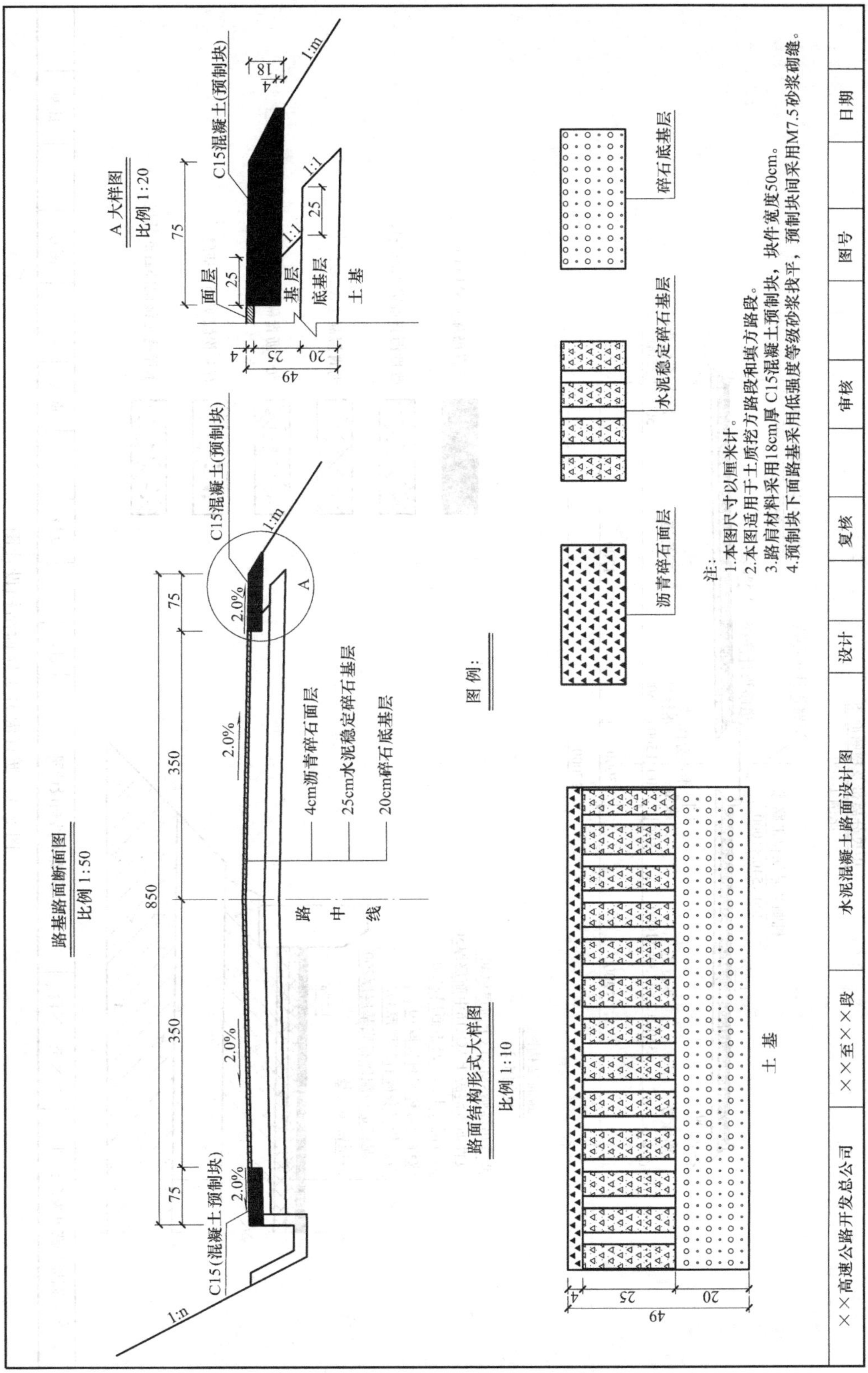

图 2-8 水泥混凝土路面结构设计图

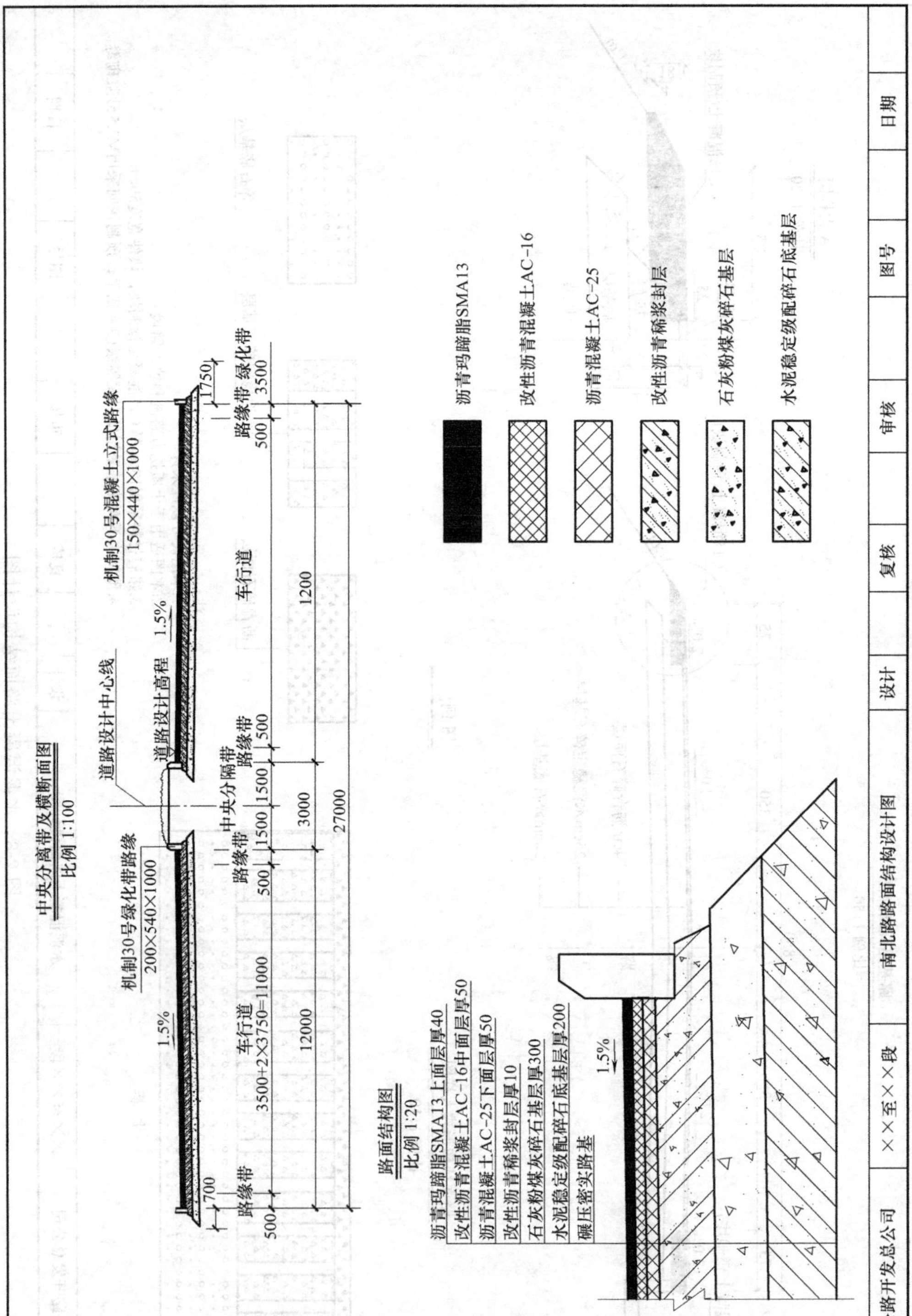

图 2-9　沥青混凝土路面结构设计图

第三章　道路排水系统工程图

水对路基土体的浸湿和冲蚀，是使路基失去稳定，丧失强度，以及发生各种路基病害的重要原因。因此，应根据沿线地形、地质和水文条件，路线的平纵断面设计特点，设计道路排水系统，其作用就是拦截、疏干或排除公路路基的地面水和地下水。道路排水系统包括：地面排水系统和地下排水系统。

第一节　地面排水系统图

地面排水系统主要指路基的边沟、天沟、截水沟、排水沟、跌水和急流槽等构筑物。

一、边沟

边沟一般设置在路基坡脚的外侧，用以汇集和排除路幅和外坡范围内的地面水，见图3-1所示。边沟应有足够的断面和纵坡，并设出水口，避免积水渗入路基内。边沟一般在原地开挖而成，需要时须加衬砌。

二、天沟

天沟设置在汇水面积较大的路堑以外的山坡上，距路堑顶有一定距离，用以拦截山坡坡面流向路堑的水，防止冲刷或破坏路堑边坡，根据需要可设置一道或几道天沟（图3-1）。

三、截水沟

设在边坡平台的水沟称为截水沟，用于防止山坡地表径流冲毁路基坡脚（图3-2）。

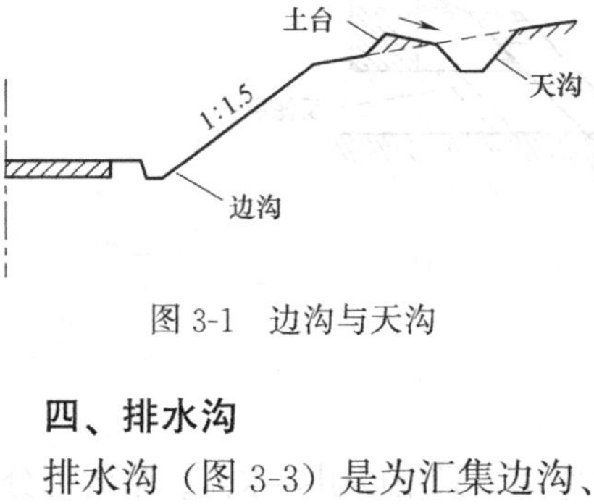

图3-1　边沟与天沟

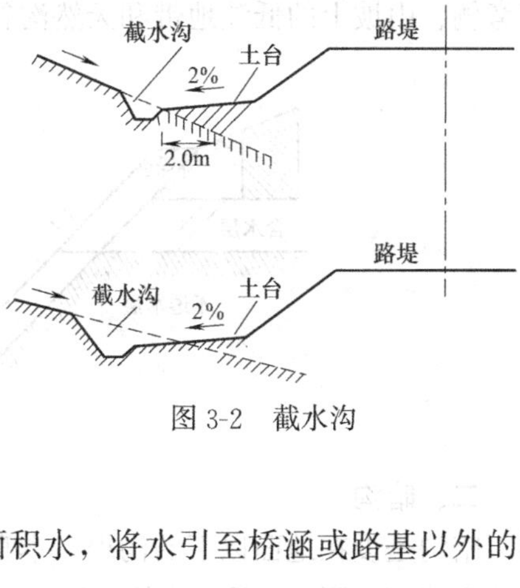

图3-2　截水沟

四、排水沟

排水沟（图3-3）是为汇集边沟、截水沟或地面积水，将水引至桥涵或路基以外的沟渠或洼地。

五、跌水和急流槽

跌水（图3-4）和急流槽（图3-5）设置于排水沟渠纵坡陡、水流急的地段，其作用是使水流消能减速，而后，将水引至桥涵上游或下游的河沟，以保护路基不受冲刷，跌水是单级或多级台阶形式的构筑物，水流以瀑布形式通过。急流槽是纵坡很陡的人工水槽，

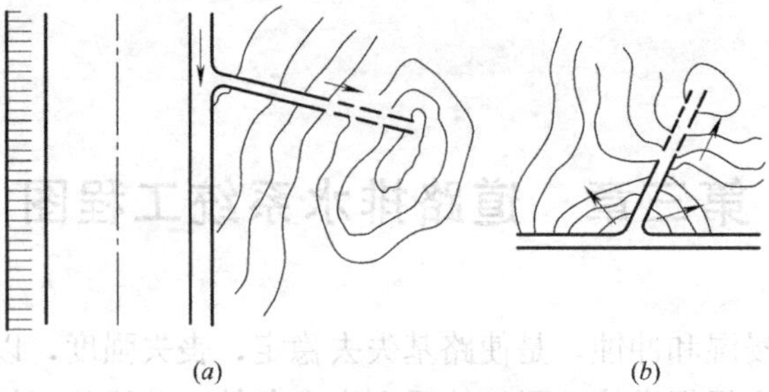

图 3-3 排水沟

(a) 水排至低洼处；(b) 水从盆地排走

视流速的不同设置消能设备。跌水和急流槽都需要用圬工构筑，并需专门设计。

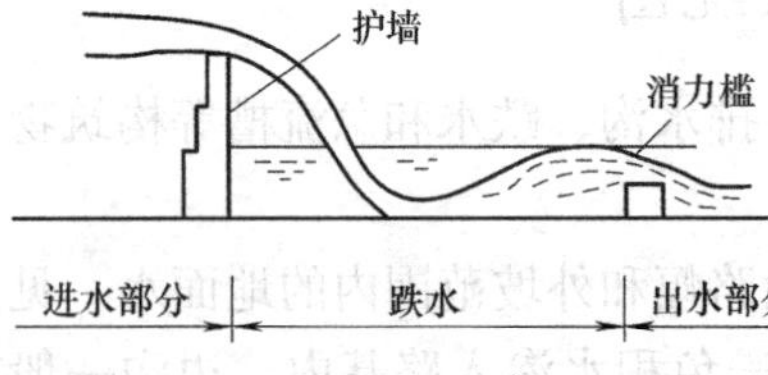

图 3-4 跌水

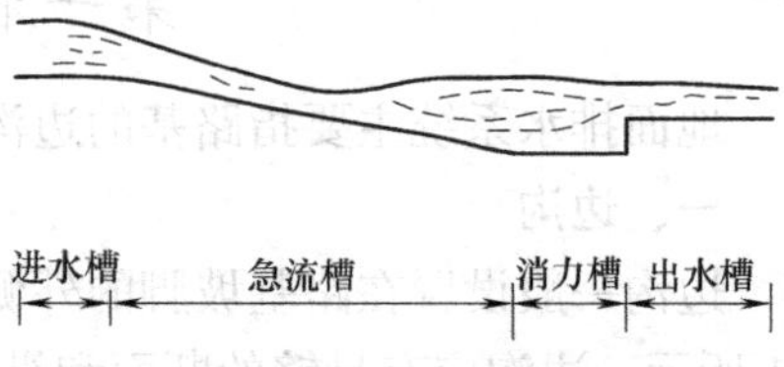

图 3-5 急流槽

第二节 地下排水系统图

路基的明沟、排水槽、排水管、渗沟、渗水隧洞、渗井和水平钻孔排水等构筑物组成了地下排水系统。

一、明沟

明沟的作用是引排或降低埋藏不深的浅层地下水，并兼排地面水。明沟通常设置在路基旁侧、山坡上的低洼地带和天然沟谷，其断面常采用梯形，如图 3-6 所示。

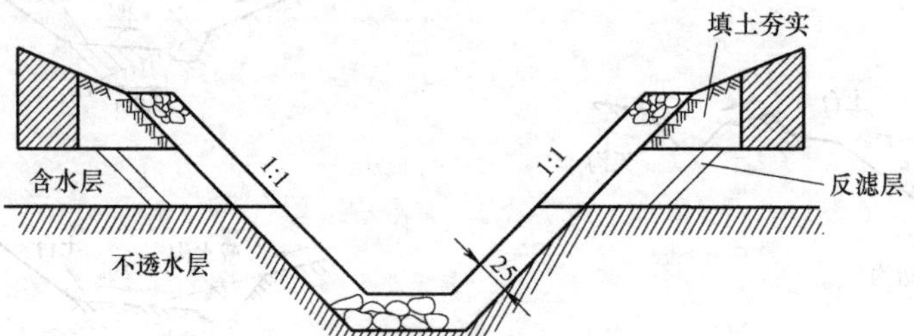

图 3-6 明沟

二、暗沟

暗沟是设在地面以下的沟渠，本身不起渗水汇水作用，只用以引导水流。暗沟可分为洞式和管式，图 3-7 是暗沟构造图，从 A—A 剖面图和 B—B 剖面图中可看到暗沟的细部结构。

三、渗沟

渗沟有多种用途，边坡渗沟用以疏干坡面土和引排边坡上局部出露的上层滞水或泉水以稳定边坡，支撑渗沟埋得较深，主要用来支撑路基土体，兼起排除地下水和疏干土中水

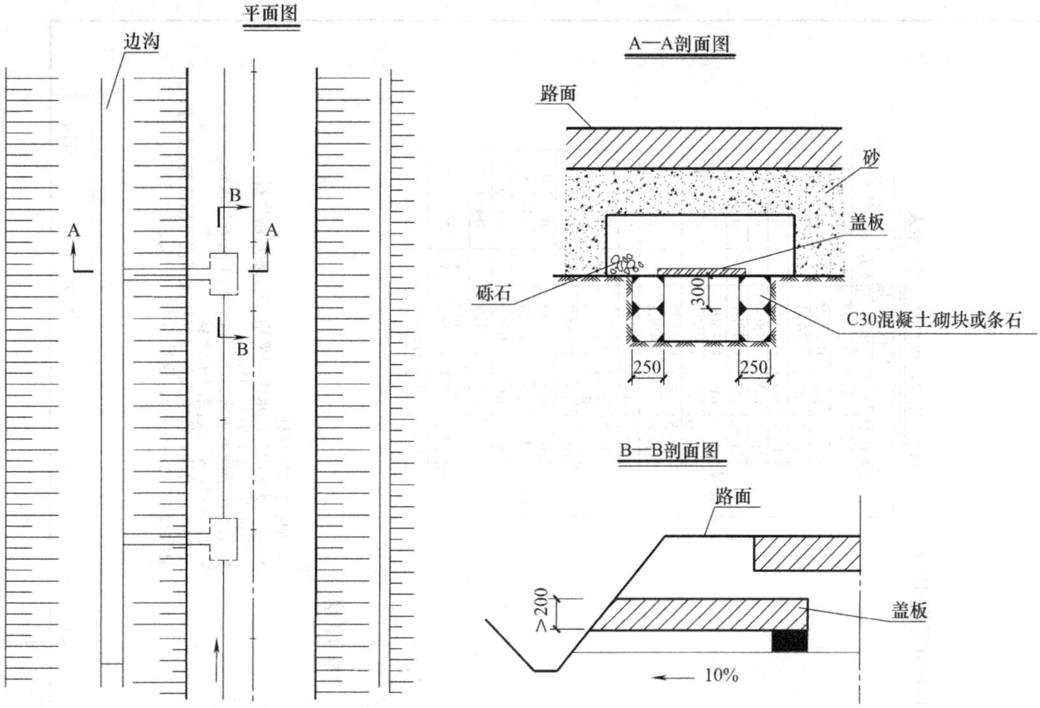

图 3-7　暗沟

的作用；截水渗沟用来拦截地下水流，不使其流向路基；引水渗沟用来引排地下水和降低地下水位，以防止路基的冻害和翻浆。将渗沟按构造形式的不同，可分为填石渗沟（也称盲沟）、管式渗沟和洞式渗沟，如图 3-8 所示。

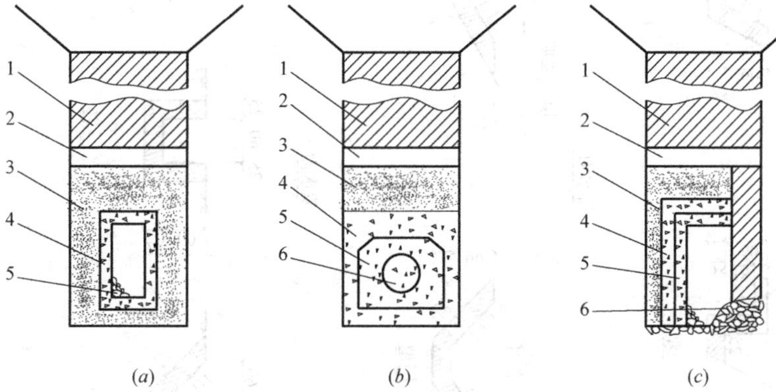

图 3-8　渗沟构造图

(*a*) 填石渗沟；(*b*) 管式渗沟；(*c*) 洞式渗沟

1—夯实黏土；2—双层反铺草皮；3—粗砂；4—石屑；5—碎石；6—浆砌片石沟洞

四、排水系统工程实例

1. 边沟、排水沟、截水沟设计图

图 3-9 为路基路面排水工程设计图，图中给出了各种形式的边沟、排水沟和截水沟，并给出了工程数量表。

2. 急流槽设计图

图 3-10 为急流槽设计图，分为进水、槽身和出水三部分。图样部分由急流槽纵剖面

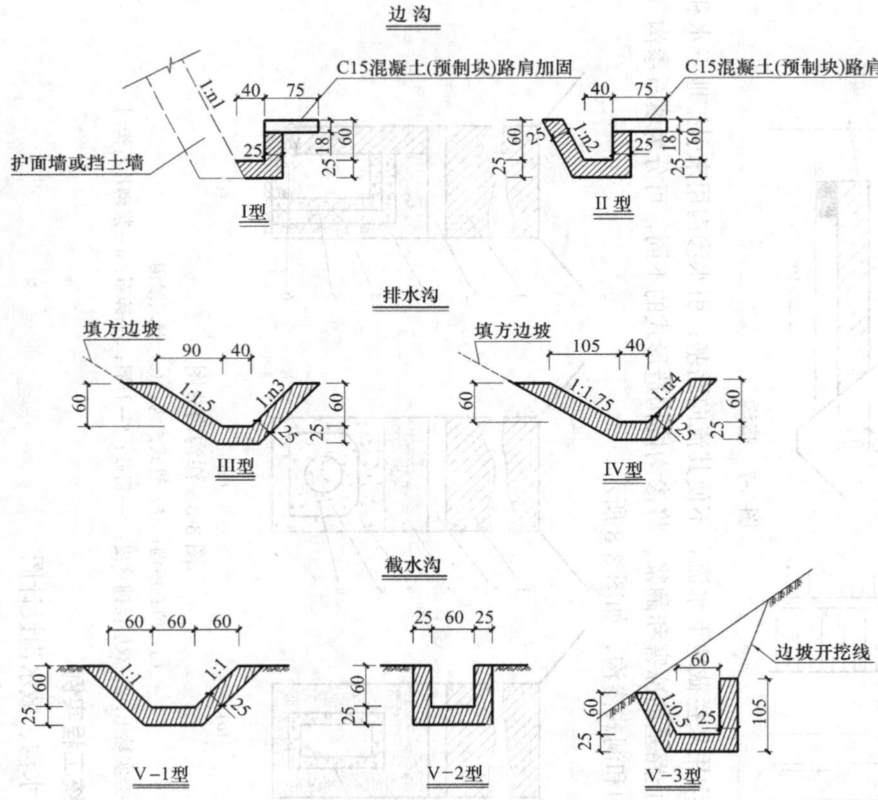

每延米边沟、排水沟工程数量表

类型		工程数量			备注
型式	编号	单位	7.5号砂浆砌片石	土方	
边沟	I-1	m^3	0.2597		n1=0.25
	I-2	m^3	0.2519		n1=0.5
	I-3	m^3	0.2441		n1=0.75
	I-4	m^3	0.2363		n1=1.0
	II-1	m^3	0.4800		n2=0
	II-2	m^3	0.4787		n2=0.25
	II-3	m^3	0.4800		n2=0.3
	II-4	m^3	0.4839		n2=0.4
	II-5	m^3	0.4895		n2=0.5
	II-6	m^3	0.4966		n2=0.6
	II-7	m^3	0.5050		n2=0.7
	II-8	m^3	0.5097		n2=0.75
	II-9	m^3	0.5368		n2=1.0
排水沟	III-1	m^3	0.6582		n3=0.5
	III-2	m^3	0.7055		n3=1.0
	III-3	m^3	0.7724		n3=1.5
	IV-1	m^3	0.6956		n4=0.5
	IV-2	m^3	0.7429		n4=1.0
截水沟	V-1	m^3	0.6885	1.410	
	V-2	m^3	0.5750	0.765	
	V-3	m^3	0.6345		

注：
1.本图尺寸以厘米计。
2.边沟、排水沟及截水沟均采用7.5号砂浆砌片石，石料抗压强度不小于30MPa。
3.I、II型用于挖方边沟，III、IV型用于填方排水沟；V-1、V-2、V-3适用于截水沟。
4.各种类型边沟、排水沟视局部特殊情况可酌情调整尺寸，但沟深不得小于0.6m，纵坡不小于0.3%。

××高速公路开发总公司	××至××段	边沟排水沟截水沟设计图	设计		复核		审核		图号		日期	

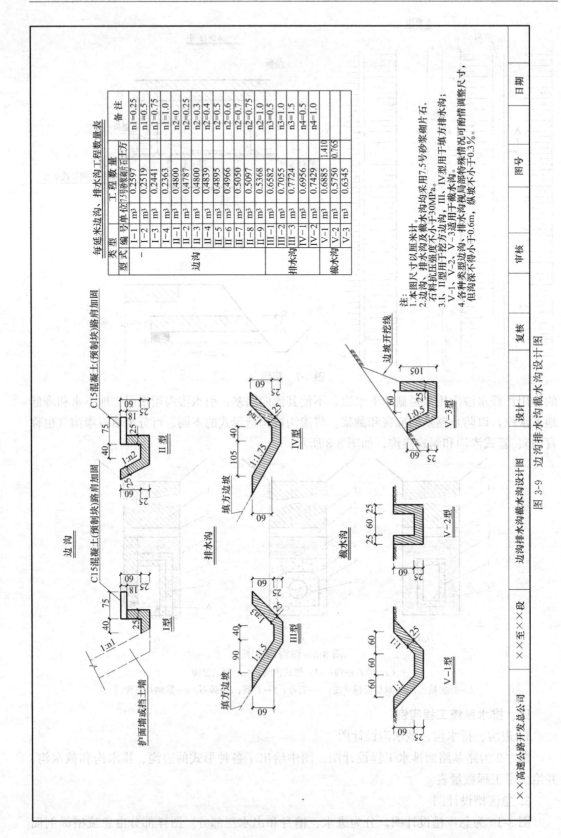

图 3-9　边沟排水沟截水沟设计图

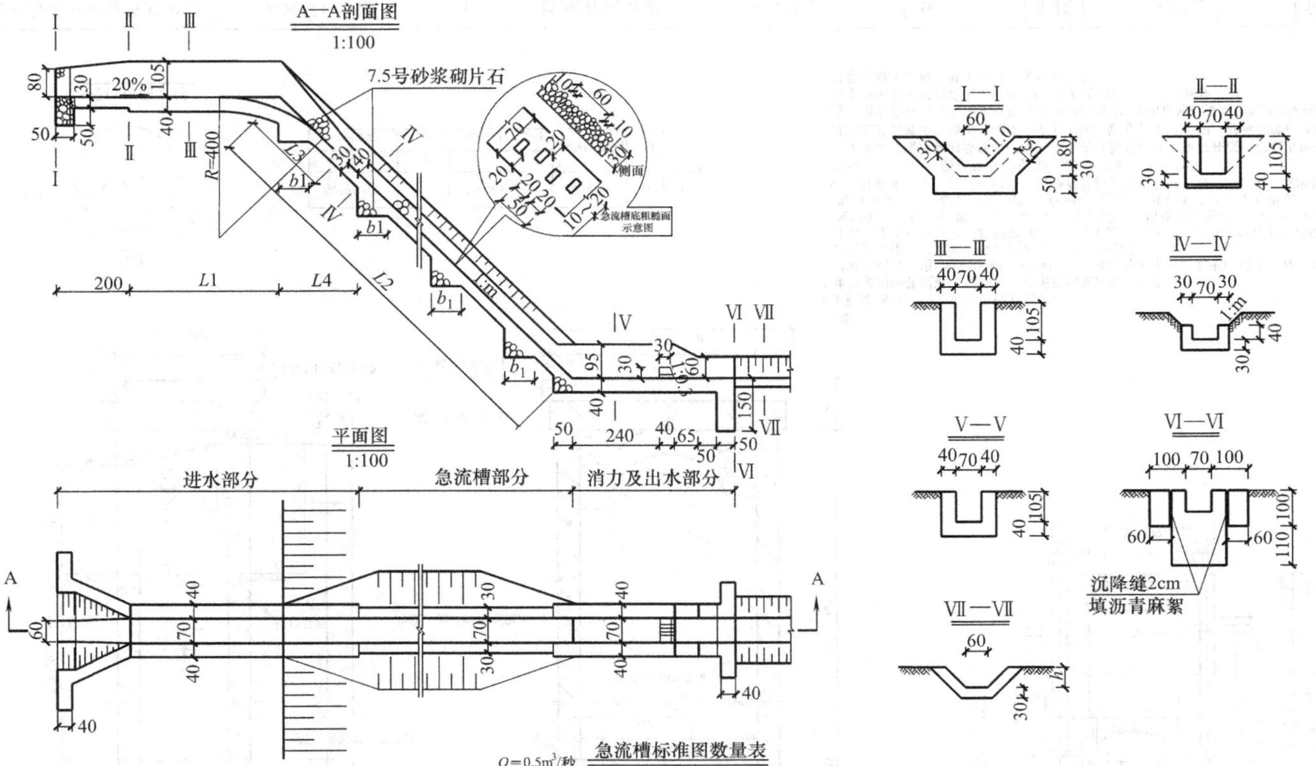

急流槽标准尺寸表

尺寸(m) 部位 / 沟底坡度	进水槽 L1	急流槽 L2	过渡段 L3	防滑平台 b1	每个平台水平间距 L4
1:0.75	5.10	≥5.90	3.45	0.80	1.70
1:1.0	3.90	≥4.50	2.25	0.80	1.70
1:1.25	3.35	≥3.90	1.70	0.90	2.00
1:1.5	3.05	≥3.60	1.40	0.90	2.00

急流槽标准图数量表

$Q=0.5m^3$/秒

工程名称 / 材料名称 / 单位 / 数量 / 沟底坡度	进水部分	急流槽部分 沟底	急流槽部分 防滑平台	急流槽部分 伸缩缝	消力及出水部分
材料名称	7.5号砂浆砌片石	7.5号砂浆砌片石	7.5号砂浆砌片石	沥青麻絮	7.5号砂浆砌片石
单位	m^3	m^3/m	m^3/个	m/处	m^3
1:0.75	14.84	1.06	0.55	0.63	7.94
1:1.0	11.92	0.90	0.42	0.63	7.91
1:1.25	10.50	0.82	0.42	0.63	7.89
1:1.5	9.71	0.77	0.35	0.63	7.88

注：
1.本图尺寸以厘米为单位。
2.设计流量$Q=0.5m^3/S$。
3.本图用于路基纵向排水,急流槽进出口与边沟的衔接,可视具体情况酌情调整。

××高速公路开发总公司	××至××段	急流槽设计图	设计		复核		审核		图号	日期

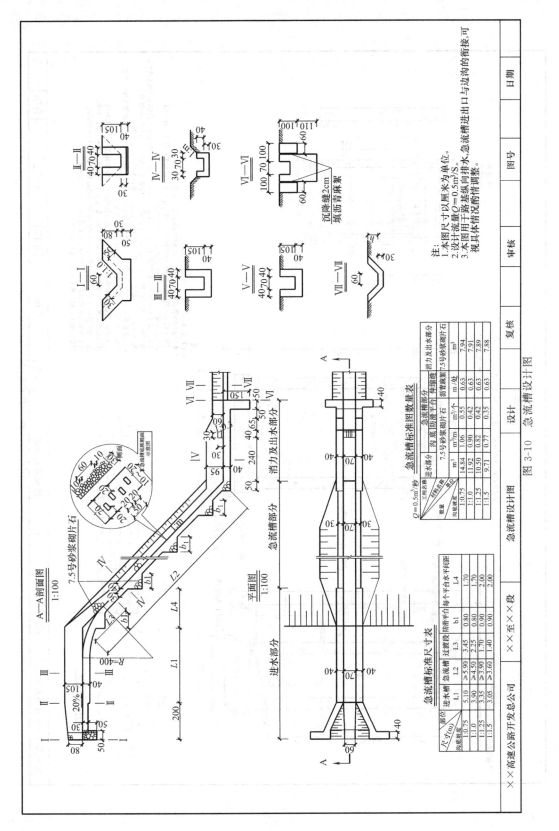

图 3-10　急流槽设计图

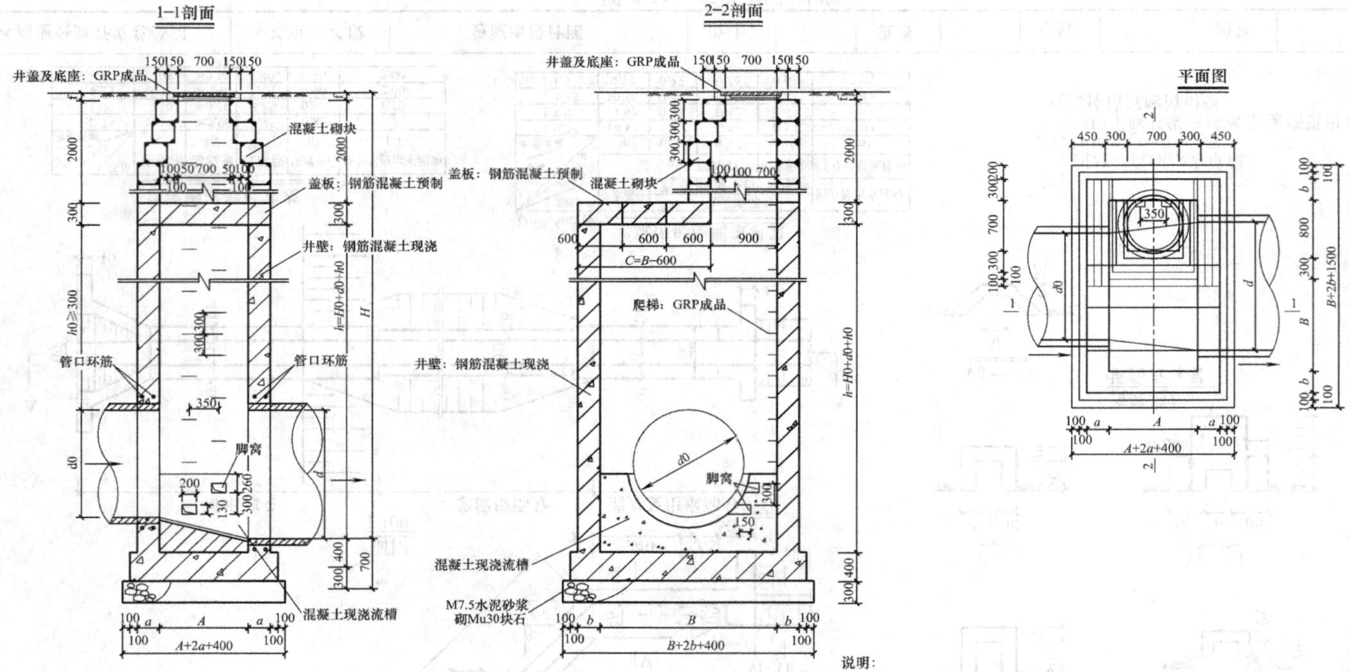

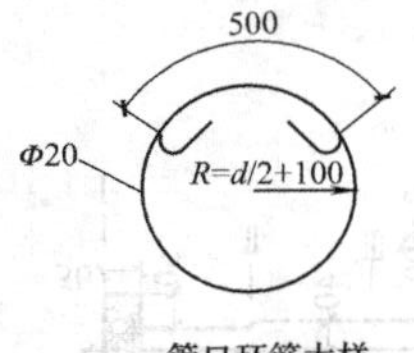

管口环筋大样

管径(mm)	尺寸(mm)			埋深(m)	a	b
d(d0)	B	C	A			
400~800	1200	600	1200	5<H≤10m	300	300

说明：

1.本图比例为1:50，尺寸单位为毫米。
2.井身采用钢筋混凝土现浇，井盖采用钢筋混凝土预制。
3.混凝土砌块采用300×300断面预制构件，预制时采用表面光滑的模板，使预制块表面光滑；采用条石时，跌水井内壁必须扁光。
4.井盖、盖座及爬梯采用玻璃钢材料(GRP)成品。人行道上采用轻型井盖及盖座(Φ700普通型)，f为150mm，设计荷载标准：5kN/m；车行道上采用重型井盖及盖座(Φ700承重型)，f为210mm，设计荷载标准为汽车-超20级荷载，并符合本设计的受力要求。
轻型井盖或重型井盖盖座内空应与检查井条石收口尺寸一致(700mm)，盖座最大外缘直径不小于1000mm。爬梯参考尺寸为：长295×宽220(180)。
5.检查井盖应选择有加劲肋的产品，井盖通过加劲肋臂卡锁在井盖座限位卡槽内以防止井盖跳离及转动。盖座上应有 雨水 或 污水 类型标识，并标注建成年代。
6.进、出水管管口标高及角度根据实际情况确定。h由管底标高及顶板埋深确定。
7.跌水井地基承载力应大于0.3MPa，若未达到应通知设计解决。
8.钢筋混凝土盖板及井室配筋详见相关结构图。

××高速公路开发总公司	××至××段	跌水井构造图	设计		复核		审核		图号		日期	

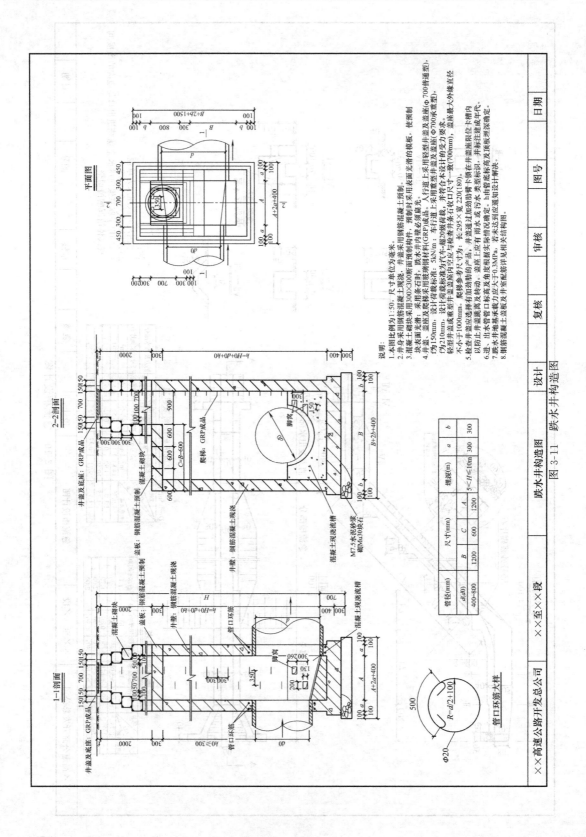

图 3-11　跌水井构造图

图、平面图和Ⅰ—Ⅰ至Ⅷ—Ⅷ断面图构成，表达了急流槽的结构、尺寸以及各部分所使用的材料。

3. 跌水井设计图

图 3-11 为跌水井设计图，是深型跌水井，从平面图可知其外形为矩形，长 $A+2a+400$，宽 $B+2b+400$。根据 1—1 剖面图和 2—2 剖面图可知，该跌水井由五部分组成：井口、井身、流槽、圆管和基础。井口由混凝土块砌成，高为 2150mm。井身高 $h=H_0+d_0+h_0$，井壁采用钢筋混凝土现浇。井身底部的流槽是半圆台孔，采用混凝土现浇。半圆台孔流槽两端分别接直径为 d 和 d_0 的圆管。基础为水泥砂浆砌块石。

第四章　桥涵工程图

当修筑的道路通过江河、山谷和低洼地带时，需要修筑桥梁，保证车辆的正常行驶和宣泄水流，并考虑船只通航。涵洞是宣泄小量水流的工程构筑物，它与桥梁的区别在于跨径的大小。根据《公路工程技术标准（附条文说明）》JTG B01—2003 规定，凡单孔跨径 $L_k<5m$，以及圆管涵和箱涵不论管径或跨度大小，孔数多少，均为涵洞。桥梁、涵洞是公路工程中常见的工程构造物，由于其结构复杂，形状独特，在工程图样中，有各自不同的图示特点。

第一节　桥梁工程图

桥梁由上部结构（主梁或主拱圈和桥面系）、下部结构（基础、桥墩和桥台）、附属结构（栏杆、灯柱、护岸、导流结构物等）三部分组成，桥梁的结构形式主要有梁桥、拱桥、桁架桥、斜拉桥、悬索桥等。桥梁工程图是桥梁施工的主要依据。它主要包括：桥位平面图、桥位地质断面图、桥梁总体布置图、构件结构图和大样图等。

桥位平面图主要表示桥梁和路线连接的平面位置，以及地形、地物、河流、水准点、地质钻探孔等情况，为桥梁设计、施工定位等提供依据，这种图一般采用较小的比例如：1∶500、1∶1000、1∶2000 等。

桥位地质断面图是根据水文调查和钻探所得的水文资料，绘制的桥位处的地质断面图，包括河底断面线、最高水位线、常水位线和最低水位线，为设计桥梁、墩台和计算土石方工程数量提供依据。

下面着重介绍桥梁总体布置图和构件结构图。

一、桥梁总体布置图

桥梁总体布置图主要表明桥梁的型式、跨径、净空高度、孔数、桥墩和桥台的型式、桥梁总体尺寸、各种主要构件的相互位置关系以及各部分的标高等情况，作为施工时确定墩台位置、安装构件和控制标高的依据。

图 4-1 是一座总长为 12100cm 预应力混凝土简支 T 形梁桥的总体布置图，它由立面图和横剖面图来表示。立面图比例采用 1∶300，横剖面图采用 1∶100。

1. 立面图

立面图主要反映桥梁的特征和桥型。全桥共四孔，每孔跨径 2700cm，桥台长 650cm，桥全长 12100cm，中心里程桩号为 K0＋441.260，设有防撞护栏。桥面纵向设有 1.20％的单向纵坡，上部结构为预应力混凝土等截面连续 T 型梁。下部结构中两岸桥台均为重力式 U 型桥台，河中间采用 3 排每排 4 个八边形桥墩及挖孔灌注桩。

立面图中还表明了河床水文地质状况，墩台地质钻探结果在图上可用地质柱状图表示地层的土质和深度，立面图中设有高度标尺，供阅读和绘图时参照，由标高尺寸可知墩台的埋深。

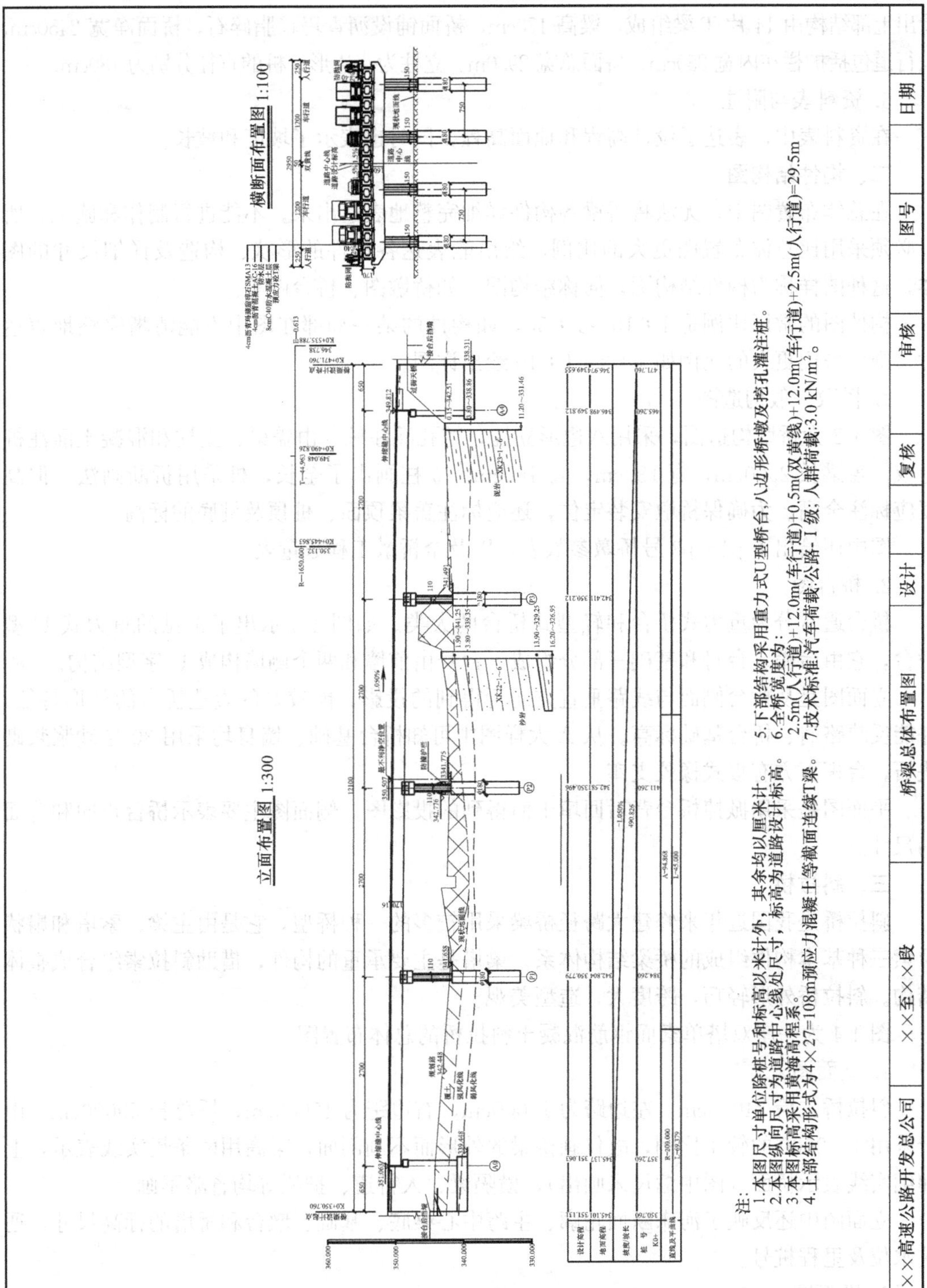
立面布置图 1:300
横断面布置图 1:100
注:
1.本图尺寸单位除桩号和标高以米计外，其余均以厘米计。
2.本图纵向尺寸为道路中心线处尺寸，标高为道路设计标高。
3.本图标高采用黄海高程系。
4.上部结构形式为4×27=108m预应力混凝土等截面连续T梁。
5.下部结构采用重力式U型桥台,八边形桥墩及挖孔灌注桩。
6.全桥宽度为:
2.5m(人行道)+12.0m(车行道)+0.5m(双黄线)+12.0m(车行道)+2.5m(人行道)=29.5m
7.技术标准:汽车荷载:公路-I级;人群荷载:3.0 kN/m²。
××高速公路开发总公司
××至××段
桥梁总体布置图
设计
复核
审核
图号
日期

图 4-1 桥梁总体布置图

2. 横剖面布置图

横剖面布置图主要表明桥梁上部结构和墩台形式，及其上部结构与墩台的连接。从图中可看出上部结构由 14 片 T 梁组成，梁高 170cm，桥面铺设沥青玛蹄脂碎石，桥面净宽 2450cm，人行道包括护栏在内宽 250cm，桥面总宽 29.0m。立柱为八边形，桩的直径分别为 180cm。

3. 资料表与附注

在资料表中，表达了设计高程和地面高程，同时也表示了坡度和坡长。

二、构件结构图

在总体布置图中，无法将桥梁各构件详细完整地表达出来，不能进行制作和施工，所以必须采用比总体布置图更大的比例，绘出能表达各构件的形状、构造及详细尺寸的图样，这种图样称为构件结构图，简称结构图，如桥墩图、桥台图等。

构件图的常用比例是 1∶10～1∶50，如构件的某一局部在图中不能清晰完整地表达时，则应采用更大的比例如 1∶3～1∶10 绘出详图。

1. 桥墩一般构造图

图 4-2 为桥墩构造图，采用八边形立柱，挖孔灌注桩。由盖梁、立柱和混凝土灌注桩组成。盖梁长 2900cm，宽 180cm，高 160cm。立柱画出了全长，桩采用折断画法，但高度应标注全高。为确保桥墩安装定位，还应标注盖梁顶面、桩顶及桩底的标高。

图中还给出了 p1～p3 号桥墩参数表，以及全桥墩工程数量表。

2. 桥台图

桥台通常分为重力式桥台和轻型式桥台两大类。如图 4-3 示出了常见的重力式 U 型桥台，它由台帽、台身和基础三部分组成，台身由前墙和两个侧墙构成 U 字型结构。

立面图是从桥台侧面与线路垂直方向所得到的投影，能较好的表达桥台的外形特征，并能反映路肩、桥台基础标高。从 A 大样图中可知桥台基础、墙身均采用 30 号砂浆浆砌块石，台帽下方有板式橡胶支座。

平面图是采用掀掉桥台背后回填土而得到的投影图。侧面图主要表示桥台正向和背面的尺寸。

三、斜拉桥

斜拉桥是我国近年来修建大跨径桥梁采用较多的一种桥型，它是由主梁、索塔和扇状拉索三种基本构件组成的桥梁结构体系，梁塔是主要承重的构件，借助斜拉索组合成整体结构。斜拉桥外形轻巧，跨度大，造型美观。

图 4-4 为一座双塔单索面钢筋混凝土斜拉桥的总体布置图。

1. 立面图

斜拉桥主跨 34000cm，左边跨为 10000cm，右边跨为 15000cm，桥总长 59000cm，由于采用 1∶2000 的较小比例，故仅画桥梁的外形而不画剖面，梁高用两条粗实线表示，上加细实线表示桥面（图中缩尺未画出），横隔梁、人行道、护栏等均省略不画。

立面图中还反映了河床断面轮廓、主跨中心梁底、基础、墩台和桥塔的标高尺寸，通航水位及里程桩号。

2. 平面图

平面图表达了人行道和桥面的宽度，塔身与基础的位置关系以及桥台的平面布置，从平面图中虚线可知左塔基础为 1900×1900，右塔基础为 2400×2400。

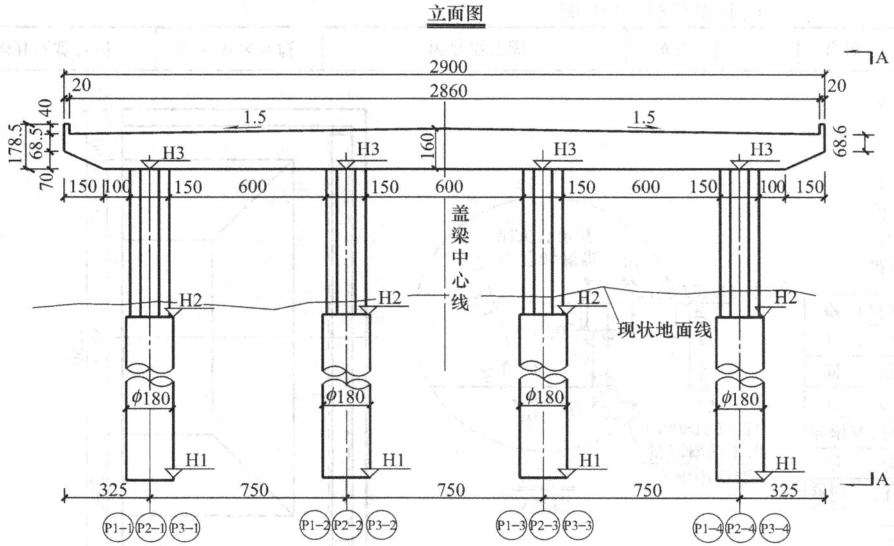

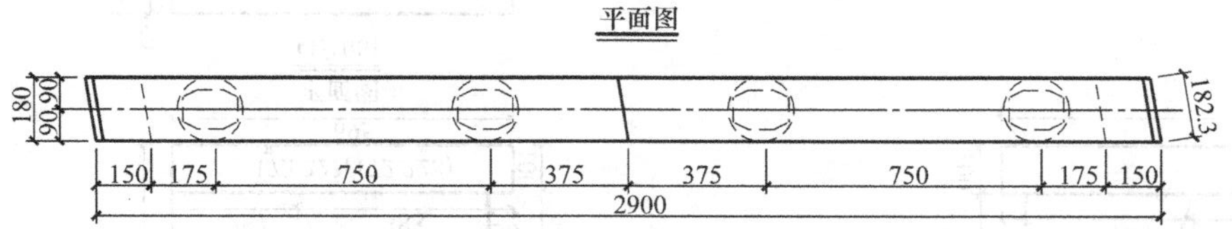

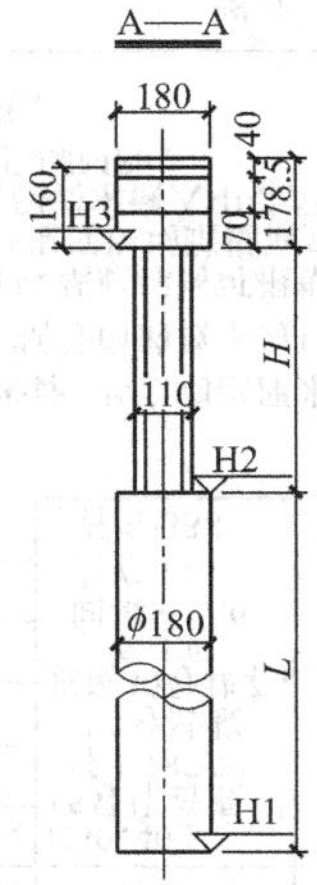

全桥墩、桩工程数量为

混凝土(m^3)		
C40 盖梁	C40 墩	C30 桩
214.4	98.76	305.36
挖　方 439.72 3		

P3号墩柱参数表

桥墩编号	$H1$ (m)	$H2$ (m)	$H3$ (m)	墩高h (m)	桩长L (m)	X坐标	Y坐标
P3-1	331.491	341.491	347.104	5.613	10.0	63962.447	52602.337
P3-2	331.491	341.491	347.214	5.723	10.0	63963.334	52609.280
P3-3	331.491	341.491	347.220	5.729	10.0	63964.221	52616.224
P3-4	331.491	341.491	347.123	5.632	10.0	63965.108	52623.168

P1号墩参数表

桥墩编号	$H1$ (m)	$H2$ (m)	$H3$ (m)	墩高h (m)	桩长L (m)	X坐标	Y坐标
P1−1	331.658	341.658	347.103	5.445	10.0	63910.412	52616.719
P1−2	331.658	341.658	347.214	5.556	10.0	63911.300	52623.663
P1−3	331.658	341.658	347.220	5.562	10.0	63912.186	52630.606
P1−4	331.658	341.658	347.121	5.463	10.0	63913.073	52637.550

P2号墩柱参数表

桥墩编号	$H1$ (m)	$H2$ (m)	$H3$ (m)	墩高h (m)	桩长L (m)	X坐标	Y坐标
P2−1	331.775	341.775	347.104	5.329	10.0	63936.549	52609.976
P2−2	331.775	341.775	347.214	5.439	10.0	63937.436	52616.920
P2−3	331.775	341.775	347.220	5.445	10.0	63938.323	52623.864
P2−4	331.775	341.775	347.122	5.347	10.0	63939.210	52630.807

注:

1.本图坐标及标高以米计，其余尺寸以厘米计。
2.桩嵌入中风化层深度不得小于5.4m。
3.岩石饱和单轴抗压强度标准值不小于5.0MPa。

××高速公路开发总公司	××至××段	桥墩结构设计图	设计		复核		审核		图号		日期	

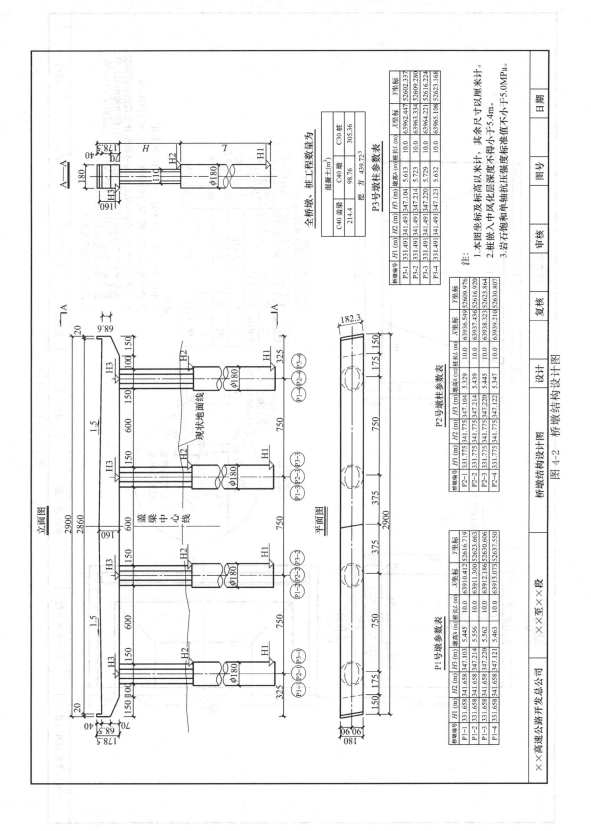

图 4-2　桥墩结构设计图

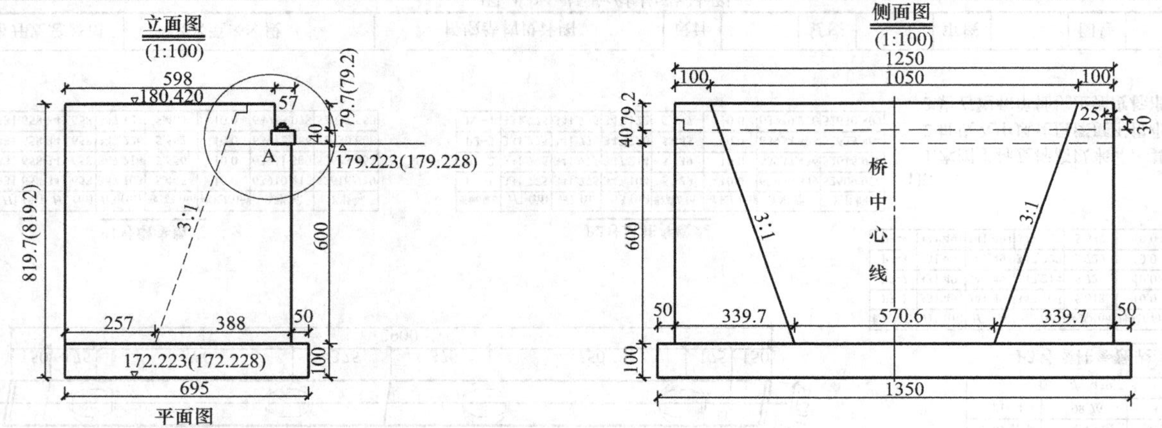

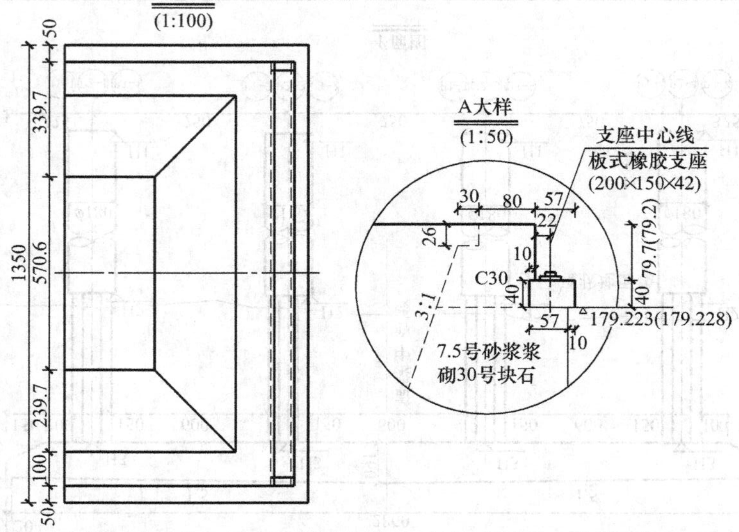

桥台工程数量表 单位(m^3)

部位＼项目		C30	15号片石混凝土	7.5号砂浆浆砌30号块石	合计(2个)
台身		16.8		331.8	C30:40.5 15号片石混凝土187.7 7.5号砂浆浆砌30号块石:663.6 回填:447.6 土方:146 石方:338
台帽及挡块		3.45			
基础			93.83		
回填		223.8			
开挖	土方	73			
	石方	169			

说明：

1. 本图尺寸除标高以米计，其余均以厘米计。
2. 两岸桥台构造一致，括号内的数字为1号桥台的标高。
3. 该桥无地质钻探资料，基底标高可根据开挖后的情况调整。本图中的基底标高是根据现场踏勘而定，图中的中风化分界线估计而得，但基础要求嵌入中等风化层以下0.5m，基底允许承载力应大于0.5MPa。
4. 台身按常规设泄水孔。

××高速公路开发总公司	××至××段	桥台设计图	设计		复核		审核		图号		日期	

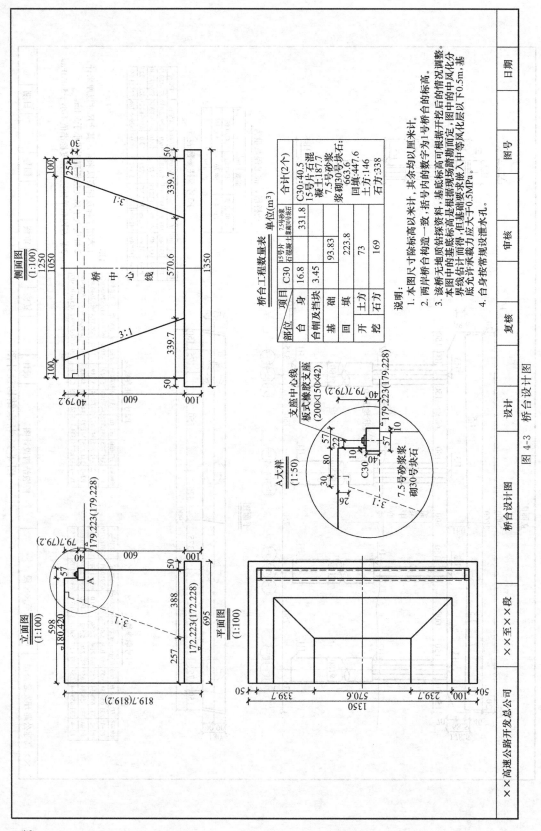

图 4-3　桥台设计图

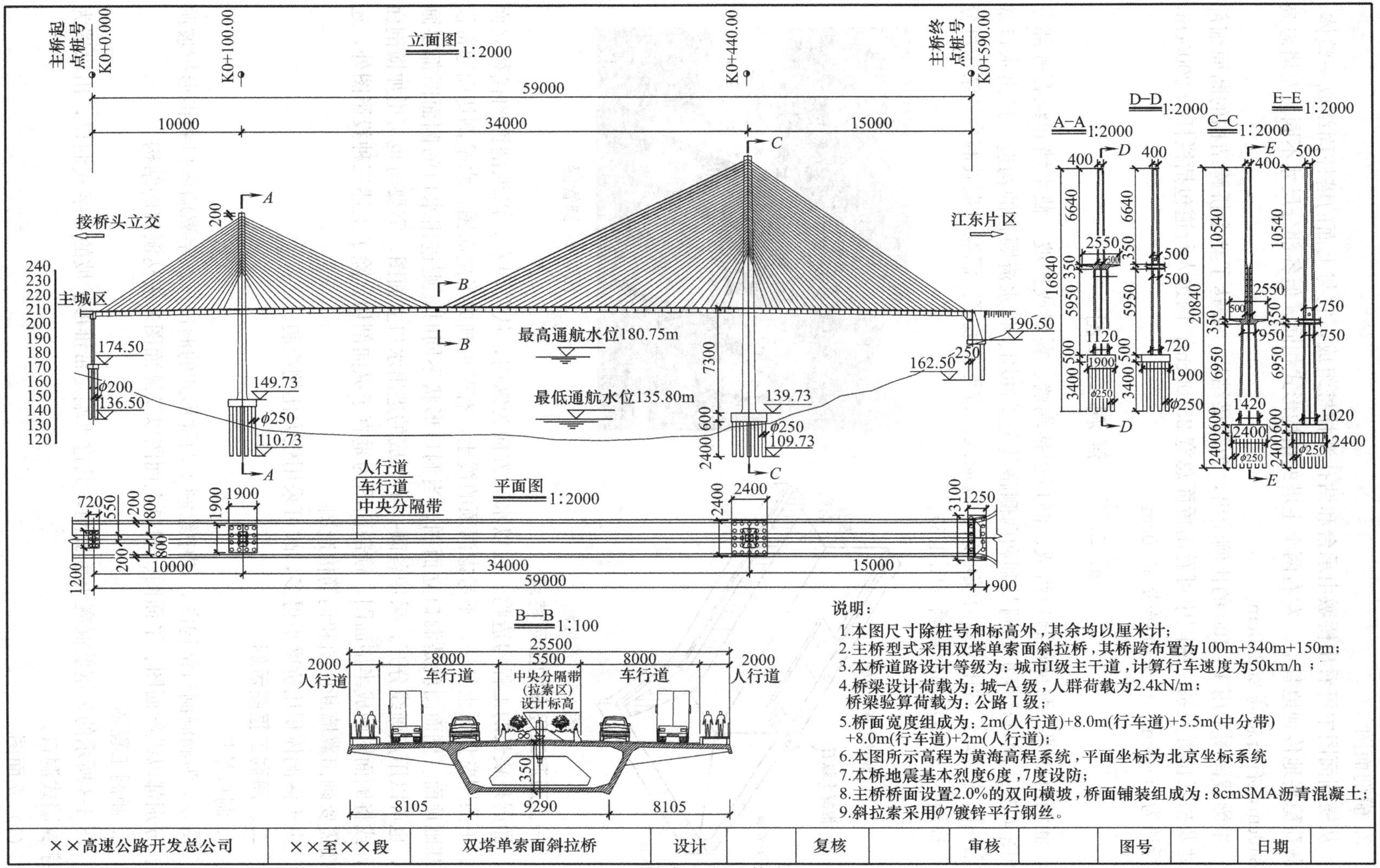

图 4-4 双塔斜拉桥总体布置图

3. 横剖面图

从横剖面图中可看出桥墩由承台和钻孔灌柱桩组成，它与上面的塔柱固结成一整体，将载荷稳妥地传到地基上。左右两个主塔的结构形式相同，但各部分尺寸不同。左塔总高16840cm，右塔总高 20840cm。

主梁截面图采用 1∶100 的比例绘出，为箱梁结构，表达了整个桥跨结构的断面细部尺寸及相互位置关系。从图中可看出桥面总宽 25500cm，两边人行道包括栏杆为 2000cm，车行道为 8000cm，中央分隔带 5500cm。

第二节　涵洞工程图

涵洞由基础、洞身和洞口组成。洞口包括端墙、翼墙或护坡、截水墙和缘石等部分(如图 4-5)。洞口是保护涵洞基础和两侧路基免受冲刷、使水流顺畅的构造，进出水口常采用相同的形式，常用形式有端墙式、翼墙式、锥形护坡等。涵洞根据其洞身的结构可分成盖板涵（图 4-5）和圆管涵（图 4-6）。

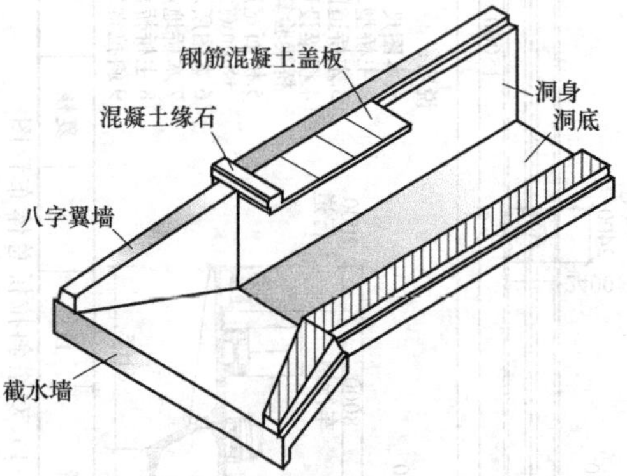

图 4-5　盖板涵

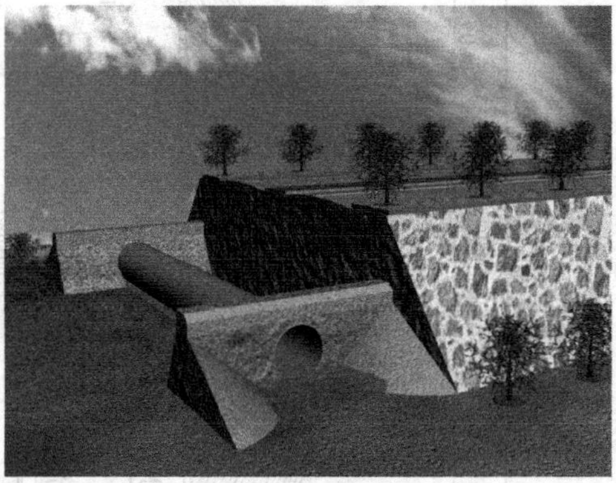

图 4-6　圆管涵

一、涵洞工程图的图示特点

涵洞是狭长的工程构造物，故以水流方向为纵向，从左向右，以纵剖面图代替立面图。平面图常用掀土画法，不考虑洞顶的覆土，有时可画成半剖面图，水平剖切面通常设在基础顶面。侧面图就是洞口立面图，当洞口形状不同时，则进出水口的侧面图都要画出，也可以用点画线分开，采用各画一半合成的进出水口立面图，需要时也可增加横剖面图，或将侧面图画成半剖面图，横剖面图为垂直于纵向剖切。除了上述三种投影图外，还应按需要画出翼墙断面图和钢筋构造图。

由于涵洞体积比桥梁小得多，故可采用较大比例绘制。

二、涵洞工程图示例

1. 洞口结构

图 4-7 为涵洞洞口结构图，图中绘制了两种形式的洞口，八字翼墙洞口和锥形护坡洞口。分别都以纵剖面图、平面图、洞口立面图以及断面图来表达洞口的结构。

2. 涵洞工程图

图 4-8 所示的为钢筋混凝土盖板涵，其进水端是带锥形护坡的一字式洞口，出水端为八字翼墙式洞口。

(1) 立面图

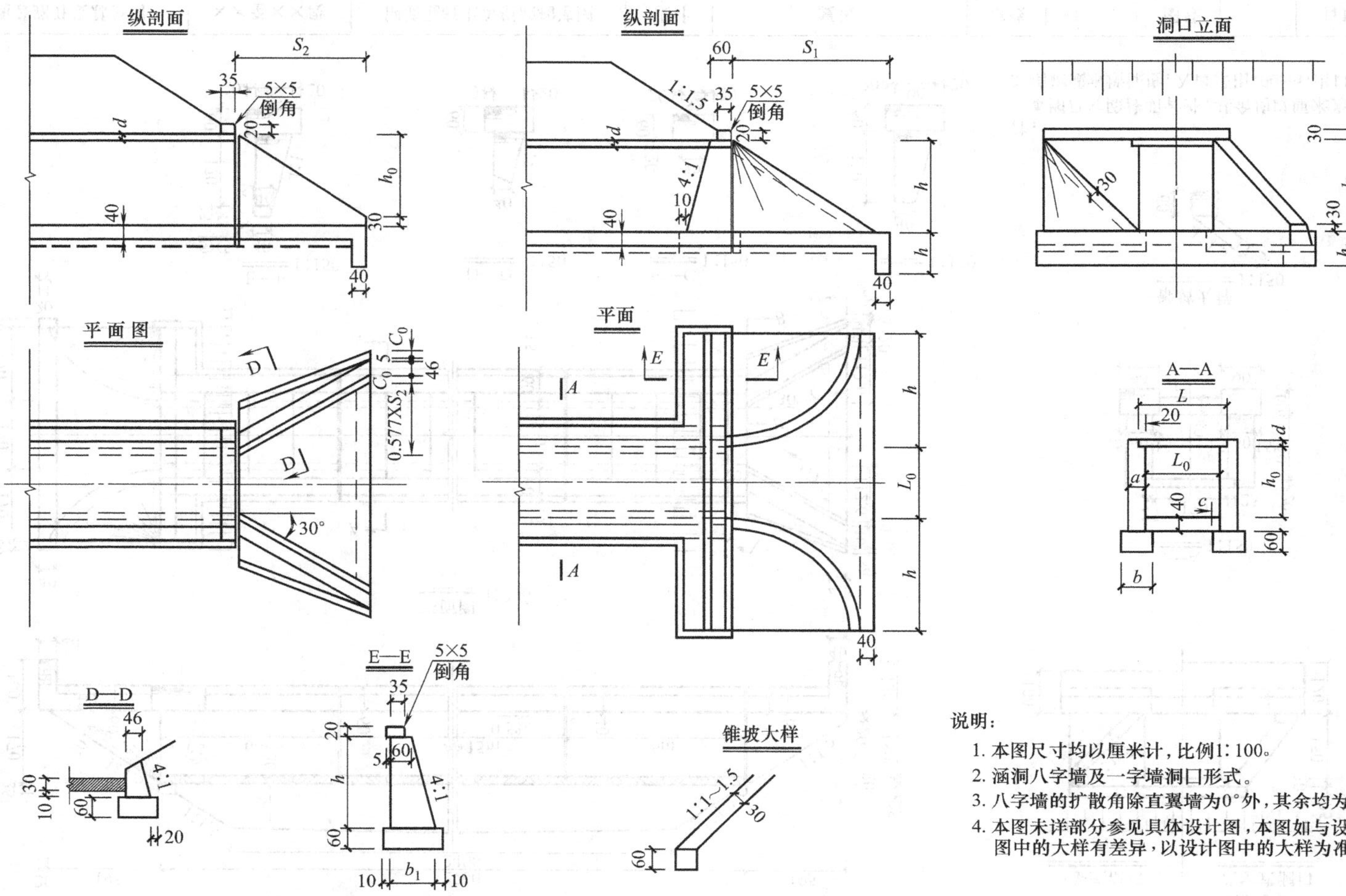

说明：

1. 本图尺寸均以厘米计，比例1∶100。
2. 涵洞八字墙及一字墙洞口形式。
3. 八字墙的扩散角除直翼墙为0°外，其余均为30°。
4. 本图未详部分参见具体设计图，本图如与设计图中的大样有差异，以设计图中的大样为准。

××高速公路开发总公司	××至××段	涵洞洞口结构图	设计		复核		审核		图号		日期	

图 4-7　涵洞洞口结构图

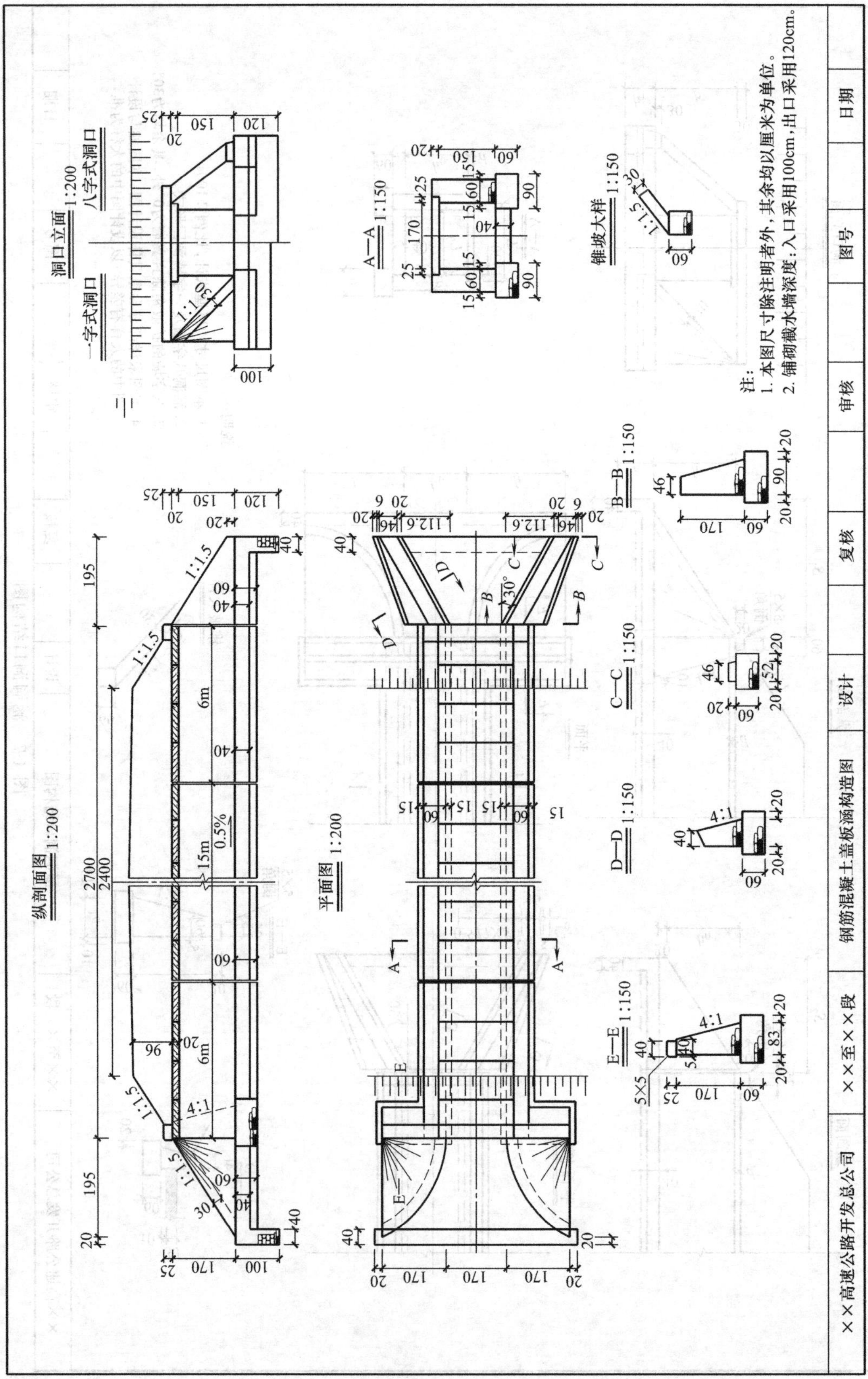

图 4-8　钢筋混凝土盖板涵构造图

从左至右以水流方向为纵向，用纵剖面图表达，表示了洞身、洞口、基础、路基的纵断面形状以及它们之间的连接关系。洞顶以上路基填土厚要求不小于96cm，进出水口分别采用端墙式和翼墙式，均按1∶1.5放坡。涵洞净高150cm，盖板厚20cm，设计流水坡度为0.5%，截水墙高120cm。盖板涵及基础所用材料也在图中表示出来，图中未示出沉降缝位置。

（2）平面图

平面图表达了进出水口的形式和平面形状、大小，缘石的位置，翼墙角度等。如图所示，涵洞轴线与路中心线正交。涵顶覆土虽未考虑，但路基边缘线应予画出，并以示坡线表示路基边坡。为了便于施工，翼墙和洞身位置作A—A、B—B、C—C、D—D和E—E剖切，用放大比例画出断面图，以表示墙身和基础的详细尺寸、墙背坡度以及材料等，洞身横断面图A—A表明了涵洞洞身的细部构造及其盖板尺寸。

（3）侧面图

侧面图是涵洞洞口的正面投影图，反映了缘石、盖板、洞口、护坡、截水墙、基础等的侧面形状和相互位置关系。由于进出水洞口形式不同，所以用点画线分开，采用一字式洞口和八字式洞口正面图各绘一半组合而成。

第五章 隧道工程图

隧道是道路穿越山岭或通过水底的狭长构筑物，由主体结构和附属结构两大部分组成。

第一节 隧道结构

隧道主体建筑由洞门、洞身和基础三部分组成，如图 5-1 所示。在隧道进口或出口处要修筑洞门，两洞门之间的部分就是洞身，图中只表达了一侧洞门。

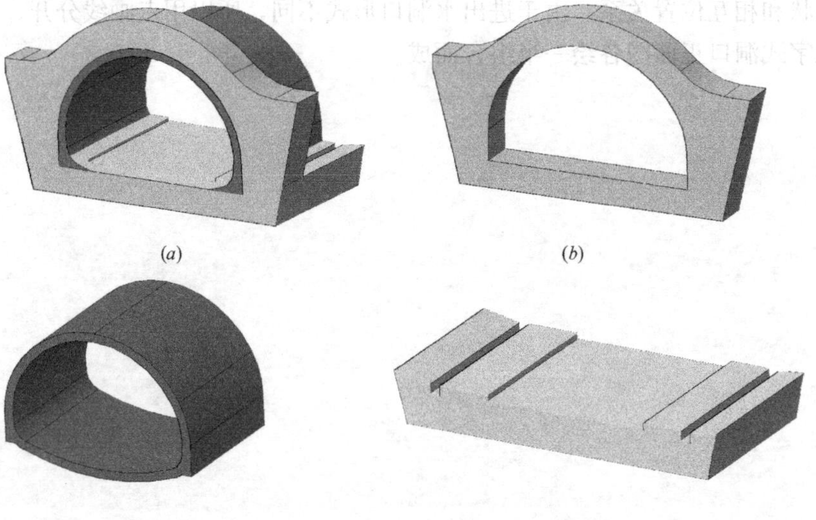

(*a*) (*b*) (*c*) (*d*)

图 5-1 隧道的组成

(*a*) 隧道（洞门、洞身、路基组合）；(*b*) 洞门；(*c*) 洞身；(*d*) 路基

一、洞门类型

隧道洞门的作用是保持洞口仰坡和路堑边坡的稳定，汇集和排除地面水流，便于进行洞口建筑艺术处理。

根据洞门处的地形及地质条件的不同，洞门的形式也有所不同，常见的洞门形式主要有：端墙式、翼墙式、削竹式和立柱式等，如图 5-2 所示。

二、洞身类型

隧道洞身断面形状很少变化，常见的洞身形式有两种，图 5-3（*a*）是带有仰拱的洞身，在地基松软的路段才设置，图 5-3（*b*）为无仰拱的洞身，适合地基坚固的路段。

三、附属建筑物

公路隧道的附属建筑物，包括：人行道（或避车洞）和防排水设施，长、特长隧道还

(a)

(b)

(c)

(d)

图 5-2　隧道洞门形式

(a) 端墙式；(b) 翼墙式；(c) 削柱式；(d) 立柱式

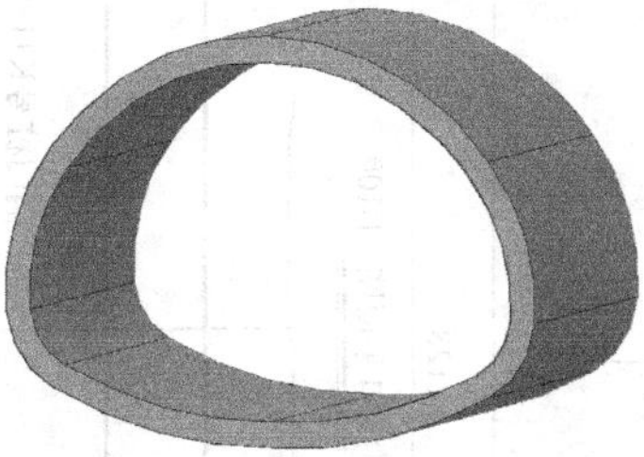

(a)

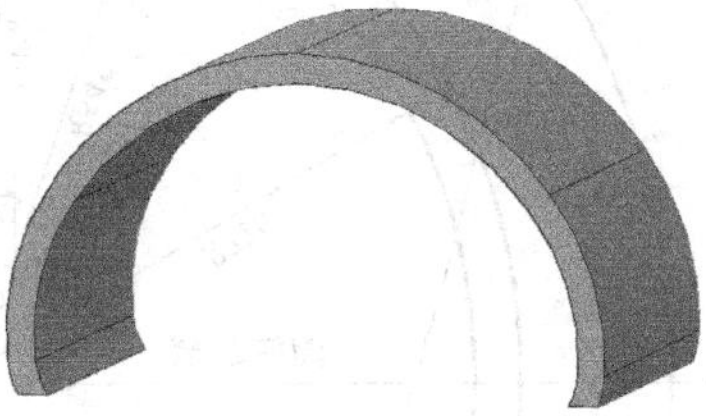

(b)

图 5-3　隧道洞身形式

(a) 有仰拱的洞身；(b) 无仰拱的洞身

有通风道、通风机房、供电、照明、信号、消防、通信、救援及其他量测、监控等附属设施。

第二节　隧道工程图

隧道工程图主要有：隧道进口洞门图、隧道横断面图、避车洞图以及其他有关交通工程设施的图样。

图 5-4 为公路隧道图，图中可读到下述内容。

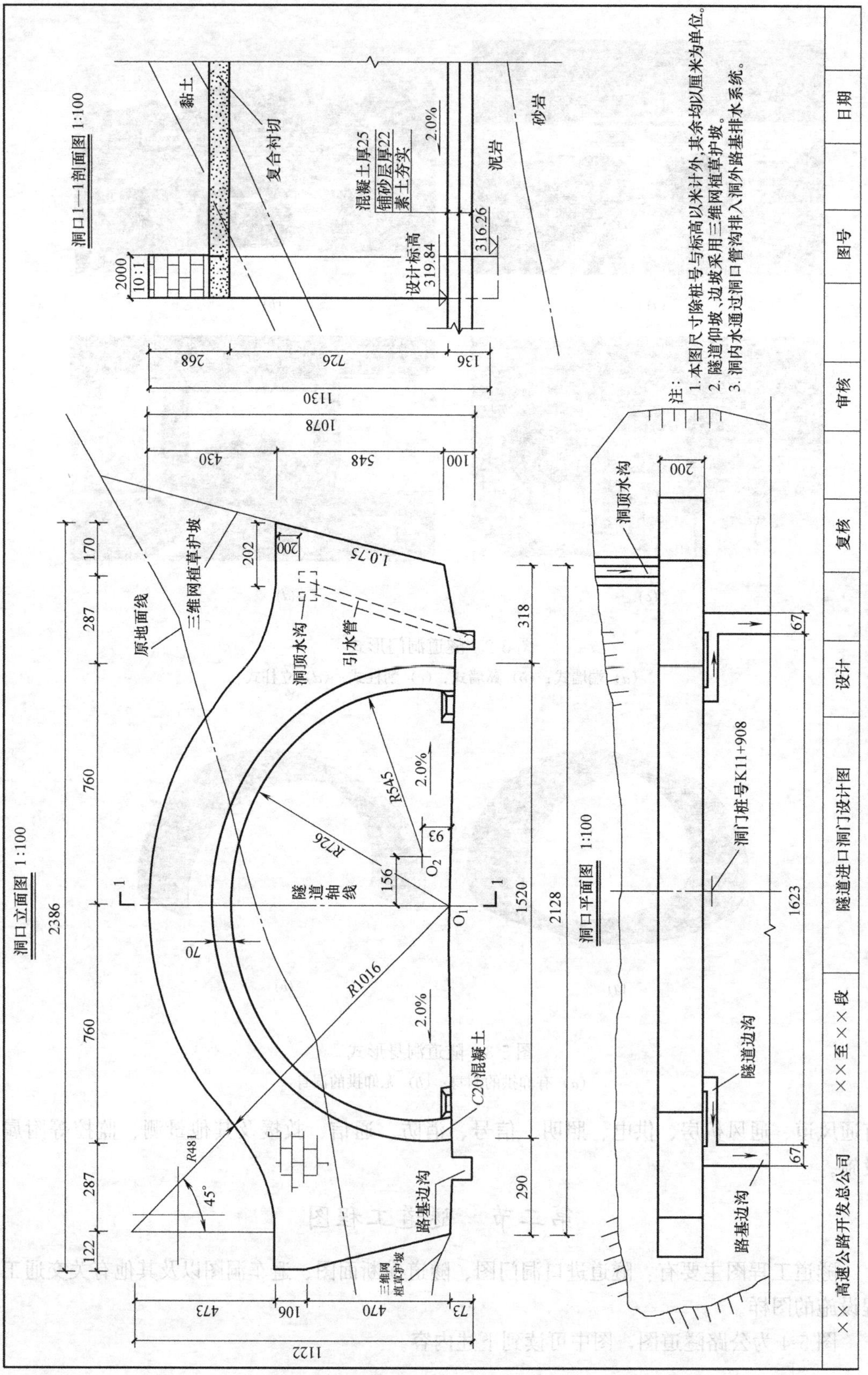

图 5-4 隧道进口洞门设计图

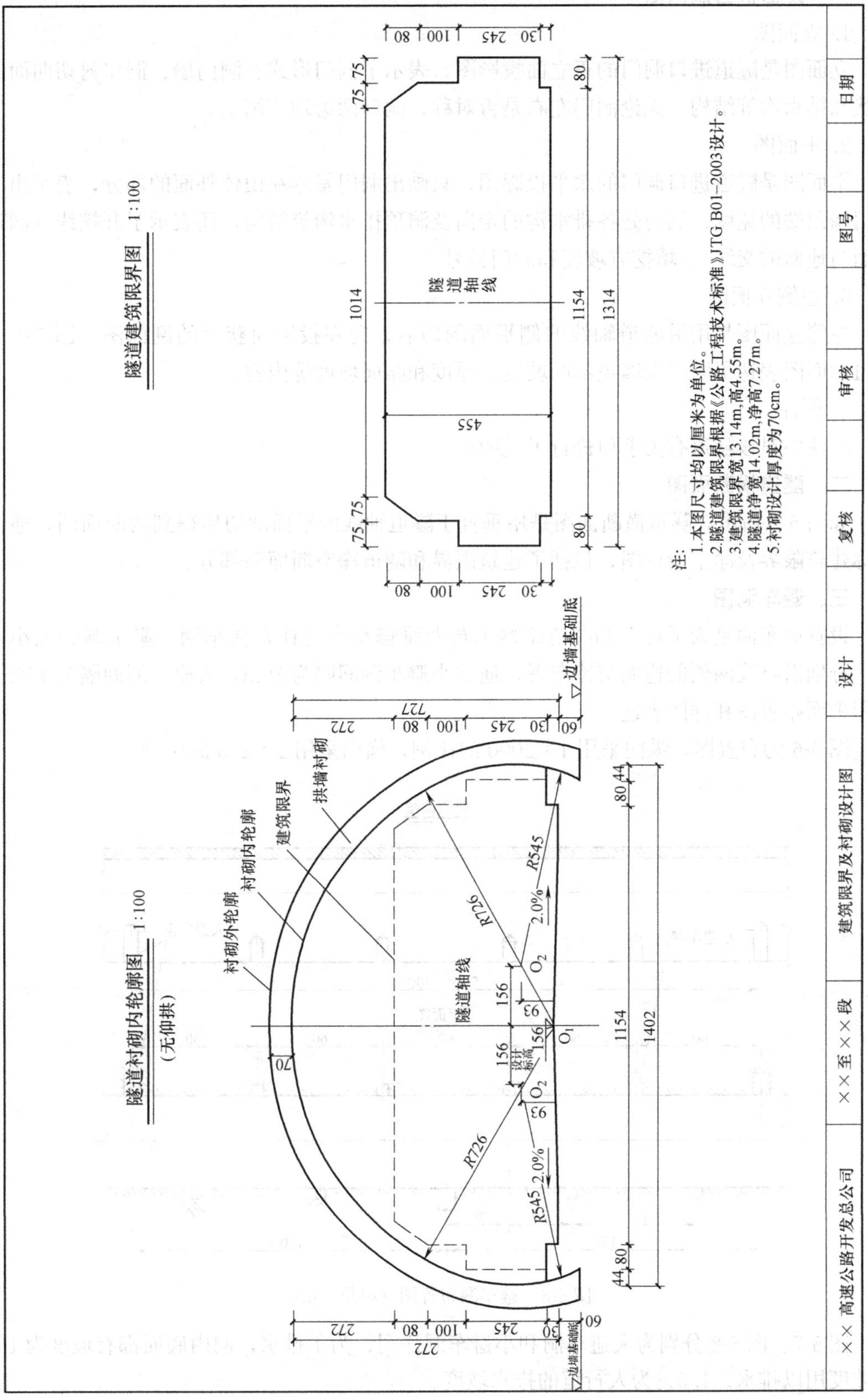

图 5-5 隧道建筑限界及衬砌设计图

一、隧道进口洞门图

1. 立面图

立面图是隧道进口洞门的正立面投影图，表示了洞门形式、洞门墙、洞口衬切曲面的形状和排水沟等结构。无论洞门左右是否对称，洞口两边均应画全。

2. 平面图

平面图是隧道进口洞门的水平投影图，只画出洞门暴露在山体外面的部分，表示出了洞门墙顶端的宽度、洞门处各排水沟的走向及洞顶排水沟等结构，还表示了开挖线（洞顶坡面与地面的交线）、填挖方坡度和洞门桩号。

3. 左侧立面图

左侧立面图是用沿隧道轴线的侧平面剖切后，向左投影而获得的剖面图。图 5-4 中 1—1剖面图表达了洞口端墙顶部的坡度、厚度和路面坡度等内容。

4. 附注

附注中对该隧道有关事项进行了说明。

二、隧道横断面图

如图 5-5 所示，隧道横断面图是用垂直于隧道轴线的平面剖切后得到的断面图，通常也称建筑限界及净空设计图，包括了建筑限界和隧道净空断面两部分。

三、避车洞图

设置避车洞是为了行人和隧道维修人员及维修小车避让来往车辆。避车洞分大小两种，分别沿路线两侧的边墙交错布置，通常小避车洞间隔为 30m，大避车洞间隔为 150m，采用平面布置图和详图表达。

图 5-6 为布置图，纵向采用 1∶2000 的比例，横向采用 1∶200 的比例。

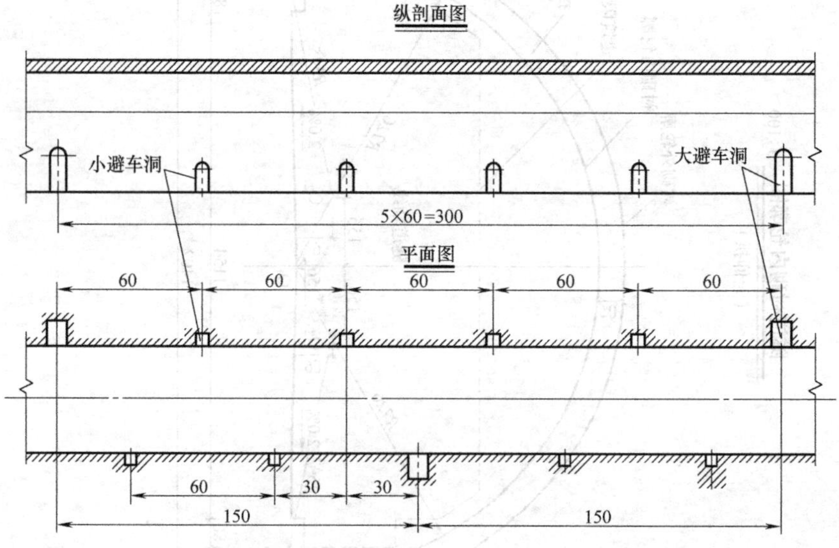

图 5-6 避车洞布置图（单位：m）

图 5-7、图 5-8 分别为大避车洞和小避车洞详图，为了排水，洞内底面都有坡度为 1% 的坡度用以排水。1.5%为人行道的排水坡度。

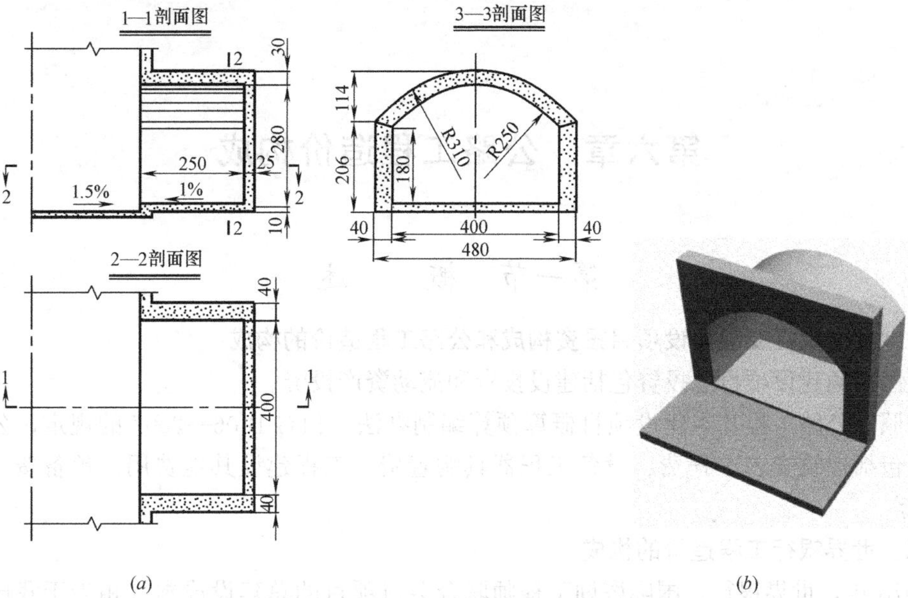

图 5-7　大避车洞详图

（a）大避车洞详图；（b）大避车洞三维实体图

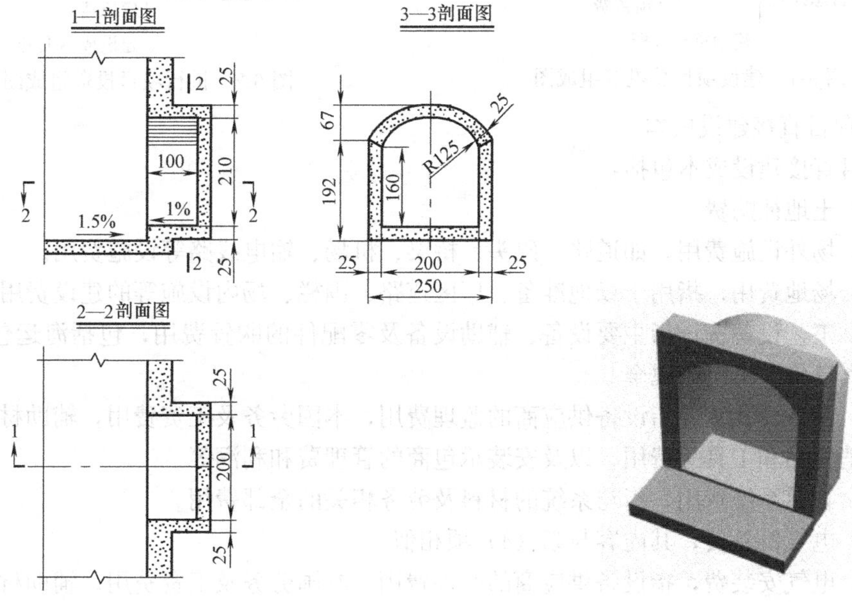

图 5-8　小避车洞详图

（a）小避车洞详图；（b）小避车洞三维实体图

第六章　公路工程造价构成

第一节　概　　述

一、我国现行交通建设项目投资构成和公路工程造价的构成

我国交通建设项目总投资包括建设投资和流动资产投资。

按照《公路工程基本建设项目概算预算编制办法》JTG B 06—2007 的规定，公路建设投资包括建筑安装工程费、设备工程器具购置费、工程建设其他费用、预备费，如图 6-1 所示。

二、世界银行工程造价的构成

1978 年，世界银行、国际咨询工程师联合会对项目的总建设成本（相当于我国的建设工程总投资）作了统一规定，如图 6-2 所示。

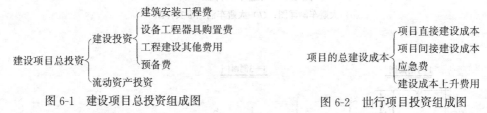

- 建设项目总投资
  - 建设投资
    - 建筑安装工程费
    - 设备工器具购置费
    - 工程建设其他费用
    - 预备费
  - 流动资产投资

图 6-1　建设项目总投资组成图

- 项目的总建设成本
  - 项目直接建设成本
  - 项目间接建设成本
  - 应急费
  - 建设成本上升费用

图 6-2　世行项目投资组成图

1. 项目直接建设成本

项目直接建设成本包括：

(1) 土地征购费。

(2) 场外设施费用，如道路、码头、桥梁、机场、输电线路等设施费用。

(3) 场地费用，指用于场地准备、厂区道路、围栏、场内设施等的建设费用。

(4) 工艺设备费，指主要设备、辅助设备及零配件的购置费用，包括海运包装费用、交货港离岸价，不包括税金。

(5) 设备安装费，指设备供应商的监理费用，本国劳务及工资费用，辅助材料、施工设备、消耗品和工具等费用，以及安装承包商的管理费和利润等。

(6) 管道系统费用，指与系统的材料及劳务相关的全部费用。

(7) 电气设备费，其内容与第 (4) 项相似。

(8) 电气安装费，指设备供应商的监理费用，本国劳务及工资费用，辅助材料、电缆管道和工具费用，以及营造承包商的管理费和利润等。

(9) 仪器仪表费，指所有自动仪表、控制板、配线和辅助材料的费用以及供应商的监理费用、外国或本国劳务及工资费用、承包商的管理费和利润。

(10) 机械的绝缘和油漆费，指与机械及管道的绝缘和油漆相关的全部费用。

(11) 工艺建筑费，指原材料、劳务费以及与基础、建筑结构、屋顶、内外装修、公共设施等有关的全部费用。

(12) 服务性建筑费用，其内容与第 (11) 项相似。

(13) 工厂普通公共设施费，包括财力和劳务费以及与供水、燃料工业、通风、蒸汽发生及分配、下水道、污物处理等公共设施有关的费用。

(14) 车辆费，指工艺操作必需的机动设备零件费用，包括海运包装费用、交货港的离岸价，但不包括税金。

(15) 其他当地费用，指那些不能归类于以上任何一个项目，不能计入项目间接成本，但在建设期间又是必不可少的当地费用。如临时设备、临时公共设施及场地的维持费，营地设施及其管理，建筑保险和债券，杂项开支等等费用。

2. 项目间接建设成本

项目间接建设成本包括：

(1) 项目管理费

① 总部人员的薪金和福利费，以及用于初步和详细工程设计、采购、进度和成本控制、行政和其他一般管理的费用；

② 施工管理现场人员的薪金、福利费和用于施工现场监督、质量保证、现场采购、进度及成本控制、行政及其他施工管理机构的费用；

③ 零星杂项费用，如返工、差旅、生活津贴、业务支出等；

④ 各种酬金。

(2) 开工试车费：指工厂投料试车必需的劳务和材料费用（项目直接成本包括项目完工后的试车和空运转费用）。

(3) 业主的行政性费用：指业主的项目管理人员费用及支出（其中某些费用必须排除在外，并在“估算基础”中详细说明）。

(4) 生产前费用：指前期研究、勘测等费用（其中一些费用必须排除在外，并在“估算基础”中详细说明）。

(5) 运费和保险费：指海运、国内运输、许可证及佣金、海洋保险、综合保险等费用。

(6) 地方税：指地方关税、地方税及对特殊项目征收的税金。

3. 应急费

(1) 未明确项目的准备金：此项准备金用于在估算时不可能明确的潜在项目，包括那些在做成本估算时因为缺乏完整、准确和详细的资料而不能完全预见和不能注明的项目，并且这些项目是必须完成的，或它们的费用是必定要发生的，在每一个组成部分中均单独以一定的百分比确定，并作为估算的一个项目单独列出。

(2) 不可预见准备金：此项准备金（在未明确项目准备金之外）用于在估算达到了一定的完整性并符合技术标准的基础上，由于物资、社会和经济的变化，导致估算增加的情况。此种情况可能发生，也可能不发生。因此，不可预见准备金只是一种储备，可能不动用。

4. 建设成本上升费用

通常，估算中使用的构成工资率、材料和设备价格基础的截止日期就是“估算日期”。必须对该日期或已知成本基础进行调整，以补偿直至工程结束时的未知价格增长。

工程的各个主要组成部分（国内劳务和相关成本、本国材料、外国材料、本国设备、外国设备、项目管理机构）的细目划分确定以后，便可确定每一个主要组成部分的增长率。然后根据确定的增长率和从工程进度表中获得的每项活动的中点值，计算出每项主要组成部分的成本上升值。

第二节　建筑安装工程费构成

一、建筑安装工程费内容及构成概述

建筑安装工程费包括直接费、间接费、利润和税金。其组成如图 6-3 所示。

- 建筑安装工程费
  - 直接费
    - 直接工程费
      - 人工费
      - 材料费
      - 施工机械使用费
    - 其他工程费
  - 间接费
    - 规费
    - 企业管理费
  - 利润
  - 税金

图 6-3　建筑安装工程费组成

二、直接费

直接费由直接工程费和其他工程费组成。

(一) 直接工程费

直接工程费是指施工过程中耗费的构成工程实体和有助于工程形成的各项费用，包括人工费、材料费、施工机械使用费。

1. 人工费

人工费系指列入概、预算定额的直接从事建筑安装工程施工的生产工人开支的各项费用，内容包括：

(1) 基本工资：系指发放给生产工人的基本工资、流动施工津贴和生产工人劳动保护费，以及为职工缴纳的养老、失业、医疗保险费和住房公积金等。生产工人劳动保护费系指按国家有关部门规定标准发放的劳动保护用品的购置费及修理费，徒工服装补贴、防暑降温费、在有碍身体健康环境中施工的保健费用等。

(2) 工资性补贴：系指按规定标准发放的物价补贴，煤、燃气补贴，交通费补贴，地区津贴等。

(3) 生产工人辅助工资：系指生产工人年有效施工天数以外非作业天数的工资，包括开会和执行必要的社会义务时间的工资，职工学习、培训期间的工资，调动工作、探亲、休假期间的工资，因气候影响停工期间的工资，女工哺乳期间的工资，病假在六个月以内的工资及产、婚、丧假期的工资。

(4) 职工福利费：系指按国家规定标准计提的职工福利费。

人工费以概、预算定额人工工日数乘以每工日人工费计算。

公路工程生产工人每工日人工费按如下公式计算：

$$\begin{aligned}\text{人工费(元/工日)}=&[\text{基本工资(元/月)}+\text{地区生活补贴(元/月)}\\&+\text{工资性津贴(元/月)}]\times(1+14\%)\times 12\text{月}\\&\div 240\text{(工日)}\end{aligned}$$

式中：

生产工人基本工资—按不低于工程所在地政府主管部门发布的最低工资标准的 1.2 倍计算；

地区生活补贴—指国家规定的边远地区生活补贴、特区补贴；

工资性津贴—指物价补贴，煤、燃气补贴，交通费补贴等。

以上各项标准由各省、自治区、直辖市公路（交通）工程造价（定额）管理站根据当地人民政府的有关规定核定后公布执行，并应根据最低工资标准的变化情况及时调整公路工程生产工人工资标准。

人工费单价仅作为编制概、预算的依据，不作为施工企业实发工资的依据。

2. 材料费

材料费系指施工过程中耗用的构成工程实体的原材料、辅助材料、构（配）件、零件、半成品、成品的用量和周转材料的摊销量，按工程所在地的材料预算价格计算的费用。

材料预算价格由材料原价、运杂费、场外运输损耗、采购及仓库保管费组成。

材料预算价格＝(材料原价＋运杂费)×(1＋场外运输损耗率)×
(1＋采购及保管费率)－包装品回收价值

（1）材料原价

各种材料原价按以下规定计算。

① 外购材料：国家或地方的工业产品，按工业产品出厂价格或供销部门的供应价格计算，并根据情况加计供销部门手续费和包装费。如供应情况、交货条件不明确时，可采用当地规定的价格计算。

② 地方性材料：地方性材料包括外购的砂、石材料等，按实际调查价格或当地主管部门规定的预算价格计算。

③ 自采材料：自采的砂、石、黏土等材料，按定额中开采单价加辅助生产间接费和矿产资源税（如有）计算。

材料原价应按实计取。各省、自治区、直辖市公路（交通）工程造价（定额）管理站应通过调查，编制本地区的材料价格信息，供编制概、预算使用。

（2）运杂费

运杂费系指材料自供应地点至工地仓库（施工地点存放材料的地方）的运杂费用，包括装卸费、运费，如果发生，还应计囤存费及其他杂费（如过磅、标签、支撑加固、路桥通行等费用）。

通过铁路、水路和公路运输部门运输的材料，按铁路、航运和当地交通部门规定的运价计算运费。

施工单位自办的运输，单程运距15km以上的长途汽车运输按当地交通部门规定的统一运价计算运费；单程运距5～15km的汽车运输按当地交通部门规定的统一运价计算运费，当工程所在地交通不便、社会运输力量缺乏时，如边远地区和某些山岭区，允许按当地交通部门规定的统一运价加50％计算运费；单程运距5km及以内的汽车运输以及人力场外运输，按预算定额计算运费，其中人力装卸和运输另按人工费加计辅助生产间接费。

一种材料如有两个以上的供应点时，都应根据不同的运距、运量、运价采用加权平均的方法计算运费。

由于预算定额中汽车运输台班已考虑工地便道特点，以及定额中已计入了“工地小搬运”项目，因此平均运距中汽车运输便道里程不得乘调整系数，也不得在工地仓库或堆料场之外再加场内运距或二次倒运的运距。

有容器或包装的材料及长大轻浮材料，应按表 6-1 规定的毛重计算。桶装沥青、汽油、柴油按每吨摊销一个旧汽油桶计算包装费（不计回收）。

材料毛重系数及单位毛重表 表 6-1

材料名称	单位	毛重系数	单位毛重
爆破材料	t	1.35	/
水泥、块状沥青	t	1.01	/
铁钉、铁件、焊条	t	1.10	/
液态沥青、液体燃料、水	t	桶装 1.17，油罐车装 1.00	/
木料	m^3	/	1.000t
草袋	个	/	0.004t

(3) 场外运输损耗

场外运输损耗系指有些材料在正常的运输过程中发生的损耗，这部分损耗应摊入材料单价内。材料场外运输操作损耗率见表 6-2。

材料场外运输操作损耗率表（%） 表 6-2

材料名称		场外运输(包括一次装卸)	每增加一次装卸
块状沥青		0.5	0.2
石屑、碎砾石、砂砾、煤渣、工业废渣、煤		1.0	0.4
砖、瓦、桶装沥青、石灰、黏土		3.0	1.0
草皮		7.0	3.0
水泥(袋装、散装)		1.0	0.4
砂	一般地区	2.5	1.0
	多风地区	5.0	2.0

注：汽车运袋装水泥，如运距超过 500km 时，增加 0.5%损耗率。

(4) 采购及保管费

材料采购及保管费系指材料供应部门（包括工地仓库以及各级材料管理部门）在组织采购、供应和保管材料过程中，所需的各项费用及工地仓库的材料储存损耗。

材料采购及保管费，以材料的原价加运杂费及场外运输损耗的合计数为基数，乘以采购保管费率计算。材料的采购及保管费费率为 2.5%。

外购的构件、成品及半成品的预算价格，其计算方法与材料相同，但构件（如外购的钢构梁、钢筋混凝土构件及加工钢材等半成品）的采购保管费率为 1%。

商品混凝土预算价格的计算方法与材料相同，但其采购保管费率为 0。

【例 6-1】 某路面工程用桶装石油沥青，调查价格为 3250 元/t，运距 60km，运价为 0.52 元/(t·km)，装卸费价格为 1.5 元/t，场外运输损耗率为 3%，场内运输损耗率为 3.5%，采保费率为 2.5%。

试确定其预算价格。

解：(1) 单位运费＝运价×运距×单位毛重

＝0.52×60×1.17

＝36.50 元/t

(2) 运杂费＝单位运费＋装卸费

＝36.50＋1.5

＝38.00 元/t

（3）沥青预算价格＝（材料原价＋运杂费）×（1＋场外运输损耗率）×（1＋采保费率）

＝(3250＋38)×(1＋3％)×(1＋2.5％)

＝3471.31元/t

【例 6-2】 编制 A 种地方材料预算价格，经调查有甲、乙两个供货地点，甲地出厂价格为 23 元/t，可供量 65％；乙地出厂价格为 30.38 元/t，可供量 35％。运输方式为汽车运输，运价 1.5 元/t・km，装卸费 5.0 元/t，甲地离中心仓库 23km，乙地离中心仓库 29km。材料不需包装，途中材料损耗率 1.0％。试计算该材料的预算价格。

解：（1）同一种材料有几种原价的，应加权平均计算综合原价。

综合原价＝23×0.65＋30.38×0.35＝25.58（元/t）

（2）地方材料由产地直接供应，不计供销部门手续费。

（3）同种材料采用同种运输方式，但供货地点不同，应先计算加权平均运距，然后再计算运费。

平均运距＝23×0.65＋29×0.35＝25.1（km）

运杂费＝25.1×1.5＋5.0＝38.15（元/t）

（4）已知场外运输损耗率为 1％，采购保管率 2.5％，则 A 材料预算价格为：

预算价格＝(25.58＋38.15)×(1％＋3.5％)＝65.07（元/t）

3. 施工机械使用费

施工机械使用费系指列入概、预算定额的施工机械台班数量，按相应的机械台班费用定额计算的施工机械使用费和小型机具使用费。

施工机械台班预算价格应按交通部公布的现行《公路工程机械台班费用定额》JTG/T B06-03—2007 计算，台班单价由不变费用和可变费用组成。如混凝土及灰浆机械台班费用，见表 6-3。

混凝土及灰浆机械费用组成 表 6-3

序号			193	194	195	196	197	198
代号			1271	1272	1273	1274	1275	1276
费用项目		单位	强制式混凝土搅拌机出料容量(L)					
			150	250	350	500	750	1000
不变费用	折旧费	元	7.41	9.19	13.93	32.59	50.37	94.81
	大修理费	元	1.62	2.01	3.05	7.13	11.02	20.74
	经常修理费	元	4.28	5.31	8.05	11.76	18.18	34.22
	安拆及辅助设施费	元	1.73	2.07	2.42	2.75	3.09	3.78
	小计	元	15.04	18.58	27.45	54.23	82.66	153.55
可变费用	人工	工日	1	1	1	1	1	1
	汽油	kg	—	—	—	—	—	—
	柴油	kg	—	—	—	—	—	—
	重油	kg	—	—	—	—	—	—
	煤	kg	—	—	—	—	—	—
	电	kW・h	40.57	52.74	87.02	116.03	178.91	218.66
	水	m^3	—	—	—	—	—	—
	木柴	kg	—	—	—	—	—	—
	养路费及车船费	元	—	—	—	—	—	—
基价		元	86.55	96.79	124.51	167.25	230.26	323.01

(1) 不变费用

不变费用包括折旧费、大修理费、经常修理费、安装拆卸及辅助设施费等。

① 折旧费：指机械设备在规定的使用期限内陆续收回其原值的费用。

机械折旧费应按机械的预算价格，机械使用总台班、机械残值率等情况确定。

$$台班折旧费=\frac{机械预算价格\times(1-残值率)}{耐用总台班}$$

式中：

机械预算价格：由机械出厂（或到岸完税）价格和从生产厂（销售单位交货地点或口岸）运至使用单位机械管理部门验收入库的全部费用组成。

残值率：指施工机械报废时，其回收残余价值占机械原值的比例。一般为2%～5%。

耐用总台班：指机械设备从开始投入使用至报废前所使用的总台班数。耐用总台班=年工作台班×折旧年限

年工作台班：指机械在规定的使用期内，每年应作业的平均台班数。

表6-4为公路工程主要施工机械的年工作台班。

公路工程施工机械年工作台班 **表6-4**

机械项目	年工作台班
沥青洒布车、汽车式画线车	150
平板拖车	160
液态沥青运输车、散装水泥车、搅拌运输车、输送泵车、运油汽车、加油汽车、洒水汽车、拖拉机、汽车式起重机、汽车式钻孔机、自卸汽车、拖轮、起重船	200
机动翻斗车、载货汽车	220
工程驳船、机动艇、泥浆船、抛锚船	230

② 大修理费：指机械设备按规定的大修理间隔台班必须进行大修理，以恢复其正常功能所需的费用。

$$台班大修理费=\frac{大修理一次费用\times大修次数}{耐用总台班}$$

$$台班大修理次数=\frac{使用台班数}{耐用总台班}-1$$

③ 经常修理费：指机械设备除大修理以外的各级保养（包括一、二、三级保养）及为排除临时故障所需的费用；为保障机械正常运转所需替换设备、随机使用工具、附具摊销和维护的费用；机械运转与日常保养所需的润滑油脂、擦拭材料（布及废棉纱等）费用和机械在规定年工作台班以外的维护、保养费用等。

$$台班经常修理费=\frac{\sum(大修理期内各级保养一次费用\times保养次数)+临时故障排除费用}{大修理间隔台班}$$
$$+\frac{[替换设备及工具附具费用\times(1-残值率)]+替换设备及工具附具维护费用}{替换设备及工具附具耐用台班}$$
$$+\sum例保辅料费$$

④ 安装拆卸及辅助设施费：指机械在施工现场进行安装、拆卸所需的人工费、材料费、机械费、试运转费以及安装所需的辅助设施费。辅助设施费包括安装机械的基础、底座及固定的锚桩等项费用。打桩、钻孔机械在施工中的过墩、移位等所发生的安装及拆卸

费，包括在工程项目之内。稳定土厂拌设备、沥青乳化设备、黑色粒料拌合设备、混凝土搅拌站（楼）的安装、拆卸以及拌合设备、搅拌站（楼）、大型发电机的基础、沉淀池、散热池等辅助设施和机械操作所需的轨道、工作台的设备费用等，不在此项费用内，在工程项目中另行计算。

台班安装拆卸费及辅助设施费

$$=\frac{\text{机械一次性安装拆卸费}\times\text{年平均安装拆卸费}}{\text{年工作台班}}+\text{台班辅助设施摊销费}$$

(2) 可变费用

可变费用包括机上人员人工费、动力燃料费、养路费及车船使用税。可变费用中的人工工日数及动力燃料消耗量，应以机械台班费用定额中的数值为准。台班人工费工日单价同生产工人人工费单价。动力燃料费用则按材料费的计算规定计算。

养路费指自行机械行驶在公路上按交通部门规定应缴纳的用于养路的费用。该费用应根据各省、直辖市及国务院有关部门的规定，按机械的年工作台班（见表 6-4）计入台班费中。

车船使用税：指税务部门按规定征收的车船使用税。如需缴纳时，应根据各省、自治区、直辖市及国务院有关部门的规定标准，按机械的年工作台班计入台班费中。

台班养路费及车船使用税＝

$$\frac{\text{养路费(元/吨·月)}\times\text{计算吨位(t)}\times 12\text{(月)}+\text{车船使用税(元/吨·月)}\times\text{计算吨位}\times 12\text{(月)}}{\text{年工作台班}}$$

式中：计算吨位＝征费计算标准×应征系数。

征费计算标准：执行交通部、国家物价局（91）交工字 789 号通知公布的《公路汽车征费标准计量手册》的有关规定。

应征系数：执行各省、自治区、直辖市的有关规定。

(3) 当工程用电为自行发电时，电动机械每千瓦时（度）电的单价可由下述近似公式计算：

$$A=0.24K/N$$

式中：

A——每千瓦时电单价（元）；

K——发电机组的台班单价（元）；

N——发电机组的总功率（kW）。

（二）其他工程费

其他工程费系指直接工程费以外施工过程中发生的直接用于工程的费用。内容包括冬期施工增加费、雨期施工增加费、夜间施工增加费、特殊地区施工增加费、行车干扰工程施工增加费、安全及文明施工措施费、临时设施费、施工辅助费、工地转移费等九项，其组成如图 6-4 所示。

其他工程费
- 冬期施工增加费
- 雨期施工增加费
- 夜间施工增加费
- 特殊地区施工增加费
- 行车干扰工程施工增加费
- 安全及文明施工措施费
- 临时设施费
- 施工辅助费
- 工地转移费

图 6-4　其他工程费组成图

公路工程中的水、电费及因场地狭小等特殊情况而发生的材料二次搬运等其他工程费已包括在概、预算定额中，不再另计。

《公路工程基本建设项目概算预算编制办法》JTG B06—2007 规定了其他工程费及间接费取费标准的工程类别：

(1) 人工土方：系指人工施工的路基、改河等土方工程，以及人工施工的砍树、挖根、除草、平整场地、挖盖山土等工程项目，并适用于无路面的便道工程。

(2) 机械土方：系指机械施工的路基、改河等土方工程，以及机械施工的砍树、挖根、除草等工程项目。

(3) 汽车运输：系指汽车、拖拉机、机动翻斗车等运送的路基、改河土（石）方、路面基层和面层混合料、水泥混凝土及预制构件、绿化苗木等。

(4) 人工石方：系指人工施工的路基、改河等石方工程，以及人工施工的挖盖山石项目。

(5) 机械石方：系指机械施工的路基、改河等石方工程（机械打眼即属机械施工）。

(6) 高级路面：系指沥青混凝土路面、厂拌沥青碎石路面和水泥混凝土路面的面层。

(7) 其他路面：系指除高级路面以外的其他路面面层，各等级路面的基层、底基层、垫层、透层、黏层、封层，采用结合料稳定的路基和软土等特殊路基处理等工程，以及有路面的便道工程。

(8) 构造物Ⅰ：系指无夜间施工的桥梁、涵洞、防护（包括绿化）及其他工程，交通工程及沿线设施工程[设备安装及金属标志牌、防撞钢护栏、防眩板（网）、隔离栅、防护网除外]，以及临时工程中的便桥、电力电信线路、轨道铺设等工程项目。

(9) 构造物Ⅱ：系指有夜间施工的桥梁工程。

(10) 构造物Ⅲ：系指商品混凝土（包括沥青混凝土和水泥混凝土）的浇筑和外购构件及设备的安装工程。商品混凝土和外购构件及设备的费用不作为其他工程费和间接费的计算基数。

(11) 技术复杂大桥：系指单孔跨径在 120m 以上（含 120m）和基础水深在 10m 以上（含 10m）的大桥主桥部分的基础、下部和上部工程。

(12) 隧道：系指隧道工程的洞门及洞内土建工程。

(13) 钢材及钢结构：系指钢桥及钢索吊桥的上部构造，钢沉井、钢围堰、钢套箱及钢护筒等基础工程，钢索塔，钢锚箱，钢筋及预应力钢材，模数式及橡胶板式伸缩缝，钢盆式橡胶支座，四氟板式橡胶支座，金属标志牌、防撞钢护栏、防眩板（网）、隔离栅、防护网等工程项目。

购买路基填料的费用不作为其他工程费和间接费的计算基数。

1. 冬期施工增加费

冬期施工增加费系指按照公路工程施工及验收规范所规定的冬期施工要求，为保证工程质量和安全生产所需采取的防寒保温设施、工效降低和机械作业率降低以及技术操作过程的改变等所增加的有关费用。

冬期施工增加费的内容包括：

(1) 因冬季施工所需增加的一切人工、机械与材料的支出。

(2) 施工机具所需修建的暖棚（包括拆、移），增加油脂及其他保温设备费用。

(3) 因施工组织设计确定，需增加的一切保温、加温及照明等有关支出。

(4) 与冬期施工有关的其他各项费用，如清除工作地点的冰雪等费用。

冬季气温区的划分是根据气象部门提供的满 15 年以上的气温资料确定的。每年秋冬第一次连续 5 天出现室外日平均温度在 5℃以下、日最低温度在−3℃以下的第一天算起，至第二年春夏最后一次连续 5 天出现同样温度的最末一天为冬季期。

冬季期内平均气温在−1℃以上者为冬一区，−1℃～−4℃者为冬二区，−4℃～−7℃者为冬三区，−7℃～−10℃ 者为冬四区，−10℃～−14℃者为冬五区，−14℃以下者为冬六区。

冬一区内平均气温低于 0℃的连续天数在 70 天以内的为Ⅰ副区，70 天以上的为Ⅱ副区；冬二区内平均气温低于 0℃的连续天数在 100 天以内的为Ⅰ副区，100 天以上的为Ⅱ副区。

气温高于冬一区，但砖石、混凝土工程施工须采取一定措施的地区为准冬季区。准冬季区分两个副区，简称准一区和准二区。凡一年内日最低气温在 0℃以下的天数多于 20 天，日平均气温在 0℃以下的天数少于 15 天的为准一区，多于 15 天的为准二区。

全国冬期施工气温区划分见《公路工程基本建设项目概算预算编制办法》(JTG B06—2007) 附录七。若当地气温资料与附录七中划定的冬季气温区划分有较大出入时，可按当地气温资料及上述划分标准确定工程所在地的冬季气温区。

冬期施工增加费的计算方法，是根据各类工程的特点，规定各气温区的取费标准。为了简化计算手续，采用全年平均摊销的方法，即不论是否在冬期进行施工，均按规定的取费标准计取冬期施工增加费。一条路线穿过两个以上的气温区时，可分段计算或按各区的工程量比例求得全线的平均增加率，计算冬期施工增加费。

冬期施工增加费以各类工程的直接工程费之和为基数，按工程所在地的气温区选用表 6-5 的费率计算。

冬期施工增加费费率表 (%)　　表 6-5

气温区 / 工程类别	冬期平均气温(℃)								准一区	准二区
	−1 以上		−1～−4		−4～−7	−7～−10	−10～−14	−14 以上		
	冬一区		冬二区		冬三区	冬四区	冬五区	冬六区		
	Ⅰ	Ⅱ	Ⅰ	Ⅱ						
人工土方	0.28	0.44	0.59	0.76	1.44	2.05	3.07	4.61	—	—
机械土方	0.43	0.67	0.93	1.17	2.21	3.14	4.71	7.07	—	—
汽车运输	0.08	0.12	0.17	0.21	0.40	0.56	0.84	1.27	—	—
人工石方	0.06	0.10	0.13	0.15	0.30	0.44	0.65	0.98	—	—
机械石方	0.08	0.13	0.18	0.21	0.42	0.61	0.91	1.37	—	—
高级路面	0.37	0.52	0.72	0.81	1.48	2.00	3.00	4.50	0.06	0.16
其他路面	0.11	0.20	0.29	0.37	0.62	0.80	1.20	1.80	—	—
构造物Ⅰ	0.34	0.49	0.66	0.75	1.36	1.84	2.76	4.14	0.06	0.15
构造物Ⅱ	0.42	0.60	0.81	0.92	1.67	2.27	3.40	5.10	0.08	0.19
构造物Ⅲ	0.83	1.18	1.60	1.81	3.29	4.46	6.69	10.03	0.15	0.37
技术复杂大桥	0.48	0.68	0.93	1.05	1.91	2.58	3.87	5.81	0.08	0.21
隧道	0.10	0.19	0.27	0.35	0.58	0.75	1.12	1.69	—	—
钢材及钢结构	0.02	0.05	0.07	0.09	0.15	0.19	0.29	0.43	—	—

2. 雨期施工增加费

雨期施工增加费系指雨季期间施工为保证工程质量和安全生产所需采取的防雨、排水、防潮和防护措施，工效降低和机械作业率降低以及技术作业过程的改变等，所需增加的有关费用。

雨期施工增加费的内容包括：

(1) 因雨期施工所需增加的工、料、机费用的支出，包括工作效率的降低及易被雨水冲毁的工程所增加的工作内容等（如基坑坍塌和排水沟等堵塞的清理、路基边坡冲沟的填补等）。

(2) 路基土方工程的开挖和运输，因雨期施工（非土壤中水影响）而引起的粘附工具，降低工效所增加的费用。

(3) 因防止雨水必须采取的防护措施的费用，如挖临时排水沟，防止基坑坍塌所需的支撑、挡板等费用。

(4) 材料因受潮、受湿的耗损费用。

(5) 增加防雨、防潮设备的费用。

(6) 其他有关雨期施工所需增加的费用，如因河水高涨致使工作困难而增加的费用等。

雨量区和雨季期的划分，是根据气象部门提供的满 15 年以上的降雨资料确定的。凡月平均降雨天数在 10 天以上，月平均日降雨量在 3.5～5mm 之间者为Ⅰ区，月平均日降雨量在 5mm 以上者为Ⅱ区。全国雨期施工雨量区及雨季期的划分见《公路工程基本建设项目概算预算编制办法》JTG B06—2007 附录八。若当地气象资料与附录八所划定的雨量区及雨季期出入较大时，可按当地气象资料及上述划分标准确定工程所在地的雨量区及雨季期。

雨期施工增加费费率表（%） **表 6-6**

雨季期(月数)	1	1.5	2		2.5		3		3.5		4		4.5		5		6		7	8
工程类别 \ 雨量区	Ⅰ	Ⅰ	Ⅰ	Ⅱ	Ⅰ	Ⅱ	Ⅰ	Ⅱ	Ⅰ	Ⅱ	Ⅰ	Ⅱ	Ⅰ	Ⅱ	Ⅰ	Ⅱ	Ⅰ	Ⅱ	Ⅱ	Ⅱ
人工土方	0.04	0.05	0.07	0.11	0.09	0.13	0.11	0.15	0.13	0.17	0.15	0.20	0.17	0.23	0.19	0.26	0.21	0.31	0.36	0.42
机械土方	0.04	0.05	0.07	0.11	0.09	0.13	0.11	0.15	0.13	0.17	0.15	0.20	0.17	0.23	0.19	0.27	0.22	0.32	0.37	0.43
汽车运输	0.04	0.05	0.07	0.11	0.09	0.13	0.11	0.16	0.13	0.19	0.15	0.22	0.17	0.25	0.19	0.27	0.22	0.32	0.37	0.43
人工石方	0.02	0.03	0.05	0.07	0.06	0.09	0.07	0.11	0.08	0.13	0.09	0.15	0.10	0.17	0.12	0.19	0.15	0.23	0.27	0.32
机械石方	0.03	0.04	0.06	0.10	0.08	0.12	0.10	0.14	0.12	0.16	0.14	0.19	0.16	0.22	0.18	0.25	0.20	0.29	0.34	0.39
高级路面	0.03	0.04	0.06	0.10	0.08	0.13	0.10	0.15	0.12	0.17	0.14	0.19	0.16	0.22	0.18	0.25	0.20	0.29	0.34	0.39
其他路面	0.03	0.04	0.06	0.09	0.08	0.12	0.09	0.14	0.10	0.16	0.12	0.18	0.14	0.21	0.16	0.24	0.19	0.28	0.32	0.37
构造物Ⅰ	0.03	0.04	0.05	0.08	0.06	0.09	0.07	0.11	0.08	0.13	0.10	0.15	0.12	0.17	0.14	0.19	0.16	0.23	0.27	0.31
构造物Ⅱ	0.03	0.04	0.05	0.08	0.07	0.10	0.08	0.12	0.09	0.14	0.11	0.16	0.13	0.18	0.15	0.21	0.17	0.25	0.30	0.34
构造物Ⅲ	0.06	0.08	0.11	0.17	0.14	0.21	0.17	0.25	0.20	0.30	0.23	0.35	0.27	0.40	0.31	0.45	0.35	0.52	0.60	0.69
技术复杂大桥	0.03	0.05	0.07	0.10	0.08	0.12	0.10	0.14	0.12	0.16	0.14	0.19	0.16	0.22	0.18	0.25	0.20	0.29	0.34	0.39
隧道	—	—	—	—	—	—	—	—	—	—	—	—	—	—	—	—	—	—	—	—
钢材及钢结构	—	—	—	—	—	—	—	—	—	—	—	—	—	—	—	—	—	—	—	—

雨季施工增加费的计算方法，是将全国划分为若干雨量区和雨季期，并根据各类工程的特点规定各雨量区和雨季期的取费标准，采用全年平均摊销的方法，即不论是否在雨期施工，均按规定的取费标准计取雨季施工增加费。一条路线通过不同的雨量区和雨季期时，应分别计算雨期施工增加费或按工程量比例求得平均的增加率，计算全线雨季施工增加费。

雨季施工增加费以各类工程的直接工程费之和为基数，按工程所在地的雨量区、雨季期选用表 6-6 的费率计算。

室内管道及设备安装工程不计雨期施工增加费。

3. 夜间施工增加费

夜间施工增加费系指根据设计、施工的技术要求和合理的施工进度要求，必须在夜间连续施工而发生的工效降低、夜班津贴以及有关照明设施（包括所需照明设施的安拆、摊销、维修及油燃料、电）等增加的费用。

夜间施工增加费按夜间施工工程项目（如桥梁工程项目包括上、下部构造全部工程）的直接工程费之和为基数，按表 6-7 的费率计算。

夜间施工增加费费率表（%） **表 6-7**

工程类别	费率	工程类别	费率
构造物Ⅱ	0.35	技术复杂大桥	0.35
构造物Ⅲ	0.70	钢材及钢结构	0.35

注：设备安装工程及金属标志牌、防撞钢护栏、防眩板（网）、隔离栅等不计夜间施工增加费。

4. 特殊地区施工增加费

特殊地区施工增加费包括高原地区施工增加费、风沙地区施工增加费和沿海地区施工增加费三项。

（1）高原地区施工增加费高原地区施工增加费系指在海拔高度 1500m 以上地区施工，由于受气候、气压的影响，致使人工、机械效率降低而增加的费用。该费用以各类工程人工费和机械使用费之和为基数，按表 6-8 的费率计算。

一条路线通过两个以上（含两个）不同的海拔高度分区时，应分别计算高原地区施工增加费或按工程量比例求得平均的增加率，计算全线高原地区施工增加费。

（2）风沙地区施工增加费

风沙地区施工增加费系指在沙漠地区施工时，由于受风沙影响，按照施工及验收规范的要求，为保证工程质量和安全生产而增加的有关费用。内容包括防风、防沙及气候影响的措施费，材料费，人工、机械效率降低增加的费用，以及积沙、风蚀的清理修复等费用。

风沙地区的划分，根据《公路自然区划标准》，“沙漠地区公路建设成套技术研究报告”的公路自然区划和沙漠公路区划，结合风沙地区的气候状况将风沙地区分为三区九类：半干旱、半湿润沙地为风沙一区，干旱、极干旱寒冷沙漠地区为风沙二区，极干旱炎热沙漠地区为风沙三区；根据覆盖度（沙漠中植被、戈壁等覆盖程度）又将每区分为固定沙漠（覆盖度＞50％）、半固定沙漠（覆盖度 10％～50％）、流动沙漠（覆盖度＜10％）三类，覆盖度由工程勘察设计人员在公路工程勘察设计时确定。

高原地区施工增加费费率表（%） **表 6-8**

工程类别	海拔高度(m)							
	1501～2000	2001～2500	2501～3000	3001～3500	3501～4000	4001～4500	4501～5000	5000 以上
人工土方	7.00	13.25	19.75	29.75	43.25	60.00	80.00	110.00
机械土方	6.56	12.60	18.66	25.60	36.05	49.08	64.72	83.80
汽车运输	6.50	12.50	18.50	25.00	35.00	47.50	62.50	80.00
人工石方	7.00	13.25	19.75	29.75	43.25	60.00	80.00	110.00

续表

工程类别	海拔高度(m)							
	1501～2000	2001～2500	2501～3000	3001～3500	3501～4000	4001～4500	4501～5000	5000 以上
机械石方	6.71	12.82	19.03	27.01	38.50	52.80	69.92	92.72
高级路面	6.58	12.61	18.69	25.72	36.26	49.41	65.17	84.58
其他路面	6.73	12.84	19.07	27.15	38.74	53.17	70.44	93.60
构造物Ⅰ	6.87	13.06	19.44	28.56	41.18	56.86	75.61	102.47
构造物Ⅱ	6.77	12.90	19.17	27.54	39.41	54.18	71.85	96.03
构造物Ⅲ	6.73	12.85	19.08	27.19	38.81	53.27	70.57	93.84
技术复杂大桥	6.70	12.81	19.01	26.94	38.37	52.61	69.65	92.27
隧道	6.76	12.90	19.16	27.50	39.35	54.09	71.72	95.81
钢材及钢结构	6.78	12.92	19.20	27.66	39.62	54.50	72.30	96.80

风沙地区施工增加费费率表（%） **表 6-9**

风沙区划 / 工程类别	风沙一区			风沙二区			风沙三区		
	沙漠类型								
	固定	半固定	流动	固定	半固定	流动	固定	半固定	流动
人工土方	6.00	11.00	18.00	7.00	17.00	26.00	11.00	24.00	37.00
机械土方	4.00	7.00	12.00	5.00	11.00	17.00	7.00	15.00	24.00
汽车运输	4.00	8.00	13.00	5.00	12.00	18.00	8.00	17.00	26.00
人工石方	—	—	—	—	—	—	—	—	—
机械石方	—	—	—	—	—	—	—	—	—
高级路面	0.50	1.00	2.00	1.00	2.00	3.00	2.00	3.00	5.00
其他路面	2.00	4.00	7.00	3.00	7.00	10.00	4.00	10.00	15.00
构造物Ⅰ	4.00	7.00	12.00	5.00	11.00	17.00	7.00	16.00	24.00
构造物Ⅱ	—	—	—	—	—	—	—	—	—
构造物Ⅲ	—	—	—	—	—	—	—	—	—
技术复杂大桥	—	—	—	—	—	—	—	—	—
隧道	—	—	—	—	—	—	—	—	—
钢材及钢结构	1.00	2.00	4.00	1.00	3.00	5.00	2.00	5.00	7.00

全国风沙地区公路施工区划见《公路工程基本建设项目概算预算编制办法》JTG B06—2007 附录九。若当地气象资料及自然特征与附录九中的风沙地区划分有较大出入时，由工程所在省、自治区、直辖市公路（交通）工程造价（定额）管理站按当地气象资料和自然特征及上述划分标准确定工程所在地的风沙区划，并抄送交通部公路司备案。

一条路线穿过两个以上（含两个）不同风沙区时，按路线长度经过不同的风沙区加权计算项目全线风沙地区施工增加费。

风沙地区施工增加费以各类工程的人工费和机械使用费之和为基数，根据工程所在地的风沙区划及类别，按表 6-9 的费率计算。

(3) 沿海地区工程施工增加费

沿海地区工程施工增加费系指工程项目在沿海地区施工受海风、海浪和潮汐的影响，致使人工、机械效率降低等所需增加的费用。该项费用由沿海各省、自治区、直辖市交通厅（局）制定具体的适用范围（地区），并抄送交通部公路司备案。

沿海地区工程施工增加费以各类工程的直接工程费之和为基数，按表 6-10 的费率计算。

沿海地区工程施工增加费费率表（%）　　表 6-10

工程类别	费率	工程类别	费率
构造物Ⅱ	0.15	技术复杂大桥	0.15
构造物Ⅲ	0.15	钢材及钢结构	0.15

5. 行车干扰工程施工增加费

行车干扰工程施工增加费系指由于边施工边维持通车，受行车干扰的影响，致使人工、机械效率降低而增加的费用。

该费用以受行车影响部分的工程项目的人工费和机械使用费之和为基数，按表 6-11 的费率计算。

行车干扰工程施工增加费费率表（%）　　表 6-11

工程类别	施工期间平均每昼夜双向行车次数(汽车、畜力车合计)							
	51～100	101～500	501～1000	1001～2000	2001～3000	3001～4000	4001～5000	5000 以上
人工土方	1.64	2.46	3.28	4.10	4.76	5.29	5.86	6.44
机械土方	1.39	2.19	3.00	3.89	4.51	5.02	5.56	6.11
汽车运输	1.36	2.09	2.85	3.75	4.35	4.84	5.36	5.89
人工石方	1.66	2.40	3.33	4.06	4.71	5.24	5.81	6.37
机械石方	1.16	1.71	2.38	3.19	3.70	4.12	4.56	5.01
高级路面	1.24	1.87	2.50	3.11	3.61	4.01	4.45	4.88
其他路面	1.17	1.77	2.36	2.94	3.41	3.79	4.20	4.62
构造物Ⅰ	0.94	1.41	1.89	2.36	2.74	3.04	3.37	3.71
构造物Ⅱ	0.95	1.43	1.90	2.37	2.75	3.06	3.39	3.72
构造物Ⅲ	0.95	1.42	1.90	2.37	2.75	3.05	3.38	3.72
技术复杂大桥	—	—	—	—	—	—	—	—
隧道	—	—	—	—	—	—	—	—
钢材及钢结构	—	—	—	—	—	—	—	—

6. 安全及文明施工措施费

安全及文明施工措施费系指工程施工期间为满足安全生产、文明施工、职工健康生活所发生的费用。该费用不包括施工期间为保证交通安全而设置的临时安全设施和标志、标牌的费用，需要时，应根据设计要求计算。

安全及文明施工措施费以各类工程的直接工程费之和为基数，按表 6-12 的费率计算。

安全及文明施工措施费、临时设施费、施工辅助费费率表（%）　　表 6-12

工程类别	安全及文明施工措施费费率	临时设施费费率	施工辅助费费率
人工土方	0.59	1.57	0.89
机械土方	0.59	1.42	0.49
汽车运输	0.21	0.92	0.16
人工石方	0.59	1.60	0.85
机械石方	0.59	1.97	0.46
高级路面	1.00	1.92	0.80
其他路面	1.02	1.87	0.74
构造物Ⅰ	0.72	2.65	1.30
构造物Ⅱ	0.78	3.14	1.56

续表

工程类别	安全及文明施工措施费费率	临时设施费费率	施工辅助费费率
构造物Ⅲ	1.57	5.81	3.03
技术复杂大桥	0.86	2.92	1.68
隧道	0.73	2.57	1.23
钢材及钢结构	0.53	2.48	0.56

注：设备安装工程的安全及文明施工措施费按表中费率的50%计算。

7. 临时设施费

临时设施费系指施工企业为进行公路工程施工所必需的生活和生产用的临时建筑物、构筑物和其他临时设施的费用等，但不包括概、预算定额中临时工程在内。

临时设施包括：临时生活及居住房屋（包括职工家属房屋及探亲房屋）、文化福利及公用房屋（如广播室、文体活动室等）和生产、办公房屋（如仓库、加工厂、加工棚、发电站、变电站、空压机站、停机棚等），工地范围内的各种临时的工作便道（包括汽车、畜力车、人力车道）、人行便道，工地临时用水、用电的水管支线和电线支线，临时构筑物（如水井、水塔等）以及其他小型临时设施。

临时设施费用内容包括：临时设施的搭设、维修、拆除费或摊销费。

临时设施费以各类工程的直接工程费之和为基数，按表6-12的费率计算。

8. 施工辅助费

施工辅助费包括生产工具用具使用费、检验试验费和工程定位复测、工程点交、场地清理等费用。

生产工具用具使用费系指施工所需不属于固定资产的生产工具、检验用具、试验用具及仪器、仪表等的购置、摊销和维修费，以及支付给生产工人自备工具的补贴费。

检验试验费系指施工企业对建筑材料、构件和公路工程进行一般鉴定、检查所发生的费用，包括自设试验室进行试验所耗用的材料和化学药品的费用，以及技术革新和研究试验费，但不包括新结构、新材料的试验费和建设单位要求对具有出厂合格证明的材料进行检验、对构件进行破坏性试验及其他特殊要求检验的费用。

施工辅助费以各类工程的直接工程费之和为基数，按表6-12的费率计算。

9. 工地转移费

工地转移费系指施工企业根据建设任务的需要，由已竣工的工地或后方基地迁至新工地的搬迁费用。其内容包括：

(1) 施工单位全体职工及随职工迁移的家属向新工地转移的车费、家具行李运费、途中住宿费、行程补助费、杂费及工资与工资附加费等。

(2) 公物、工具、施工设备器材、施工机械的运杂费，以及外租机械的往返费及本工程内部各工地之间施工机械、设备、公物、工具的转移费等。

(3) 非固定工人进退场及一条路线中各工地转移的费用。

工地转移费以各类工程的直接工程费之和为基数，按表6-13的费率计算。

转移距离以工程承包单位（如工程处、工程公司等）转移前后驻地距离或两路线中点的距离为准；编制概（预）算时，如施工单位不明确时，高速、一级公路及独立大桥、隧道按省会（自治区首府）至工地的里程，二级及以下公路按地区（市、盟）至工地的里程计算工地转移费；工地转移里程数在表列里程之间时，费率可内插计算。工地转移距离在50km以内的工程不计取本项费用。

工地转移费费率表（%） **表 6-13**

工程类别	工地转移距离(km)					
	50	100	300	500	1000	每增加 100
人工土方	0.15	0.21	0.32	0.43	0.56	0.03
机械土方	0.50	0.67	1.05	1.37	1.82	0.08
汽车运输	0.31	0.40	0.62	0.82	1.07	0.05
人工石方	0.16	0.22	0.33	0.45	0.58	0.03
机械石方	0.36	0.43	0.74	0.97	1.28	0.06
高级路面	0.61	0.83	1.30	1.70	2.27	0.12
其他路面	0.56	0.75	1.18	1.54	2.06	0.10
构造物Ⅰ	0.56	0.75	1.18	1.54	2.06	0.11
构造物Ⅱ	0.66	0.89	1.40	1.83	2.45	0.13
构造物Ⅲ	1.31	1.77	2.77	3.62	4.85	0.25
技术复杂大桥	0.75	1.01	1.58	2.06	2.76	0.14
隧道	0.52	0.71	1.11	1.45	1.94	0.10
钢材及钢结构	0.72	0.97	1.51	1.97	2.64	0.13

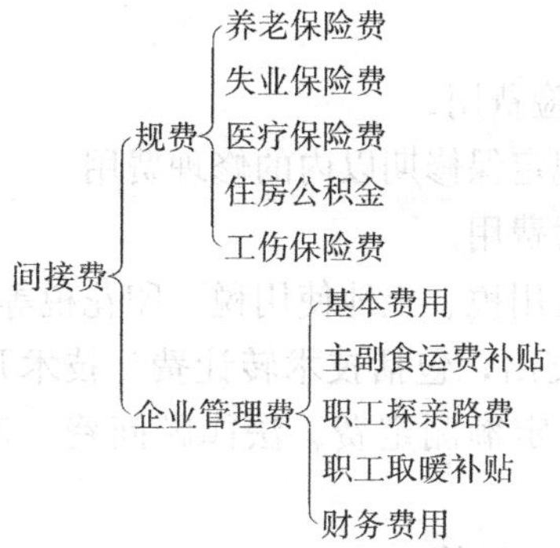

图 6-5 间接费的组成

三、间接费

间接费由规费和企业管理费两项组成。其组成如图 6-5 所示。

（一）规费

规费系指法律、法规、规章、规程规定施工企业必须缴纳的费用（简称规费），包括：

（1）养老保险费：系指施工企业按规定标准为职工缴纳的基本养老保险费。

（2）失业保险费：系指施工企业按国家规定标准为职工缴纳的失业保险费。

（3）医疗保险费：系指施工企业按规定标准为职工缴纳的基本医疗保险费和生育保险费。

（4）住房公积金：系指施工企业按规定标准为职工缴纳的住房公积金。

（5）工伤保险费：系指施工企业按规定标准为职工缴纳的工伤保险费。

各项规费以各类工程的人工费之和为基数，按国家或工程所在地法律、法规、规章、规程规定的标准计算。

（二）企业管理费

企业管理费由基本费用、主副食运费补贴、职工探亲路费、职工取暖补贴和财务费用五项组成。

1. 基本费用

企业管理费基本费用系指施工企业为组织施工生产和经营管理所需的费用，内容包括：

（1）管理人员工资：系指管理人员的基本工资、工资性补贴、职工福利费、劳动保护费以及缴纳的养老、失业、医疗、生育、工伤保险费和住房公积金等。

（2）办公费：系指企业办公用的文具、纸张、账表、印刷、邮电、书报、会议、水、电、烧水和集体取暖（包括现场临时宿舍取暖）用煤（气）等费用。

（3）差旅交通费：系指职工因公出差和工作调动（包括随行家属的旅费）的差旅费、住勤补助费，市内交通费和误餐补助费，职工探亲路费，劳动力招募费，职工离退休、退职一次性路费，工伤人员就医路费，以及管理部门使用的交通工具的油料、燃料、养路费及牌照费。

（4）固定资产使用费：系指管理和试验部门及附属生产单位使用的属于固定资产的房屋、设备、仪器等的折旧、大修、维修或租赁费等。

（5）工具用具使用费：系指管理使用的不属于固定资产的生产工具、器具、家具、交通工具和检验、试验、测绘、消防用具等的购置、维修和摊销费。

（6）劳动保险费：系指企业支付离退休职工的易地安家补助费、职工退职金、六个月以上的病假人员工资、职工死亡丧葬补助费、抚恤费、按规定支付给离休干部的各项经费。

（7）工会经费：系指企业按职工工资总额计提的工会经费。

（8）职工教育经费：系指企业为职工学习先进技术和提高文化水平，按职工工资总额计提的费用。

（9）保险费：系指企业财产保险、管理用车辆等保险费用。

（10）工程保修费：系指工程竣工交付使用后，在规定保修期以内的修理费用。

（11）工程排污费：系指施工现场按规定缴纳的排污费用。

（12）税金：系指企业按规定缴纳的房产税、车船使用税、土地使用税、印花税等。

（13）其他：系指上述项目以外的其他必要的费用支出，包括技术转让费、技术开发费、业务招待费、绿化费、广告费、投标费、公证费、定额测定费、法律顾问费、审计费、咨询费等。

基本费用以各类工程的直接费之和为基数，按表6-14计算。

2. 主副食运费补贴

主副食运费补贴系指施工企业在远离城镇及乡村的野外施工购买生活必需品所需增加的费用。该费用以各类工程的直接费之和为基数，按表6-15的费率计算。

基本费用、职工探亲路费、财务费用费率表（%）　　表6-14

工程类别	基本费用费率	职工探亲路费费率	财务费用费率
人工土方	3.36	0.10	0.23
机械土方	3.26	0.22	0.21
汽车运输	1.44	0.14	0.21
人工石方	3.45	0.10	0.22
机械石方	3.28	0.22	0.20
高级路面	1.91	0.14	0.27
其他路面	3.28	0.16	0.30
构造物Ⅰ	4.44	0.29	0.37
构造物Ⅱ	5.53	0.34	0.40
构造物Ⅲ	9.79	0.55	0.82
技术复杂大桥	4.72	0.20	0.46
隧道	4.22	0.27	0.39
钢材及钢结构	2.42	0.16	0.48

主副食运费补贴费率表（%）　　　　**表 6-15**

工程类别	综合里程(km)											
	1	3	5	8	10	15	20	25	30	40	50	每增加 10
人工土方	0.17	0.25	0.31	0.39	0.45	0.56	0.67	0.76	0.89	1.06	1.22	0.16
机械土方	0.13	0.19	0.24	0.30	0.35	0.43	0.52	0.59	0.69	0.81	0.95	0.13
汽车运输	0.14	0.20	0.25	0.32	0.37	0.45	0.55	0.62	0.73	0.86	1.00	0.14
人工石方	0.13	0.19	0.24	0.30	0.34	0.42	0.51	0.58	0.67	0.80	0.92	0.12
机械石方	0.12	0.18	0.22	0.28	0.33	0.41	0.49	0.55	0.65	0.76	0.89	0.12
高级路面	0.08	0.12	0.15	0.20	0.22	0.28	0.33	0.38	0.44	0.52	0.60	0.08
其他路面	0.09	0.12	0.15	0.20	0.22	0.28	0.33	0.38	0.44	0.52	0.61	0.09
构造物Ⅰ	0.13	0.18	0.23	0.28	0.32	0.40	0.49	0.55	0.65	0.76	0.89	0.12
构造物Ⅱ	0.14	0.20	0.25	0.30	0.35	0.43	0.52	0.60	0.70	0.83	0.96	0.13
构造物Ⅲ	0.25	0.36	0.45	0.55	0.64	0.79	0.96	1.09	1.28	1.51	1.76	0.24
技术复杂大桥	0.11	0.16	0.20	0.25	0.29	0.36	0.43	0.49	0.57	0.68	0.79	0.11
隧道	0.11	0.16	0.19	0.24	0.28	0.34	0.42	0.48	0.56	0.66	0.77	0.10
钢材及钢结构	0.11	0.16	0.20	0.26	0.30	0.37	0.44	0.50	0.59	0.69	0.80	0.11

综合里程＝粮食运距×0.06＋燃料运距×0.09＋蔬菜运距×0.15＋水运距×0.70

粮食、燃料、蔬菜、水的运距均为全线平均运距；综合里程数在表列里程之间时，费率可内插；综合里程在 1km 以内的工程不计取本项费用。

3. 职工探亲路费

职工探亲路费系指按照有关规定施工企业职工在探亲期间发生的往返车船费、市内交通费和途中住宿费等费用。

该费用以各类工程的直接费之和为基数，按表 6-14 的费率计算。

4. 职工取暖补贴

职工取暖补贴系指按规定发放给职工的冬季取暖费或在施工现场设置的临时取暖设施的费用。该费用以各类工程的直接费之和为基数，按工程所在地的气温区选用表 6-16 的费率计算。

职工取暖补贴费率表（%）　　　　**表 6-16**

工程类别	气温区						
	准二区	冬一区	冬二区	冬三区	冬四区	冬五区	冬六区
人工土方	0.03	0.06	0.10	0.15	0.17	0.26	0.31
机械土方	0.06	0.13	0.22	0.33	0.44	0.55	0.66
汽车运输	0.06	0.12	0.21	0.31	0.41	0.51	0.62
人工石方	0.03	0.06	0.10	0.15	0.17	0.26	0.31
机械石方	0.05	0.11	0.17	0.26	0.35	0.44	0.53
高级路面	0.04	0.07	0.13	0.19	0.25	0.31	0.38
其他路面	0.04	0.07	0.12	0.18	0.24	0.30	0.36
构造物Ⅰ	0.06	0.12	0.19	0.28	0.36	0.46	0.56
构造物Ⅱ	0.06	0.13	0.20	0.30	0.41	0.51	0.62
构造物Ⅲ	0.11	0.23	0.37	0.56	0.74	0.93	1.13
技术复杂大桥	0.05	0.10	0.17	0.26	0.34	0.42	0.51
隧道	0.04	0.08	0.14	0.22	0.28	0.36	0.43
钢材及钢结构	0.04	0.07	0.12	0.19	0.25	0.31	0.37

5. 财务费用

财务费用系指施工企业为筹集资金而发生的各项费用，包括企业经营期间发生的短期贷款利息净支出、汇兑净损失、调剂外汇手续费、金融机构手续费，以及企业筹集资金发生的其他财务费用。财务费用以各类工程的直接费之和为基数，按表 6-14 的费率计算。

（三）辅助生产间接费

辅助生产间接费系指由施工单位自行开采加工的沙、石等材料及施工单位自办的人工装卸和运输的间接费。

辅助生产间接费按人工费的 5%计。该项费用并入材料预算单价内构成材料费，不直接出现在概（预）算中。

高原地区施工单位的辅助生产，可按其他工程费中高原地区施工增加费费率，以直接工程费为基数计算高原地区施工增加费（其中：人工采集、加工材料，人工装卸、运输材料按人工土方费率计算；机械采集、加工材料按机械石方费率计算；机械装、运输材料按汽车运输费率计算）。辅助生产高原地区施工增加费不作为辅助生产间接费的计算基数。

四、利润及税金

1. 利润

利润系指施工企业完成所承包工程应取得的盈利。

利润按直接费与间接费之和扣除规费的 7%计算。

$$利润=(直接费+间接费-规费)\times 7\%$$

2. 税金

税金系指按国家税法规定应计入公路工程造价内的营业税、城市维护建设税及教育费附加等。

$$综合税金额=(直接费+间接费+利润)\times 综合税率$$

（1）纳税地点在市区的企业，综合税率为：

$$综合税率(\%)=\left(\frac{1}{1-3\%-3\%\times 7\%-3\%\times 3\%}-1\right)\times 100=3.41(\%)$$

（2）纳税地点在县城、乡镇的企业，综合税率为：

$$综合税率(\%)=\left(\frac{1}{1-3\%-3\%\times 5\%-3\%\times 3\%}-1\right)\times 100=3.35(\%)$$

（3）纳税地点不在市区、县城、乡镇的企业，综合税率为：

$$综合税率(\%)=\left(\frac{1}{1-3\%-3\%\times 1\%-3\%\times 3\%}-1\right)\times 100=3.22(\%)$$

第三节　设备及工、器具购置费用的构成

一、设备购置费的构成及计算

设备购置费系指为满足公路的营运、管理、养护需要，购置的达到固定资产标准的设备和虽低于固定资产标准但属于设计明确列入设备清单的设备的费用，包括渡口设备，隧道照明、消防、通风的动力设备，高等级公路的收费、监控、通信、供电设备，养护用的机械、设备和工具、器具等的购置费用。

所谓固定资产标准，是指使用年限在一年以上，单位价值在国家或各主管部门规定的限额以上。新建项目和扩建项目的新建车间购置或自制的全部设备、工具、器具，不论是否达到固定资产标准，均计入设备、工器具购置费中。设备购置费包括设备原价和设备运

杂费。

设备购置费应由设计单位列出计划购置的清单（包括设备的规格、型号、数量），以设备原价加综合业务费和运杂费按以下公式计算：

设备购置费＝设备原价＋运杂费(运输费＋装卸费＋搬运费)＋运输保险费＋采购及保管费

需要安装的设备，应在第一部分建筑安装工程费的有关项目内另计设备的安装工程费。

1. 国产设备原价的构成及计算

国产标准设备的原价一般是指设备制造厂的交货价/出厂价（有备件），即出厂价或订货合同价，它一般根据生产厂或供应商的询价、报价、合同价确定，或采用一定的方法计算确定。其内容包括按专业标准规定的在运输过程中不受损失的一般包装费，及按产品设计规定配带的工具、附件和易损件的费用。国产非标准设备原价常用成本计算估价法、系列设备插入估价法、分部组合估价法、定额估价法等来确定。

设备原价＝出厂价（或供货地点价)＋包装费＋手续费

2. 进口设备原价的构成及计算

进口设备的原价是指进口设备的抵岸价，即抵达买方边境港口或边境车站，且交完关税为止形成的价格。即：

进口设备原价＝货价＋国际运费＋运输保险费＋银行财务费＋外贸手续费＋关税
＋增值税＋消费税＋商检费＋检疫费＋车辆购置附加费

(1) 货价

进口设备的交货方式可分为：内陆交货类、目的地交货类、装运港交货类。

① 内陆交货类。在交货地点，卖方及时提交合同规定的货物和有关凭证，并承担交货前的一切费用和风险；买方按时接受货物，交付货款，承担接货后的一切费用和风险，并自行办理出口手续和装运出口。货物的所有权也在交货后由卖方转移给买方。

② 目的地交货类。包括目的港船上交货价，目的港船边交货价（FOS）和目的港码头交货价（关税已付）及完税后交货价（进口国目的地的指定地点）。主要特点买卖双方承担的责任、费用和风险是以目的地约定交货点为分界线，只有当卖方在交货点将货物置于买方控制下方算交货，方能向买方收取货款。这类交货价对卖方来说承担的风险较大，在国际贸易中卖方一般不愿意采用这类交货方式。

③ 装运港交货类。即卖方在出口国装运港完成交货任务，主要有装运港船上交货价(FOB)，运费在内价（CFR）和运费、保险费在内价（CIF）。主要特点：卖方按照约定的时间在装运港交货，只要卖方把合同规定的货物装船后提供货运单据便完成交货任务，并可凭单据收回货款。

进口设备采用最多的是装运港船上交货价（FOB，习惯称离岸价）。设备货价分为原币货价和人民币货价。原币货价一律折算为美元表示，人民币货价按原币货价乘以外汇市场美元兑换人民币的中间价确定。进口设备货价按有关生产厂商询价、报价、订货合同价计算。

(2) 国际运费：即从装运港（站）到达我国抵达港（站）的运费。即：

国际运费＝原币货价(FOB 价)×运费费率或＝运量×单位运价

我国进口设备大多采用海洋运输，小部分采用铁路运输，个别采用航空运输。运费费率参照有关部门或进出口公司的规定执行，海运费费率一般为6%。

(3) 运输保险费：对外贸易货物运输保险是由保险人（保险公司）与被保险人（出口人或进口人）订立保险契约，在被保险人交付议定的保险费后，保险人根据保险契约的规定对货物在运输过程中发生的承保责任范围内的损失给予经济上的补偿。这是一种财产保险。

运输保险费=[原币货价(FOB价)+国际运费]÷(1-保险费费率)×保险费费率

保险费费率按保险公司规定的进口货物保险费费率计算，一般为0.35%。

(4) 银行财务费：一般指中国银行手续费。

银行财务费=人民币货价(FOB价)×银行财务费费率

人民币货价(FOB价)=原币货价(FOB价)×人民币外汇牌价

银行财务费费率一般为0.4%～0.5%。

(5) 外贸手续费：指按规定计取的外贸手续费。

外贸手续费=[人民币货价(FOB价)+国际运费+运输保险费]×外贸手续费费率

进口设备到岸价(CIF)=原币货价(FOB价)+国外运费+国外运输保险费

外贸手续费费率一般为1%～1.5%。

(6) 关税：是由海关对进出国境的货物和物品征收的一种税，属于流转性课税。

关税=[人民币货价(FOB价)+国际运费+运输保险费]×进口关税税率

进口关税税率按我国海关总署发布的进口关税税率计算。

(7) 增值税：是对从事进口贸易的单位和个人，在进口商品报关进口后征收的税种。按《中华人民共和国增值税条例》的规定，进口应税产品均按组成计税价格和增值税税率直接计算应纳税额。

增值税=[人民币货价(FOB价)+国际运费+运输保险费+关税+消费税]×增值税税率

增值税税率根据规定的税率计算，目前进口设备适用的税率为17%。

(8) 消费税：对部分进口设备（如轿车、摩托车等）征收。

应纳消费税额=[人民币货价(FOB价)+国际运费+运输保险费+关税]÷(1-消费税税率)×消费税税率

消费税税率根据规定的税率计算。

(9) 商检费：指进口设备按规定付给商品检查部门的进口设备检验鉴定费。

商检费=[人民币货价(FOB价)+国际运费+运输保险费]×商检费费率

商检费费率一般为0.8%。

(10) 检疫费：指进口设备按规定付给商品检疫部门的进口设备检验鉴定费。

检疫费=[人民币货价(FOB价)+国际运费+运输保险费]×检疫费费率

检疫费费率一般为0.17%。

(11) 车辆购置附加费：指进口车辆需缴纳的进口车辆购置附加费。

进口车辆购置附加费=[人民币货价(FOB价)+国际运费+运输保险费+关税+消费税+增值税]×进口车辆购置附加费费率

在计算进口设备原价时，应注意工程项目的性质，有无按国家有关规定减免进口环节税的可能。

(12) 海关监管手续费：是指海关对发生减免进口税或实行保税的进口设备，实施监管和提供服务收取的手续费。

海关监管手续费=[人民币货价(FOB价)+国际运费+运输保险费]×海关监管手续费率

全额收取关税的设备，不收取海关监管手续费。

3. 设备运杂费的构成及计算

国产设备运杂费指由设备制造厂交货地点起至工地仓库（或施工组织设计指定的需要安装设备的堆放地点）止所发生的运费和装卸费；进口设备运杂费指由我国到岸港口或边境车站起至工地仓库（或施工组织设计指定的需要安装设备的堆放地点）止所发生的运费和装卸费。设备运杂费费率见表6-17。

运杂费=设备原价×运杂费费率

设备运杂费费率表（%）　　　　**表6-17**

运输距离(km)	100以内	101～200	201～300	301～400	401～500	501～750	751～1000	1001～1250	1251～1500	1501～1750	1751～2000	2000以上每增加250
费率(%)	0.8	0.9	1.0	1.1	1.2	1.5	1.7	2.0	2.2	2.4	2.6	0.2

4. 设备运输保险费的构成及计算

设备运输保险费指国内运输保险费。

运输保险费=设备原价×保险费费率

设备运输保险费费率一般为1%。

5. 设备采购及保管费的构成及计算

设备采购及保管费指采购、验收、保管和收发设备所发生的各种费用，包括设备采购人员、保管人员和管理人员的工资、工资附加费、办公费、差旅交通费，设备供应部门办公和仓库所占固定资产使用费、工具用具使用费、劳动保护费、检验试验费等。

采购及保管费=设备原价×采购及保管费费率

需要安装的设备的采购保管费费率为2.4%，不需要安装的设备的采购保管费费率为1.2%。

【例6-3】 设备及工器具购置费的计算

某项目由国外引进工艺设备和技术，硬件费600万美元，软件费60万美元，其中计算关税的项目有45万美元，不计算关税的15万美元；外汇牌价是：1美元=8.3元人民币；海运费率6%；海运保险费率0.35%；外贸手续费率1.5%；中国银行财务手续费率0.5%；增值税率和关税税率均为17%；国内供销手续费率0.4%；运输、装卸和包装费率0.1%；采购保管费率1%。

1. 问题

(1) 引进工艺设备和技术的价格由哪些费用组成？

(2) 计算该案例工艺设备和技术投资的估算价格。

2. 分析与解答

(1) 引进工艺设备和技术的抵岸价包括以下费用：货价、从属费用（含国外运输费、国外运输保险费、外贸手续费、银行财务费、关税、增值税）。全部投资的估算价格还包括设备运杂费。

(2) 引进工艺设备和技术抵岸价的计算规定见下表。

引进工艺设备和技术抵岸价的计算规定

费用名称	计算公式	备注
货价	货价＝合同中硬软件的离岸价外币金额×外汇牌价	合同生效，第一次付款日期的兑汇牌价
国外运输费	国外运输费＝合同中硬件货价×国外运输费率	海运费率 6%，空运费率 8.5%，铁路运输费率 1%
国外运输保险费	国外运输保险费＝(合同中硬件货价＋国外运费)×运输保险费率÷(1－运输保险费率)	海运保险费率 0.35%，空运保险费率 4.55%，铁路运保险费率 2.66%
关税	硬件关税＝(合同中硬件货价＋国外运费＋国外运输保险费)×关税税率＝合同中硬件到岸价×关税税率 软件关税＝合同中应计关税软件的货价×关税税率	计关税的软件指设计费、技术秘密、专利许可证、专利技术等
增值税	增值税＝(硬件到岸价＋应计关税软件的货价＋关税)×增值税率	增值税率取 17%
消费税	消费税＝[(到岸价＋关税)÷(1－消费税率)]×消费税率(进口车辆才有此税)	越野车、小汽车取 5%，小轿车取 8%，轮胎取 10%
银行财务费	合同中硬、软件的货价×银行财务税率	银行财务费取 0.4%～0.5%
外贸手续费	(合同中硬件到岸价＋完关税软件的货价)×外贸手续费率	外贸手续费率取 1.5%
海关监管手续费	减免关税部分的到岸价×海关监管手续费率	海关监管手续费率取 0.3%

(3) 引进工艺设备和技术抵岸价的计算见下表。

引进工艺设备和技术抵岸价的计算（单位：万元）

费用名称	计算公式	费用
货价	货价＝600×8.3＋60×8.3＝4980＋498＝5478	5478
国外运输费	海运费＝4980×6%＝298.8	298.8
国外运输保险费	海运保险费＝(4980＋298.8)×0.35%/(1－0.35%)＝18.54	18.54
关税	硬件关税＝(4980＋298.8＋18.54)×17%＝5297.34×17%＝900.55 软件关税＝45×8.3×17%＝373.5×17%＝63.50	964.05
增值税	增值税＝(5297.34＋373.5＋964.05)×17%＝1127.93	1127.93
银行财务费	银行财务费＝5478×0.5%＝27.39	27.39
外贸手续费	外贸手续费＝(5297.34＋373.5)×1.5%＝85.06	85.06
引进设备和技术的抵岸价		7999.77

国内运杂费＝7999.77×(0.4%＋0.1%＋1%)＝120.00 万元

引进设备购置和技术投资＝7999.77＋120.00＝8119.77 万元

二、工具、器具及生产家具（简称工器具）购置费的构成及计算

工器具购置费系指建设项目交付使用后为满足初期正常营运必须购置的第一套不构成固定资产的设备、仪器、仪表、工卡模具、器具、工作台（框、架、柜）等的费用。该费用不包括构成固定资产的设备、工器具和备品、备件，及已列入设备购置费中的专用工具和备品、备件。

对于工器具购置，应由设计单位列出计划购置的清单（包括规格、型号、数量），购置费的计算方法同设备购置费。

三、办公和生活用家具购置费

办公和生活用家具购置费系指为保证新建、改建项目初期正常生产、使用和管理所必

须购置的办公和生活用家具、用具的费用。范围包括：行政、生产部门的办公室、会议室、资料档案室、阅览室、单身宿舍及生活福利设施等的家具、用具。办公和生活用家具购置费按表 6-18 的规定计算。改建工程按表 6-18 列数 80%计算。

办公和生活用家具购置费标准表　　　　**表 6-18**

工程所在地	路线(元/公路公里)				有看桥房的独立大桥(元/座)	
	高速公路	一级公路	二级公路	三、四级公路	一般大桥	技术复杂大桥
内蒙古、黑龙江、青海、新疆、西藏	21500	15600	7800	4000	24000	60000
其他省、自治区、直辖市	17500	14600	5800	2900	19800	49000

第四节　工程建设其他费用组成

工程建设其他费用包括土地征用及拆迁补偿费、建设项目管理费、研究试验费、前期工作费、专项评价（估）费、施工机构迁移费、供电贴费、联合试运转费、生产人员培训费、固定资产投资方向调节税、建设期贷款利息等，其组成见图 6-6。

- 工程建设其他费用
  - 土地征用及拆迁补偿费
    - 土地补偿费
    - 征用耕地安置补助费
    - 拆迁补偿费
    - 复耕费
    - 耕地开垦费
    - 森林植被恢复费
  - 建设项目管理费
    - 建设单位管理费
    - 工程质量监督费
    - 工程监理费
    - 工程定额测定费
    - 设计文件审查费
    - 竣（交）工验收试验检测费
  - 研究试验费
  - 前期工作费
  - 专项评价（估）费
  - 施工机构迁移费
  - 供电贴费
  - 联合试运转费
  - 生产人员培训费
  - 固定资产投资方向调节税
  - 建设期贷款利息

图 6-6　工程建设其他费用组成

一、土地征用及拆迁补偿费

土地征用及拆迁补偿费系指按照《中华人民共和国土地管理法》及《中华人民共和国土地管理法实施条例》、《中华人民共和国基本农田保护条例》等法律、法规的规定，为进行公路建设需征用土地所支付的土地征用及拆迁补偿费等费用。

1. 费用内容

（1）土地补偿费：指被征用土地地上、地下附着物及青苗补偿费，征用城市郊区的菜地等缴纳的菜地开发建设基金，租用土地费，耕地占用税，用地图编制费及勘界费，征地管理费等。

（2）征用耕地安置补助费：指征用耕地需要安置农业人口的补助费。

（3）拆迁补偿费：指被征用或占用土地上的房屋及附属构筑物、城市公用设施等拆除、迁建补偿费，拆迁管理费等。

（4）复耕费：指临时占用的耕地、鱼塘等，待工程竣工后将其恢复到原有标准所发生的费用。

（5）耕地开垦费：指公路建设项目占用耕地的，应由建设项目法人（业主）负责补充耕地所发生的费用；没有条件开垦或者开垦的耕地不符合要求的，按规定缴纳的耕地开垦费。

(6) 森林植被恢复费：指公路建设项目需要占用、征用或者临时占用林地的，经县级以上林业主管部门审核同意或批准，建设项目法人（业主）单位按照有关规定向县级以上林业主管部门预缴的森林植被恢复费。

2. 计算方法

土地征用及拆迁补偿费应根据审批单位批准的建设工程用地和临时用地面积及其附着物的情况，以及实际发生的费用项目，按国家有关规定及工程所在地的省（自治区、直辖市）人民政府颁发的有关规定和标准计算。

森林植被恢复费应根据审批单位批准的建设工程占用林地的类型及面积，按国家有关规定及工程所在地的省（自治区、直辖市）人民政府颁发的有关规定和标准计算。

当与原有的电力电信设施、水利工程、铁路及铁路设施互相干扰时，应与有关部门联系，商定合理的解决方案和补偿金额，也可由这些部门按规定编制费用以确定补偿金额。

二、建设项目管理费

建设项目管理费包括建设单位（业主）管理费、工程质量监督费、工程监理费、工程定额测定费、设计文件审查费和竣（交）工验收试验检测费。

(一) 建设单位（业主）管理费

建设单位（业主）管理费系指建设单位（业主）为建设项目的立项、筹建、建设、竣（交）工验收、总结等工作所发生的费用，不包括应计入设备、材料预算价格的建设单位采购及保管设备、材料所需的费用。

费用内容包括：工作人员的工资、工资性补贴、施工现场津贴、社会保障费用（基本养老、基本医疗、失业、工伤保险)、住房公积金、职工福利费、工会经费、劳动保护费、办公费、会议费、差旅交通费、固定资产使用费（包括办公及生活房屋折旧、维修或租赁费，车辆折旧、维修、使用或租赁费，通信设备购置、使用费，测量、试验设备仪器折旧、维修或租赁费，其他设备折旧、维修或租赁费等)、零星固定资产购置费、招募生产工人费、技术图书资料费、职工教育经费、工程招标费（不含招标文件及标底或造价控制值编制费)；合同契约公证费、法律顾问费、咨询费、建设单位的临时设施费、完工清理费、竣（交）工验收费（含其他行业或部门要求的竣工验收费用)、各种税费（包括房产税、车船使用税、印花税等)、建设项目审计费、境内外融资费用（不含建设期贷款利息)、业务招待费、安全生产管理费和其他管理性开支。

由施工企业代建设单位（业主）办理“土地、青苗等补偿费”的工作人员所发生的费用，应在建设单位（业主）管理费项目中支付。当建设单位（业主）委托有资质的单位代理招标时，其代理费应在建设单位（业主）管理费中支出。

建设单位（业主）管理费以建筑安装工程费总额为基数，按表 6-19 的费率，以累进办法计算。

建设单位管理费费率表 **表 6-19**

第一部分 建筑安装工程费（万元）	费率(%)	算例(万元)	
		建筑安装工程费	建设单位(业主)管理费
500 以下	3.48	500	500×3.48%=17.4
501~1000	2.73	1000	17.4+500×2.73%=31.05

续表

第一部分 建筑安装工程费（万元）	费率(%)	算例(万元)	
		建筑安装工程费	建设单位(业主)管理费
1001～5000	2.18	5000	31.05＋4000×2.18%＝118.25
5001～10000	1.84	10000	118.25＋5000×1.84%＝210.25
10001～30000	1.52	30000	210.25＋20000×1.52%＝514.25
30001～50000	1.27	50000	514.25＋20000×1.27%＝768.25
50001～100000	0.94	100000	768.25＋50000×0.94%＝1238.25
100001～150000	0.76	150000	1238.25＋50000×0.76%＝1618.25
150001～200000	0.59	200000	1618.25＋50000×0.59%＝1913.25
200001～300000	0.43	300000	1913.25＋100000×0.43%＝2343.25
300000 以上	0.32	310000	2343.25＋10000×0.32%＝2375.25

水深＞15m、跨度≥400m 的斜拉桥和跨度≥800m 的悬索桥等独立特大型桥梁工程的建设单位（业主）管理费按表 6-19 中的费率乘以 1.0～1.2 的系数计算；由于风浪影响，工程施工期（不包括封冻期）全年月平均工作日少于 15 天的海上工程的建设单位（业主）管理费按表 6-19 中的费率乘以 1.0～1.3 的系数计算。

（二）工程质量监督费

工程质量监督费系指根据国家有关部门规定，各级公路工程质量监督机构对工程建设质量和安全生产实施监督应收取的管理费用。

工程质量监督费以建筑安装工程费总额为基数，按 0.15%计算。

（三）工程监理费

工程监理费系指建设单位（业主）委托具有公路工程监理资格的单位，按施工监理规范进行全面的监督和管理所发生的费用。

费用内容包括：工作人员的基本工资、工资性津贴、社会保障费用（基本养老、基本医疗、失业、工伤保险）、住房公积金、职工福利费、工会经费、劳动保护费、办公费、会议费、差旅交通费、固定资产使用费（包括办公及生活房屋折旧、维修或租赁费，车辆折旧、维修、使用或租赁费，通信设备购置、使用费，测量、试验、检测设备仪器折旧、维修或租赁费，其他设备折旧、维修或租赁费等）、零星固定资产购置费、招募生产工人费、技术图书资料费、职工教育经费、投标费用、合同契约公证费、咨询费、业务招待费、财务费用、监理单位的临时设施费、各种税费和其他管理性开支。

工程监理费以建筑安装工程费总额为基数，按表 6-20 的费率计算。

工程监理费费率表　　　　**表 6-20**

工程类别	高速公路	一级及二级公路	三级及四级公路	桥梁及隧道
费率(%)	2.0	2.5	3.0	2.5

表 6-20 中的桥梁指水深大于 15m、斜拉桥和悬索桥等独立特大型桥梁工程；隧道指水下隧道工程。

建设单位（业主）管理费和工程监理费均为实施建设项目管理的费用，执行时根据建设单位（业主）和施工监理单位所实际承担的工作内容和工作量，在保证监理费用的前提下，可统筹使用。

（四）工程定额测定费

工程定额测定费系指各级公路（交通）工程定额（造价管理）站为测定劳动定额、搜集定额资料、编制工程定额及定额管理所需要的工作经费。

工程定额测定费以建筑安装工程费总额为基数，按 0.12%计算。

（五）设计文件审查费

设计文件审查费系指国家和省级交通主管部门在项目审批前，为保证勘察设计工作的质量，组织有关专家或委托有资质的单位，对设计单位提交的建设项目可行性研究报告和勘察设计文件以及对设计变更、调整概算进行审查所需要的相关费用。

设计文件审查费以建筑安装工程费总额为基数，按 0.1%计算。

（六）竣（交）工验收试验检测费

竣（交）工验收试验检测费系指在公路建设项目交工验收和竣工验收前，由建设单位（业主）或工程质量监督机构委托有资质的公路工程质量检测单位按照有关规定对建设项目的工程质量进行检测，并出具检测意见所需要的相关费用。竣（交）工验收试验检测费按表 6-21 的规定计算。

竣（交）工验收试验检测费标准表 **表 6-21**

项目	路线(元/公路公里)				独立大桥(元/座)	
	高速公路	一级公路	二级公路	三、四级公路	一般大桥	技术复杂大桥
试验检测费	15000	12000	10000	5000	30000	100000

关于竣（交）工验收试验检测费，高速公路、一级公路按四车道计算，二级及以下等级公路按双车道计算，每增加一条车道，按表 6-21 的费用增加 10%。

三、研究试验费

研究试验费系指为本建设项目提供或验证设计数据、资料进行必要的研究试验和按照设计规定在施工过程中必须进行试验、验证所需的费用，以及支付科技成果、先进技术的一次性技术转让费。

该费用不包括：

(1) 应由科技三项费用（即新产品试制费、中间试验费和重要科学研究补助费）开支的项目。

(2) 应由施工辅助费开支的施工企业对建筑材料、构件和建筑物进行一般鉴定、检查所发生的费用及技术革新研究试验费。

(3) 应由勘察设计费或建筑安装工程费用中开支的项目。

计算方法：按照设计提出的研究试验内容和要求进行编制，不需验证设计基础资料的不计本项费用。

四、建设项目前期工作费

建设项目前期工作费系指委托勘察设计、咨询单位对建设项目进行可行性研究、工程勘察设计，以及设计、监理、施工招标文件及招标标底或造价控制值文件编制时，按规定应支付的费用。该费用包括：

(1) 编制项目建议书（或预可行性研究报告）、可行性研究报告、投资估算，以及相应的勘察、设计、专题研究等所需的费用。

(2) 初步设计和施工图设计的勘察费（包括测量、水文调查、地质勘探等）、设计费、概（预）算及调整概算编制费等。

(3) 设计、监理、施工招标文件及招标标底（或造价控制值或清单预算）文件编制费等。

计算方法：依据委托合同计列，或按国家颁发的收费标准和有关规定进行编制。

五、专项评价（估）费

专项评价（估）费系指依据国家法律、法规规定须进行评价（评估）、咨询，按规定应支付的费用。

该费用包括环境影响评价费、水土保持评估费、地震安全性评价费、地质灾害危险性评价费、压覆重要矿床评估费、文物勘察费、通航论证费、行洪论证（评估）费、使用林地可行性研究报告编制费、用地预审报告编制费等费用。

计算方法：按国家颁发的收费标准和有关规定进行编制。

六、施工机构迁移费

施工机构迁移费系指施工机构根据建设任务的需要，经有关部门决定成建制地（指工程处等）由原驻地迁移到另一地区所发生的一次性搬迁费用。

该费用不包括：

(1) 应由施工企业自行负担的，在规定距离范围内调动施工力量以及内部平衡施工力量所发生的迁移费用。

(2) 由于违反基建程序，盲目调迁队伍所发生的迁移费。

(3) 因中标而引起施工机构迁移所发生的迁移费。

费用内容包括：职工及随同家属的差旅费，调迁期间的工资，施工机械、设备、工具、用具和周转性材料的搬运费。

计算方法：施工机构迁移费应经建设项目的主管部门同意按实计算。但计算施工机构迁移费后，如迁移地点即新工地地点（如独立大桥），则其他工程费内的工地转移费应不再计算；如施工机构迁移地点至新工地地点尚有部分距离，则工地转移费的距离，应以施工机构新地点为计算起点。

七、供电贴费

供电贴费系指按照国家规定，建设项目应交付的供电工程贴费、施工临时用电贴费。

计算方法：按国家有关规定计列（目前停止征收）。

八、联合试运转费

联合试运转费系指新建、改（扩）建工程项目，在竣工验收前按照设计规定的工程质量标准，进行动（静）载荷载实验所需的费用，或进行整套设备带负荷联合试运转期间所需的全部费用抵扣试车期间收入的差额。该费用不包括应由设备安装工程项下开支的调试费的费用。

费用内容包括：联合试运转期间所需的材料、油燃料和动力的消耗，机械和检测设备使用费，工具用具和低值易耗品费，参加联合试运转人员工资及其他费用等。

联合试运转费以建筑安装工程费总额为基数，独立特大型桥梁按 0.075%、其他工程按 0.05%计算。

九、生产人员培训费

生产人员培训费系指新建、改（扩）建公路工程项目，为保证生产的正常运行，在工程竣工验收交付使用前对运营部门生产人员和管理人员进行培训所必需的费用。

费用内容包括：培训人员的工资、工资性补贴、职工福利费、差旅交通费、劳动保护费、培训及教学实习费等。

生产人员培训费按设计定员和 2000 元/人的标准计算。

十、固定资产投资方向调节税

固定资产投资方向调节税系指为了贯彻国家产业政策，控制投资规模，引导投资方向，调整投资结构，加强重点建设，促进国民经济持续稳定协调发展，依照《中华人民共和国固定资产投资方向调节税暂行条例》规定，公路建设项目应缴纳的固定资产投资方向调节税。

计算方法：按国家有关规定计算（目前暂停征收）。

十一、建设期贷款利息

建设期贷款利息系指建设项目中分年度使用国内贷款或国外贷款部分，在建设期内应归还的贷款利息。费用内容包括各种金融机构贷款、企业集资、建设债券和外汇贷款等利息。

计算方法：根据不同的资金来源按需付息的分年度投资计算。

建设期贷款利息＝∑(上年末付息贷款本息累计＋本年度付息贷款额÷2)×年利率

即：

$$S=\sum_{n=1}^{N}(F_{n-1}+b_n\div 2)\times i$$

式中：S——建设期贷款利息（元）；

N——项目建设期（年）；

n——施工年度；

F_{n-1}——建设期第（$n-1$）年末需付息贷款本息累计（元）；

b_n——建设期第 n 年度付息贷款额（元）；

i——建设期贷款年利率（%）。

【例 6-4】 某建设项目贷款 5000 万元，分三年均衡发放，第一年贷款 1000 万元，第二年贷款 3000 万元，第三年贷款 1000 万元，贷款年利率为 7%。

问：该项目建设期贷款利息为多少？

答：第一年利息：1000÷2×7%＝35 万元

第二年利息：(1000＋35＋3000÷2)×7%＝177.45 万元

第三年利息：(1000＋35＋3000＋177.45＋1000÷2)×7%＝329.87 万元

建设期贷款利息：35＋177.45＋329.87＝542.32 万元

第五节 预 备 费

预备费由价差预备费及基本预备费两部分组成。在公路工程建设期限内，凡需动用预备费时，属于公路交通部门投资的项目，需经建设单位提出，按建设项目隶属关系，报交通部或交通厅（局、委）基建主管部门核定批准；属于其他部门投资的建设项目，按其隶属关系报有关部门核定批准。

一、价差预备费

价差预备费系指设计文件编制年至工程竣工年期间，第一部分费用的人工费、材料费、机械使用费、其他工程费、间接费等以及第二、三部分费用由于政策、价格变化可能发生上浮而预留的费用及外资贷款汇率变动部分的费用。

1. 计算方法：价差预备费以概（预）算或修正概算第一部分建筑安装工程费总额为基数，按设计文件编制年始至建设项目工程竣工年终的年数和年工程造价增长率计算。

$$价差预备费=P\times[(l+i)^{n-1}-1]$$

式中：P——建筑安装工程费总额（元）；

i——年工程造价增长率（%）；

n——设计文件编制年至建设项目开工年＋建设项目建设期限（年）。

2. 年工程造价增长率按有关部门公布的工程投资价格指数计算，或由设计单位会同建设单位根据该工程人工费、材料费、施工机械使用费、其他工程费、间接费以及第二、三部分费用可能发生的上浮等因素，以第一部分建安费为基数进行综合分析预测。

3. 设计文件编制至工程完工在一年以内的工程，不列此项费用。

二、基本预备费

基本预备费系指在初步设计和概算中难以预料的工程和费用。其用途如下：

(1) 在进行技术设计、施工图设计和施工过程中，在批准的初步设计和概算范围内所增加的工程费用。

(2) 在设备订货时，由于规格、型号改变的价差；材料货源变更、运输距离或方式的改变以及因规格不同而代换使用等原因发生的价差。

(3) 由于一般自然灾害所造成的损失和预防自然灾害所采取的措施费用。

(4) 在项目主管部门组织竣（交）工验收时，验收委员会（或小组）为鉴定工程质量必须开挖和修复隐蔽工程的费用。

(5) 投保的工程根据工程特点和保险合同发生的工程保险费用。

计算方法：以第一、二、三部分费用之和（扣除固定资产投资方向调节税和建设期贷款利息两项费用）为基数按下列费率计算：

设计概算按5%计列；

修正概算按4%计列；

施工图预算按3%计列。

采用施工图预算加系数包干承包的工程，包干系数为施工图预算中直接费与间接费之和的3%。施工图预算包干费用由施工单位包干使用。该包干费用的内容为：

① 在施工过程中，设计单位对分部分项工程修改设计而增加的费用，但不包括因水文地质条件变化造成的基础变更、结构变更、标准提高、工程规模改变而增加的费用。

② 预算审定后，施工单位负责采购的材料由于货源变更、运输距离或方式的改变以及因规格不同而代换使用等原因发生的价差。

③ 由于一般自然灾害所造成的损失和预防自然灾害所采取的措施的费用（例如一般防台风、防洪的费用）等。

第六节　回收金额

概、预算定额所列材料一般不计回收，只对按全部材料计价的一些临时工程项目和由于工程规模或工期限制达不到规定周转次数的拱盔、支架及施工金属设备的材料计算回收金额。回收率见表6-22。

回收率表　　表6-22

回收项目	使用年限或周转次数				计算基数
	一年或一次	两年或两次	三年或三次	四年或四次	
临时电力、电信线路	50%	30%	10%	—	材料原价
拱盔、支架	60%	45%	30%	15%	材料原价
施工金属设备	65%	65%	50%	30%	材料原价

第七章　公路工程量计算及定额套用

第一节　概　　述

一、定额的定义

定额属于计价依据主要内容之一。所谓计价依据系指用以计算工程造价基础资料的总称，除包括定额、指标、费率、基础单价外，还包括工程量数据以及政府主管部门颁发的各种相关经济法规、政策、计价方法等。

定额、指标有两部分，一是工程定额、指标；二是费用定额。公路工程定额、指标是指《公路工程预算定额》、《公路工程概算定额》、《公路工程估算指标》；费用定额是指《公路工程机械台班费用定额》以及《公路基本建设工程投资估算编制办法》、《公路基本建设工程概算、预算编制办法》中规定的各项费用定额（或费率）。

“定额”二字顾名思义，“定”是确定的定，“额”是数额的额，综合起来是确定的数额。即是规定在生产中各种社会必要劳动的消耗量的标准额度。所以，定额是一种标准，是衡量劳动生产率水平的尺度。就我国当前建设工程而言，定额中的“定额”二字有其特定的含义，即“定”是法定的，“额”是人工、材料、机械用量的数额。由于定额是在正常施工条件下，完成规定计量单位的符合国家技术标准、技术规范（包括设计、施工、验收等技术规范）和质量评定标准，并反映一定时间施工技术和工艺水平所必需的人工、材料、施工机械台班（时）消耗量的额定标准。在建筑材料、设计、施工及相关规范等未有突破性的变化之前，其消耗量具有相对的稳定性。

定额是标准，是算工、算料、算机械台班消耗量的依据，它是随着现代化大生产的出现和管理科学而产生的。定额的产生和发展，与资本主义企业管理科学化以及管理科学的发展不可分割的联系在一起，是反映社会商品生产发展的必然产物，也是反映一个国家的生产力水平和科技水平的标志。从20世纪初，许多西方国家就已经考虑利用定额，设法提高工效增加力量，从而有力地促进了资本主义国家经济的发展与繁荣。苏联十月革命之后，十分注意吸取资本主义国家的管理经验，以利于创造苏维埃国家的物质技术基础，广泛利用定额管理经济，对我国建国初期建立定额管理产生了极大影响。

二、定额的发展及现状

19世纪末20世纪初，技术最发达、资本主义发展最快的美国，形成了系统的经济管理理论。而管理成为科学应该说是从美国人泰勒开始的，以至于西方人都尊称泰勒为“管理之父”。当时美国的科学技术发展很快，机器设备虽然先进，但在管理上仍然沿用传统的经验方法，生产力受到极大的约束。泰勒发现了这一问题并很快找到解决方法，主要着眼于提高劳动生产率，刺激工人的劳动积极性。他突破了当时传统经验方法的羁绊，通过科学试验，对工作时间的合理利用进行细致的研究，制定出所谓标准的操作方法，即通过对工人进行训练，要求工人改变过去习惯的操作方法，取消不必要的操作程序，并且在此基础上制定出较高的工时定额，用工时定额评价工人工作的好坏；为了使工人能够达到定额，大大提高工作效率，又制定了工具、机器、材料和作业环境的标准化管理；为了鼓励工人努力完成定额，还制定了一种有差别的计件工资制度。

从泰勒制的标准操作方法、工时定额、工具和材料等要素的标准化，有差别的计件工资制度等主要内容来看，工时定额在其中占十分重要的位置。首先，较高的定额水平直接体现了泰勒制的主要目的，即提高工人的劳动效率，降低产品成本，增加企业赢利，而所有其他方法的内容则是为了达到这一目的而制定的措施。其次，工时定额作为评价工人工作的尺度，并和有差别的计件工资制度相结合，使其本身也成为提高劳动效率的有力措施。继泰勒之后，20 世纪 20 年代出现了行为科学。它从社会学和心理学的角度，对工人在生产中的行为以及这些行为产生的原因进行分析研究，强调重视社会环境及人际关系对人的行为的影响。着重研究人的本性和需要、行为的动机，特别是生产中的人际关系，以达到提高生产效率的目的。行为科学是在资本主义社会矛盾加剧的情况下出现的，它弥补了泰勒等人科学管理理论的不足，但并不能取代科学管理。相反，在后期发展中二者进行有机的结合，定额的发展朝着更先进更合理更科学的方向发展。

我国定额工作从新中国成立以来，一直受到高度重视，如在“一五”期间，国家计划委员会就在 1954 年颁布了《建筑工程设计预算定额（试行草案）》。由于我国公路工程建设起步很晚，建国初期基本上都是凭经验自编一些定额试用。公路工程定额的出现应该追溯到 1954 年 8 月，交通部在公路总局的设计局内设立了预算定额科，由此拉开了公路工程定额工作及管理工作的序幕。1954 年在国家技术标准、技术规范统一的前提下，开始增加力量编制《公路基本建设预算定额》，1955 年正式在全国公布施行。随着初步设计和施工图设计模式的确立，公路定额管理部门陆续编制了《公路工程施工定额》，其中劳动定额作为衡量施工企业工人劳动生产力的标志，同时贯彻按劳分配的原则，以作为编制工程预算（人工部分）的依据；接着编制了《公路工程概算指标》，并重新修订《公路工程预算定额》。但从 1957 年至 1976 年，概算工作几经反复，一直处于停顿状态。到 1978 年，公路工程建设才得以发展，定额工作全面走向正规化管理的轨道，1984 年 11 月 15 日，在原国家计委文件的指导下，经交通部批准组建“交通部公路工程定额站”，从此定额管理工作及编制工作在全国各省区定额站开展。经过对其他土建行业定额工作的研究分析后，组织造价人员系统建立公路工程定额及造价工作完整的体系，既适应公路工程技术标准、规范的发展需要，又与国家经济的方针、政策相协调，并且具有公路工程造价管理的特色。于 1992 年全面系统的制定并公布了《公路工程施工定额》、《公路工程预算定额》、《公路工程概算定额》、《公路工程估算指标》、《公路工程机械台班费用定额》、《公路工程基本建设工程概算、预算编制方法》、《公路工程基本建设工程估算编制方法》。

计划经济时期，定额是国家作为调控物价的文件，它反映的是测算造价的指令；市场经济时期，定额用来作为测算产品价格的工具，反映公路工程建筑市场的客观现实，同时标志政府在指导和促进施工企业提高劳动生产率方面，起到很大指导作用。在市场经济环境下，企业与社会平均水平的差距，通过这些定额就可以很准确的测算出来。因此公路工程定额在相当长的一段时期内对社会、对企业、对工程价格测算都会发挥十分重要的作用。

三、定额管理的二重属性

定额管理的二重属性主要取决于管理的二重属性。管理的二重属性即自然属性和社会属性。

管理的自然属性是生产和劳动社会化的客观要求。凡是人类共同劳动，就需要管理。它不受社会经济形态和社会制度不同的影响。

管理的社会属性，主要取决于生产关系。任何劳动都处在一定的生产关系之中，因此管理总带有统治地位的生产关系烙印。在资本主义条件下，管理的社会属性表现为监督劳动的性质。在以公有制为基础的社会主义条件下，管理的社会属性发生了根本变化，定额和定额管理的社会属性发生了根本的变化，它们不再是那种监督劳动，而是为全社会，为全体劳动人民的利益，为日益增长的物资文化生活的要求服务。

四、定额在现代管理中的地位

定额是管理科学的基础，也是现代管理科学中的重要内容和基本环节。我国要实现工业化和生产的社会化、现代化，就必须积极吸收和借鉴世界上各个发达国家的先进管理方法，必须充分认识定额在社会主义经济管理中的地位。

(1) 定额是节约社会劳动、提高劳动生产率的重要手段。降低劳动消耗，提高劳动生产率，是人类社会发展的普遍要求和基本条件。节约劳动时间是最大的节约。定额为生产者和经营管理人员树立了评价劳动成果和经营效益的标准尺度，同时也使广大职工明确了自己在工作中应该达到的具体目标，从而增强责任感和自我完善的意识，自觉地节约社会劳动和消耗，努力提高劳动生产率和经济效益。在我国，整个社会的经济效益还很低，生产、建设和流通领域浪费资源和社会劳动的现象还很严重，因此，定额在这方面的作用更具现实意义。

(2) 定额是组织和协调社会化大生产的工具。“一切规模较大的直接社会劳动或共同劳动，都或多或少地需要指挥，以协调个人活动，并执行生产总体的运动……所产生的各种一般职能”。随着生产力的发展，分工越来越细，生产社会化程度不断提高，任何一种产品都可以说是许多企业、许多劳动者共同完成的社会产品。因此，必须借助定额实现生产要素的合理配置，以定额作为组织、指挥和协调社会生产的科学依据和有效手段，从而保证社会生产持续、顺利地发展。

(3) 定额是宏观调控的依据。我国社会主义经济是以公有制为主体的，它既要充分发展市场经济，又要有计划的指导和调节，这就需要利用一系列定额为预测、计划、调节和控制经济发展提供出有技术依据的参数，提供出可靠的计量标准。

(4) 定额在实现分配，兼顾效率与社会公平方面有巨大的作用。定额作为评价劳动成果和经营效益的尺度，也就成为资源分配的个人消耗品分配的依据。

五、工程建设定额的作用

(1) 在工程建设中，定额仍然具有节约社会劳动和提高生产效率的作用。一方面企业以定额作为促使工人节约社会劳动（工作时间、原材料等）和提高劳动效率、加快工作进度的手段，以增加市场竞争能力，获取更多的利润；另一方面，作为工程造价计算依据的各类定额，又促使企业加强管理，把社会劳动的消耗控制在合理的限度内；再者，作为项目决策依据的定额指标，又在更高的层次上促使项目投资者合理而有效地利用和分配社会劳动。这都证明了定额在工程建设中节约社会劳动和优化资源配置的作用。

(2) 定额是国家对工程建设进行宏观调控和管理的手段。市场经济并不排斥宏观调控，即使在资本主义国家，政府也要利用各种手段影响和调控经济的发展。

(3) 定额有利于市场公平竞争。定额所提纲的准确的信息为市场需求主体和供给主体之间的竞争，以及供给主体之间的公平竞争提供了有利条件。

(4) 定额对市场行为的规范。定额既是投资决策的依据，又是价格决策的依据。对投资者来说，他可以利用定额权衡自己的财务状况和支付能力、预测资金投入和预期回报，还可以充分利用有关定额的大量信息，有效地提高其项目决策的科学性，优化其投资行为。对于建筑企业来说，在投标报价时，只有充分考虑定额的要求，作出正确的价格决策，才能占有市场竞争优势，才能获得更多的工程合同。可见，定额在上述两个方面规范了市场主体的经济行为，因而对完善我国固定资产投资市场和建筑市场，都能起到重要作用。

(5) 工程建设定额有利于完善市场的信息系统。定额管理是对大量市场信息的加工，也是对大量信息进行市场传递，同时也是市场信息的反馈。信息是市场体系中不可以或缺的要素，它的可靠性、完备性和灵敏性是市场成熟和市场效率的标志。在我国，以定额形式建立和完善市场信息系统，是以公有制经济为主体的社会主义市场经济的特色，在发达的资本主义国家是难以想象的。

(6) 定额有利于推广先进的施工技术和工艺。定额水平中包含着某些已成熟的先进的施工技术和经验，工人要达到和超过定额，就必须掌握和应用这些先进技术；如果工人要大幅度超过定额水平，他就必须创造性地劳动。第一，在自己的工作中注意改进工具和改进技术操作方法，注意原材料的节约，避免能源的浪费。第二，企业或主管部门为了推行施工工具和施工方法，所以贯彻定额也就意味着推广先进技术。第三，企业或主管部门为了推行定额，往往要组织技术培训，以帮助工人能达到或超过定额。这样，新技术、新工艺、新材料、新经验就很容易推广而大大提高全社会的劳动生产效率。

从以上分析可以看出，在市场经济条件下定额作为管理的手段是不可或缺的。

六、预算定额的内容组成

现行《公路工程预算定额》由九章构成，分别是：第一章《路基工程》、第二章《路面工程》、第三章《隧道工程》、第四章《桥涵工程》、第五章《防护工程》、第六章《交通工程及沿线设施》、第七章《临时工程》、第八章《材料采集及加工》、第九章《材料运输》。主要内容包括：颁发定额的文件号、目录、说明部分（总说明、章、节说明）、定额表及附录。

(一) 说明部分

1. 总说明

规定使用范围、使用条件、定额使用中的一般规定（如特殊符号、文字）等，对正确运用定额具有重要作用，在使用定额时应特别注意总说明中的相关规定。

2. 章、节说明

对每一章、每一节的具体使用要求及注意事项作出了说明，特别是工程量的计算规则。章、节说明对于正确运用定额具有重要作用。

(二) 定额表

定额表是预算定额的最基本组成部分，是定额指标数额的具体表示。基本组成包括：

表号及定额表名称、工程内容、计量单位、顺序号、项目、代号、细目及栏号、小注等。

（三）定额附录

《公路工程预算定额》的附录包括四个方面的内容。

（1）路面材料计算基础数据；

（2）基本定额；

（3）材料的周转及摊销；

（4）定额基价人工、材料单位质量、单价表。

七、预算定额总说明简介

《预算定额》的首页是"总说明"。总说明对正确使用定额起着全面规定和解释的作用，是非常重要的。《预算定额》的总说明共有22条，现就其内容重点介绍如下：

（1）《公路工程预算定额》JTG/T B06-02—2007（以下简称本定额）是全国公路专业定额。它是编制施工图预算的依据，也是编制工程概算定额（指标）的基础。适用于公路基本建设新建、改建工程，不适用于独立核算执行产品出厂价格的构件厂生产的构配件。对于公路养护的大、中修工程，可参考使用。

（2）本定额是以人工、材料、机械台班消耗量表现的工程预算定额。编制预算时，其人工费、材料费、机械使用费，应按《公路工程基本建设项目概算预算编制办法》JTG B06—2007的规定计算。

（3）本定额包括：路基工程、路面工程、隧道工程、桥涵工程、防护工程、交通工程及沿线设施、临时工程、材料采集及加工、材料运输共九章及附录。

（4）本定额是按照合理的施工组织和一般正常的施工条件编制的。定额中所采用的施工方法和工程质量标准，是根据国家现行的公路工程施工技术及验收规范、质量评定标准及安全操作规程取定的，除定额中规定允许换算者外，均不得因具体工程的施工组织、操作方法和材料消耗与定额的规定不同而变更定额。

（5）本定额除潜水工作每工日6h，隧道工作每工日7h外，其余均按每工日8h计算。

（6）定额中的工程内容，均包括定额项目的全部施工过程。定额内除扼要说明施工的主要操作工序外，均包括准备与结束、场内操作范围内的水平与垂直运输、材料工地小搬运、辅助和零星用工、工具及机械小修、场地清理等工程内容。

（7）本定额中的材料消耗量系按现行材料标准的合格料和标准规格料计算的。定额内材料、成品、半成品均已包括场内运输及操作损耗，编制预算时，不得另行增加。其场外运输损耗、仓库保管损耗应在材料预算价格内考虑。

（8）本定额中周转性的材料、模板、支撑、脚手杆、脚手板和挡土板等的数量，已考虑了材料的正常周转次数并计入定额内。其中，就地浇筑钢筋混凝土梁用的支架及拱圈用的拱盔、支架，如确因施工安排达不到规定的周转次数时，可根据具体情况进行换算并按规定计算回收，其余工程一般不予抽换。

（9）定额中列有的混凝土、砂浆的强度等级和用量，其材料用量已按附录中配合比表规定的数量列入定额，不得重算。如设计采用的混凝土、砂浆强度等级或水泥强度等级与定额所列强度等级不同时，可按配合比表进行换算。但实际施工配合比材料用量与定额配合比表用量不同时，除配合比表说明中允许换算者外，均不得调整。混凝土、砂浆配合比表的水泥用量，已综合考虑了采用不同品种水泥的因素，实际施工中不论采用何种水泥，均不得调整定额用量。

(10) 本定额中各类混凝土均未考虑外掺剂的费用，如设计需要添加外掺剂时，可按设计要求另行计算外掺剂的费用并适当调整定额中的水泥用量。

(11) 本定额中各类混凝土均按施工现场拌合进行编制，当采用商品混凝土时，可将相关定额中的水泥、中（粗）砂、碎石的消耗量扣除，并按定额中所列的混凝土消耗量增加商品混凝土的消耗。

(12) 水泥混凝土、钢筋、模板工程的一般规定列在第四章说明中，该规定同样适用于其他各章。

(13) 本定额中各项目的施工机械种类、规格是按一般合理的施工组织确定的，如施工中实际采用机械的种类、规格与定额规定的不同时，一律不得换算。

(14) 本定额中的施工机械的台班消耗，已考虑了工地合理的停置、空转和必要的备用量等因素。编制预算的台班单价，应按《公路工程机械台班费用定额》JTG/T B06-03—2007 分析计算。

(15) 本定额中只列工程所需的主要材料用量和主要机械台班数量。次要、零星材料和小型施工机具均未一一列出，分别列入“其他材料费”及“小型机具使用费”内，以元计，编制预算即按此计算。

(16) 本定额未包括公路养护管理房屋，如养路道班房、桥头看守房、收费站房等工程，这类工程应执行地区的建筑安装工程预算定额。

(17) 其他未包括的项目，各省、自治区、直辖市交通厅（局、委）可编制补充定额在本地区执行，并报交通部备案；还缺少的项目，各设计单位可编制补充定额，随同预算文件一并送审，并将编制依据送各省、自治区、直辖市公路（交通）工程定额（造价管理）站备查。所有补充定额均应按照本定额的编制原则、方法进行编制。

(18) 本定额遇有下列情况，可按《公路工程基本建设项目概算预算编制办法》JTG B06—2007）中的有关规定办理：

① 冬、雨期施工的工程；

② 夜间施工的工程；

③ 高原地区施工的工程；

④ 边施工边维持通车的工程。

(19) 定额表中注明“××以内”或“××以下”者，均包括“××”本身；而注明“××以外”或“××以上”者，则不包括“××”本身。定额内数量带“( )”者，则表示基价中未包括其价值。

(20) 凡定额名称中带有“※”号者，均为参考定额，使用定额时，可根据情况进行调整。

(21) 本定额的基价是人工费、材料费、机械使用费的合计价值。基价中的人工费、材料费基本上是按北京市 2007 年的人工、材料预算价格计算的（详见附录），机械使用费是按 2007 年交通部公布的《公路工程机械台班费用定额》JTG/T B06-03—2007 计算的。

(22) 定额中的“工料机代号”系编制概预算采用电子计算机计算时作为对工、料、机械名称识别的符号，不可随意变动。编制补充定额时，遇有新增材料或机械名称，可取相近品种材料或机械代号间的空号。

第二节　定额的编制方法及相关说明

一、预算定额的编制方法

(1) 按照正常的施工条件，目前多数企业的机械装备程度，合理的施工工期、施工工艺、劳动组织编制，反映了社会平均消耗水平。

(2) 依据国家有关现行产品标准、施工技术及验收规范、质量评定标准、安全操作规程编制，并适当参考了行业、地方标准，以及有代表性的工程设计、施工资料和其他资料。

二、预算定额的相关说明

1. 定额中的人工

根据预算定额总说明第二条、第三条的规定：除潜水工作每工日 6h，隧道工作每工日 7h 外，其余均按每工日 8h 计算。工程内容均包括准备与结束、场内操作范围内的水平与垂直运输、材料工地小搬运、辅助和零星用工、工具及机械小修、场地清理等。

2. 预算定额中的材料消耗

根据总说明第七条、第八条的规定：

(1) 材料消耗量系按现行材料标准的合格料和标准规格料计算的。定额内材料、成品、半成品均已包括场内运输及操作损耗，编制预算时，不得另行增加。其场外运输损耗、仓库保管损耗应在材料预算价格内考虑。

(2) 周转性的材料、模板、支撑、脚手杆、脚手板和挡土板等的数量，已考虑了材料的正常周转次数并计入定额内。其中，就地浇筑钢筋混凝土梁用的支架及拱圈用的拱盔、支架，如确因施工安排达不到规定的周转次数时，可根据具体情况进行换算并按规定计算回收，其余工程一般不予抽换。

材料的周转及摊销按预算定额附录三的相关规定计算，计算公式为：

$$\text{定额用量}=\frac{\text{图纸一次使用量}\times(1+\text{场内运输及操作损耗})}{\text{周转次数(或摊销次数)}}$$

各种工程材料周转及摊销次数规定如下：

1) 混凝土和钢筋混凝土构件、块件模板材料周转及摊销次数

①现浇混凝土的模板及支架、拱盔、隧道支撑（表 7-1）

现浇混凝土的模板及支架、拱盔、隧道支撑周转次数表　　表 7-1

顺序号	材料名称	单位	工料机代号	空心墩及索塔钢模板	悬浇箱形梁钢模	悬浇箱形梁、T型梁、T型钢构、连续梁、木模板	其他混凝土的木模板及支架、拱盔、隧道开挖衬砌用木支撑等	水泥混凝土路面
				1	2	3	4	5
1	木料	次数	—	—	—	8	5	20
2	螺栓、拉杆	次数	—	12	12	12	8	20
3	铁件	次数	651	10	10	10	5	20
4	铁钉	次数	653	4	4	4	4	4
5	8～12 号铁丝	次数	655	1	1	1	1	1
6	钢模	次数	271	100	80	—	—	—

注：模板钉有铁皮者，木料周转次数应提高 50%。打入混凝土中不抽出的拉杆及预埋螺栓周转次数按 1 次计。

② 预制混凝土构件的木模板（表 7-2）

预制混凝土构件的木模板周转次数表 **表 7-2**

顺序号	材料名称	单位	工料机代号	沉井、桁架梁、桁架拱、箱形拱、薄壳拱、箱涵、桁拱、双曲拱肋	箱形梁、T型梁、I型梁	矩形板、连续板、空心板、微弯板、方桩、墩台管节、管桩、护筒、立柱	圆管涵、拱波、预制块、护栏杆、栏杆、人行道、里程碑及其他小型构件
				1	2	3	4
1	木料	次数	—	10	12	17	25
2	螺栓、拉杆	次数	—	20	20	20	25
3	铁件	次数	651	10	10	10	12
4	铁钉	次数	653	5	5	5	5
5	8～12 号铁丝	次数	655	1	1	1	1

注：预制构件模板钉有铁皮者，木料周转次数应提高 50%。

③ 组合钢模板材料周转次数（表 7-3）

组合钢模板材料周转次数表 **表 7-3**

顺序号	项目	代号	周转次数		预算材料名称	材料损耗（%）
			预制	现浇		
1	组合钢模板	272	60	40	组合钢模板	0
2	组合钢模板连接件	651	25	16	铁件	0
3	螺栓、拉杆	651	20	12	铁件	2
4	压楞型钢	182	80	60	型钢	6
5	木夹条	102	5	3 次或一墩次	锯材	15
6	木支撑、木橛	101	12	8	原木	5
7	扒钉、铁件	651	10	10	铁件	2
8	钢丝绳、钢筋杆	—	40	40	钢丝绳、光圆钢筋	2.5
9	大块木模锯材（包括木拉带）	102	12	8	锯材	15
10	大块木模用圆钉	653	5	4	铁件	2
11	硬塑料管	—	1	1	其他材料费	2.5
12	橡胶板	—	20	20	其他材料费	2.5
13	钢板	183	100	80	钢板	6

④ 定型钢模板材料周转次数（表 7-4）

定型钢模板材料周转次数表 **表 7-4**

顺序号	项目		周转次数		预算材料名称
			预制	现浇	
1	定型钢模	T 型梁、I 型梁、箱形梁	120	80	钢模板
2		少筋微弯板	150		
3		圆管涵	200	—	
4		圆柱墩	—	80	
5		拱波	300		

注：其他材料的周转次数同组合钢模板。

2）脚手架、踏步、井字架、金属门式吊架、吊盘摊销次数（表 7-5）

脚手架、踏步、井字架、金属门式吊架、吊盘摊销次数表 **表 7-5**

材料名称	原木、锯材	钢材（钢筋、钢板型钢、钢管、扣件）	铁件	铁钉	8～12 号铁丝	钢丝绳
	1	2	3	4	5	6
摊销次数	20	80	20	2	1	40

注：使用 1 次算 1 次。

3）临时轨道铺设材料摊销（表 7-6）

临时轨道铺设材料摊销表　　**表 7-6**

顺序号	材料名称	轻轨		重轨	
		使用次数	摊销率(%)	使用次数	摊销率(%)
		1	2	3	4
1	钢轨	12	8.3	16	6.3
2	鱼尾板	6	16.7	10	10
3	鱼尾螺丝	4	25	6	16.7
4	弹簧垫圈	—	—	4	25
5	道钉	3.5	28.6	3	33.3
6	枕木	3.5	28.6	3	33.3
7	防爬枕木	—	—	(3)	(33.3)
8	防爬用铁钉	—	—	(3)	(33.3)
9	防爬器	—	—	—	12.5

注：如轨道使用防爬器时，括号内材料均不需要。

4）基础及打桩工程材料摊销次数（表 7-7）

基础及打桩工程材料摊销次数表　　**表 7-7**

顺序号	材料名称	单位	浮运沉井	钢围图下沉	打圆木桩	打钢筋混凝土方桩、管桩	打钢板桩	打砂桩	基坑挡土板	钢板桩木支撑	打桩、灌注桩工作平台	套箱	浮运船加固	围堰
			1	2	3	4	5	6	7	8	9	10	11	12
1	原木	基础次	—	—	3	—	3	—	3	4	—	8	10	2
2	锯材	基础次	5	5	—	—	4	—	5	4	5	5	10	2
3	螺栓	基础次	10	10	—	15	15	—	—	15	15	15	15	4
4	铁钉	基础次	10	—	—	15	15	—	10	15	15	15	15	2
5	铁件	基础次	2	—	—	—	—	—	—	4	4	4	4	—
6	8～12 号钢丝	基础次	1	—	—	—	—	—	—	—	1	—	—	1
7	桩(箍)帽	桩次	—	—	20	20	20	—	—	—	20	—	—	—
8	桩靴	桩次	—	—	—	—	—	—	—	—	—	—	—	—
9	桩垫	桩次	—	—	5	5	5	—	—	—	—	—	—	—
10	钢板桩	基础次	—	—	—	—	14	—	—	—	—	—	—	—
11	角钢、槽钢	基础次	—	6	—	—	14	—	—	—	20	80	5	—
12	钢管	桩次	—	—	—	—	—	25	—	—	14	—	—	—
13	钢丝绳	基础次	5	5	—	—	—	—	—	—	—	—	—	—
14	锚碇	基础次	2	2	—	—	—	—	—	—	—	—	—	—
15	钢轨	基础次	20	—	—	—	—	50	—	—	50	—	—	—
16	道钉	基础次	10	—	—	—	—	15	—	—	15	—	—	—
17	枕木	基础次	5	—	—	—	—	10	—	—	8	—	—	—
18	毛竹	基础次	—	—	—	—	—	—	—	—	—	—	—	1
19	钢套箱	基础次	—	—	—	—	—	—	—	—	—	10	—	—

注：1. 套箱底部结构用材料均按 1 基础次摊销；
2. 每完成一处桥台或桥墩基础为 1 基础次，每打一根桩为 1 桩次。

5）灌注桩设备材料摊销（表 7-8）

（3）定额中列有的混凝土、砂浆的强度等级和用量，其材料用量按附录二基本定额中规定的数量列入，不得重算。若设计采用的混凝土、砂浆强度等级或水泥强度等级与定额所列强度等级不同时，可按配合比表进行换算。但实际施工配合比材料用量与定额表；配合比表用量不同时，除配合比表说明允许换算者外，均不得调整。

灌注桩设备材料摊销表　　**表 7-8**

顺序号	设备材料	钻架(座)		护筒(个)				除渣筒(个)	钻头		
		木制	钢制	混凝土(挖孔桩)	钢护筒 干处	钢护筒 水中	钢筋混凝土		砂土、黏土	砂砾、砾石	卵石、软石、次坚石、坚石
		1	2	3	4	5	6	7	8	9	10
1	摊销单位	进米		桩次				进米	进米		
2	摊销数	1000	3000	1	10	1	固定的1，重复使用的2	1000	700	500	400

顺序号	设备材料	钻杆(个)			钢丝绳(400m)	漏斗(个)		导管(套)		钢丝绳(600m)	
						桩径(cm)					
		砂土、黏土	砂砾、砾石	卵石、软石、次坚石、坚石		120 以下	120 以上	120 以下	120 以上	120 以下	120 以上
		11	12	13	14	15	16	17	18	19	20
1	摊销单位	进米				10m³ 混凝土					
2	摊销数	3000	1500	1000	800	100	130	100	130	900	1300

注：1. 除渣槽、混凝土溜槽列入“小型临时设施”；
2. 扒杆不摊入定额内，列入吊装设备；
3. 护筒单列预算定额项目，不摊入人造孔定额内；
4. 钻头进米数卷扬机带冲击锥冲孔乘 2.0 的系数；冲击钻机冲孔乘 4.0 的系数；回旋钻机钻孔砂土、黏土、砂砾、砾石乘 4.0 的系数（笼式钻头），卵石、软石乘 14 的系数（牙轮钻头），次坚石、坚石乘 10 的系数（牙轮钻头）；
5. 钢丝绳回旋钻进米数乘 2.0 的系数。

① 砂浆配合比表（表 7-9）

砂浆配合比表（单位：1m³ 砂浆及水泥浆）　　**表 7-9**

顺序号	项目	单位	水泥砂浆									
			砂浆强度等级									
			M5	M7.5	M10	M12.5	M15	M20	M25	M30	M35	M40
			1	2	3	4	5	6	7	8	9	10
1	32.5 级水泥	kg	218	266	311	345	393	448	527	612	693	760
2	生石灰	kg	—	—	—	—	—	—	—	—	—	—
3	中(粗)砂	m³	1.12	1.09	1.07	1.07	1.07	1.06	1.02	0.99	0.98	0.95

顺序号	项目	单位	水泥砂浆				混合砂浆				石灰砂浆	水泥浆		水泥砂浆
							砂浆强度等级							强度等级
			1∶1	1∶2	1∶2.5	1∶3	M2.5	M5	M7.5	M10	M1			M50
			11	12	13	14	15	16	17	18	19	20	21	22
1	32.5 级水泥	kg	780	553	472	403	165	210	253	290	—	1348	—	—
2	42.5 级水泥	kg	—	—	—	—	—	—	—	—	—	—	1498	927
3	生石灰	kg	—	—	—	—	127	94	61	29	207	—		—
4	中(粗)砂	m³	0.67	0.95	1.01	1.04	1.04	1.04	1.04	1.04	1.1	—	—	1.00

注：表列用量已包括场内运输及操作损耗。

② 混凝土配合比表（表 7-10）

混凝土配合比表（单位：1m³ 混凝土）　　**表 7-10**

顺序号	项目	单位	普通混凝土														
			碎(砾)石最大粒径(mm)														
			20														
			混凝土强度等级														
			C10	C15	C20	C25	C30		C35		C40			C45		C50	
			水泥强度等级														
			32.5	32.5	32.5	32.5	32.5	42.5	32.5	42.5	32.5	42.5	52.5	42.5	52.5	42.5	52.5
			1	2	3	4	5	6	7	8	9	10	11	12	13	14	15
1	水泥	kg	238	286	315	368	406	388	450	405	488	443	399	482	439	524	479
2	中(粗)砂	m³	0.51	0.51	0.49	0.48	0.46	0.48	0.45	0.47	0.43	0.45	0.47	0.45	0.45	0.44	0.42
3	碎(砾)石	m³	0.85	0.82	0.82	0.8	0.79	0.79	0.78	0.79	0.78	0.79	0.79	0.77	0.79	0.75	0.79
4	片石	m³	—	—	—	—	—	—	—	—	—	—	—	—	—	—	—

顺序号	项目	单位	普通混凝土														
			碎(砾)石最大粒径(mm)														
			20		40												
			混凝土强度等级														
			C55	C60	C10	C15	C20	C25	C30		C35		C40			C45	
			水泥强度等级														
			52.5	52.5	32.5	32.5	32.5	32.5	32.5	42.5	32.5	42.5	32.5	42.5	52.5	42.5	52.5
			16	17	18	19	20	21	22	23	24	25	26	27	28	29	30
1	水泥	kg	516	539	225	267	298	335	377	355	418	372	461	415	359	440	399
2	中(粗)砂	m³	0.42	0.41	0.51	0.5	0.49	0.48	0.46	0.46	0.45	0.46	0.43	0.44	0.46	0.44	0.44
3	碎(砾)石	m³	0.74	0.71	0.87	0.85	0.84	0.83	0.83	0.84	0.82	0.83	0.81	0.83	0.84	0.81	0.84
4	片石	m³	—	—	—	—	—	—	—	—	—	—	—	—	—	—	—

顺序号	项目	单位	普通混凝土						泵送混凝土								
			碎(砾)石最大粒径(mm)														
			40		80				20								
			混凝土强度等级														
			C50		C55	C10	C15	C20	C15	C20	C25	C30	C35		C40		C45
			水泥强度等级														
			42.5	52.5	52.5	32.5	32.5	32.5	32.5	32.5	32.5	32.5	32.5	42.5	32.5	42.5	42.5
			31	32	33	34	35	36	37	38	39	40	41	42	43	44	45
1	水泥	kg	487	430	451	212	253	282	321	354	407	443	491	431	538	471	512
2	中(粗)砂	m³	0.43	0.41	0.41	0.58	0.55	0.54	0.59	0.57	0.56	0.55	0.54	0.56	0.52	0.54	0.54
3	碎(砾)石	m³	0.79	0.84	0.83	0.83	0.83	0.82	0.75	0.75	0.71	0.7	0.69	0.7	0.67	0.69	0.67
4	片石	m³	—	—	—	—	—	—	—	—	—	—	—	—	—	—	—

续表

顺序号	项目	单位	泵送混凝土														
			碎(砾)石最大粒径(mm)														
			20			40											
			混凝土强度等级														
			C50	C55	C60	C10	C15	C20	C25	C30	C35		C40		C45	C50	C55
			水泥强度等级														
			42.5	52.5	52.5	32.5	32.5	32.5	32.5	32.5	32.5	42.5	32.5	42.5	42.5	42.5	52.5
			46	47	48	49	50	51	52	53	54	55	56	57	58	59	60
1	水泥	kg	554	546	570	236	302	325	372	420	461	403	505	440	478	505	498
2	中(粗)砂	m^3	0.53	0.51	0.5	0.66	0.59	0.59	0.58	0.56	0.54	0.57	0.52	0.55	0.56	0.55	0.55
3	碎(砾)石	m^3	0.66	0.65	0.62	0.73	0.77	0.75	0.73	0.73	0.72	0.72	0.7	0.71	0.68	0.67	0.67
4	片石	m^3	—	—	—	—	—	—	—	—	—	—	—	—	—	—	—

顺序号	项目	单位	水下混凝土				防水混凝土				喷射混凝土				片石混凝土		
			碎(砾)石最大粒径(mm)														
			40								20				80		
			混凝土强度等级														
			C20	C25	C30	C35	C25	C30	C35	C40	C15	C20	C25	C30	C10	C15	C20
			水泥强度等级														
			32.5	32.5	32.5	32.5	32.5	32.5	42.5	42.5	32.5	32.5	32.5	32.5	32.5	32.5	32.5
			61	62	63	64	65	66	67	68	69	70	71	72	73	74	75
1	水泥	kg	368	398	385	434	368	427	460	505	435	445	469	510	180	215	240
2	中(粗)砂	m^3	0.49	0.46	0.47	0.46	0.52	0.51	0.51	0.49	0.61	0.61	0.6	0.59	0.49	0.47	0.46
3	碎(砾)石	m^3	0.8	0.84	0.83	0.81	0.71	0.69	0.67	0.66	0.58	0.57	0.57	0.56		0.71	0.7
4	片石	m^3	—	—	—	—	—	—	—	—	—	—	—	—	0.215	0.215	0.215

注：1. 采用细砂配制混凝土时，每 m^3 混凝土的水泥用量增加 4%；
2. 表列各种强度混凝土的水泥用量，系按机械捣固计算的，如采用人工捣固时，每 m^3 增加水泥用量 25kg；
3. 表列用量已包括场内运输及操作损耗；
4. 公路水下构造物每 m^3 混凝土水泥用量：机器捣固不应少于 240kg；捣固不应少于 265kg；
5. 每 $10m^3$ 混凝土拌和与养生用水为：

用水量表 **表 7-11**

项目		单位	用水量(m^3)		项目	单位	用水量(m^3)	
			泵送混凝土	其他混凝土			泵送混凝土	其他混凝土
现浇	基础、下部构造	$10m^3$	18	$10m^3$	预制	$10m^3$	22	16
	上部构造		21	15				

③ 砌筑工程石料及砂浆消耗（表 7-12）

砌筑工程石料及砂浆消耗表（单位：$1m^3$ 砌体及 $100m^2$ 勾缝抹面面积） **表 7-12**

顺序号	项目	单位	浆砌工程						干砌工程	
			片石	卵石	块石	粗料石	细料石	青(红)砖	片石、卵石	块石
			$1m^3$ 砌体							
			1	2	3	4	5	6	7	8
1	片石、卵石	m^3	1.15	1.15	—	—	—	—	1.25	—
2	块石	m^3	—	—	1.05	—	—	—	—	1.15

续表

顺序号	项目	单位	浆砌工程						干砌工程	
			片石	卵石	块石	粗料石	细料石	青(红)砖	片石、卵石	块石
			1m³ 砌体							
			1	2	3	4	5	6	7	8
3	粗料石	m³	—	—	—	0.9	—	—	—	—
4	细料石	m³	—	—	—	—	0.92	—	—	—
5	青(红)砖	千块	—	—	—	—	—	0.531	—	—
6	砂浆	m³	0.35	0.38	0.27	0.2	0.13	0.24	—	—

顺序号	项目	单位	水泥砂浆勾缝											
			平、立面								仰面			
			平凹缝				凸缝				平凹缝			
			片石	块石	料石	青(红)砖	片石	块石	料石	青(红)砖	片石	块石	料石	青(红)砖
			100m² 勾缝面积											
			9	10	11	12	13	14	15	16	17	18	19	20
1	砂浆	m³	0.87	0.52	0.35	0.22	1.22	0.73	0.49	0.31	0.91	0.55	0.37	0.23

顺序号	项目	单位	水泥砂浆勾缝				水泥砂浆抹面
			仰面				
			凸缝				厚 2cm
			片石	块石	料石	青(红)砖	
			100m² 勾缝面积				100m 抹面面积
			21	22	23	24	25
1	砂浆	m³	1.27	0.77	0.52	0.32	2.60

注：1. 浆砌工程中的砂浆用量不包括勾缝用量；
2. 砌筑混凝土预制块同砌筑细料石；
3. 混凝土预制块勾缝同料石；
4. 表列用量已包括场内运输及操作损耗。

（4）各类混凝土均未考虑外加剂的费用，如设计需要添加外加剂时，可按设计要求另行计算外加剂的费用并适当调整定额中的水泥用量。

（5）各类混凝土均按施工现场拌合进行编制，当采用商品混凝土时，可将相关定额中的水泥、中（粗）砂、碎石的消耗量扣除，并按定额中所列的混凝土消耗量增加商品混凝土的消耗。

（6）定额中列有的脚手架、踏步、井字架工料用量，其材料用量按基本定额中规定的数量列入定额。

① 轻型上下架材料消耗（表 7-13）

轻型上下架材料消耗表（单位：1 处） **表 7-13**

顺序号	项目	单位	高度(m)	
			6	每增减 2
			1	2
1	钢板	kg	0.83	0.06
2	钢管	kg	1.51	0.5
3	钢丝绳	kg	0.23	0.07
4	门式钢支架	kg	5.5	1.59
5	铁件	kg	2.8	0.3

注：轻型上下架平面尺寸为：1.83m×1.22m。

② 门式钢支架材料消耗（表 7-14）

门式钢支架材料消耗表（单位：10m³ 空间体积） 表 7-14

顺序号	项目	单位	总数量	摊销次数
			1	2
1	型钢	kg	28	100
2	钢板	kg	9.42	100
3	钢管	kg	18.41	100
4	管扣	kg	5.16	40
5	门式钢支架	kg	67.31	80

注：当用作箱梁等结构的内外模板支架时，应扣除上表中的钢板数量并乘以下表的系数；当用作底模板施工支架（支架立在地面上）时，按上表数量并乘以下表系数计算（表 7-15）。

不同高度调整系数表 表 7-15

顺序号	项目	单位	高度(m)					
			2 以内	3 以内	4 以内	6 以内	7 以内	8 以内
			1	2	3	4	5	6
1	型钢	kg	8.61	4.58	3.38	2.18	1.85	1.61
2	钢管	kg	5.59	2.91	2.23	1.62	1.58	1.55
3	管扣	kg	5.81	2.89	2.09	1.36	1.22	1.2
4	门式钢支架	kg	2.28	1.4	1.32	1.12	1.05	1.05

③ 钢管脚手架及井字架工料消耗（表 7-16）

工程内容：清理场地，摆底座，插立杆，用卡子螺栓连接钢管，放垫木、脚手板，安装吊盘，拆除架子及吊盘，材料 50m 以内搬运、堆放。

钢管脚手架及井字架工料消耗表（单位：10m 及 1 处） 表 7-16

顺序号	项目	单位	脚手架					井子架			
			高度								
			4	6	8	12	16	8	10	14	18
			10m					1 处			
			1	2	3	4	5	6	7	8	9
1	人工	工日	3.91	4.94	6.32	9.92	15.23	7.58	9.47	13.26	17.05
2	锯材	m³	0.06	0.06	0.06	0.06	0.06	0.012	0.012	0.012	0.012
3	型钢	kg	—	—	—	—	—	3.6	3.6	3.6	3.6
4	钢板	kg	—	—	—	—	—	0.3	0.3	0.3	0.3
5	钢管	kg	16.9	24.4	32	46.7	60.5	16.7	20.8	29.1	37.3
6	钢丝绳	kg	—	—	—	—	—	0.9	1.2	1.7	2.1
7	铁钉	kg	0.5	0.5	0.5	0.5	0.5	—	—	—	—
8	8～12 号铁丝	kg	0.6	0.6	0.6	0.6	0.6	—	—	—	—
9	其他材料费及加工费	元	4.7	6.6	8.8	12.7	15.8	6.1	7.3	9.6	11.8

注：脚手架的宽度为 2.5m；井子架的平面尺寸为 2.5m×2.5m。

④ 木脚手架及井子架工料消耗（表 7-17）

工程内容：清理场地、挖基脚、立杆、绑扎、铺板，安装吊盘，拆除架子及吊盘，材料 50m 以内搬运、堆放。

木脚手架及井子架工料消耗表（单位：10m 及 1 处）　　表 7-17

顺序号	项　目	单位	脚手架						井子架				
			高度(m)										
			3	4	6	8	12	16	6	8	12	16	20
			10m						1 处				
			1	2	3	4	5	6	7	8	9	10	11
1	人工	工日	4.23	4.58	5.64	7.07	10.9	16.21	3.52	3.91	6.55	12.55	18.55
2	原木	m^3	0.103	0.134	0.196	0.258	0.381	0.505	0.075	0.101	0.151	0.201	0.252
3	锯材	m^3	0.054	0.054	0.054	0.054	0.054	0.054	0.023	0.023	0.023	0.023	0.023
4	型钢	kg	—	—	—	—	—	—	4.7	4.7	4.7	4.7	4.7
5	钢板	kg	—	—	—	—	—	—	0.3	0.3	0.3	0.3	0.3
6	钢管	kg	—	—	—	—	—	—	1.2	1.7	2.5	3.3	4.2
7	钢丝绳	kg	—	—	—	—	—	—	0.7	1	1.5	2	2.5
8	铁钉	kg	0.5	0.5	0.5	0.5	0.5	0.5	—	—	—	—	—
9	8～12 号铁丝	kg	8.1	10.5	15.1	19.8	29.1	38.3	5.9	7.6	11	14.5	18.4
10	其他材料费及加工费	元	—	—	—	—	—	—	1.9	2	2.1	2.3	2.5

注：脚手架的宽度为 2.5m；井子架的平面尺寸为 2.5m×2.5m。

⑤ 踏步工料消耗（表 7-18）

工程内容：清理场地、挖基脚、立杆、绑扎、铺板、拆除，材料 50m 以内搬运、堆放。

踏步工料消耗（单位：1 处）　　表 7-18

顺序号	项　目	单位	高度（m）					
			3	4	6	8	12	16
			1	2	3	4	5	6
1	人工	工日	3.55	4.84	9.66	18.33	26.2	33.47
2	原木	m^3	0.022	0.047	0.106	0.165	0.355	0.618
3	锯材	m^3	0.062	0.094	0.14	0.187	0.281	0.375
8	铁钉	kg	0.3	0.4	0.6	0.8	1.3	1.7
9	8～12 号铁丝	kg	3	7.3	13.2	19.1	35.4	56.2

⑥ 工作平台每平方米材料消耗（表 7-19）

工作平台每平方米消耗表　　表 7-19

顺序号	项　目	单位	总 数 量	摊 销 次 数	预算定额材料名称	材料损耗(%)
			1	2	3	4
1	锯材	m^3	0.133	20	锯材	15
2	光圆钢筋	kg	3.76	20	光圆钢筋	2.5

续表

顺序号	项　目	单位	总数量	摊销次数	预算定额材料名称	材料损耗(%)
			1	2	3	4
4	型钢	kg	31.18	100	型钢	6
6	钢管	kg	9.04	20	钢管	4
7	预埋螺栓	kg	8.19	1	铁件	2
8	安全网	m^2	2.36	8	其他材料费	0

注：结构高度大于7m时按表中材料数量配工作平台，提升模板不配工作平台。

3. 预算定额中的机械

预算定额中的大型机械是按公路工程机械台班费用定额中机械的种类、规格、功率等分别考虑的，执行中应根据企业的机械组合情况及施工组织设计方案分别套定额。

定额子目表中的施工机械是按合理的机械进行配备的，在执行中不得因机械型号不同而调整。

第三节　公路工程预算定额的应用

一、路基工程

路基工程定额包括路基土、石方，排水和软基处理工程等项目。在章说明中对土壤岩石类别划分、定额工程内容进行了说明。

（一）路基土、石方工程

1. 说明

(1)“人工挖运土方”、“人工开炸石方”、“机械打眼开炸石方”、“抛坍爆破石方”等定额中，已包括开挖边沟消耗的人工、材料和机械台班数量，因此，开挖边沟的数量应合并在路基土、石方数量内计算。

(2) 各种开炸石方定额中，均已包括清理边坡工作。

(3) 机械施工土、石方，挖方部分机械达不到需由人工完成的工程量由施工组织设计确定。其中，人工操作部分，按相应定额乘以1.15的系数。

(4) 抛坍爆破石方定额按地面横坡坡度划分，地面横坡变化复杂，为简化计算，凡变化长度在20m以内，以及零星变化长度累计不超过设计长度的10%时，可并入附近路段计算。

抛坍爆破的石方清运及增运定额，系按设计数量乘以（1-抛坍率）编制。

(5) 自卸汽车运输路基土、石方定额项目和洒水汽车洒水定额项目，仅适用于平均运距在15km以内的土、石方或水的运输。当平均运距超过15km时，应按社会运输的有关规定计算其运输费用。当运距超过第一个定额运距单位时，其运距尾数不足一个增运定额单位的半数时不计，等于或超过半数时按一个增运定额运距单位计算。

(6) 路基加宽填筑部分如需清除时，按刷坡定额中普通土子目计算；清除的土方如需远运，按土方运输定额计算。

(7) 下列数量应由施工组织设计提出，并入路基填方数量内计算：

① 清除表土或零填方地段的基底压实、耕地填前夯（压）实后，回填至原地面标高所需的土、石方数量。

② 因路基沉陷需增加填筑的土、石方数量。

③ 为保证路基边缘的压实度须加宽填筑时，所需的土、石方数量。

(8) 工程量计算规则：

① 土石方体积的计算。

除定额中另有说明者外，土方挖方按天然密实体积计算，填方按压（夯）实后的体积计算，石方爆破按天然密实体积计算。当以填方压实体积为工程量，采用以天然密实方为计量单位的定额时，所采用的定额应乘以下列系数（表 7-20）：

系数表　　**表 7-20**

公路等级＼土类	土方			石方
	松土	普通土	硬土	
二级及二级以上等级公路	1.23	1.16	1.09	0.92
三、四级公路	1.11	1.05	1.00	0.84

其中：推土机、铲运机施工土方的增运定额按普通土栏目的系数计算；人工挖运土方的增运定额和机械翻斗车、手扶拖拉机运输土方、自卸汽车运输土方的运输定额在上表系数的基础上增加 0.03 的土方运输损耗，但弃方运输不应计算运输损耗。

② 零填及挖方地段基底压实面积等于路槽底面宽度（m）和长度（m）的乘积。

③ 抛坍爆破的工程量，按抛坍爆破设计计算。

④ 整修边坡的工程量，按公路路基长度计算。

2. 应用示例

【例 7-1】 某路基工程采用挖掘机挖装普通土方，但机械无法操作处理，需由人工挖装，自卸汽车运输的工程量为 6500m^3，问：人工操作的工程量是怎样确定的，实际采用的预算定额值是多少，其所需劳动量是多少？

解：人工挖运土方，机械运输的定额应采用定额表 7-21 进行计算：

人工挖运土方（单位：1000m^3 天然密实方）　　**表 7-21**

顺序号	项目	单位	代号	第一个 20m 挖运			每增运 10m	
				松土	普通土	硬土	人工挑抬	手推车
				1	2	3	4	5
1	人工	工日	1	122.6	181.1	258.5	18.2	7.3
2	基价	元	1999	6032	8910	12718	895	359

注：1. 采用人工挖、装、机动翻斗车运输时，其挖、装所需的人工按第一个 20m 挖运定额减去 30.0 工日计算；
2. 当采用人工挖、装、卸，手扶拖拉机运输时，其挖、装、卸所需的人工按第一个 20m 挖运定额计算；
3. 如遇升降坡时，除按水平距离计算运距外，并按下表增加运距（表 7-22）：

升降坡增加运距表　　**表 7-22**

项　目	升降坡度	高度差	
		每升高 1m	每降低 1m
人工挑抬	0%～10%	7m	不增加
	11%～30%		4m
	30%以上	10m	7m

续表

项目	升降坡度	高度差	
		每升高 1m	每降低 1m
手推车运输	0%～5%	15m	不增加
	6%～10%		5m
	10%以上	25m	8m

人工挖运土方定额值：

181.1－30＝151.1（工日）

根据说明第三条，人工施工的实际定额值应为：

151.1×1.15＝173.77（工日）

劳动量＝6500÷1000×173.77＝1129.5（工日）

（二）路基排水工程

1. 说明：

(1) 边沟、排水沟、截水沟的挖基费用按人工挖截水沟、排水沟定额计算，其他排水工程的挖基费用按第一节土、石方工程的相关定额计算。

(2) 边沟、排水沟、截水沟、急流槽定额均未包括垫层的费用，需要时按有关定额另行计算。

(3) 雨水箅子的规格与定额不同时，可按设计用量抽换定额中铸铁箅子的消耗。

(4) 工程量计算规则：

① 砌筑工程的工程量为砌体的实际体积，包括构成砌体的砂浆体积。

② 预制混凝土构件的工程量为预制构件的实际体积，不包括预制构件中空心部分的体积。

③ 挖截水沟、排水沟的工程量为设计水沟断面积乘以水沟长度与水沟圬工体积之和。

④ 路基盲沟的工程量为设计设置盲沟的长度。

⑤ 轻型井点降水定额按50根井管为一套，不足50根的按一套计算。井点使用天数按日历天数计算，使用时间按施工组织设计确定。

（三）软基处理工程

1. 说明：

(1) 袋装砂井及塑料排水板处理软土地基，工程量为设计深度，定额材料消耗中已包括砂袋或塑料排水板的预留长度。

(2) 振冲碎石桩定额中不包括污泥排放处理的费用，需要时另行计算。

(3) 挤密砂桩和石灰砂桩处理软土地基定额的工程量为设计桩断面积乘以设计桩长。

(4) 粉体喷射搅拌桩和高压旋喷桩处理软土地基定额的工程量为设计桩长。

(5) 高压旋喷桩定额中的浆液系按普通水泥浆编制的，当设计采用添加剂或水泥用量与定额不同时，可按设计要求进行抽换。

(6) 土工布的铺设面积为锚固沟外边缘所包围的面积，包括锚固沟的底面积和侧面积。定额中不包括排水内容，需要时另行计算。

(7) 强夯定额适用于处理松、软的碎石土、砂土、低饱和度的粉土与黏性土、湿陷性黄土、杂填土和素填土等地基。定额中已综合考虑夯坑的排水费用，使用定额时不得另行增加费用。夯击遍数应根据地基土的性质由设计确定，低能量满夯不作为夯击遍数计算。

（8）堆载预压定额中包括了堆载四面的放坡、沉降观测、修坡道增加的工、料、机消耗以及施工中测量放线、定位的工、料消耗，使用定额时均不得另行计算。

（四）综合应用示例

【例 7-2】 某道路全长 5230m，路面宽度为 12m，路肩宽度为 1.5m，路基加宽值为 30cm，道路结构图如图 7-1，K0＋190～K0＋990 之间由于路土基较湿软，对该段路进行土工布处理，同时加铺砂垫层，路堤断面图、土工布示意图如图 7-2、7-3；K0＋990～K1＋740 之间由于土质较差，为了保证路基的稳定性，对路基进行碎石桩处理，路堤断面图如图 7-4，碎石桩的前后间距为 2.5m；K1＋740～K3＋970 之间由于土基易沉陷，需设置塑料排水板和砂垫层（每 1m 长路段设 10m 排水管），塑料排水板布置图、塑料排水板示意图如图 7-5、7-6；K3＋970～K5＋420 之间为保证路基的稳定性，需对土基进行排水砂井处理，砂井前后间距为 1.8m，路堤断面图如图 7-7。计算道路的工程量并套用定额。

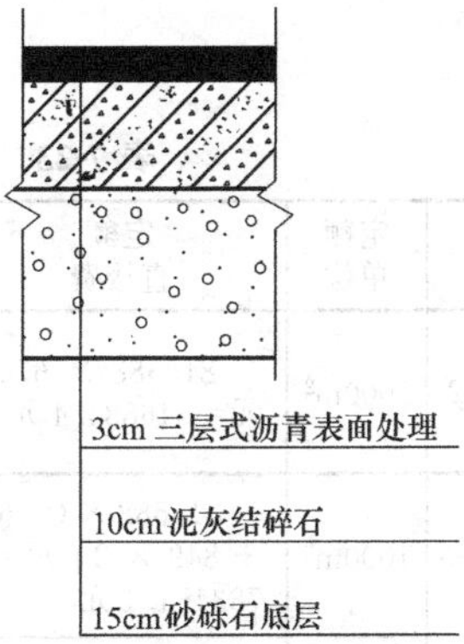

图 7-1　道路结构图

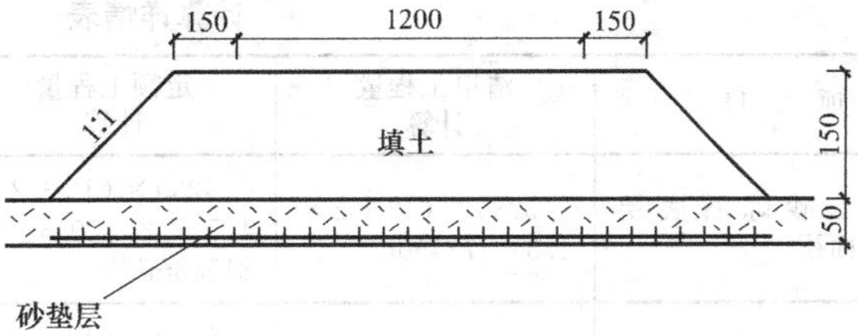

图 7-2　K0＋190～K0＋990 路段路堤断面图　单位：cm

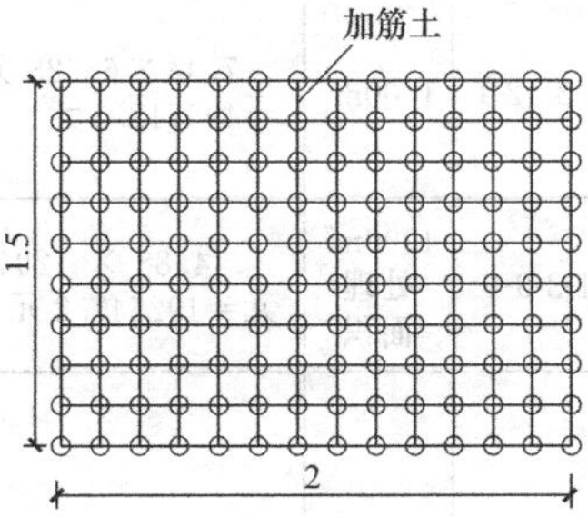

图 7-3　土工布示意图　单位：m

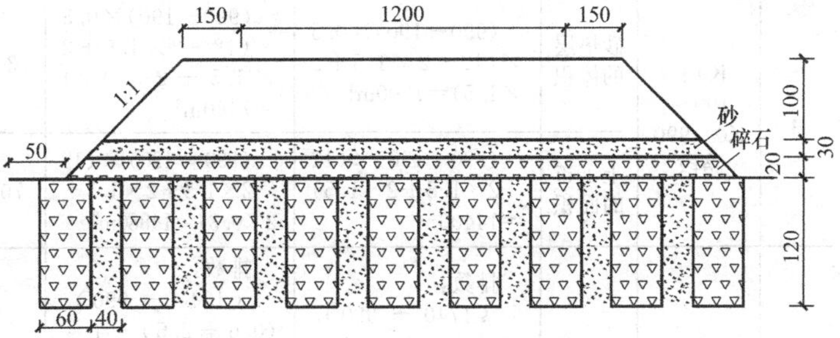

图 7-4　K0＋990～K1＋740 路段路堤断面图　单位：cm

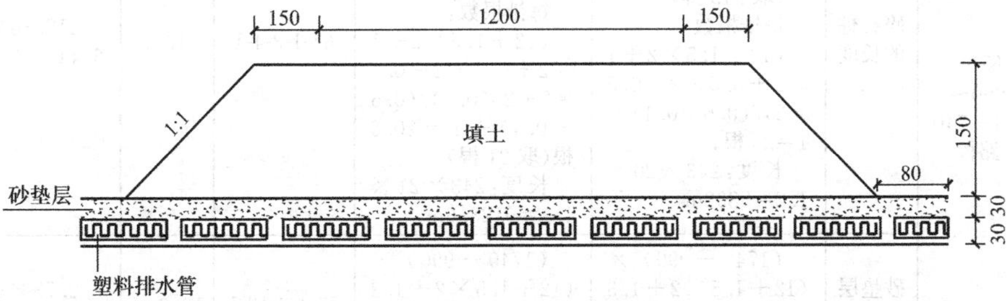

图 7-5　塑料排水板布置图　单位：cm

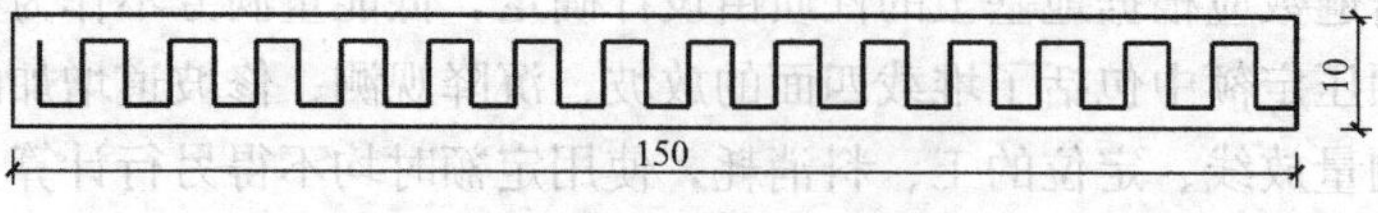

图 7-6　K1＋740～K3＋970 路段塑料排水板示意图　单位：cm

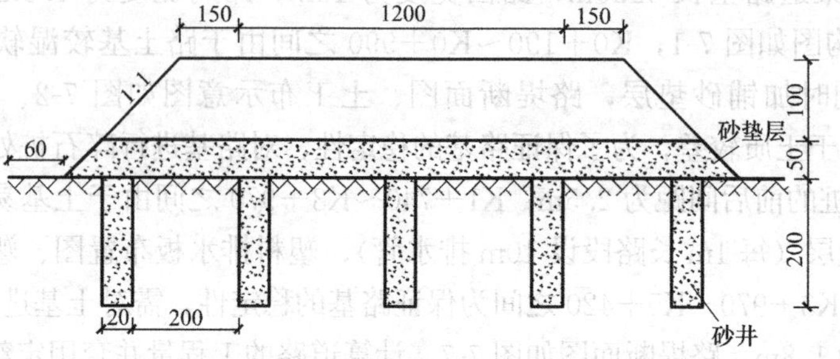

图 7-7　K3＋970～K5＋420 路段路堤断面图　单位：cm

解：计算详情见表 7-23。

计算详情表　　**表 7-23**

项目			清单工程量计算	定额工程量计算	套用定额	定额单位	定额直接费
1	砂砾石底层面积		5230×(12＋2×1.5)＝78450m²	5230×(12＋2×1.5＋2×0.3)＝81588m²	81-2-1-1-12	1000m²	81.588×6703元＝546884.4元
2	泥灰结碎石基层面积		5230×(12＋2×1.5)＝78450m²	5230×(12＋2×1.5＋2×0.3)＝81588m²	124-2-1-11-3	1000m²	81.588×(7564＋849×2)元＝783454.1元
3	沥青表面处理面积		5230×12＝62760m²	5230×12＝62760m²	137-2-2-7-7	1000m²	62.76×21633元＝1357687.1元
4	K0＋190～K0＋990路段	砂垫层的体积	(990－190)×0.5×(12＋2×1.5＋2×1.5)＝7200m³	(990－190)×0.5×(12＋2×1.5＋2×1.5＋2×0.3)＝7440m³	73-1-3-12-1	1000m³	7.44×66628元＝495712.3元
		土工布的面积	(990－190)×(12＋2×1.5＋2×1.5)＝14400m²	(990－190)×(12＋2×1.5＋2×1.5＋2×0.3)＝14880m²	70-1-3-9-1	1000m²处理面积	14.88×12940元＝192547.2元
5	K0＋990～K1＋740路段	碎石桩的长度	排数：(1740－990)/(0.6＋2.5)＋1＝242.9排(取243排) 每排根数：(12＋1.5×2＋1×2＋0.5×2＋0.5×2)/(0.6＋0.4)＋1＝20根 长度：243×20×1.2＝5832m	排数：(1740－990)/(0.6＋2.5)＋1＝242.9排(取243排) 每排根数：(12＋1.5×2＋1×2＋0.5×2＋0.5×2＋2×0.3)/(0.6＋0.4)＋1＝20.6根(取21根) 长度：243×21×1.2＝6123.6m	64-1-3-4-1	10m	612.36×1036＝634405.0元
		砂垫层的体积	(1740－990)×(12＋1.5×2＋1.3×2)×0.2＝2640m³	(1740－990)×(12＋1.5×2＋1.3×2＋0.3×2)×0.2＝2730m³	73-1-3-12-1	1000m³	2.73×66628元＝181894.4元

续表

项　目			清单工程量计算	定额工程量计算	套用定额	定额单位	定额直接费
6	K1＋740～K3＋970路段	砂垫层的体积	(3970－1740)×0.3×(12＋2×1.5＋2×0.8＋2×1.5)＝13112.4m^3	(3970－1740)×0.3×(12＋2×1.5＋2×0.8＋2×1.5＋2×0.3)＝13513.8m^3	73-1-3-12-1	1000m^3	13.5138×66628元＝900397.5元
		塑料排水板的长度	(3970－1740)×10＝22300m	(3970－1740)×10＝22300m	62-1-3-2-1	1000m板长	22.3×3137元＝69955.1元
7	K3＋970～K5＋420路段	砂垫层的体积	(5420－3970)×(12＋2×1.5＋2×1)×0.5＝12325m^3	(5420－3970)×(12＋2×1.5＋2×1＋2×0.3)×0.5＝12760m^3	73-1-3-12-1	1000m^3	12.76×66628元＝850173.3元
		排水砂井的长度	排数：1450/(0.2＋0.8)＋1＝1451排 根数：(12＋2×1.5＋2×1＋2×0.5)/(2＋0.2)＋1＝9.2根(取10根) 1451×10×2＝29020m	排数：1450/(0.2＋0.8)＋1＝1451排 根数：(12＋2×1.5＋2×1＋2×0.5＋2×0.3)/(2＋0.2)＋1＝9.5根(取10根) 1451×10×2＝29020m	61-1-3-1-1	1000m砂井	29.02×3215元＝93299.3元

【例7-3】 某山区道路K2＋450～K4＋170之间为挖方路段，路面宽度为7m，土路肩为1.5m，路基加宽值为20cm，路两边设置浆砌片石边沟，边沟下设有盲沟，且上面挖设浆砌片石截水沟以拦截流向路面的雨水，道路横断面示意图、道路结构示意图如图7-8、7-9，边沟和截水沟剖面积分别为900cm^2和1000cm^2。试计算道路的工程量并套用定额。

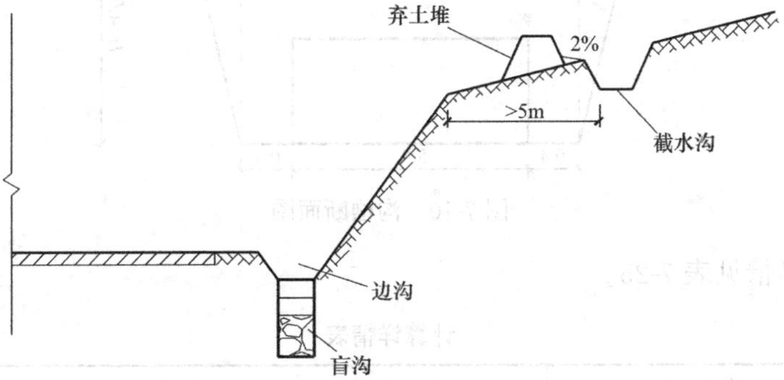

图7-8　道路横断面示意图

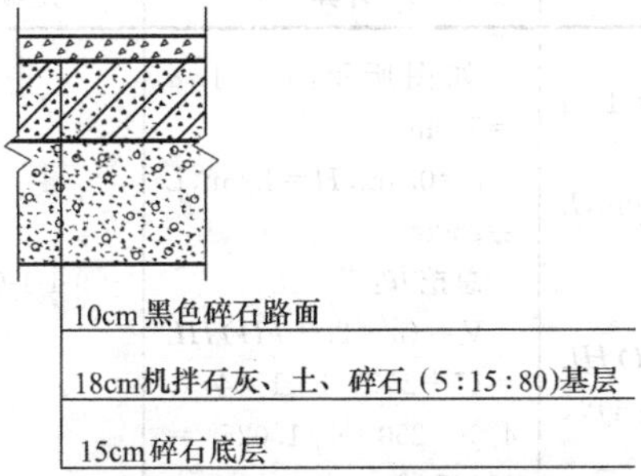

图7-9　道路结构示意图

解：计算详情见表 7-24。

计算详情表 **表 7-24**

项目		清单工程量计算	定额工程量计算	套用定额	定额单位	定额直接费
1	碎石底层面积	(4170－2450)×(7＋2×1.5)＝17200m²	(4170－2450)×(7＋2×1.5＋2×0.2)＝17888m²	80-2-1-1-5	1000m²	17.888×6869元＝122872.7元
2	机拌石灰、土、碎石(5∶15∶80)基层面积	(4170－2450)×(7＋2×1.5)＝17200m²	(4170－2450)×(7＋2×1.5＋2×0.2)＝17888m²	91-2-1-3-31，91-2-1-3-32	1000m²	17.888×(9204＋3×518)元＝192439.1元
3	黑色碎石路面面积	(4170－2450)×7＝12040m²	(4170－2450)×7＝12040m²	130-2-2-2-1，130-2-2-2-4	1000m²	12.04×(8981＋2×1050)元＝133415.24元
4	边沟工程量	(4170－2450)×2×0.09＝309.6m³	(4170－2450)×2×0.09＝309.6m³	51-1-2-3-1	10m³	30.96×1714元＝53065.4元
5	盲沟长度	(4170－2450)×2＝3440m	(4170－2450)×2＝3440m	50-1-2-2-2	10m	344×311元＝106984元
6	截水工程量	(4170－2450)×2×0.1＝344m³	(4170－2450)×2×0.1＝344m³	51-1-2-3-1	10m³	34.4×1714元＝58961.6元

【例 7-4】 已知某箱涵沟槽总长为 250m，平均挖深为 4m，结构宽度为 5m，工作面宽度为 0.4m，边坡比为 1∶1，如图 7-10，计算人工挖箱涵沟槽土方量并套用定额。

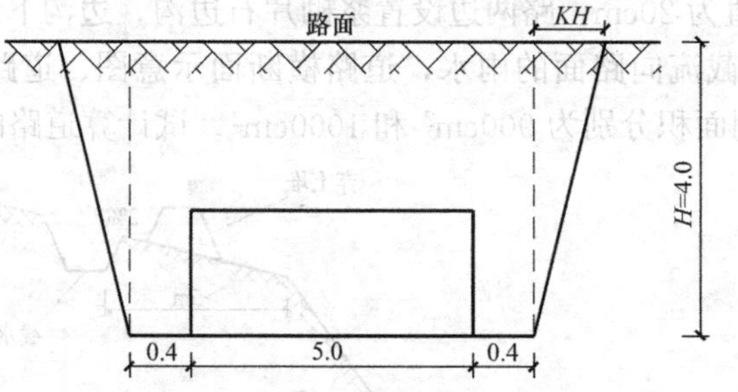

图 7-10 沟槽断面图

解：计算详情见表 7-25。

计算详情表 **表 7-25**

项目		清单工程量计算	定额工程量计算	套用定额	定额单位	定额直接费
1	总挖方	如图所示：$k=1$，$a=5.0\text{m}$ $c=0.4\text{m}$，$H=4.0\text{m}$，$L=250\text{m}$ 总挖方： $V=(a+2c+kH)HL=(5+2\times0.4+1\times4)\times4\times250=9800\text{m}^3$	如图所示：$k=1$，$a=5.0\text{m}$ $c=0.4\text{m}$，$H=4.0\text{m}$，$L=250\text{m}$ 总挖方： $V=(a+2c+kH)HL=(5+2\times0.4+1\times4)\times4\times250\times1.025=10045\text{m}^3$	9-1-1-6-2	1000m³	10.045×8910元＝89501.0元

【例 7-5】 人工挖基坑设置一座圆形钢筋混凝土蓄水池如图 7-11，其人工挖基坑的土方工程量、池底覆土及填土夯实工程量各如何计算？并套用定额。

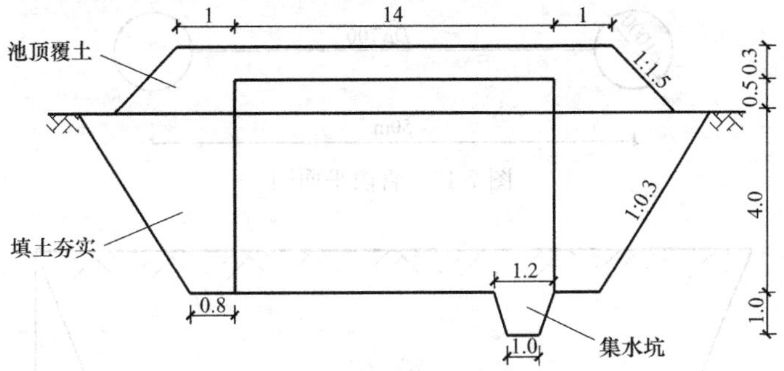

图 7-11 蓄水池简图 单位：m

解：计算详情见表 7-26。

计算详情表 **表 7-26**

项目		清单工程量计算	定额工程量计算	套用定额	定额单位	定额直接费
1	总挖方	蓄水池身体积： $V_1=3.14\times r^2H=3.14\times(14/2)^2\times(4.0+0.5)=692.37m^3$ 集水坑体积： $V_2=1/3\times3.14\times H\times(r_1^2+r_2^2+r_1r_2)=1/3\times3.14\times1.0\times(0.6^2+0.5^2+0.6\times0.5)=0.953m^3$ 总挖方：$V=V_1+V_2=697.37+0.953=698.323m^3$	下底半径： $R_1=(14+2\times0.8)/2=7.8m$ 上顶半径： $R_2=(14+2\times0.8+2\times4\times0.3)/2=9m$ 则土台体积： $V_3=1/3\times3.14\times H\times$(R12+R22+R1R2)$=1/3\times3.14\times4.0\times$(7.82+92+7.8×9)$=888m^3$ 总挖方： $V'=V_3+V_2=(888+0.953)\times1.025=911.18m^3$	9-1-1-6-2	$1000m^3$	0.91118×8910 元＝8118.6 元
2	池顶覆土体积	土台上半径： $R_上=(14+2\times1)/2=8m$ 土台下半径： $R_下=8+(0.3+0.5)\times1.5=9.2m$ 土台内池体体积： $V_内=3.14\times7\times7\times0.5=76.93m^3$ 覆土体积： $V_覆=1/3\times3.14\times0.8\times(8^2+9.2^2+8\times9.2)-76.93=109.2m^3$	土台上半径： $R_1=(14+2\times1)/2=8m$ 土台下半径： $R_2=8+(0.3+0.5)\times1.5=9.2m$ 土台内池体体积： $V_内=3.14\times7\times7\times0.5=76.93m^3$ 覆土体积： $V=1/3\times3.14\times0.8\times(8^2+9.2^2+8\times9.2)-76.93=109.2m^3$	10-1-1-7-1	$1000m^3$	(109.2＋272.6)/1000×7469 元＝2851.7 元
3	填土夯实体积	$V_夯=V_3-3.14\times7^2\times4=888-615.4=272.6m^3$	$V_夯=V_3-3.14\times7^2\times4=888-615.4=272.6m^3$			

【例 7-6】 某直径为 700mm 的钢筋混凝土排水管，管长 50m，两端各连接一个直径为 1000mm 的检查井，如图 7-12，计算排水管的工程量及挖方量，并套用定额。

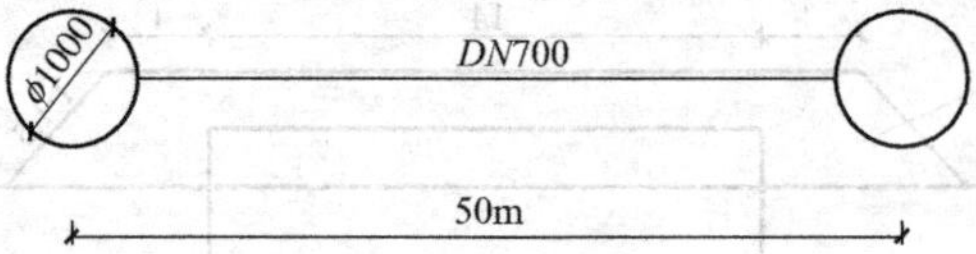

图 7-12　管段平面图

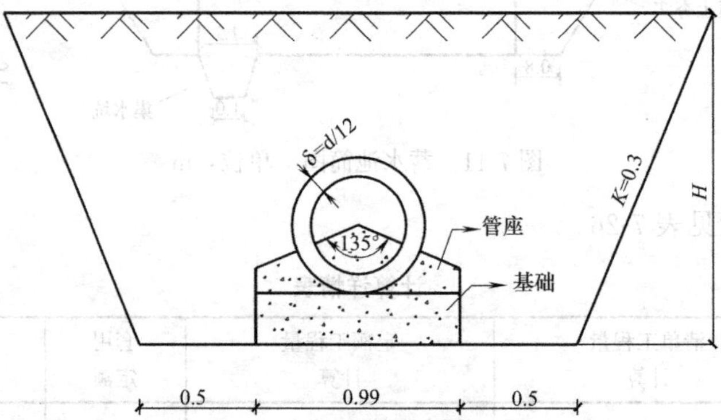

图 7-13　管道基础断面图

解：计算详情见表 7-27。

计算详情表　　表 7-27

	项目	清单工程量计算	定额工程量计算	套用定额	定额单位	定额直接费
1	混凝土排水管长	50m	根据《全国统一市政工程预算定额》第六册排水工程 GYD-306-1999 中工程量计算规则规定，ϕ1000 的检查井管长扣除长度应为 0.7m，故该段排水管长度为： 50－0.7＝49.3m	54-1-2-5-15	100m	0.493 × 1859 元 ＝ 916.49 元
2	管道挖方	$V=aHL=$ 0.97×3.536×50＝171.50m^3	管道壁厚： $\delta=d/12$＝700/12＝58mm 管外径： 700＋2×58＝816mm 135°的管座，管顶覆土厚度一般为 2.6～4m，这里取基础厚 0.15m，覆土厚 3.0m，则 H＝0.15＋0.816＋3.0＝3.966m 挖方： V＝(0.97＋2×0.5＋0.97＋2×0.5＋3.966×0.3×2)/2×3.966×50×1.025＝642.25m^3	9-1-1-6	1000m^3	0.64225 × 8910 元 ＝ 5722.4 元

【例 7-7】 在人工挖沟槽工程中，常用若干垂直于土地的截面将其分为若干段，每段 20～50m，地形平坦处可大些。如图 7-14 所示的一段沟槽工程中，两个断面已给出，此段总长为 30m 试计算其工程量并套用定额。

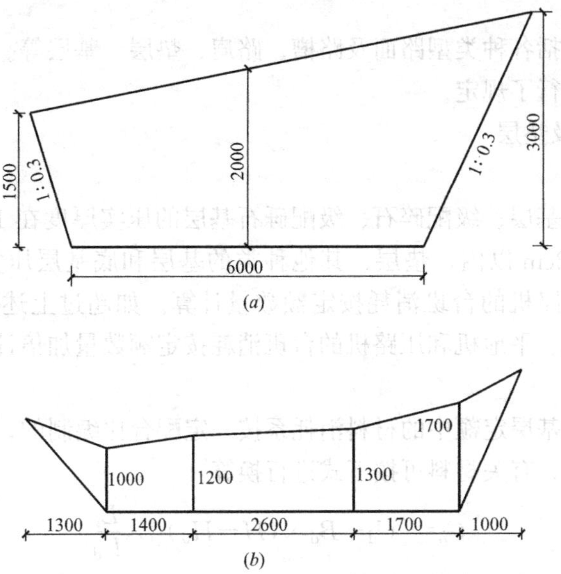

图 7-14　沟槽断面图 单位：mm

解：计算详情见表 7-28。

计算详情表　　　　**表 7-28**

项目		清单工程量计算	定额工程量计算	套用定额	定额单位	定额直接费
1	总挖方	(a)断面面积： 见图 7-14(a) $b=6m, h=2m, n=0.3$ $h_1'=1.5m, h_2'=3m$, 由断面公式得： $F_1=b\frac{h_1'+h_2'}{2}+n\frac{(h_1'^2+h_2'^2)}{2}$ $=6\times\frac{1.5+3}{2}+0.3\times\frac{(1.5^2+3^2)}{2}$ $=15.1875m^2$ (b)断面面积： 见图 7-14(b) $a_1=1.3m, a_2=1.4m$, $a_3=2.6m, a_4=1.7m, a_5=1m$ $h_1=1m, h_2=1.2m, h_3=1.3m, h_4=1.7m$ 由断面公式得： $F_2=h_1\frac{a_1+a_2}{2}+h_2\frac{a_2+a_3}{2}+h_3\frac{a_3+a_4}{2}+h_4\frac{a_4+a_5}{2}$ $=8.84m^2$ 总挖方：$V=\frac{F_1+F_2}{2}L$ $=\frac{15.1875+8.84}{2}\times30$ $=360.4m^3$	(a)断面面积： 见图 7-14(a) $b=6m, h=2m, n=0.3$ $h_1'=1.5m, h_2'=3m$, 由断面公式得： $F_1=b\frac{h_1'+h_2'}{2}+n\frac{(h_1'^2+h_2'^2)}{2}$ $=6\times\frac{1.5+3}{2}+0.3\times\frac{(1.5^2+3^2)}{2}$ $=15.1875m^2$ (b)断面面积： 见图 7-14(b) $a_1=1.3m, a_2=1.4m$, $a_3=2.6m, a_4=1.7m, a_5=1m$ $h_1=1m, h_2=1.2m, h_3=1.3m$, $h_4=1.7m$ 由断面公式得： $F_2=h_1\frac{a_1+a_2}{2}+h_2\frac{a_2+a_3}{2}+h_3\frac{a_3+a_4}{2}+h_4\frac{a_4+a_5}{2}$ $=8.84m^2$ 总挖方：$V=\frac{F_1+F_2}{2}L$ $=\frac{15.1875+8.84}{2}\times30$ $=360.4m^3$	9-1-1-6-2	1000m³	0.3604×8910 元 = 3211.2 元

二、路面工程

路面工程定额包括各种类型路面及路槽、路肩、垫层、基层等。章说明对定额的计算单位、平均运距等进行了规定。

(一) 路面基层及垫层

说明：

(1) 各类稳定土基层、级配碎石、级配砾石基层的压实厚度在15cm以内，填隙碎石一层的压实厚度在12cm以内，垫层、其他种类的基层和底基层压实厚度在20cm以内，拖拉机、平地机和压路机的台班消耗按定额数量计算。如超过上述压实厚度进行分层拌和、碾压时，拖拉机、平地机和压路机的台班消耗按定额数量加倍计算，每1000m增加3个工日。

(2) 各类稳定土基层定额中的材料消耗系按一定配合比编制的，当设计配合比与定额标明的配合比不同时，有关材料可按下式进行换算：

$$C_i=[C_d+B_d\times(H-H_0)]\times\frac{L_i}{L_d}$$

式中 C_i——按设计配合比换算后的材料数量；

C_d——定额中基本压实厚度的材料数量；

B_d——定额中压实厚度每增减1cm的材料数量；

H_0——定额的基本压实厚度；

H——设计的压实厚度；

L_d——定额中标明的材料百分率；

L_i——设计配合比的材料百分率。

(3) 人工沿路翻拌和筛拌稳定土混合料定额中均已包括土的过筛工消耗，因此，土的预算价格中不应再计算过筛费用。

(4) 本节定额中土的预算价格，按材料采集及加工和材料运输定额中的有关项目计算。

(5) 各类稳定土基层定额中的碎石土、沙砾土系指天然碎石土和天然沙砾土。

(6) 各类稳定土底基层采用稳定土基层定额时，每1000m路面减少12～15t光轮压路机0.18台班。

(二) 路面面层

说明：

(1) 泥结碎石、级配碎石、级配砾石、天然沙砾、粒料改善土壤路面面层的压实厚度在15cm以内，拖拉机、平地机和压路机的台班消耗按定额数量计算。如超过上述压实厚度进行分层拌和、碾压时，拖拉机、平地机和压路机的台班消耗按定额数量加倍计算，每1000m增加3个工日。

(2) 泥结碎石及级配碎石、级配砾石面层定额中，均未包括磨耗层和保护层，需要时应按磨耗层和保护层定额另行计算。

(3) 沥青表面处治路面、沥青贯入式路面和沥青上拌下贯式路面的下贯层以及透层、黏层、封层定额中已计入热化、熬制沥青用的锅、灶等设备的费用，使用定额时，不得另行计算。

（4）沥青碎石混合料、沥青混凝土和沥青碎石玛蹄脂混合料路面定额中，均已包括混合料拌和、运输、摊铺作业时的损耗因素，路面实体按路面设计面积乘以压实厚度计算。

（5）沥青路面定额中均未包括透层、黏层和封层，需要时可按有关定额另行计算。

（6）沥青路面定额中的乳化沥青和改性沥青，均按外购成品料进行编制；如在现场自行配制时，其配制费用计入材料预算价格中。

（7）如沥青玛蹄脂碎石混合料设计采用的纤维稳定剂的掺加比例与定额不同时，可按设计用量调整定额中纤维稳定剂的消耗。

（8）沥青路面定额中，均未考虑为保证石料与沥青的黏附性而采用的抗剥离措施的费用，需要时，应根据石料的性质，按设计提出的抗剥离措施，计算其费用。

（9）在冬五区、冬六区采用层铺法施工沥青路面时，其沥青用量可按定额用量乘以下列系数：沥青表面处治：1.05；沥青贯入式基层：1.02，面层：1.028；沥青上拌下贯式下贯部分：1.043。

（10）本定额系按一定的油石比编制的。当设计采用的油石比与定额不同时，可按设计油石比调整定额中的沥青用量。换算公式如下：

$$S_i = S_d \times \frac{L_i}{L_d}$$

式中　S_i——按设计油石比换算后的沥青数量；

S_d——定额中的沥青数量；

L_d——定额中标明的油石比；

L_i——设计采用的油石比。

（三）路面附属工程

1. 说明

（1）整修和挖除旧路面按设计提出的需要整修的旧路面面积和需要挖除的旧路面体积计算。

（2）整修旧路面定额中，砂石路面均按整修厚度 6.5cm 计算，沥青表处面层按整修厚度 2cm 计算，沥青混凝土面层按整修厚度 4cm 计算，黑色路面基层的整修厚度均按 6.5cm 计算。

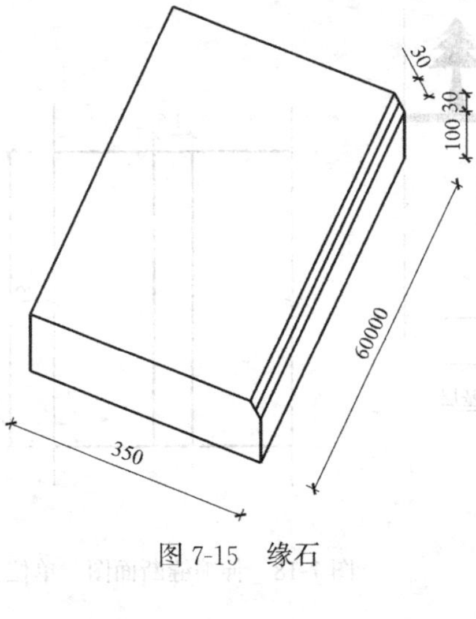

图 7-15　缘石

（3）硬路肩工程项目，根据其不同设计层次结构，分别采用不同的路面定额项目进行计算。

（4）铺砌水泥混凝土预制块人行道、路缘石、沥青路面镶边和土硬路肩加固定额中，均已包括水泥混凝土预制块的预制，使用定额时不得另行计算。

2. 应用示例

【例 7-8】 某桥梁车行道与人行道之间的路缘石采用图 7-15 的形式，采用混凝土现场浇筑的方式，计算其工程量并套用定额。

解：计算详情见表 7-29。

计算详情表 **表 7-29**

项目		清单工程量计算	定额工程量计算	套用定额	定额单位	定额直接费
1	缘石体积	［0.35×60×(0.1+0.03)－0.03×0.03×60］$=2.68m^3$	［0.35×60×(0.1+0.03)－0.03×0.03×60］$=2.68m^3$	185-2-3-4-5	$10m^3$	0.268×2422元=649.1元

（四）综合应用示例

【例 7-9】 某道路 K2+120～K3+780 之间，路面宽度为 28m，路基加宽值为 30cm。行车道中央设有分隔带，分隔带下面设置盲沟，以便及时排除路面水，保证车辆的行驶性能，且分隔带边缘设有防撞栏，道路平面示意图如图 7-16。人行道与行车道分界处设置有缘石，缘石边沿每隔 5m 种植一树，人行道、车行道结构示意图如图 7-17，在人行道外侧每 50m 埋一立电杆，车行道设有伸缩缝，伸缩缝布置示意图、伸缩缝断面图如图7-18，试计算道路工程量并套用定额。

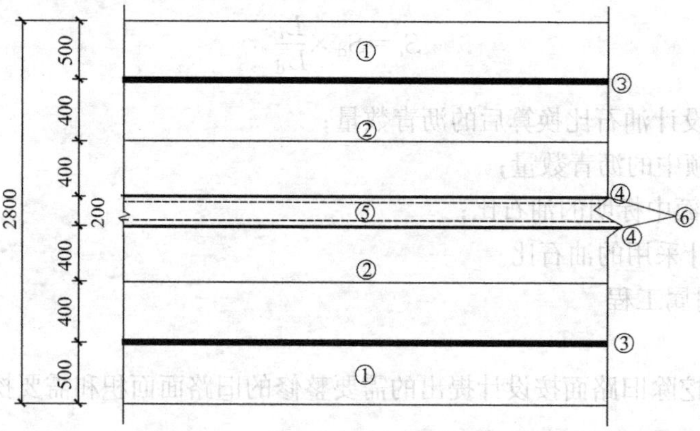

图 7-16 道路平面示意图 单位：cm

①—人行道；②—车行道；③—路缘石；④—分隔带；⑤—盲沟；⑥—防撞栏

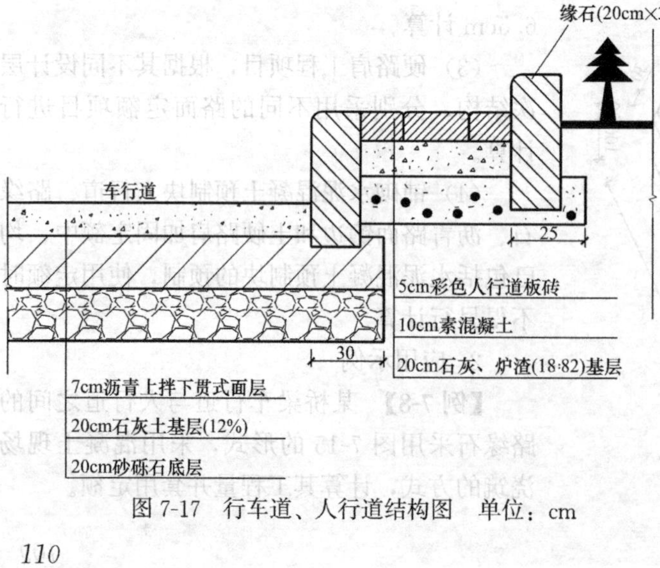

图 7-17 行车道、人行道结构图 单位：cm

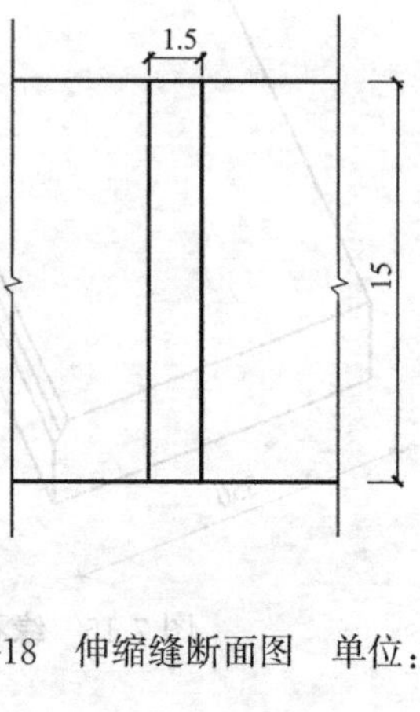

图 7-18 伸缩缝断面图 单位：cm

解：计算详情见表 7-30。

计算详情表 **表 7-30**

项目		清单工程量计算	定额工程量计算	套用定额	定额单位	定额直接费
1	石灰、炉渣(2.5∶7.5)基层面积	(3780−2120)×(2×5+2×0.25)=17430m²	(3780−2120)×(2×5+2×0.25+2×0.3)=18426m²	99-2-1-5-1，99-2-1-5-2	1000m²	18.426×(12330+5×750)元=296290.1元
2	素混凝土体积	(3780−2120)×2×5×0.1=1660m³	(3780−2120)×(2×5+2×0.3)×0.1=1759.6m³			
3	彩色人行道板砖面积	(3780−2120)×2×5=16600m³	(3780−2120)×2×5=16600m³	185-2-3-4-2	1000m²	16.6×16812元=279079.2元
4	砂砾石底层面积	(3780−2120)×(4×4+2×0.3)=27556m³	(3780−2120)×(4×4+2×0.3+2×0.3)=28552m³	80-2-1-1-2，80-2-1-1-7	1000m²	28.552×(7649+5×479)元=286776.3元
5	12%的石灰土基层面积	(3780−2120)×(4×4+2×0.3)=27556m³	(3780−2120)×(4×4+2×0.3)=27556m³			
6	沥青上拌下贯式面层面积	(3780−2120)×4×4=26560m²	(3780−2120)×4×4=26560m²	144-2-2-9-4	1000m²	26.56×31999元=849893.4元
7	立电杆个数	2×[(3780−2120)/50+1]=68个	2×[(3780−2120)/50+1]=68个			
8	树池个数	2×[(3780−2120)/5+1]=666个	2×[(3780−2120)/5+1]=666个			
9	缘石体积	(3780−2120)×4×0.2×0.35=464.8m³	(3780−2120)×4×0.2×0.35=464.8m³	185-2-3-4-5	10m³	46.48×2422元=112574.6元
10	中央分隔带长度	3780−2120=1660m	3780−2120=1660m			
11	盲沟长度	3780−2120=1660m	3780−2120=1660m	50-1-2-2-2	10m	166×311元=51626元
12	防撞栏长度	(3780−2120)×2=3320m	(3780−2120)×2=3320m			
13	伸缩缝的面积	(3780−2120)×2×0.015=49.8m²	(3780−2120)×2×0.015=49.8m²	691-4-11-7-13	1m²	49.8×163元=8117.4元

【例 7-10】 某桥梁工程总厂 35m，栏杆每 5m 一根，在修筑过程中桥面一些小型构件，如人行道板、栏杆侧缘石等均采用现场预制安装，桥梁横截面示意图、路缘石横截面图、人行道板横截面图、栏杆立面图、栏杆平面图、栏杆柱头示意图分别如图 7-19～7-24，试计算各小型构建的混凝土及模板工程量并套用定额。

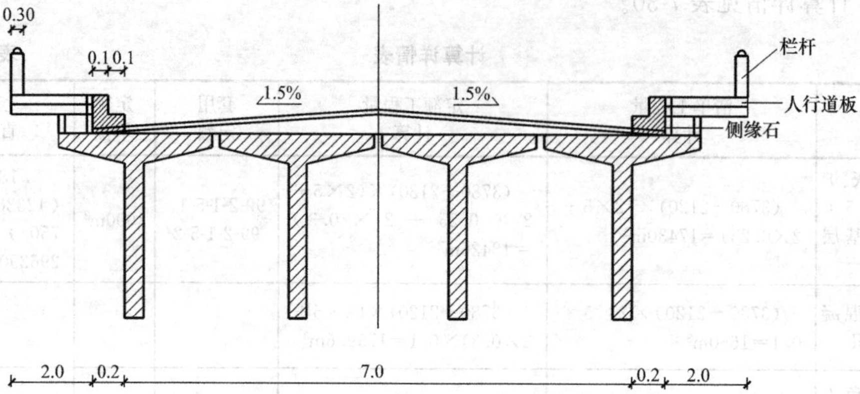

图 7-19　桥梁横截面示意图　单位：m

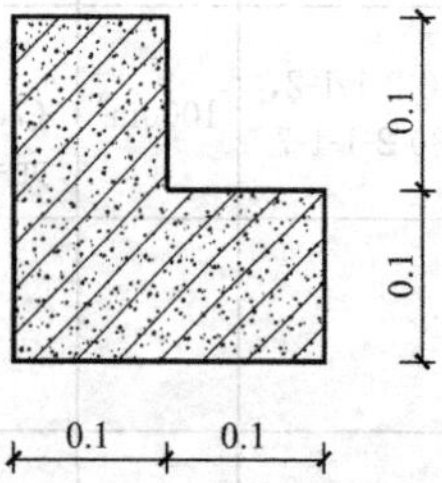

图 7-20　路缘石横截面图

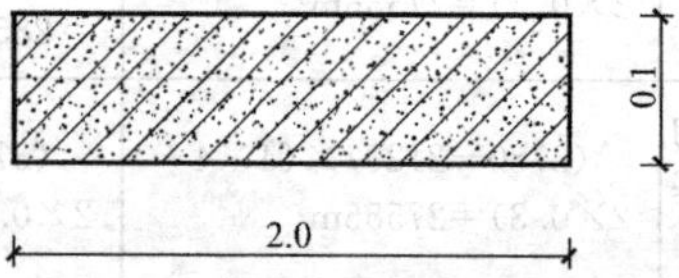

图 7-21　人行道板横截面图

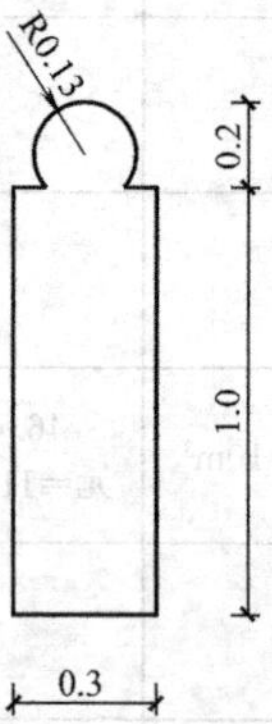

图 7-22　栏杆立面图

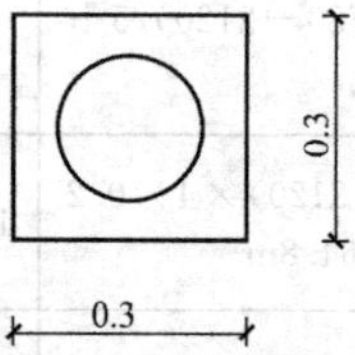

图 7-23　栏杆平面图

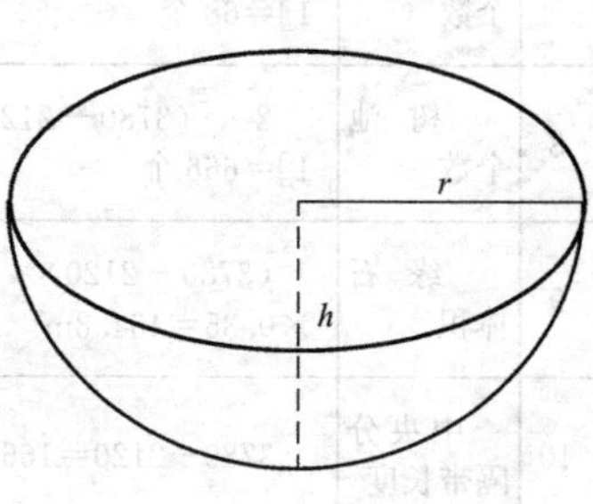

图 7-24　栏杆柱头示意图

解：计算详情见表 7-31。

计算详情表　　　　**表 7-31**

项目		清单工程量 计算	定额工程量 计算	套用 定额	定额 单位	定额 直接费
1	人行道板工程量	预制混凝土工程量： $V_1=2.0\times0.1\times35\times2$ $=14m^3$ 模板工程量： $S_1=2.0\times35\times2$ $=140m^2$	预制混凝土工程量： $V_1=2.0\times0.1\times35\times2$ $=14m^3$ 模板工程量： $S_1=2.0\times35\times2$ $=140m^2$	185-2-3-4-1	10 m^3	1.4×3 元＝ 122872.7 元

续表

项目		清单工程量计算	定额工程量计算	套用定额	定额单位	定额直接费
2	路缘石工程量	预制混凝土工程量： $V_2=(2.0\times0.2-0.1\times0.1)\times35\times2=21m^3$ 模板工程量： $S_2=0.2\times35\times2=14m^2$	预制混凝土工程量： $V_2=(2.0\times0.2-0.1\times0.1)\times35\times2=21m^3$ 模板工程量： $S_2=0.2\times35\times2=14m^2$	185-2-3-4-4	$10m^3$	2.1×4624元 =9710.4元
3	栏杆工程量	预制混凝土工程量： $r=\sqrt{0.13^2-0.07^2}=0.11m h=0.26-0.2=0.06m$ $V_3=[0.3\times0.3\times1.0+4/3\times3.14\times0.13^2\times0.06-3.14/6\times0.06\times(3\times0.11^2+0.06^2)]\times(35/5+1)=0.784m^3$ 模板工程量： $S_3=(35/5+1)\times(0.3\times1\times4)=9.6m^2$	预制混凝土工程量： $r=\sqrt{0.13^2-0.07^2}=0.11m h=0.26-0.2=0.06m$ $V_3=[0.3\times0.3\times1.0+4/3\times3.14\times0.13^2\times0.06-3.14/6\times0.06\times(3\times0.11^2+0.06^2)]\times(35/5+1)=0.784m^3$ 模板工程量： $S_3=(35/5+1)\times(0.3\times1\times4)=9.6m^2$			

三、隧道工程

隧道工程定额包括开挖、支护、防排水、衬砌、装饰、照明、通风及消防设施、洞门及辅助坑道等项目。章说明对隧道围岩分级、除渣运距等进行了说明。

（一）洞身工程说明

（1）人工开挖、机械开挖轻轨斗车运输项目系按上导洞、扩大、马口开挖编制的，也综合了下导洞扇形扩大开挖方法，并综合了木支撑和出渣、通风及临时管线的工料机消耗。

（2）正洞机械开挖自卸汽车运输定额系按开挖、出渣运输分别编制，不分工程部位（即拱部、边墙、仰拱、底板、沟槽、洞室）均使用本定额。施工通风及高压风水管和照明电线路单独编制定额项目。

（3）连拱隧道中导洞、侧导洞开挖和中隔墙衬砌是按连拱隧道施工方法编制的，除此以外的其他部位的开挖、衬砌、支护可套用其他定额。

（4）格栅钢架和型钢钢架均按永久性支护编制，如作为临时支护使用时，应按规定计取回收。定额中已综合连接钢筋的数量。

（5）喷射混凝土定额中已综合考虑混凝土的回弹量；钢纤维混凝土中钢纤维掺入量按喷射混凝土质量的3%掺入。当设计采用的钢纤维掺入量与定额不同或采用其他材料时，可进行抽换。

（6）洞身衬砌项目按现浇混凝土衬砌，石料、混凝土预制块衬砌分别编制，不分工程部位（即拱部、边墙、仰拱、底板、沟槽、洞室）均使用本定额。定额中已综合考虑超挖回填因素，当设计采用的混凝土强度等级与定额采用的不符时或采用特殊混凝土时，可根据具体情况对混凝土配合比进行抽换。

(7) 凡是按不同隧道长度编制的项目，均只编制到隧道长度在4000m以内。当隧道长度超过4000m时，应按以下规定计算：

① 洞身开挖：以隧道长度4000m以内定额为基础，与隧道长度4000m以上每增加1000m定额叠加使用。

② 正洞出渣运输：

通过隧道进出口开挖正洞，以换算隧道长度套用相应的出渣定额计算。换算隧道长度计算公式为：

换算隧道长度＝全隧长度－通过辅助坑道开挖正洞的长度

当换算隧道长度超过4000m时，以隧道长度4000m以内定额为基础，与隧道长度4000m以上每增加1000m定额叠加使用。

通过斜井开挖正洞，出渣运输按正洞和斜井两段分别计算，二者叠加使用。

③ 通风、管线路定额，按正洞隧道长度综合编制，当隧道长度超过4000m时，以隧道长度4000m以内定额为基础，与隧道长度4000m以上每增加1000m定额叠加使用。

(8) 混凝土运输定额仅适用于洞内混凝土运输，洞外运输应按桥涵工程有关定额计算。

(9) 洞内排水定额仅适用于反坡排水的情况，排水量按$10m^3/h$以内编制，超过此排水量时，抽水机台班按表7-32中的系数调整：

调整系数表 **表7-32**

排水量(m^3/h)	10以内	15以内	20以内
调整系数	1.00	1.20	1.35

注：当排水量超过20m/h时，根据采取治水措施后的排水量采用上表系数调整。

正洞内排水系按全隧道长度综合编制，当隧道长度超过4000m时，以隧道长度4000m以内定额为基础，与隧道长度4000m以上每增加1000m定额叠加使用。

(10) 照明设施为隧道营运所需的洞内永久性设施。定额中的洞口段包括引入段、适应段、过渡段和出口段，其他段均为基本段。定额中不包括洞外线路，需要时应另行计算。属于设备的变压器、发电设备等，其购置费用应列入预算第二部分“设备及工具、器具购置费”中。

(11) 工程量计算规则：

① 定额所指隧道长度均指隧道进出口（不含与隧道相连的明洞）洞门端墙墙面之间的距离，即两端端墙面与路面的交线同路线中线交点间的距离。双线隧道按上、下行隧道长度的平均值计算。

② 洞身开挖、出渣工程量按设计断面数量（成洞断面加衬砌断面）计算，包含洞身及所有附属洞室的数量，定额中已考虑超挖因素，不得将超挖数量计入工程量。

③ 现浇混凝土衬砌中浇筑、运输的工程数量，均按设计断面衬砌数量计算，包含洞身及所有附属洞室的衬砌数量。定额中已综合因超挖及预留变形需回填的混凝土数量，不得将上述因素的工程量计入计价工程量中。

④ 防水板、明洞防水层的工程数量按设计敷设面积计算。

⑤ 止水带（条）、盲沟、透水管的工程数量，均按设计数量计算。

⑥ 拱顶压浆的工程数量按设计数量计算，设计时可按每延长米0.25m综合考虑。

⑦ 喷射混凝土的工程量按设计厚度乘以喷射面积计算，喷射面积按设计外轮廓线计算。

⑧ 砂浆锚杆工程量为锚杆、垫板及螺母等材料质量之和；中空注浆锚杆、自进式锚杆的工程量按锚杆设计长度计算。

⑨ 格栅钢架、型钢钢架工程数量按钢架的设计质量计算，连接钢筋的数量不得作为工程量计算。

⑩ 管棚、小导管的工程量按设计钢管长度计算，当管径与定额不同时，可调整定额中钢管的消耗量。

⑪ 横向塑料排水管每处为单洞两侧的工程数量；纵向弹簧管按隧道纵向每侧铺设长度之和计算；环向盲沟按隧道横断面敷设长度计算。

⑫ 洞内通风、风水管及照明、管线路的工程量按隧道设计长度计算。

（二）洞门工程说明

（1）隧道和明洞洞门，均采用洞门工程定额。

（2）洞门墙工程量为主墙和翼墙等圬工体积之和。仰坡、截水沟等应按有关定额另行计算。

（3）定额的工程量均按设计工程数量计算。

（三）辅助坑道说明

（1）斜井项目按开挖、出渣、通风及管线路分别编制，竖井项目定额中已综合了出渣、通风及管线路。

（2）斜井相关定额项目系按斜井长度 800m 以内综合编制的，已含斜井建成后，通过斜井进行正洞作业时，斜井内通风及管线路的摊销部分。

（3）斜井支护按正洞相关定额计算。

（4）工程量计算规则：

① 开挖、出渣工程量按设计断面数量（成洞断面加衬砌断面）计算，定额中已考虑超挖因素，不得将超挖数量计入工程量。

② 现浇混凝土衬砌工程数量均按设计断面衬砌数量计算。

③ 喷射混凝土工程量按设计厚度乘以喷射面积计算，喷射面积按设计外轮廓线计算。

④ 锚杆工程量为锚杆、垫板及螺母等材料质量之和。

⑤ 斜井洞内通风、风水管照明及管线路的工程量按斜井设计长度计算。

（四）通风及消防设施安装说明

（1）定额中不含通风机、消火栓、消防水泵接合器、水流指示器、电气信号装置、气压水罐、泡沫比例混合器、自动报警系统装置、防火门等的购置费用，应按规定列入预算第二部分“设备及工具、器具购置费”中。

（2）通风机预埋件按设计所示为完成通风机安装而需预埋的一切金属构件的质量计算工程数量，包括钢拱架、通风机拱部钢筋、通风机支座及各部分连接件等。

（3）洞内预埋件工程量按设计预埋件的敷设长度计算，定额中已综合了预留导线的数量。

（五）综合应用示例

【例 7-11】 某隧道长 100m，洞口桩位 K1＋200 到 K1＋300，门洞示意图如图 7-25，

端墙采用 M10 号水泥砂浆砌片石，翼墙采用 M7.5 号水泥砂浆砌片石，外露面用片石镶面并勾平缝，衬砌水泥砂浆砌片石厚 60mm，其中 K1＋240～K1＋290 段采用斜洞开挖、块石衬砌，辅助坑道为斜井，此段围岩级别为Ⅳ级，采用机械开挖自卸汽车运输，此断面示意图如图 7-26，试计算隧道洞门砌筑工程量和 K1＋240～K1＋290 段的隧道开挖、衬砌以及斜井开挖工程量并套用定额。

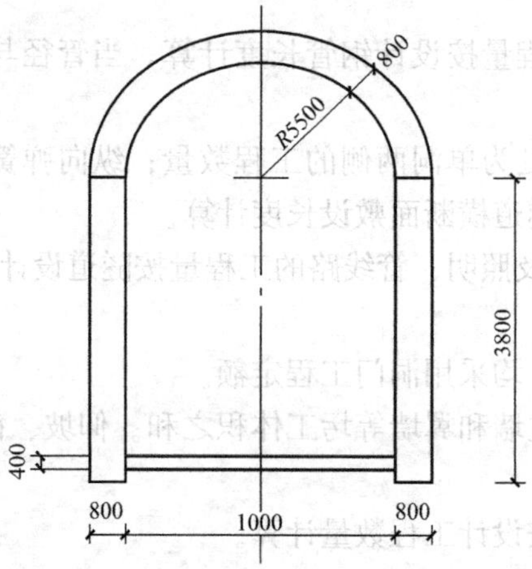

图 7-25　隧道断面示意图　单位：mm

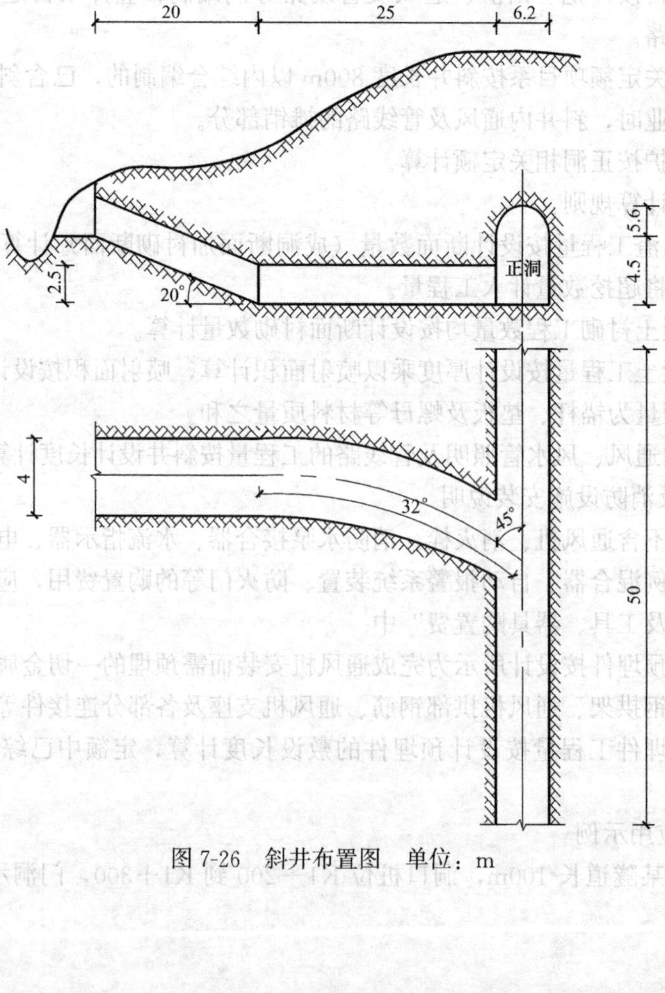

图 7-26　斜井布置图　单位：m

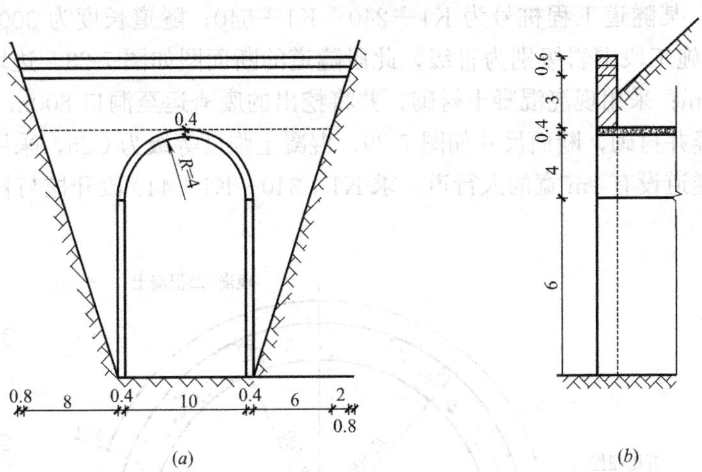

图 7-27　端墙式洞门示意图　单位：m

(a) 立面图；(b) 局部剖面图

解：计算详情见表 7-33。

计算详情表　　表 7-33

项目		清单工程量计算	定额工程量计算	套用定额	定额单位	定额直接费
1	洞门砌筑工程量	端墙上底边：0.8＋8＋0.4＋10＋0.4＋6＋2＋0.8＝28.4m 端墙下底边：28.4－2－2－0.8－0.8＝22.8m 端墙工程量：3.6×(28.4＋22.8)/2×0.06＝5.53m^3 翼墙上底边：22.8m 翼墙下底边：10＋0.4＋0.4＝10.8m 翼墙工程量：[(6＋4＋0.4)×(10.8＋22.8)/2－6×10.8－4.4^2×3.14/2]×0.06＝4.77m^3 总工程量：5.53＋4.77＝10.3m^3	端墙上底边：0.8＋8＋0.4＋10＋0.4＋6＋2＋0.8＝28.4m 端墙下底边：28.4－2－2－0.8－0.8＝22.8m 端墙工程量：3.6×(28.4＋22.8)/2×0.06＝5.53m^3 翼墙上底边：22.8m 翼墙下底边：10＋0.4＋0.4＝10.8m 翼墙工程量：[(6＋4＋0.4)×(10.8＋22.8)/2－6×10.8－4.4^2×3.14/2]×0.06＝4.77m^3 总工程量：5.53＋4.77＝10.3m^3	236-3-2-1-4	10m^3	1.03×2067元＝2129.0元
2	正洞开挖工程量	[1/2×3.14×(5.5＋0.8)^2＋3.8×(1＋0.8×2)]×50＝3609.7m^3	[1/2×3.14×(5.5＋0.8)^2＋3.8×(1＋0.8×2)]×50＝3609.7m^3	200-3-1-3-4	100m^3	36.097×4508元＝16272.4元
3	斜井开挖工程量	4×32×2.5＋2.5×4×20/cos20°＝532.84m^3	4×32×2.5＋2.5×4×20/cos20°＝532.84m^3	242-3-3-1-4	100m^3	5.3284×6855元＝36526.2元
4	拱部衬砌工程量	1/2×3.14×[(5.5＋0.8)^2－5.5^2]×50＝741.41m^3	1/2×3.14×[(5.5＋0.8)^2－5.5^2]×50＝741.41m^3	217-3-1-10-3	10m^3	74.141×3527元＝2614961.9元
5	边墙衬砌工程量	2×3.8×0.8×50＝304m^3	2×3.8×0.8×50＝304m^3	217-3-1-10-7	10m^3	30.4×2772元＝84268.8元

【例 7-12】 某隧道工程桩号为 K1＋240～K1＋540，隧道长度为 300m，其中 K1＋340～K1＋440 施工段围岩级别为Ⅲ级，此段隧道的断面图如图 7-28，边墙厚为 800mm；拱部厚为 800mm；采用现浇混凝土衬砌，并将挖出的废渣运至洞口 800m 处的废弃场地。此施工段还需竖井衬砌，断面尺寸如图 7-29，混凝土强度等级为 C25，采用机械开挖轻轨斗车运载，该隧道设有 1m 宽的人行道。求 K1＋340～K1＋440 段开挖与衬砌工程量并套用定额。

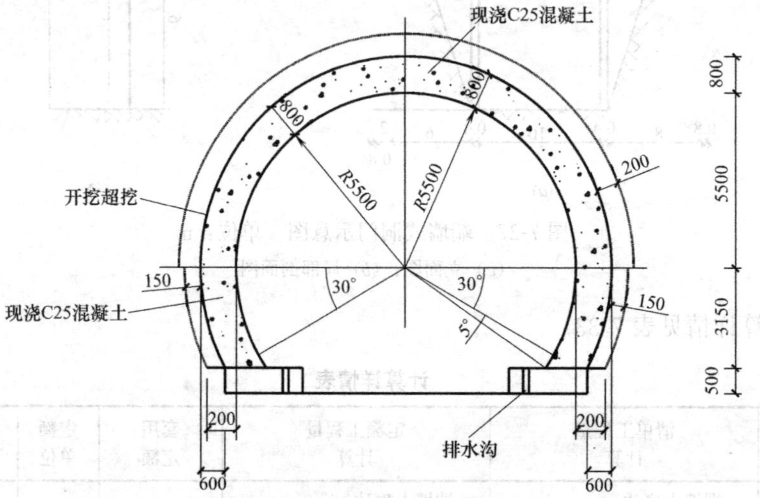

图 7-28 隧道断面示意图 单位：mm

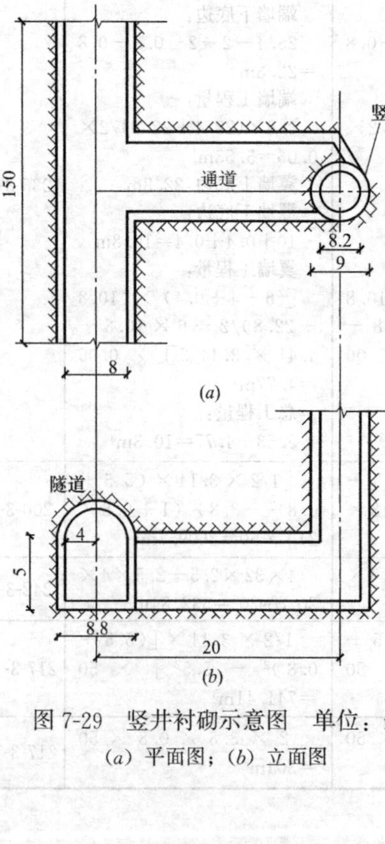

图 7-29 竖井衬砌示意图 单位：m

(*a*) 平面图；(*b*) 立面图

解：计算详情见表 7-34。

计算详情表　　**表 7-34**

项目		清单工程量计算	定额工程量计算	套用定额	定额单位	定额直接费
1	隧道开挖工程量	[3.14×(5.5＋0.8)^2×(180＋30×2)/360＋3.15×(5.5×2＋0.2×2)/2＋0.5×(5.5＋0.8－0.6)×2]×100＝10679.0m^3	[3.14×(5.5＋0.8)^2×(180＋30×2)/360＋3.15×(5.5×2＋0.2×2)/2＋0.5×(5.5＋0.8-0.6)×2]×100＝10679.0m^3	198-3-1-2-2	100m^3	(106.79＋6.48)×9311元＝1054657.0元
2	通道开挖工程量	10×4×(20－3.8)＝648m^3	10×4×(20－3.8)＝648m^3			
3	竖井开挖工程量	3.14×(3＋0.8)^2×100＝4536.46m^3	3.14×(3＋0.8)^2×100＝4536.46m^3	247-3-3-5-2	100m^3	45.3646×11945元＝541880.1
4	衬砌工程量	拱部工程量 [(5.5＋0.8)^2－5.5^2]/2×3.14×100＝1483m^3 边墙工程量 2×30/360×3.14×[(5.5＋0.8)^2－5.5^2]×100＋100×2×[(0.8－0.6＋5.5)/2×3.15－5/360×3.14×5.5^2－3.15×(4＋0.7)/2]＝546.28 m^3 总工程量： 1483＋546.28＝2029.28m^3	拱部工程量 [(5.5＋0.8)^2－5.5^2]/2×3.14×100＝1483m^3 边墙工程量 2×30/360×3.14×[(5.5＋0.8)^2－5.5^2]×100＋100×2×[(0.8－0.6＋5.5)/2×3.15－5/360×3.14×5.5^2－3.15×(4＋0.7)/2]＝546.28 m^3 总工程量： 1483＋546.28＝2029.28m^3	215-3-1-9-3	10 m^3	202.928×2357元＝478301.3元

【例 7-13】 某预制混凝土管道方沟总长 100m，其尺寸如图 7-30，计算其工程量并套用定额。

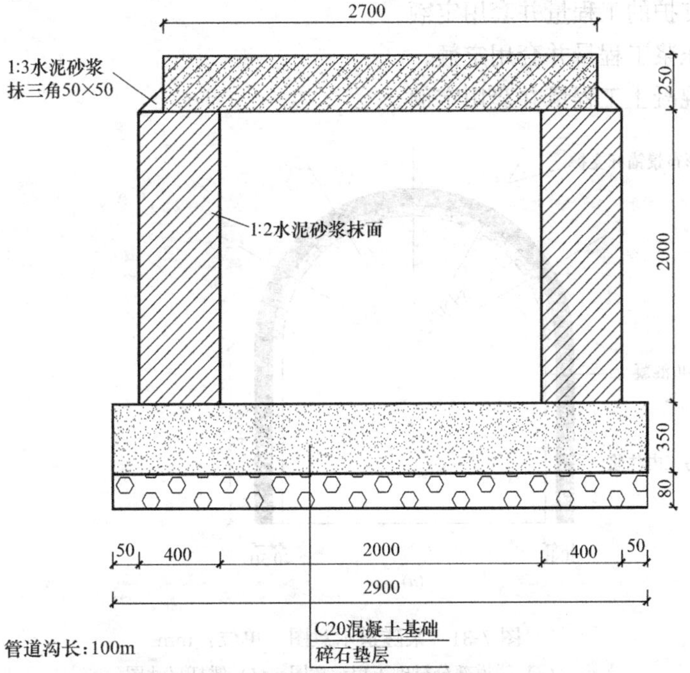

图 7-30　管道方沟结构图　单位：mm

解：计算详情见表 7-35。

计算详情表 **表 7-35**

项目		清单工程量计算	定额工程量计算	套用定额	定额单位	定额直接费
1	垫层铺筑	2.9 × 0.08 × 100 = $23.2m^3$	2.9 × 0.08 × 100 = $23.2m^3$	685-4-11-5-2	$10m^3$	2.32 × 1084 元 = 2514.9 元
2	方沟基础	2.9 × 0.35 × 100 = $101.5m^3$	2.9 × 0.35 × 100 = $101.5m^3$	685-4-11-5-6	$10m^3$	10.15 × 2518 元 = 25557.7 元
3	沟槽砌筑	0.4 × 2 × 100 × 2 = $160m^3$	0.4 × 2 × 100 × 2 = $160m^3$	222-3-1-13-2	$10m^3$	16 × 5487 元 = 87792 元
4	盖板预制	2.7 × 0.25 × 100 = $67.5m^3$	2.7 × 0.25 × 100 = $67.5m^3$	222-3-1-13-3	$10m^3$	6.75 × 5243 元 = 35390.3 元
5	水泥砂浆抹面	1∶3 水泥砂浆抹三角：1/2 × 0.05 × 0.05 × 100 × 2 = $0.25m^3$ 1∶2 水泥砂浆抹面： 2×100×2 = $400m^2$	$400m^2$	686-4-11-6	$100m^2$	4 × 385 元 = 1540 元

【例 7-14】 某隧道工程在施工段 K1＋450～K1＋550 每 10m 进行一次锚杆支护，锚杆直径为 $\phi 20$，长度为 3m，为砂浆锚杆。后喷射混凝土，初喷射厚度为 40mm，混凝土强度为 C40，石料最大粒径 15mm。在衬砌圬工内充填压浆，水泥砂浆强度等级为 M7.5，压浆段隧道长度为 100m，且压浆厚度为 50mm，如图 7-31 所示。求：

（1）锚杆支护的工程量并套用定额。

（2）充填压浆工程量并套用定额。

（3）喷射混凝土工程量并套用定额。

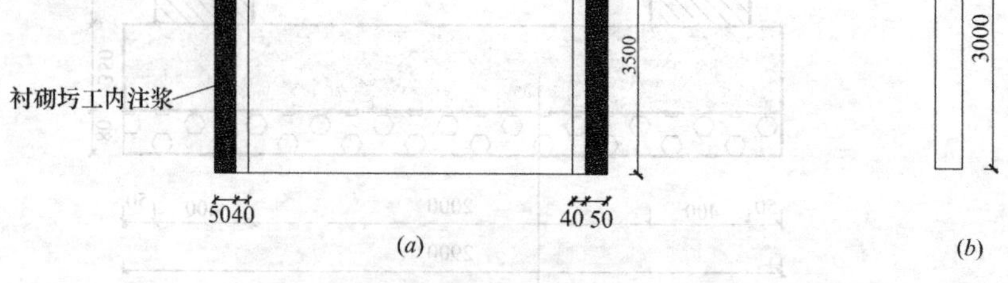

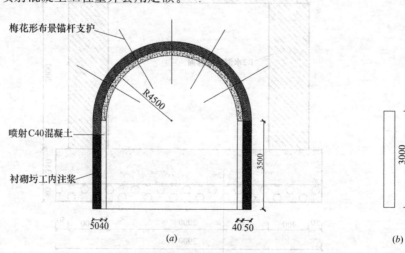

图 7-31 某隧道示意图 单位：mm

(a) 隧道部分衬砌工程示意图；(b) 锚杆尺寸图

解：计算详情见表 7-36。

计算详情表　　　　**表 7-36**

项目		清单工程量计算	定额工程量计算	套用定额	定额单位	定额直接费
1	锚杆工程量	φ20 钢筋理论质量为 2.47kg/m，故钢筋总量： 5×(100/10+1)×3×2.47/10^3=0.41t	5×(100/10+1)×3×2.47/10^3=0.41t	210-3-1-6-1	1t	0.41×8345 元=3421.5元
2	充填压浆工程量	100×1/2×3.14×[(4.5+0.04+0.05)^2−(4.5+0.04)^2]+2×100×3.5×0.05=106.71m^3	拱顶压浆的工程数量按设计数量计算，设计时可按每延长米 0.25m 综合考虑 100×0.25=25m^3	224-3-1-14	10m^3	2.5×3521 元=8802.5元
3	喷射混凝土工程量	拱部喷射混凝土工程量： 100×4.5×3.14=1413.72m^2 边墙喷射混凝土工程量： 100×2×3.5=700m^2 总量： 1413.72+700=2113.72m^2	喷射混凝土的工程量按设计厚度乘以喷射面积计算，喷射面积按设计外轮廓线计算 2113.72×0.04=84.55m^3	214-3-1-8-1	10m^3	8.452×5564 元=47026.9元

四、桥涵工程

桥涵工程定额包括开挖基坑，围堰、筑岛及沉井，打桩，灌注桩，砌筑，现浇混凝土及钢筋混凝土，预制、安装混凝土及钢筋混凝土构件，构件运输，拱盔、支架，钢结构和杂项工程等项目。

（一）开挖基坑说明

（1）干处挖基指开挖无地面水及地下水位以上部分的土壤，湿处挖基指开挖在施工水位以下部分的土壤。挖基坑石方、淤泥、流沙不分干处、湿处均采用同一定额。

（2）开挖基坑土、石方运输按弃土于坑外 10m 范围内考虑，如坑上水平运距超过 10m 时，另按路基土、石方增运定额计算。

（3）基坑深度为坑的顶面中心标高至底面的数值。在同一基坑内，不论开挖哪一深度均执行该基坑的全深度定额。

（4）电动卷扬机配抓斗及人工开挖配卷扬机吊运基坑土、石方定额中，已包括移动摇头扒杆用工，但摇头扒杆的配置数量应根据工程需要按吊装设备定额另行计算。

（5）开挖基坑定额中已综合了基底夯实、基坑回填及检平石质基底用工，湿处挖基还包括挖边沟、挖集水井及排水作业用工，使用定额时，不得另行计算。

（6）开挖基坑定额中不包括挡土板，需要时应据实按有关定额另行计算。

（7）机械挖基定额中已综合了基底标高以上 20cm 范围内采用人工开挖和基底修整用工。

（8）本节基坑开挖定额均按原土回填考虑，若采用取土回填时，应按路基工程有关定额另计取土费用。

（9）挖基定额中未包括水泵台班，挖基及基础、墩台修筑所需的水泵台班按“基坑水泵台班消耗”表的规定计算，并计入挖基项目中。

（10）工程量计算规则：

① 基坑开挖工程量按基坑容积计算。其计算公式如下：

$$V=\frac{h}{6}\times[ab+(a+a_1)(b+b_1)+a_1b_1]-(\text{基坑为平截方锥时})$$

$$V=\frac{\pi h}{3}\times(R^2+Rr+r^2)-(\text{基坑为截头圆锥时})$$

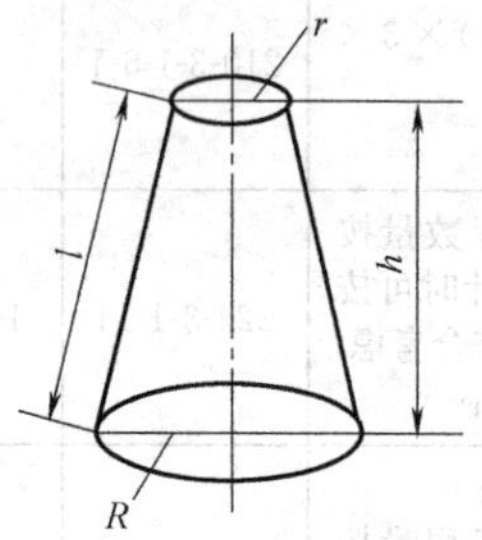

平截方锥基坑

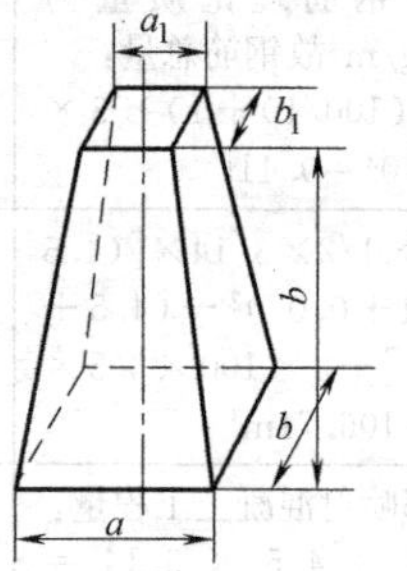

截头圆锥基坑

② 基坑挡土板的支挡面积，按坑内需支挡的实际侧面积计算。

（11）基坑水泵台班消耗，可根据覆盖层土壤类别和施工水位高度采用表列数值计算：

① 墩（台）基坑水泵台班消耗＝湿处挖基工程量×挖基水泵台班＋墩（台）座数×修筑水泵台班。

② 基坑水泵台班消耗表（表 7-37）中水位高度栏中“地面水”适用于围堰内挖基，水位高度指施工水位至坑顶的高度，其水泵消耗台班已包括排除地下水所需台班数量，不得再按“地下水”加计水泵台班；“地下水”适用于岸滩湿处的挖基，水位高度指施工水位至坑底的高度，其工程量应为施工水位以下的湿处挖基工程数量，施工水位至坑顶部分的挖基，应按干处挖基对待，不计水泵台班。

③ 表列水泵台班均为 ϕ150mm 水泵。

基坑水泵台班消耗表 **表 7-37**

覆盖层土壤类别		水位高度（m）		河中桥墩			靠岸墩台		
				挖基（10m³）	每座墩(台)修筑水泵台班		挖基（10m³）	每座墩(台)修筑水泵台班	
					基坑深3m以内	基坑深6m以内		基坑深3m以内	基坑深6m以内
Ⅰ	1. 亚黏土 2. 粉黏土 3. 较密实的细砂土（0.10～0.25mm颗粒含量占多数） 4. 松软的黄土 5. 有透水孔道的黏土	地面水	4以内	0.19	7.58	10.83	0.12	4.88	7.04
			3以内	0.15	5.96	8.67	0.10	3.79	5.42
			2以内	0.12	5.42	7.58	0.08	3.52	4.88
			1以内	0.11	4.88	7.04	0.07	3.25	4.33
		地下水	6以内	0.08	—	5.42	0.05	—	3.79
			3以内	0.07	3.79	3.79	0.04	2.71	2.71
Ⅱ	1. 中类砂土（0.25～0.50mm颗粒含量占多数） 2. 紧密的颗粒较细的砂砾石层 3. 有裂缝进水的岩层	地面水	4以内	0.54	16.12	24.96	0.35	10.32	16.12
			3以内	0.44	11.96	18.72	0.29	7.74	11.96
			2以内	0.36	8.32	14.04	0.23	5.16	9.36
			1以内	0.31	6.24	10.92	0.19	4.13	7.28
		地下水	6以内	0.23	—	7.28	0.15	—	4.68
			3以内	0.19	4.16	4.68	0.12	2.58	3.12

续表

覆盖层土壤类别		水位高度(m)		河中桥墩			靠岸墩台		
				挖基(10m³)	每座镦(台)修筑水泵台班		挖基(10m³)	每座镦(台)修筑水泵台班	
					基坑深3m以内	基坑深6m以内		基坑深3m以内	基坑深6m以内
Ⅲ	1. 粗粒砂(0.50～1.00mm颗粒含量占多数) 2. 砂砾石层(砾石含量大于50%) 3. 透水岩石并有泉眼	地面水	4以内	1.04	30.76	47.14	0.68	19.85	30.76
			3以内	0.84	22.33	35.73	0.55	14.39	23.32
			2以内	0.69	16.37	26.79	0.45	10.42	17.37
			1以内	0.59	11.91	21.34	0.39	7.94	13.89
		地下水	6以内	0.44	—	10.92	0.29	—	6.95
			3以内	0.35	4.96	5.46	0.23	3.47	3.47
Ⅳ	1. 砂卵石层(平均颗粒大于50mm) 2. 漂石层有较大的透水孔道 3. 有溶洞、溶槽的岩石,并有泉眼、涌水现象	地面水	4以内	1.52	45.26	68.35	0.99	29.37	44.45
			3以内	1.23	32.74	51.62	0.79	21.19	33.46
			2以内	1.01	23.59	39.19	0.65	15.41	25.33
			1以内	0.87	17.33	30.59	0.56	11.07	20.07
		地下水	6以内	0.64	—	15.77	0.41	—	10.04
			3以内	0.52	7.22	7.65	0.34	4.81	4.78

注：如钢板桩围堰打进覆盖层，则表列台班数量乘以0.7的系数。

（二）筑岛、围堰及沉井工程说明

(1) 围堰定额适用于挖基围堰和筑岛围堰。

(2) 草土、草（麻）袋、竹笼、木笼铁丝围堰定额中已包括50m以内人工挖运土方的工日数量，定额括号内所列“土”的数量不计价，仅限于取土运距超过50m时，按人工挖运土方的增运定额，增加运输用工。

(3) 沉井制作分钢筋混凝土重力式沉井、钢丝网水泥薄壁浮运沉井、钢壳浮运沉井三种。沉井浮运、落床、下沉、填塞定额，均适用于以上三种沉井。

(4) 沉井下沉用的工作台、三脚架、运土坡道、卷扬机工作台均已包括在定额中。井下爆破材料除硝铵炸药外，其他列入“其他材料费”中。

(5) 沉井下水轨道的钢轨、枕木、铁件按周转摊销量计入定额中，定额还综合了轨道的基础及围堰等的工、料，使用定额时，不得另行计算。但轨道基础的开挖工作本定额中未计入，需要时按有关定额另行计算。

(6) 沉井浮运定额仅适用于只有一节的沉井或多节沉井的底节，分节施工的沉井除底节外的其余各节的浮运、接高均应执行沉井接高定额。

(7) 导向船、定位船船体本身加固所需的工、料、机消耗及沉井定位落床所需的锚绳均已综合在定额中，使用定额时，不得另行计算。

(8) 无导向船定位落床定额已将所需的地笼、锚碇等的工、料、机消耗综合在定额中，使用定额时，不得另行计算。有导向船定位落床定额未综合锚碇系统，应根据施工组织设计的需要按有关定额另行计算。

(9) 锚碇系统定额均已将锚链的消耗计入定额中，并已将抛锚、起锚所需的工、料、机消耗综合在定额中，使用定额时，不得随意进行抽换。

(10) 钢壳沉井接高所需的吊装设备本定额中未计入，需要时应按金属设备吊装定额另行计算。

(11) 钢壳沉井作双壁钢围堰使用时，应按施工组织设计计算回收，但回收部分的拆除所需的工、料、机消耗本定额未计入，需要时应根据实际情况按有关定额另行计算。

(12) 沉井下沉定额中的软质岩石是指饱和单轴极限抗压强度在 40MPa 以下的各类松软的岩石，硬质岩石是指饱和单轴极限抗压强度在 40MPa 以上的各类较坚硬和坚硬的岩石。

(13) 地下连续墙定额中未包括施工便道、挡水帷幕、注浆加固等，需要时应根据施工组织设计另行计算。挖出的土石方或凿铣的泥渣如需要外运时，应按路基工程中相关定额进行计算。

(14) 工程量计算规则

① 草土、草（麻）袋、竹笼围堰长度按围堰中心长度计算，高度按施工水深加 0.5m 计算。木笼铁丝围堰实体为木笼所包围的体积。

② 套箱围堰的工程量为套箱金属结构的质量。套箱整体下沉时悬吊平台的钢结构及套箱内支撑的钢结构均已综合在定额中，不得作为套箱工程量进行计算。

③ 沉井制作的工程量：重力式沉井为设计图纸井壁及隔墙混凝土数量；钢丝网水泥薄壁浮运沉井为刃脚及骨架钢材的质量，但不包括铁丝网的质量；钢壳沉井的工程量为钢材的总质量。

④ 沉井下沉定额的工程量按沉井刃脚外缘所包围的面积乘沉井刃脚下沉入土深度计算。沉井下沉按土、石所在的不同深度分别采用不同下沉深度的定额。定额中的下沉深度指沉井顶面到作业面的高度。定额中已综合了溢流（翻砂）的数量，不得另加工程量。

⑤ 沉井浮运、接高、定位落床定额的工程量为沉井刃脚外缘所包围的面积，分节施工的沉井接高的工程量应按各节沉井接高工程量之和计算。

⑥ 锚碇系统定额的工程量指锚碇的数量，按施工组织设计的需要量计算。

⑦ 地下连续墙导墙的工程量按设计需要设置的导墙的混凝土体积计算；成槽和墙体混凝土的工程量按地下连续墙设计长度、厚度和深度的乘积计算；锁口管吊拔和清底置换的工程量按地下连续墙的设计槽段数（指槽壁单元槽段）计算；内衬的工程量按设计需要的内衬混凝土体积计算。

(三) 打桩工程

1. 说明

(1) 打桩工程定额适用于陆地上、打桩工作平台上、船上打桥涵墩台基础桩，以及其他基础工程和临时工程中的打桩工作。

(2) 土质划分：打桩工程土壤分为Ⅰ、Ⅱ两组。

Ⅰ组土—较易穿过的土壤，如轻亚黏土、亚黏土、砂类土、腐殖土、湿的及松散的黄土等。

Ⅱ组土—较难穿过的土壤，如黏土、干的固结黄土、沙砾、砾石、卵石等。

当穿过两组土层时，如打入Ⅱ组土各层厚度之和等于或大于土层总厚度的 50%或打入Ⅱ组土连续厚度大于 1.5m 时，按Ⅱ组土计，不足上述厚度时，则按Ⅰ组土计。

(3) 打桩定额中，均按在已搭好的工作平台上操作，但未包括打桩用的工作平台的搭设和拆除等的工、料消耗，需要时应按打桩工作平台定额另行计算。

（4）打桩定额中已包括打导桩、打送桩及打桩架的安、拆工作，并将打桩架、送桩、导桩及导桩夹木等的工、料按摊销方式计入定额中，编制预算时，不得另行计算。但定额中均未包括拔桩。破桩头工作，已计入承台定额中。

（5）打桩定额均为打直桩，如打斜桩时，机械乘 1.20 的系数，人工乘 1.08 的系数。

（6）利用打桩时搭设的工作平台拔桩时，不得另计搭设工作平台的工、料消耗。如需搭设工作平台时，可根据施工组织设计规定的面积，按打桩工作平台人工消耗的 50%计算人工消耗，但各种材料一律不计。

（7）打每组钢板桩时，用的夹板材料及钢板桩的截头、连接（接头）、整形等的材料已按摊销方式，将其工、料计入定额中，使用定额时，不得另行计算。

（8）钢板桩木支撑的制作、试拼、安装的工、料消耗，均已计入打桩定额中，拆除的工、料消耗已计入拔桩定额中。

（9）打钢板桩、钢管桩定额中未包括钢板桩、钢管桩的防锈工作，如需进行防锈处理，另按相应定额计算。

（10）打钢管桩工程如设计钢管桩数量与本定额不相同时，可按设计数量抽换定额中的钢管桩消耗，但定额中的其他消耗量不变。

（11）工程量计算规则：

① 打预制钢筋混凝土方桩和管桩的工程量，应根据设计尺寸及长度以体积计算（管桩的空心部分应予以扣除）。设计中规定凿去的桩头部分的数量，应计入设计工程量内。

② 钢筋混凝土方桩的预制工程量，应为打桩定额中括号内的备制数量。

③ 拔桩工程量按实际需要数量计算。

④ 打钢板桩的工程量按设计需要的钢板桩质量计算。

⑤ 打桩用的工作平台的工程量，按施工组织设计所需的面积计算。

⑥ 船上打桩工作平台的工程量，根据施工组织设计，按一座桥梁实际需要打桩机的台数和每台打桩机需要的船上工作平台面积的总和计算。

2. 应用实例

【例 7-15】 某桥梁工程，采用混凝土空心管桩，如图 7-32 所示，计算桩和承台的工程量并套用定额。

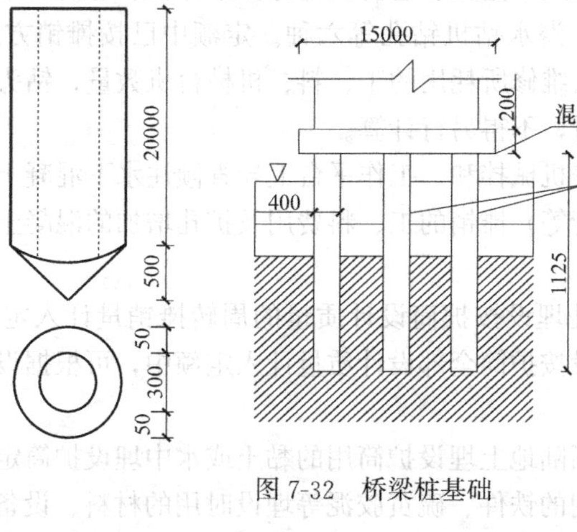

图 7-32　桥梁桩基础

解:

计算详情表　　表 7-38

项目		清单工程量计算	定额工程量计算	套用定额	定额单位	定额直接费
1	混凝土空心管桩	(20+0.5)=20.5m	$3.14\times0.2^2\times20.5-3.14\times0.15^2\times20=1.16m^3$	325-4-3-2-2	$10m^3$	$1.16\times4148/10=481.28$元
备注:		桩的清单工程量计算规则按设计图示尺寸以长度计算，定额工程量计算规则以体积计算				
2	混凝土承台	同定额工程量计算	$0.2\times0.8\times15=2.4m^3$	452-4-6-1-8	$10m^3$	$2.4\times2252/10=540.48$元

(四) 灌注桩工程

说明：

(1) 灌注桩造孔根据造孔的难易程度，将土质分为八种：

① 砂土：粒径不大于 2mm 的砂类土，包括淤泥、轻亚黏土。

② 黏土：亚黏土、黏土、黄土，包括土状风化。

③ 沙砾：粒径 2～20mm 的角砾、圆砾含量（指质量比，下同）小于或等于 50%，包括礓石及粒状风化。

④ 砾石：粒径 2～20mm 的角砾、圆砾含量大于 50%，有时还包括粒径 20～200mm 的碎石、卵石，其含量在 10%以内，包括块状风化。

⑤ 卵石：粒径 20～200mm 的碎石、卵石含量大于 10%，有时还包括块石、漂石，其含量在 10%以内，包括块状风化。

⑥ 软石：饱和单轴极限抗压强度在 40MPa 以下的各类松软的岩石，如盐岩，胶结不紧的砾岩、泥质页岩、砂岩，较坚实的泥灰岩、块石土及漂石土，软而节理较多的石灰岩等。

⑦ 次坚石：饱和单轴极限抗压强度在 40～100MPa 的各类较坚硬的岩石，如硅质页岩，硅质砂岩，白云岩，石灰岩，坚实的泥灰岩，软玄武岩、片麻岩、正长岩、花岗岩等。

⑧ 坚石：饱和单轴极限抗压强度在 100MPa 以上的各类坚硬的岩石，如硬玄武岩，坚实的石灰岩、白云岩、大理岩、石英岩、闪长岩、粗粒花岗岩、正长岩等。

(2) 灌注桩成孔定额分为人工挖孔、卷扬机带冲抓锥冲孔、卷扬机带冲击锥冲孔、冲击钻机钻孔、回旋钻机钻孔、潜水钻机钻孔等六种。定额中已按摊销方式计入钻架的制作、拼装、移位、拆除及钻头维修所耗用的工、料、机械台班数量，钻头的费用已计入设备摊销费中，使用本节定额时，不得另行计算。

(3) 灌注桩混凝土定额按机械拌和、工作平台上导管倾注水下混凝土编制，定额中已包括混凝土灌注设备（如导管等）摊销的工、料费用及扩孔增加的混凝土数量，使用定额时，不得另行计算。

(4) 钢护筒定额中，干处埋设按护筒设计质量的周转摊销量计入定额中，使用定额时，不得另行计算。水中埋设按护筒全部设计质量计入定额中，可根据设计确定的回收量按规定计算回收金额。

(5) 护筒定额中，已包括陆地上埋设护筒用的黏土或水中埋设护筒定位用的导向架及钢质或钢筋混凝土护筒接头用的铁件、硫黄胶泥等埋设时用的材料、设备消耗，使用定额时，不得另行计算。

(6) 浮箱工作平台定额中，每只浮箱的工作面积为3×6=18m。

(7) 使用成孔定额时，应根据施工组织设计的需要合理选用定额子目，当不采用泥浆船的方式进行水中灌注桩施工时，除按90kW以内内燃拖轮数量的一半保留拖轮和驳船的数量外，其余拖轮和驳船的消耗应扣除。

(8) 在河滩、水中采用筑岛方法施工时，应采用陆地上成孔定额计算。

(9) 定额系按一般黏土造浆进行编制的，如实际采用膨润土造浆时，其膨润土的用量可按定额中黏土用量乘系数进行计算。即：

$$Q=0.095\times V\times 1000$$

式中　Q——膨润土的用量（kg）；

V——黏土的用量（m^3）。

(10) 当设计桩径与定额采用桩径不同时，可按表7-39系数调整：

系数表　　表7-39

桩径(cm)	130	140	160	170	180	190	210	220	230	240
调整系数	0.94	0.97	0.70	0.79	0.89	0.95	0.93	0.94	0.96	0.98
计算基数	桩径150cm以内		桩径200cm以内				桩径150cm以内			

(11) 工程量计算规则：

① 灌注桩成孔工程量按设计入土深度计算。定额中的孔深指护筒顶至桩底（设计标高）的深度。造孔定额中同一孔内的不同土质，不论其所在的深度如何，均采用总孔深定额。

② 人工挖孔的工程量按护筒（护壁）外缘所包围的面积乘设计孔深计算。

③ 浇筑水下混凝土的工程量按设计桩径横断面面积乘设计桩长计算，不得将扩孔因素计入工程量。

④ 灌注桩工作平台的工程量按施工组织设计需要的面积计算。

⑤ 钢护筒的工程量按护筒的设计质量计算。设计质量为加工后的成品质量，包括加劲肋及连接用法兰盘等全部钢材的质量。当设计提供不出钢护筒的质量时，可参考表7-40的质量进行计算，桩径不同时可内插计算。

护筒单位质量表　　表7-40

桩径(cm)	100	120	150	200	250	300	350
护筒单位质量(kg/m)	170.2	238.2	289.3	499.1	612.6	907.5	1259.2

（五）砌筑工程

1. 说明

(1) 定额中的M5、M7.5、M12.5水泥砂浆为砌筑用砂浆，M10、M15水泥砂浆为勾缝用砂浆。

(2) 定额中已按砌体的总高度配置了脚手架，高度在10m以内的配踏步，高度大于10m的配井字架，并计入搭拆用工，其材料用量均以摊销方式计入定额中。

(3) 浆砌混凝土预制块定额中，未包括预制块的预制，应按定额中括号内所列预制块数量，另按预制混凝土构件的有关定额计算。

（4）浆砌料石或混凝土预制块作镶面时，其内部应按填腹石定额计算。

（5）桥涵拱圈定额中，未包括拱盔和支架，需要时应按第九节拱盔、支架工程中有关定额另行计算。

（6）定额中均未包括垫层及拱背、台背填料和砂浆抹面，需要时应按第十一节杂项工程中有关定额另行计算。

（7）砌筑工程的工程量为砌体的实际体积，包括构成砌体的砂浆体积。

2. 计算示例

【例 7-16】 某排水工程中，常用到水池，一现浇混凝土池壁的水池（有隔墙）的尺寸如图 7-33～图 7-36 所示，也要用到盖板，用 100 块长 4.6m 的盖板进行细石混凝土填缝及盖板内顶勾缝，盖板模板尺寸如图所示，计算混凝土浇筑的工程量和填缝、勾缝工程量并套用定额。

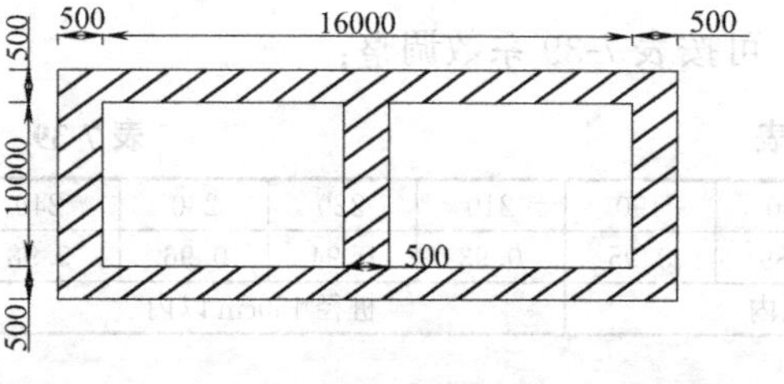

图 7-33　水池平面图

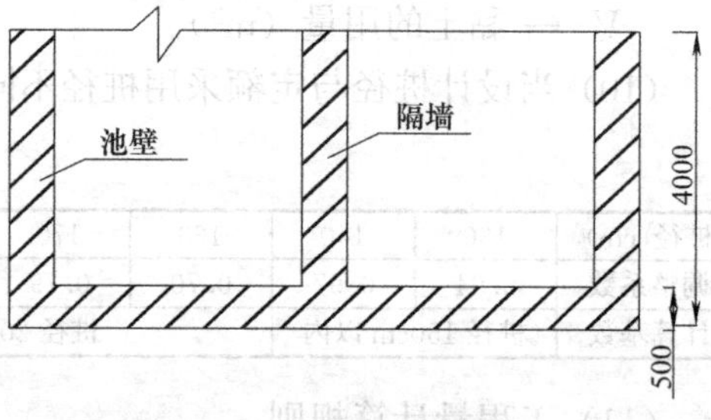

图 7-34　水池剖面图

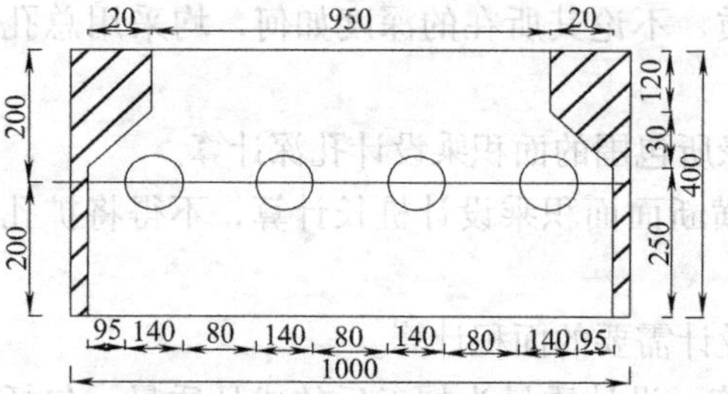

图 7-35　填缝示意图

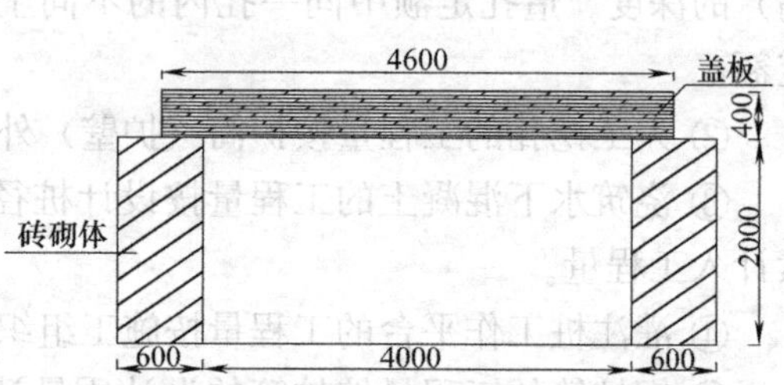

图 7-36　勾缝示意图

解：

计算详情表　　**表 7-41**

项目		清单工程量计算	定额工程量计算	套用定额	定额单位	定额直接费
1	混凝土浇筑	同定额工程量计算	(16＋0.5×2)×10.1×4－(16－0.5)×10×(4－0.5)＝144.3³	480-4-6-4-9	10m³	5135×14.43＝74098.05 元
2	勾缝面积	同定额工程量计算	每块盖板长 4.6m，共 100 块，则填缝数量为：4.6×100×{0.4×1－[0.95×0.12＋1/2×(0.95＋0.99)×0.33＋0.99×0.25]}＝4.32m³ 盖板与砖砌体相连，盖板内顶宽 4m，则勾缝面积为：4×100＝400m²	686-4-11-6-3	100m²	385×0.4＝154 元

注：勾缝工作量以面积为单位，参照定额。

【例 7-17】 某拱桥的桥墩基础的砌筑材料和桥墩和基础的各截面尺寸如图 7-37 所示，计算该桥墩基础的砌筑材料的工程量并套用定额。

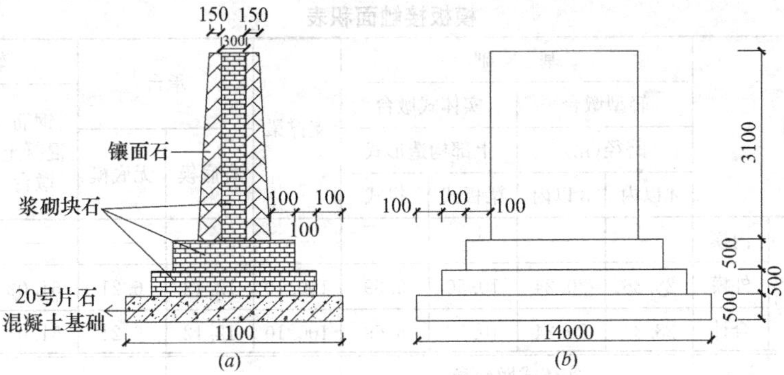

图 7-37　桥墩基础的砌筑材料及其基础截面尺寸

解：

表 7-42

项目		清单工程量计算	定额工程量计算	套用定额	定额单位	定额直接费
1	镶面石	同定额工程量计算	1/2×[0.15＋(1.1－0.1×6－0.3)/2]×3.1×2＝1.09m^3	444-4-5-4-1	10m^3	1.09×2541/10＝281.33 元
2	浆砌块石	同定额工程量计算	0.3×3.1×(14－0.1×6)＋(1.1－0.1×4)×0.5×(14－0.1×4)＋(1.1－0.1×2)×0.5×(14－0.1×2)＝23.43m^3	442-4-5-3-3	10m^3	23.43×2370/10＝5552.91 元
3	20 号片石混凝土	同定额工程量计算	1.1×0.5×14＝7.7m^3	440-4-5-2-1	10m^3	7.7×1396/10＝1074.92 元

（六）现浇混凝土及钢筋混凝土

说明：

（1）定额中未包括现浇混凝土及钢筋混凝土上部构造所需的拱盔、支架，需要时按有关定额另行计算。

（2）定额中片石混凝土中片石含量均按 15%计算。

（3）有底模承台适用于高桩承台施工。

（4）使用套箱围堰浇筑承台混凝土时，应采用无底模承台的定额。

（5）定额中均未包括扒杆、提升模架、拐角门架、悬浇挂篮、移动模架等金属设备，需要时，应按有关定额另行计算。

（6）桥面铺装定额中，橡胶沥青混凝土仅适用于钢桥桥面铺装。

（7）墩台高度为基础顶、承台顶或系梁底到盖梁顶、墩台帽顶或 0 号块件底的高度。

（8）索塔高度为基础顶、承台顶或系梁底到索塔顶的高度。当塔墩固结时，工程量为基础顶面或承台顶面以上至塔顶的全部数量；当塔墩分离时，工程量应为桥面顶部以上至塔顶的数量，桥面顶部以下部分的数量应按墩台定额计算。

（9）斜拉索锚固套筒定额中已综合加劲钢板和钢筋的数量，其工程量以混凝土箱梁中锚固套筒钢管的质量计算。

（10）斜拉索钢锚箱的工程量为钢锚箱钢板、剪力钉、定位件的质量之和，不包括钢管和型钢的质量。

（11）各种结构的模板接触面积如表 7-43 所示：

模板接触面积表 **表 7-43**

项目		基础				支撑梁	承台		轻型墩台身		
		轻型墩台		实体式墩台			有底模	无底模	钢筋混凝土墩台	混凝土墩台	
		跨径(m)		上部构造形式						跨径(m)	
		4 以内	8 以内	梁板式	拱式					4 以内	8 以内
模板接触面积（$m^2/10m^3$ 混凝土）	内模	—	—	—	—	—	—	—	—	—	—
	外模	28.36	20.24	10.50	6.69	100.10	12.12	6.21	51.02	38.26	29.94
	合计	28.36	20.24	10.50	6.69	100.10	12.12	6.21	51.02	38.26	29.94

项目		实体式墩台身				圆柱式墩台身		方柱式墩台身			框架式桥台
		梁板桥		拱桥							
		高度(m)		墩	台	高度(m)					
		10 以内	20 以内			10 以内	20 以内	10 以内	20 以内	40 以内	
模板接触面积（$m^2/10m^3$ 混凝土）	内模	—	—	—	—	—	—	—	—	—	—
	外模	24.75	15.99	11.90	15.60	40.56	36.15	30.00	27.87	23.61	37.45
	合计	24.75	15.99	11.90	15.60	40.56	36.15	30.00	27.87	23.61	37.45

项目		肋形埋置式桥台		空心墩					Y 形墩		薄壁墩
				高度(m)							
		8 以内	14 以内	20 以内	40 以内	70 以内	100 以内	100 以上	10 以内	20 以内	10 以内
模板接触面积（$m^2/10m^3$ 混凝土）	内模	—	—	15.94	14.80	12.92	12.36	10.04	—	—	—
	外模	36.67	34.29	20.21	19.73	17.72	17.09	16.42	16.38	13.47	25.09
	合计	36.67	34.29	36.15	34.53	30.64	29.45	26.46	16.38	13.47	25.09

项目		薄壁墩		支座垫石		墩台帽	拱座	盖板	系梁		耳背墙
		高度(m)		盆式支座	板式支座				地面以下	地面以上	
		20 以内	40 以内								
模板接触面积（$m^2/10m^3$ 混凝土）	内模	—	—	—	—	—	—	—	—	—	—
	外模	17.82	11.55	51.65	66.38	32.25	19.74	32.19	25	28.33	89.64
	合计	17.82	11.55	51.65	66.38	32.25	19.74	32.19	25	28.33	89.64

项目		墩梁固结现浇段	索塔立柱					索塔横梁		现浇 T 形梁	现浇箱梁
			高度(m)					下横梁	中上横梁		
			50 以内	100 以内	50 以内	200 以内	250 以内				
模板接触面积（$m^2/10m^3$ 混凝土）	内模	49.37	7.11	6.74	6.48	5.71	5.70	11.88	15.21	—	18.41
	外模	12.34	16.58	15.72	5.13	13.33	13.29	10.18	16.68	66.93	20.50
	合计	61.71	23.69	22.46	21.61	19.04	18.99	22.06	31.89	66.93	40.91

项目		现浇箱涵			现浇板上部构造			悬浇箱梁			
		2.0×1.5—4.0×3.0	6.0×3.5—7.0×4.2	(3.0+7.0+3.0)×4.2	矩形板	实体连续板	空心连续板	T 形刚构等		连续刚构	
								0 号块	悬浇段	0 号块	悬浇段
模板接触面积（$m^2/10m^3$ 混凝土）	内模	19.45	11.38	9.36	—	—	9.24	17.05	20.94	11.09	12.71
	外模	23.77	13.91	11.44	43.18	24.26	34.42	13.95	25.59	8.72	15.53
	合计	43.22	25.29	20.80	43.18	24.26	43.66	31.00	46.53	19.81	28.24

（七）预制、安装混凝土及钢筋混凝土构件

1.说明

（1）预制钢筋混凝土上部构造中，矩形板、空心板、连续板、少筋微弯板、预应力桁架梁、顶推预应力连续梁、桁架拱、刚架拱均已包括底模板，其余系按配合底座（或台座）施工考虑。

（2）顶进立交箱涵、圆管涵的顶进靠背由于形式很多，宜根据不同的地形、地质情况设计，定额中未单独编列子目，需要时可根据施工图纸采用有关定额另行计算。

（3）顶进立交箱涵、圆管涵定额根据全部顶进的施工方法编制。顶进设备未包括在顶进定额中，应按顶进设备定额另行计算。“铁路线加固”定额除铁路线路的加固外，还包括临时信号灯、行车期间的线路维修和行车指挥等全部工作。

（4）预制立交箱涵、箱梁的内模、翼板的门式支架等工、料已包括在定额中。

（5）顶推预应力连续梁按多点顶推的施工工艺编制，顶推使用的滑道单独编列子目，其他滑块、拉杆、拉锚器及顶推用的机具、预制箱梁的工作平台均摊入顶推定额中。顶推用的导梁及工作平台底模顶升千斤顶以下的工程，定额中未计入，应按有关定额另行计算。

（6）构件安装系指从架设孔起吊起至安装就位，整体化完成的全部施工工序。本节定额中除安装矩形板、空心板及连续板等项目的现浇混凝土可套用桥面铺装定额计算外，其他安装上部构造定额中均单独编列有现浇混凝土子目。

（7）定额中凡采用金属结构吊装设备和缆索吊装设备安装的项目，均未包括吊装设备的费用，应按有关定额另行计算。

（8）制作、张拉预应力钢筋、钢丝束定额，是按不同的锚头形式分别编制的，当每吨钢丝的束数或每吨钢筋的根数有变化时，可根据定额进行抽换。定额中的“××锚”是指金属加工部件的质量，锚头所用其他材料已分别列入定额中有关材料或其他材料费内。定额中的束长为一次张拉的长度。

（9）预应力钢筋、钢丝束及钢绞线定额中均已计入预应力管道及压浆的消耗量，使用定额时不得另行计算。镦头锚的锚具质量可按设计数量进行调整。

（10）对于钢绞线不同型号的锚具，使用定额时可按表 7-44 规定计算：

锚具型号表　　　　**表 7-44**

<table>
<tr><td>设计采用锚具型号(孔)</td><td>1</td><td>4</td><td>5</td><td>6</td><td>8</td><td>9</td><td>10</td><td>14</td><td>15</td><td>16</td><td>17</td><td>24</td></tr>
<tr><td>套用定额的锚具型号</td><td colspan="2">3</td><td colspan="4">7</td><td colspan="3">12</td><td colspan="2">19</td><td>22</td></tr>
</table>

（11）金属结构吊装设备定额是根据不同的安装方法划分子目的，如“单导梁”系指安装用的拐角门架、蝴蝶架、导梁等全套设备。定额是以 10t 设备质量为单位，并列有参考质量。实际质量与定额数量不同时，可根据实际质量计算，但设备质量不包括列入材料部分的铁件、钢丝绳、鱼尾板、道钉及列入“小型机具使用费”内的滑车等。

（12）预制场用龙门架、悬浇箱梁用的墩顶拐角门架，可套用高度 9m 以内的跨墩门架定额，但质量应根据实际计算。

（13）安装金属支座的工程量系指半成品钢板的质量（包括座板、齿板、垫板、辊轴等）。至于锚栓、梁上的钢筋网、铁件等均以材料数量综合在定额内。

(14) 工程量计算规则：

① 预制构件的工程量为构件的实际体积（不包括空心部分的体积），但预应力构件的工程量为构件预制体积与构件端头封锚混凝土的数量之和。预制空心板的空心堵头混凝土已综合在预制定额内，计算工程量时不应再计列这部分混凝土的数量。

② 使用定额时，构件的预制数量应为安装定额中括号内所列的构件备制数量。

③ 安装的工程量为安装构件的体积。

④ 构件安装时的现浇混凝土的工程量为现浇混凝土和砂浆的数量之和。但如在安装定额中已计列砂浆消耗的项目，则在工程量中不应再计列砂浆的数量。

⑤ 预制、悬拼预应力箱梁临时支座的工程量为临时支座中混凝土及硫黄砂浆的体积之和。

⑥ 移动模架的质量包括托架（牛腿）、主梁、鼻梁、横梁、吊架、工作平台及爬梯的质量，不包括液压构件和内外模板（含模板支撑系统）的质量。

⑦ 预应力钢绞线、预应力精轧螺纹粗钢筋及配锥形（弗氏）锚的预应力钢丝的工程量为锚固长度与工作长度的质量之和。

⑧ 配镦头锚的预应力钢丝的工程量为锚固长度的质量。

⑨ 先张钢绞线质量为设计图纸质量，定额中已包括钢绞线损耗及预制场构件间的工作长度及张拉工作长度。

⑩ 缆索吊装的索跨指两塔架间的距离。

(15) 各种结构的模板接触面积如表 7-45：

模板接触面积表 **表 7-45**

项目		排架立柱	墩台管节	立交箱梁	钢筋混凝土板					钢筋混凝土T形梁	钢筋混凝土I形梁
					矩形板（跨径,m）		空心板	少筋微弯板	连续板		
					4以内	8以内					
模板接触面积（$m^2/10m^3$ 混凝土）	内模	—	76.47	11.97	—	—	67.14	—	62.85	—	—
	外模	94.34	96.86	4.02	38.85	30.95	25.61	34.57	42.24	88.33	82.68
	合计	94.34	173.33	15.99	38.85	30.95	91.75	34.57	105.09	88.33	82.68

项目		预应力空心板	预应力混凝土T形梁	预应力混凝土I形梁	预应力组合箱梁				预应力箱梁		
					先张法		后张法		预制安装	预制悬拼	预制顶栓
					主梁	空心板	主梁	空心板			
模板接触面积（$m^2/10m^3$ 混凝土）	内模	55.76	—	—	71.89	87.61	49.54	74.62	34.64	26.81	22.90
	外模	48.24	73.72	65.43	48.66	44.17	46.07	39.55	30.11	22.74	24.60
	合计	104.00	73.72	65.43	120.55	131.78	95.61	114.17	64.75	49.55	47.55

项目		预应力桁架梁		桁架拱			刚架拱			箱形拱	
		桁架	桥面板	桁拱片	横向联系	微弯板	刚拱片	横向联系	微弯板	拱圈	立柱盖梁
模板接触面积（$m^2/10m^3$ 混凝土）	内模	—	—	—	—	—	—	—	—	—	—
	外模	78.86	117.89	81.58	170.41	61.36	60.12	110.99	68.07	97.14	48.95
	合计	78.86	117.89	81.58	170.41	61.36	60.12	110.99	68.07	97.14	48.95

2. 应用示例

【例 7-18】 某桥梁工程采用混凝土空心板，板厚 40cm，横向采用 6 块板，中板及边板的构造形式及细部尺寸如图 7-38 所示，求边板、中板及板的工程量并套用定额。

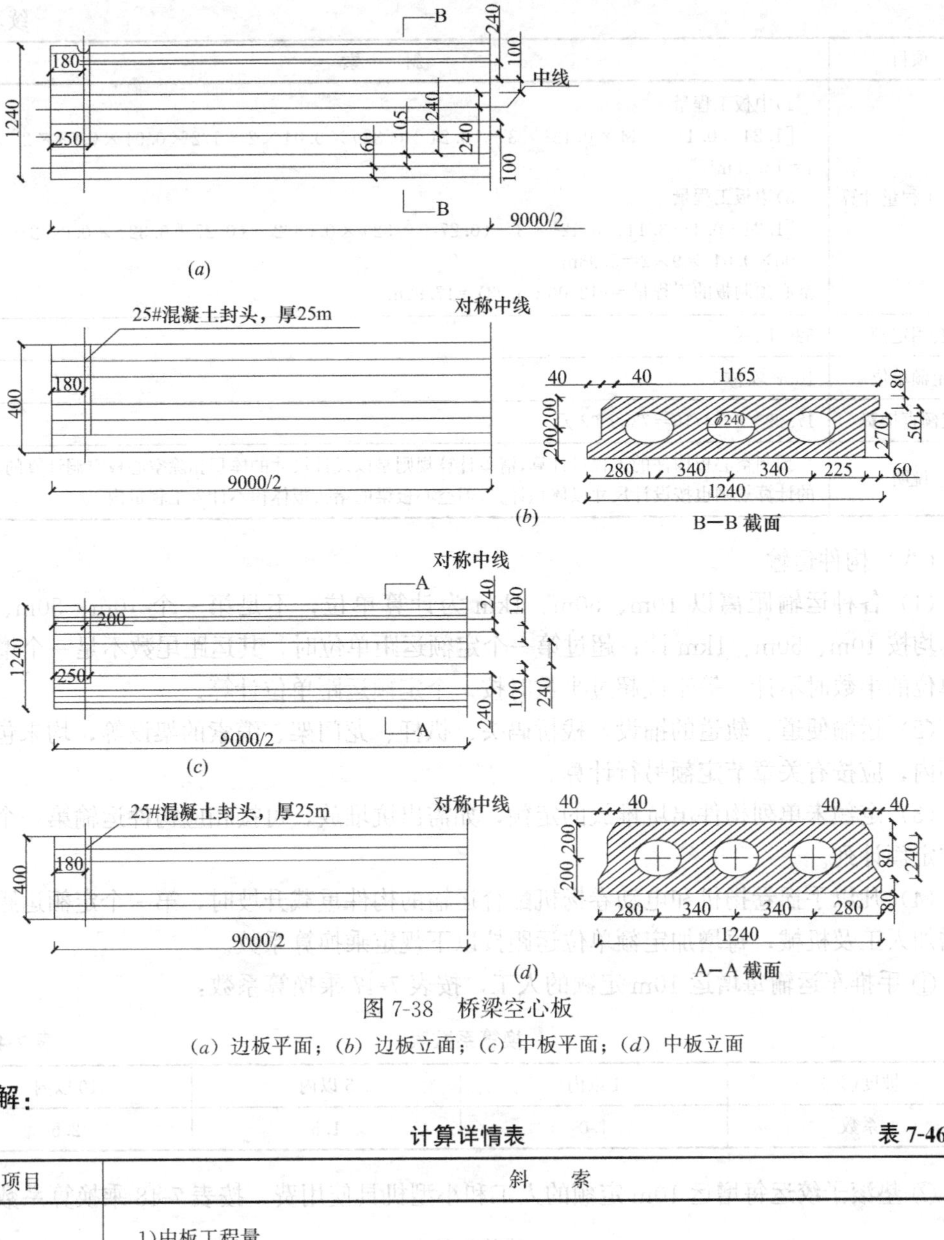

图 7-38 桥梁空心板

(*a*) 边板平面；(*b*) 边板立面；(*c*) 中板平面；(*d*) 中板立面

解：

计算详情表　　表 7-46

项目	斜 索
清单工程量计算	1)中板工程量 $[1.24\times0.4-3.14\times0.12^2\times3-(0.24+0.32)/2\times0.04\times2-1/2\times0.04\times0.08\times2]\times9\times4=12.42m^3$ 2)中板封头工程量 $3.14\times0.12^2\times0.25\times6\times4=0.271m^3$ 3)边板工程量 $[1.24\times0.4-3.14\times0.12^2\times3-(0.27+0.32)\times0.06/2-(0.27+0.32)\times0.04/2-1/2\times0.08\times0.04]\times9\times4=5.96m^3$ 4)边板封头工程量 $3.14\times0.12^2\times0.25\times6\times2=0.136m^3$ 空心预制板的工程量 $12.42+0.271+5.96+0.136=18.79m^3$

续表

项目	斜索
定额工程量计算	1)中板工程量 $[1.24\times0.4-3.14\times0.12^2\times3-(0.24+0.32)\times0.04\times2-1/2\times0.04\times0.08\times2]\times9\times4=12.06m^3$ 3)边板工程量 $[1.24\times0.4-3.14\times0.12^2\times3-(0.27+0.32)\times0.06/2-(0.27+0.32)\times0.04/2-1/2\times0.08\times0.04]\times9\times2=5.93m^3$ 空心预制板的工程量$=(12.06+5.93)=17.99m^3$
套用定额	526-4-7-94
定额单位	$10m^3$ 实体
定额直接费	17.99×4174/10=7509.03 元
说明	预制空心板构件的工程量计算,清单计算规则是以设计尺寸的体积扣除空心板空洞计算的,定额的计算规则也按设计尺寸以体积计算,但空心板梁的堵头板体积不计入工程量内

（八）构件运输

(1) 各种运输距离以 10m、50m、1km 为计算单位，不足第一个 10m、50m、1km 者，均按 10m、50m、1km 计；超过第一个定额运距单位时，其运距尾数不足一个增运定额单位的半数时不计，等于或超过半数时按一个定额运距单位计算。

(2) 运输便道、轨道的铺设，栈桥码头、扒杆、龙门架、缆索的架设等，均未包括在定额内，应按有关章节定额另行计算。

(3) 定额未单列构件出坑堆放的定额，如需出坑堆放，可按相应构件运输第一个运距单位定额计列。

(4) 凡以手摇卷扬机和电动卷扬机配合运输的构件重载升坡时，第一个定额运距单位不增加人工及机械，每增加定额单位运距按以下规定乘换算系数。

① 手推车运输每增运 10m 定额的人工，按表 7-47 乘换算系数：

换算系数表 **表 7-47**

坡度(%)	1 以内	5 以内	10 以内
系数	1.0	1.5	2.5

② 垫滚子绞运每增运 10m 定额的人工和小型机具使用费，按表 7-48 乘换算系数：

换算系数表 **表 7-48**

坡度(%)	0.4 以内	0.7 以内	1.0 以内	1.5 以内	2.0 以内	2.5 以内
系数	1.0	1.1	1.3	1.9	2.5	3.0

③ 轻轨平车运输配电动卷扬机每增运 50m 定额的人工及电动卷扬机台班，按表 7-49 乘换算系数：

换算系数表 **表 7-49**

坡度(%)	0.7 以内	1.0 以内	1.5 以内	2.0 以内	3.0 以内
系数	1.00	1.05	1.10	1.15	1.25

（九）拱盔、支架工程

(1) 桥梁拱盔、木支架及简单支架均按有效宽度 8.5m 计，钢支架按有效宽度 12.0m 计，如实际宽度与定额不同时可按比例换算。

(2) 木结构制作按机械配合人工编制，配备的木工机械均已计入定额中。结构中的半圆木构件，用圆木对剖加工所需的工日及机械台班均已计入定额内。

(3) 所有拱盔均包括底模板及工作台的材料，但不包括现浇混凝土的侧模板。

(4) 桁构式拱盔安装、拆除用的人字扒杆、地锚移动用工及拱盔缆风设备工料已计入定额，但不包括扒杆制作的工、料，扒杆数量根据施工组织设计另行计算。

(5) 桁构式支架定额中已包括了墩台两旁支撑排架及中间拼装、拆除用支撑架，支撑架已加计了拱矢高度并考虑了缆风设备。定额以孔为计量单位。

(6) 木支架及轻型门式钢支架的帽梁和地梁已计入定额中，地梁以下的基础工程未计入定额中，如需要时，应按有关相应定额另行计算。

(7) 简单支架定额适用于安装钢筋混凝土双曲拱桥拱肋及其他桥梁需增设的临时支架。稳定支架的缆风设施已计入定额内。

(8) 涵洞拱盔支架、板涵支架定额单位的水平投影面积为涵洞长度乘以净跨径。

(9) 桥梁拱盔定额单位的立面积系指起拱线以上的弓形侧面积，其工程量按下式(表) 计算：$F=K\times(\text{净跨径})^2$

拱矢度计算表 表 7-50

拱矢度	1/2	1/2.5	1/3	1/3.5	1/4	1/4.5	1/5	1/5.5
K	0.393	0.298	0.241	0.203	0.172	0.154	0.138	0.125
拱矢度	1/6	1/6.5	1/7	1/7.5	1/8	1/9	1/10	
K	0.113	0.104	0.096	0.09	0.084	0.076	0.067	

(10) 桥梁支架定额单位的立面积为桥梁净跨径乘以高度，拱桥高度为起拱线以下至地面的高度，梁式桥高度为墩、台帽顶至地面的高度，这里的地面指支架地梁的底面。

(11) 钢拱架的工程量为钢拱架及支座金属构件的质量之和，其设备摊销费按 4 个月计算，若实际使用期与定额不同时可予以调整。

(12) 钢管支架定额指采用直径大于 30cm 的钢管作为立柱，在立柱上采用金属构件搭设水平支撑平台的支架，其中下部指立柱顶面以下部分，上部指立柱顶面以上部分。下部工程量按立柱质量计算，上部工程按支架水平投影面积计算。

(13) 支架预压的工程量按支架上现浇混凝土的体积计算。

（十）钢结构工程

1. 说明

(1) 钢桁梁桥定额是按高强螺栓拴接、连孔拖拉架设法编制的，钢索吊桥的加劲桁拼装定额也是按高强螺栓拴接编制的，如采用其他方法施工，应另行计算。

(2) 钢桁架桥中的钢桁梁，施工用的导梁钢桁和连接及加固杆件，钢索吊桥中的钢桁、钢纵横梁、悬吊系统构件、套筒及拉杆构件均为半成品，使用定额时应按半成品价格计算。

(3) 主索锚碇除套筒及拉杆、承托板以外，其他项目如锚洞开挖、衬砌，护索罩的预制、安装，检查井的砌筑等，应按其他章节有关定额另计。

(4) 钢索吊桥定额中已综合了缆索吊装设备及钢桁油漆项目，使用定额时不得另行计算。

(5) 抗风缆结构安装定额中未包括锚碇部分，使用定额时应按有关相应定额另行计算。

(6) 安装金属栏杆的工程量系指钢管的质量。至于栏杆座钢板、插销等均以材料数量综合在定额内。

(7) 定额中成品构件单价构成：

工厂化生产，无需施工企业自行加工的产品为成品构件，以材料单价的形式进入定额。其材料单价为出厂价格＋运输至施工场地的费用。

① 平行钢丝拉索，吊杆、系杆、索股等以 t 为单位，以平行钢丝、钢丝绳或钢绞线质量计量，不包括锚头和 PE 或套管等防护料的质量，但锚头和 PE 或套管防护料的费用应含在成品单价中。

② 钢绞线斜拉索的工程量以钢绞线的质量计算，其单价包括厂家现场编索和锚具费用。悬索桥锚固系统预应力环氧钢绞线单价中包括两端锚具费用。

③ 钢箱梁、索鞍、拱肋、钢纵横梁等以 t 为单位。钢箱梁和拱肋单价中包括工地现场焊接费用。

(8) 施工电梯、施工塔式起重机未计入定额中。需要时根据施工组织设计另行计算其安拆及使用费。

(9) 钢管拱桥定额中未计入钢塔架、扣塔、地锚、索道的费用，应根据施工组织设计套用预制、安装混凝土及钢筋混凝土构件相关定额另行计算。

(10) 悬索桥的主缆、吊索、索夹、检修道定额未包括涂装防护，应另行计算。

(11) 本定额未含施工监控费用，需要时另行计算。

(12) 本定额未含施工期间航道占用费，需要时另行计算。

(13) 工程量计算规则：

① 定位钢支架质量为定位支架型钢、钢板、钢管质量之和，以 t 为单位计算。

② 锚固拉杆质量为拉杆、连接器、螺母（包括锁紧和球面）、垫圈（包括锁紧和球面）质量之和，以 t 为单位计算。

③ 锚固体系环氧钢绞线质量以 t 为单位计算。本定额包括了钢绞线张拉的工作长度。

④ 塔顶门架质量为门架型钢质量，以 t 为单位计算。钢格栅以钢格栅和反力架质量之和计算，以 t 为单位。主索鞍质量包括承板、鞍体、安装板、挡块、槽盖、拉杆、隔板、锚梁、锌质填块的质量，以 t 为单位计算。散索鞍质量包括底板、底座、承板、鞍体、压紧梁、隔板、拉杆、锌质填块的质量，以 t 为单位计算。主索鞍定额按索鞍顶推按 6 次计算，如顶推次数不同，则按人工每 10t·次 1.8 工日，顶推设备每 10t·次 0.18 台班进行增减。鞍罩为钢结构，以套为单位计算，1 个主索鞍处为 1 套。鞍罩的防腐和抽湿系统费用需另行计算。

⑤ 牵引系统长度为牵引系统所需的单侧长度，以 m 为单位计算。

⑥ 猫道系统长度为猫道系统的单侧长度，以 m 为单位计算。

⑦ 索夹质量包括索夹主体、螺母、螺杆、防水螺母、球面垫圈质量，以 t 为单位计算。

⑧ 缠丝以主缆长度扣除锚跨区、塔顶区、索夹处无需缠丝的主缆长度后的单侧长度，以 m 为单位计算。

⑨ 缆套包括套体、锚碇处连接件、标准镀锌紧固件质量，以 t 为单位计算。

⑩ 钢箱梁质量为钢箱梁（包括箱梁内横隔板）、桥面板（包括横肋）、横梁、钢锚箱质量之和。

⑪ 钢拱肋的工程量以设计质量计算，包括拱肋钢管、横撑、腹板、拱脚处外侧钢板、拱脚接头钢板及各种加劲块，不包括支座和钢拱肋内的混凝土的质量。

2. 综合应用示例

【例 7-19】 某斜拉桥长 1300m，有四个相同的索塔，每个索塔的具体构造如图 7-39 所示，计算其工程量并套用定额。

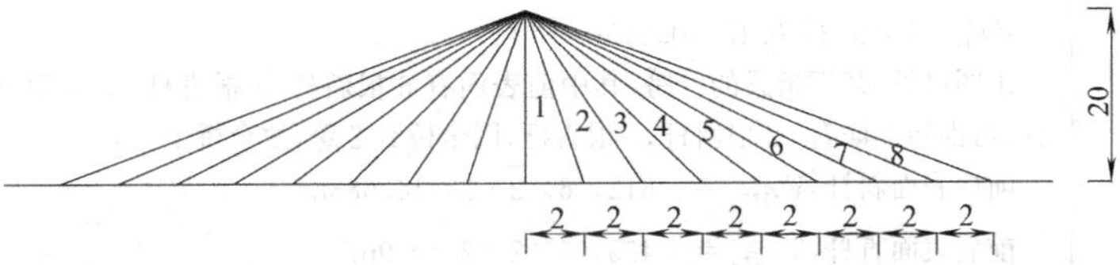

图 7-39 斜拉桥 单位：m（每根斜索采用直径为 50mm 的钢筋）

解：

计算详情表 **表 7-51**

项 目	斜 索
清单工程量计算	同定额工程量计算
定额工程量计算	各斜索长度： $L_1=\sqrt{20^2+2^2}=20.1\text{m}$ $L_2=\sqrt{20^2+4^2}=20.4\text{m}$ $L_3=\sqrt{20^2+6^2}=20.88\text{m}$ $L_4=21.54\text{m}$ $L_5=22.36\text{m}$ $L_6=23.32\text{m}$ $L_7=24.41\text{m}$ $L_8=25.61\text{m}$ 查表可得：直径为 50mm 的钢筋，单根钢筋理论质量为 15.42kg/m 索塔各斜索质量为： $m_1=15.42\times20.1=309.94\text{kg}$ $m_2=15.42\times20.4=314.57\text{kg}$ $m_3=321.97\text{kg}$ $m_4=332.15\text{kg}$ $m_5=344.79\text{kg}$ $m_6=359.59\text{kg}$ $m_7=376.4\text{kg}$ $m_8=394.91\text{kg}$ $m=4\times2\times(m_1+m_2+m_3+m_4+m_5+m_6+m_7+m_8)=22028.4\text{kg}=22.028\text{t}$
套用定额	659-4-10-11-2
定额单位	10t
定额直接费	22.028×163562/10=360294.37 元

【例 7-20】 某钢桁梁跨，其中前表面有 6 根斜杆，5 根直杆，上表面有 8 根斜杆，5 根直杆，该桥共两跨，当跨度较大时，梁的高度也要增大，如仍用板梁、腹板、盖板、加劲角钢及接头等就显得尺寸巨大而笨重。若采用腹杆代替腹板组成桁架，则质量大为减轻，故在某跨度为 48m 的桥梁中采用这种结构形式，计算钢桁梁的工程量并套用定额（采用宽 300mm，后 150mm 的钢板）。

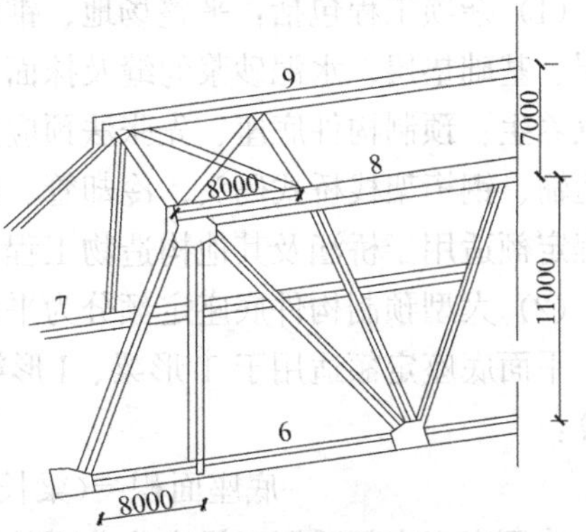

图 7-40 钢桁架

解：

计算详情表　　表 7-52

项　目	钢桁梁跨
清单工程量计算	同定额工程量计算
定额工程量计算	(1)前面的斜杆： $L_{斜杆_1}=\sqrt{8^2+11^2}=13.6m$ $V_{斜杆_1}=13.6\times0.3\times0.15=0.612m^3$ $V_{直杆_1}=11\times0.3\times0.15=0.495m^3$ (2)上表面的斜杆： $L_{斜杆}=\sqrt{7^2+8^2}=10.63m$ $V_{斜杆}=10.63\times0.3\times0.15=0.478m^3$ $V_{直杆}=7\times0.3\times0.15=0.315m^3$ 由图可见，某钢桁梁的一跨，其中前表面有 6 根斜杆，5 根直杆，上表面有 8 根斜杆，5 根直杆，可推知下面有 12 根斜杆，7 根直杆，因全桥有 2 跨，故全桥中： 前后表面斜杆：$V_{斜杆_3}=0.612\times6\times2\times2=14.688m^3$ 前后表面直杆：$V_{直杆_3}=0.495\times5\times2\times2=9.9m^3$ 上表面斜杆：$V_{斜杆_4}=0.478\times8\times2=7.648m^3$ 上表面直杆：$V_{直杆_4}=0.315\times5\times2=3.15m^3$ 下表面斜杆：$V_{斜杆_5}=0.478\times12\times2=11.472m^3$ 下表面直杆：$V_{直杆_5}=0.315\times7\times2=4.41m^3$ 6、7、8、9、杆的体积为： $V_6=V_7=48\times0.3\times0.15=2.16m^3$ $V_8=V_9=(48-2\times8)\times0.3\times0.15=1.44m^3$ 所以： $V=V_{斜杆_3}+V_{直杆_3}+V_{斜杆_4}+V_{直杆_4}+V_{斜杆_5}+V_{直杆_5}+2V_6+2V_7+2V_8+2V_9=65.67m^3$ 其中，钢的密度为 $7.85\times10^3kg/m^3$，故桁梁的工程量为： $m=7.85\times10^3\times65.67=515.51\times10^3kg=515.51t$
套用定额	580-4-7-25-2
定额单位	$10m^3$ 实体
定额直接费	515.51×3993/1=205839.15 元

（十一）杂项工程

(1) 杂项工程包括：平整场地、锥坡填土、拱上填料及台背排水、土牛（拱）胎、防水层、基础垫层、水泥砂浆勾缝及抹面、伸缩缝及泄水管、混凝土构件蒸汽养生室建筑及蒸汽养生、预制构件底座、先张法预应力张拉台座、混凝土搅拌站、混凝土搅拌船及混凝土运输、钢桁架栈桥式码头、冷却管、施工电梯、塔吊安拆、拆除旧建筑物等项目，杂项工程定额适用于桥涵及其他构造物工程。

(2) 大型预制构件底座定额分为平面底座和曲面底座两项。

平面底座定额适用于 T 形梁、I 形梁、等截面箱梁，每根梁底座面积的工程量按下式计算：

$$底座面积=(梁长+2.00m)\times(梁宽+1.00m)$$

曲面底座定额适用于梁底为曲面的箱形梁（如 T 形钢构等），每块梁底座的工程量按下式计算：

底座面积＝构件下弧长×底座实际修建宽度

平面底座的梁宽指预制梁的顶面宽度。

(3) 模数式伸缩缝预留槽钢纤维混凝土中钢纤维的含量按水泥用量的1％计算，如设计钢纤维含量与定额不同时，可按设计用量抽换定额中钢纤维的消耗。

(4) 蒸汽养生室面积按有效面积计算，其工程量按每一养生室安置两片梁，其梁间距离为0.8m，并按长度每端增加1.5m，宽度每边增加1.0m考虑。定额中已将其附属工程及设备，按摊销量计入定额中，编制预算时不得另行计算。

(5) 混凝土搅拌站的材料，均已按桥次摊销列入定额中。

(6) 钢桁架栈桥式码头定额适用于大型预制构件装船。码头上部为万能杆件及各类型钢加工的半成品和钢轨等，均已按摊销费计入定额中。

(7) 施工塔式起重机和施工电梯所需安拆数量和使用时间按施工组织设计的进度安排进行计算。

(十二) 综合计算示例

【例7-21】 某市一号道路全长1600m，路宽28m，道路横断面示意图如图7-41～图7-46所示，快慢车道之间设有防撞栏，每5m种一棵树，每10m设一路灯，且人行道与车行道之间设有缘石；道路两侧有立电杆，间距为50m，且在快车道上设有纵、横缝，横缝间距为6m，纵、横缝示意图如图所示。试计算该道路的工程量，并套用定额。

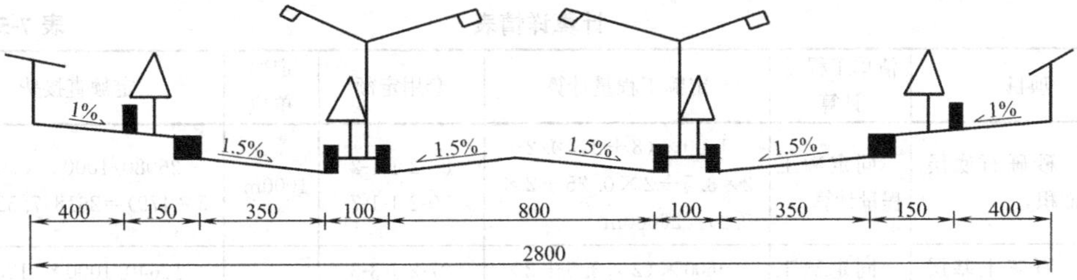

图7-41　道路横断面图　单位：m

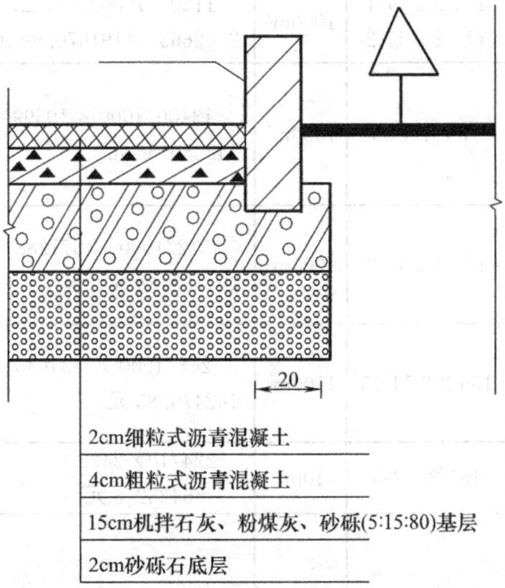

图7-42　快车道结构示意图　单位：m

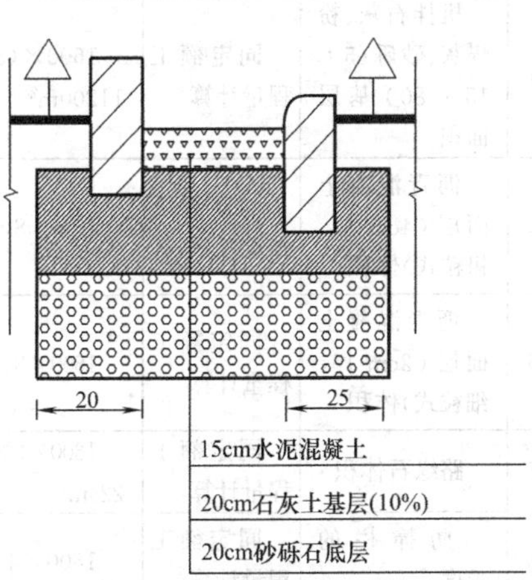

图7-43　慢车道结构示意图

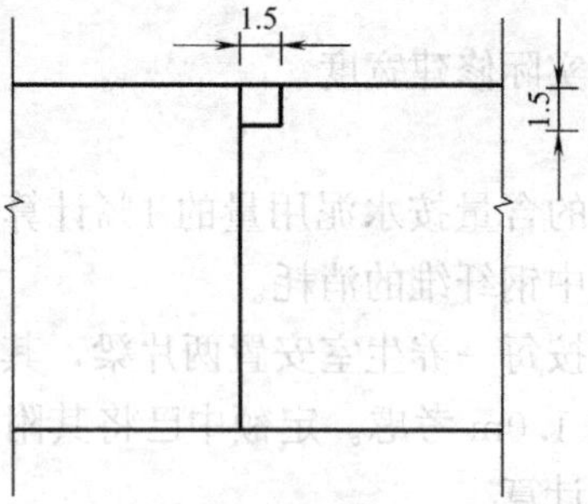

图 7-44　横缝示意图

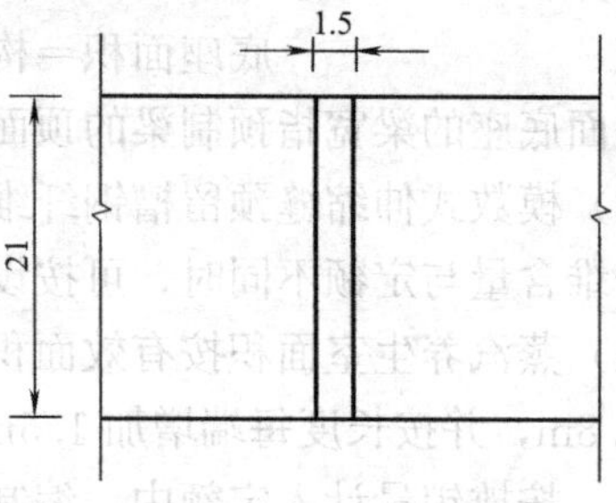

图 7-45　纵缝示意图

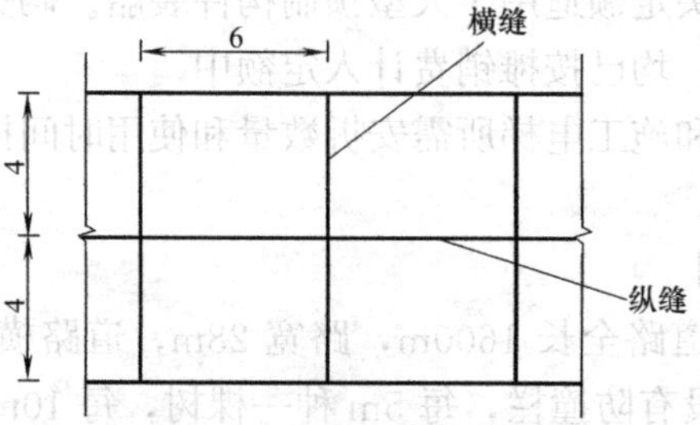

图 7-46　纵横缝布置示意图

解：

计算详情表　　表 7-53

项目		清单工程量计算	定额工程量计算	套用定额	定额单位	定额直接费
1	砂砾石底层面积	同定额工程量计算	1600×(8＋2×0.2＋2×3.5＋2×0.25＋2×0.2)＝26080m^2	80-2-1-1-2 80-2-1-1-7	1000m^2	26080/1000×(7649＋5×479)＝261847.52 元
2	石灰土基层(10%)面积	同定额工程量计算	1600×(2×3.5＋2×0.2＋2×0.25)＝12640m^2	87-2-1-3-3 87-2-1-4-3	1000m^2	12640/1000×(12023＋5×726)＝191670.99 元
3	水泥混凝土面层面积	同定额工程量计算	1600×2×3.5＝11200m^2	173-2-2-17-1 173-2-2-17-2	1000m^2	11200/1000×(57227－2×2663)＝191670.99 元
4	机拌石灰、粉煤灰、砂砾(5∶15∶80)基层面积	同定额工程量计算	1600×(8＋2×0.2)＝11200m^2	97-2-1-4-33	1000m^2	13400/1000×10599＝142550.56 元
5	沥青混凝土面层(4cm 厚，粗粒式)体积	同定额工程量计算	1600×8×0.04＝512m^2	153-2-2-11-3	1000m^3	512/1000×571288＝292499.46 元
6	沥青混凝土面层(2cm 厚，细粒式)体积	同定额工程量计算	1600×8×0.02＝256m^2	156-2-2-11-15	1000m^3	248/1000×634685＝162479.85 元
7	路缘石体积	同定额工程量计算	1600×2×0.2×0.35＝224m^3	185-2-3-4-5	10m^3	224/10×2422＝54252.8 元
8	防撞栏的长度	同定额工程量计算	1600×4＝6400m			

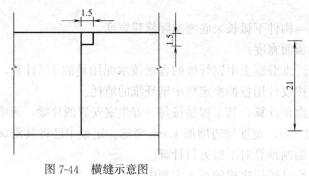

续表

项目		清单工程量计算	定额工程量计算	套用定额	定额单位	定额直接费
9	路灯个数	同定额工程量计算	$[(1600/10+1)]\times2=322$			
10	数池个数	同定额工程量计算	$[(1600/5+1)]\times4=1284$			
11	立电杆个数	同定额工程量计算	$[(1600/50+1)]\times2=66$			
12	纵缝面积	同定额工程量计算	$1600\times0.015=23.25\text{m}^2$	691-4-11-7-13	1m^2	
13	横缝面积	同定额工程量计算	$(1600/6-1)\times8\times0.005=10.63\text{m}^2$	691-4-11-7-13	1m^2	10.63/1×163=1732.691675.64元

【例 7-22】 如图 7-47 所示，某钢筋混凝土预制板，板长 $L=4\text{m}$，厚 $h=0.1\text{m}$，保护层 $\delta=0.025\text{m}$，$\phi14$ 间距 $d_1=0.2\text{m}$，$\phi8$ 间距 $d_2=0.2\text{m}$，$\phi10$ 钢筋每米质量 $P_0=0.617\text{kg}$。计算钢筋质量并套用定额。

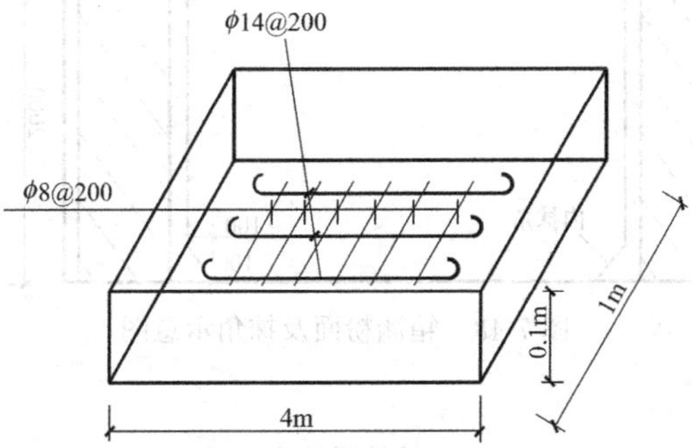

图 7-47 某预制板钢筋布置图

解：

计算详情表 **表 7-54**

项 目	钢筋质量
清单工程量计算	同定额工程量计算
定额工程量计算	(1)$\phi14$ 钢筋长度：$l_1=(l-2\delta+d\times6.25\times2)\times[(b-2\delta)/d_1+1]=(4-2\times0.025+0.014\times6.25\times2)\times[(1-2\times0.025)/0.2+1]=23.73\text{m}$ (2)$\phi14$ 钢筋质量：$m_1=23.73\times0.00617\times14^2=28.7\text{kg}$ (3)$\phi8$ 钢筋长度：$l_2=(b-2\delta)\times[(4-2\delta)/0.2+1]=(1-2\times0.025)\times[(4-2\times0.025)/0.2+1]=19.7\text{m}$ (4)$\phi8$ 钢筋质量：$m_2=19.7\times0.00617\times8^2=7.78\text{m}$ (5)钢筋总质量：$M=m_1+m_2=28.7+7.78=36.48\text{kg}=0.03648\text{t}$
套用定额	531-4-7-11
定额单位	1t
定额直接费	3980×0.03648=145.19元

续表

项　目	钢筋质量
备注：	计算钢筋长度时，应该按照其设计施工图计算，如果通常钢筋长度超过标尺长度时，应计算钢筋搭接长度。 如长度未标明的，按下列规定计算： (1)直钢筋长度：为钢筋构件长度减去总保护层厚度。 (2)带弯钢筋长度：为钢筋构件长度减去总保护层厚度再加上弯钩长度。 ①每个半圆弯钩长度 6.25*d*(*d* 为钢筋直径) ②每个直弯钩长度为 3*d*(*d* 为钢筋直径) ③每个斜弯钩长度为 4.0*d*(*d* 为钢筋直径) (3)分布钢筋根数为钢筋长度除以间距再加上 1

【例 7-23】 如图 7-48 所示，某箱涵砖砌体内外抹角及粉面示意图，求其工程量（箱涵长 252m）。已知该工程中钢筋混凝土盖板的混凝土数量为 384.59m^3，采用载货汽车运输、载货汽车质量在 8t 以内，运距 10km 以内，求盖板制作、运输、安装工程量并套用定额。

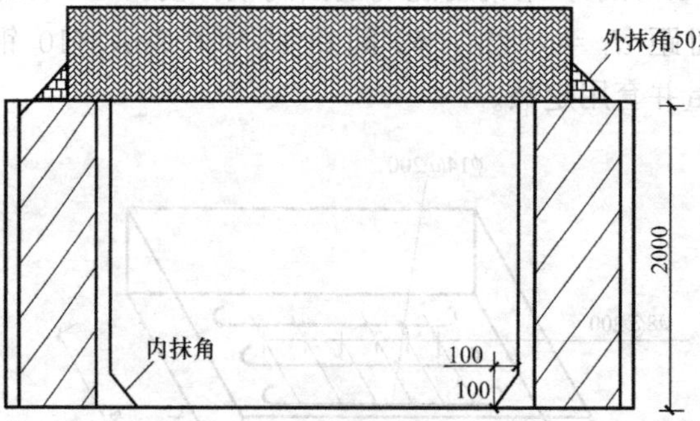

图 7-48　箱涵粉面及抹角示意图

解：

计算详情表　　　　　　　　　　　　　　**表 7-55**

项　目		清单工程量计算	定额工程量计算	套用定额	定额单位	定额直接费
注解：		在砖砌体的内外表面都用水泥砂浆进行粉面，粉面只考虑面积而不考虑粉面厚度，定额中的数量单位是 100m^2，本题粉面数量为：2×4×252＝2016m^2，其中"4"指 4 个墙面。 内抹角截面为 100×100，所以抹角数量为：0.100×0.100×252＝2.52m^3 外抹角截面为 50×50，数量为 0.05×0.05×252＝0.63m^3（注：抹角数量单位为 m^3） 钢筋混凝土盖板制作、运输、安装的工程量计算： 盖板制作工程量包含了制作、运输、安装三方面的损耗，而运输工程量包含了运输、安装两方面的损耗。运输、安装、制作损耗分别为 0.8%、0.5%、0.2%				
1	盖板制作工程量	同定额工程量计算	384.59×(1＋0.8%＋0.5%＋0.2%)＝390.36m^3	531-4-7-11-1	10m^3	4181×39.036＝163184.43 元
2	盖板运输工程量	同定额工程量计算	384.59×(1＋0.8%＋0.5%)＝389.59m^3	618-4-8-3-17	100m^3	92×3.8959＝358.42 元
3	盖板安装工程量	同定额工程量计算	384.59×(1＋0.8%)＝386.51m^3	531-4-7-11-4	10m^3	752×38.651＝29065.55 元
备注：		盖板制作工程量包含了运输工程量，运输工程量又包含了安装工程量				

【例 7-24】 某桥梁工程，预制钢筋混凝土双 T 形板 35 块，采用弧形钢板支座 20 个以及重力式桥墩，各部尺寸如图 7-49～图 7-51 所示，计算 T 形板、弧形钢板、墩帽、墩身及基础的工程量并套用定额。

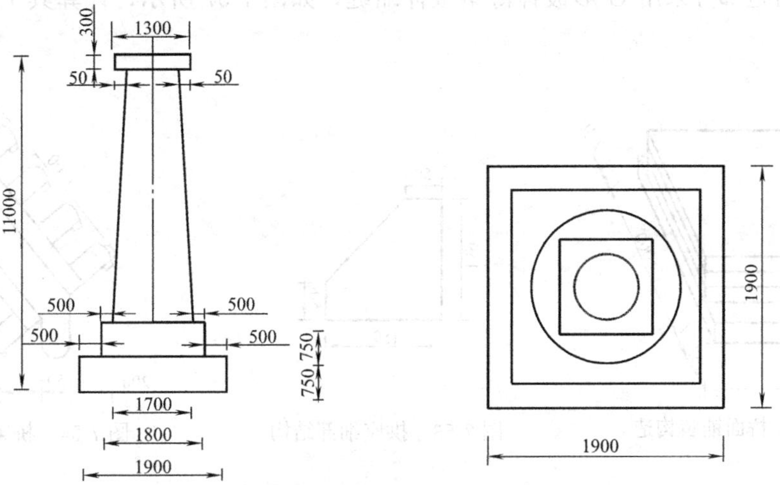

图 7-49　桥墩各部分尺寸

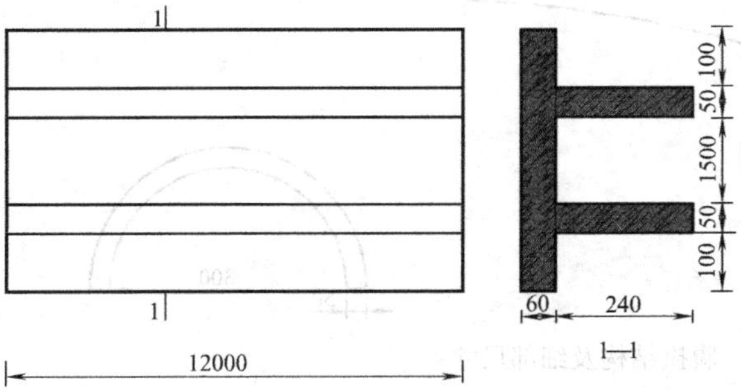

图 7-50　双 T 型板

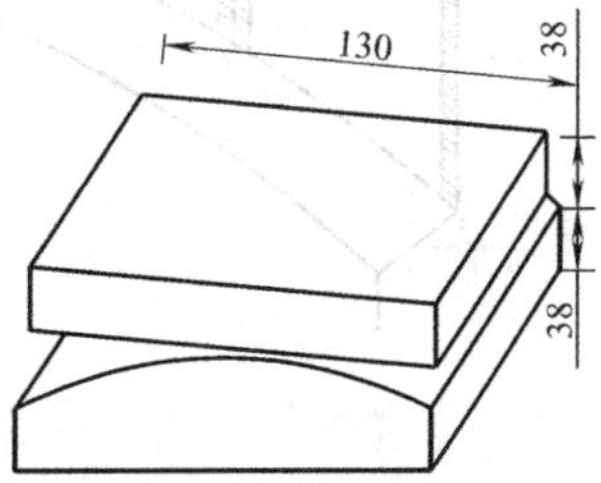

图 7-51　T 型梁桥

解：

计算详情表　　　　**表 7-56**

	项　目	清单工程量计算	定额工程量计算	套用定额	定额单位	定额直接费
1	墩帽	同定额工程量计算	1.3×1.3×0.3＝0.507m^3	452-4-6-1-3	10m^3	5.14×1915/10＝984.31 元
2	墩身	同定额工程量计算	1/3×3.142×(11－0.3－0.75×2)×(0.6^2＋0.85^2＋0.6×0.85)＝15.32m^3	457-4-6-2-5	10m^3	15.32×1915/10＝4867.16 元
3	基础	同定额工程量计算	(1.8^2＋1.9^2)×0.75＝5.14m^3	477-4-6-3-2	10m^3	0.507×4564/10＝231.39 元
4	预制钢筋混凝土双 T 形板	同定额工程量计算	(0.6×0.45＋0.05×0.24×2)×12×35＝21.42m^3	533-4-7-12-1	10m^3	21.42×5152/10＝11035.58 元
5	弧形钢板支座	同定额工程量计算	20 个	582-4-7-30-6	一个钢盆式橡胶支座	20×6882/1＝1376408 元

【例 7-25】 某单孔空腹式拱桥，其桥面铺装构造均为泵送混凝土，其中沥青混凝土面层 5cm，C20 混凝土保护层 4cm，防水层 1cm，贫混凝土 4cm，混凝土拱座，宽 8m，拱圈上部对称布置 6 孔腹拱，拱座及腹拱尺寸如图 7-52～图 7-55 所示，腹拱横向宽度为 8m，其人行道部分采用 U 形镀锌薄钢板伸缩缝，如图 7-57 所示，计算其工程量并套用定额。

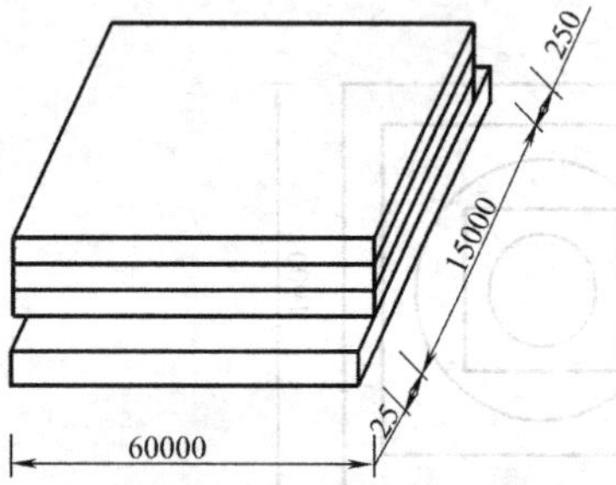

图 7-52 桥面铺装构造

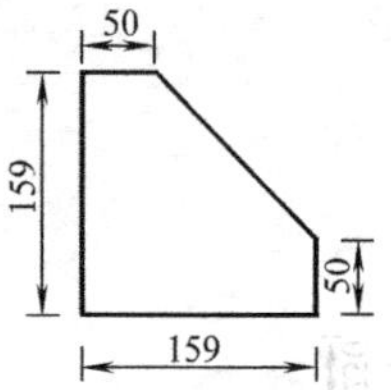

图 7-53 拱座细部结构

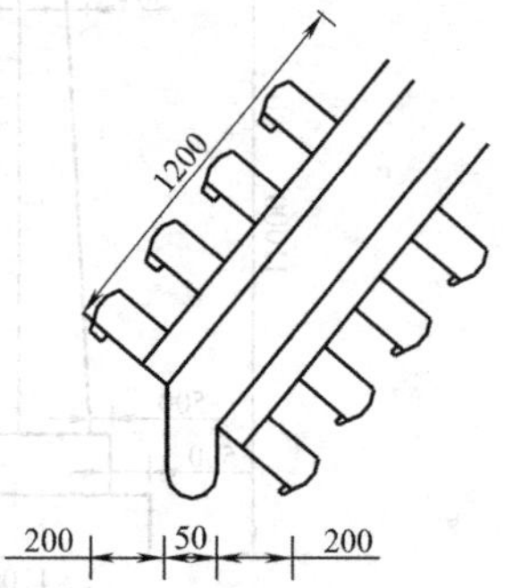

图 7-54 桥梁伸缩缝

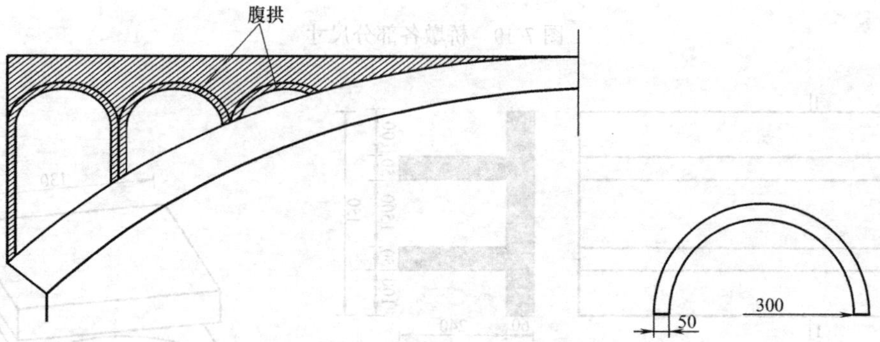

图 7-55 腹拱结构及细部尺寸

解：

计算详情表 表 7-57

项目		清单工程量计算	定额工程量计算	套用定额	定额单位	定额直接费
1	沥青混凝土面层面积	60×15=表 00m²	60×15×0.05=45m³	502-4-6-13-7	10m³	45×7109/10=31990.5 元
2	混凝土保护层	60×15=900m²	60×15×0.04=36m³			
3	防水层	60×15=900m²	60×15×0.01=9m³			
4	贫混凝土层	60×(15+0.025×2)=903m²	60×(15+0.025×2)×0.04=36.12m³			
	说明：	路面铺装清单工程量计算规则按设计图示尺寸以面积计算，定额工程量计算规则以体积计算				
5	镀锌薄钢板伸缩缝	同定额工程量计算	L=1.2m	689-4-11-7-11	1m	1.2×89/1=106.8 元

续表

<table>
<tr><th colspan="2">项目</th><th>清单工程量计算</th><th>定额工程量计算</th><th>套用定额</th><th>定额单位</th><th>定额直接费</th></tr>
<tr><td>6</td><td>混凝土拱座</td><td>同定额工程量计算</td><td>1/2×(0.05+0.159)×8+0.159×0.05×8=0.31m³</td><td>477-4-6-3-6</td><td>10m³</td><td>3908/10×0.31=121.15 元</td></tr>
<tr><td rowspan="4">7</td><td rowspan="4">混凝土腹拱圈</td><td rowspan="4">同定额工程量计算</td><td rowspan="4">单个腹拱工程量：
1/2×3.142×(0.352−0.32)=0.409m³
腹拱总工程量：
0.409×6=2.45m³</td><td>现浇套用定额</td><td rowspan="2">10m³</td><td rowspan="2">2.45×35.2/10×49.2=424.3 元</td></tr>
<tr><td>499-4-6-12-5</td></tr>
<tr><td>预制套用定额</td><td rowspan="2">10m³</td><td rowspan="2">2.45×31.9/10×49.2=384.52 元</td></tr>
<tr><td>573-4-7-22-4</td></tr>
</table>

【例 7-26】 某斜拉桥桥梁工程，其主梁采用如图 7-56 所示的分离式双箱梁，主梁跨度取为 120m，横梁厚度为 200mm，主梁内共设置横梁 15 个，计算该主梁工程量并套用定额。

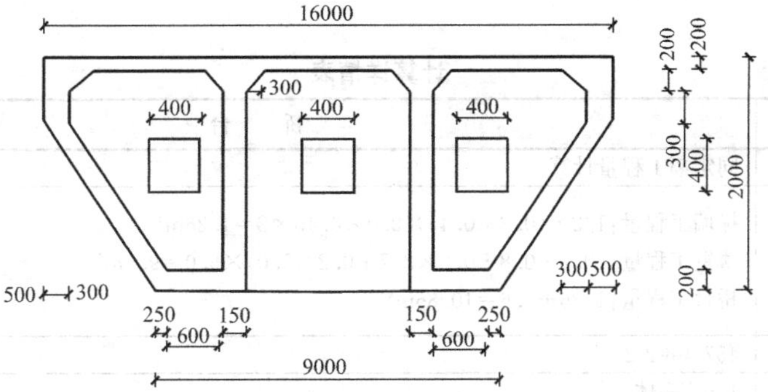

图 7-56　分离式双箱梁立梁截面

解：

计算详情表　　　　**表 7-58**

<table>
<tr><th>项　目</th><th colspan="4">分离式双箱梁</th></tr>
<tr><td>清单工程量计算</td><td colspan="4">同定额工程量计算</td></tr>
<tr><td>定额工程量计算</td><td colspan="4">1)双箱梁截面面积
16×0.2+1/2(0.5+0.8)×0.2×2+0.5×0.3×2+1/2(0.15+0.75)×0.2×2+1.1×0.25×2+1.1×0.25×2+0.15×1.6×2+0.6×0.2×2+1/2×(0.25+0.5)×0.2×2=5.36m²
双箱梁工程量：5.36×120=643.2m³
2)横梁截面面积
[1/2×(3.25+3.85)×0.2+3.85×0.3+1/2×(0.6+3.85)×1.1−0.4×0.4]×2+[1/2×(6.4+7)]×0.2+7×1.6−0.4×0.4=20.69m³
横梁工程量：20.69×0.2×15=62.07m³
3)主梁工程量：643.2+62.07=705.27m³</td></tr>
<tr><td>套用定额</td><td>横梁</td><td>483-4-6-5-7</td><td>双箱梁</td><td>497-4-6-11-2</td></tr>
<tr><td>定额单位</td><td colspan="2">10m³ 实体</td><td colspan="2">10m³ 实体</td></tr>
<tr><td rowspan="2">定额直接费</td><td>横梁</td><td>62.07×5424/10=33666.77 元</td><td>双箱梁</td><td>643.2×5310/10=341539.2 元</td></tr>
<tr><td colspan="4">主梁：33666.77+341539.2=375205.97 元</td></tr>
</table>

【例 7-27】 某桥梁工程中，采用撑墙式薄壁轻型桥台，如图 7-57 所示，计算其工程量并套用定额。

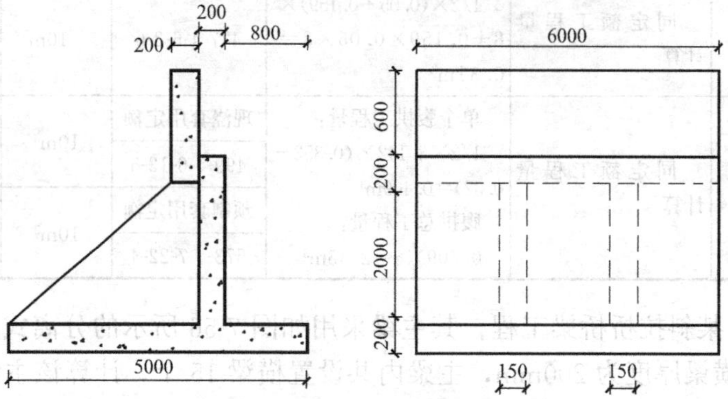

图 7-57 撑墙式薄壁轻型桥台

解：

计算详情表 表 7-59

项 目	桥 台
清单工程量计算	同定额工程量计算
定额工程量计算	撑墙工程量：$1/2\times(0.2+0.4)\times2.0\times0.15\times2=1.26m^3$ 薄壁工程量：$(0.2\times0.8+0.2\times2.2+0.2\times5.0)\times6.0=9.6m^3$ 桥台工程量：$1.26+9.6=10.86m^3$
套用定额	457-4-6-2-2
定额单位	$10m^3$ 实体
定额直接费	$10.86\times3551/10=3856.29$ 元

【例 7-28】 某道路下的过水涵洞，截面如图 7-58 所示，计算该混凝土涵洞工程量并套用定额。

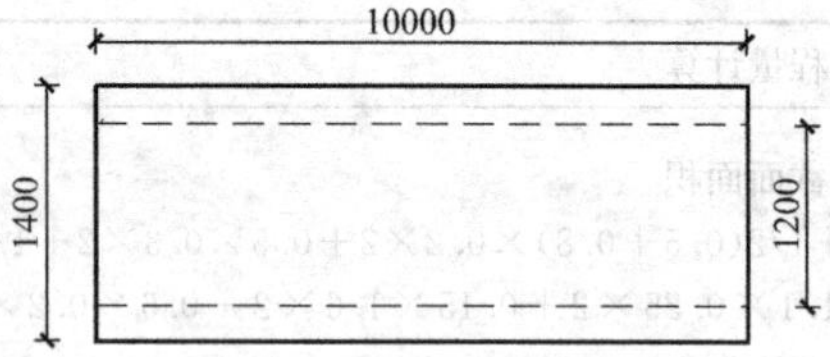

图 7-58 某管涵截面图

解：

计算详情表 表 7-60

项 目	涵 洞
清单工程量计算	同定额工程量计算
定额工程量计算	圆涵面积：$3.14\times(1.4^2-1.2^2)\times1/4=0.408m^2$ 涵洞工程量：$0.408\times12=4.896m^3$
套用定额	519-4-7-4-2
定额单位	$10m^3$ 实体
定额直接费	$4.896\times5425/10=2656.08$ 元

【例 7-29】 桩式墩形式多样，如图所示，为一桥梁桥墩，其先在 ϕ28cm 灌注桩顶浇一混凝土承台，然后在承台上设 ϕ50cm 的立柱，再在立柱上浇盖梁，其截面尺寸如图7-59所示，盖梁厚 4600cm，承台厚 3m，计算图中各构成部分的工程量并套用定额。

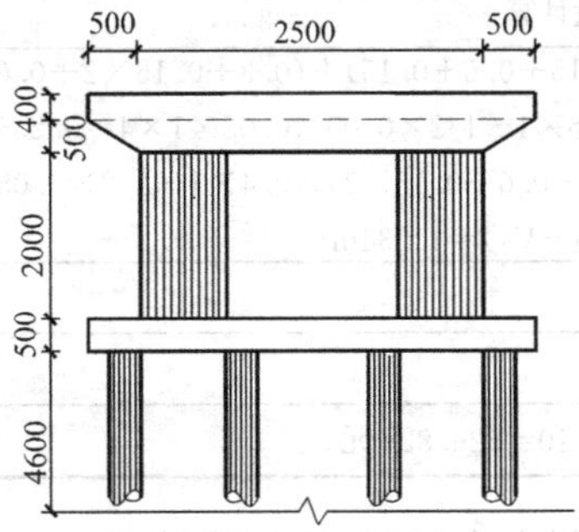

图 7-59　桥墩截面尺寸

解：

计算详情表　　　　**表 7-61**

项目		清单工程量计算	定额工程量计算	套用定额	定额单位	定额直接费
1	盖梁	同定额工程量计算	$V_1=0.4\times(0.5\times2+2.5)\times4.6=6.44\text{m}^3$ $V_2=1/2\times(2.5+2.5+0.5\times2)\times0.5\times4.6=6.9\text{m}^3$ $V=V_1+V_2=13.34\text{m}^3$	480-4-6-4-2	10m^3 实体	13.34×5313/10=7087.54 元
2	立柱	同定额工程量计算	$2\times3.14\times(0.5/2)^2\times2=0.79\text{m}^3$			
3	承台	同定额工程量计算	$(2.5+0.5\times2)\times0.5\times3=5.25\text{m}^3$	452-4-6-1-9	10m^3 实体	5.25×2584/10=1356.6 元
4	桩	同定额工程量计算	$4\times3.14\times(0.28/2)^2\times4.6=1.13\text{m}^3$			

【例 7-30】 悬臂式单向推力墩是桥墩上双向挑出悬臂，在悬臂上搁置二铰双曲拱，当邻孔遭到破坏后，由于悬臂端的存在，使拱支座竖向反力通过悬臂端而成为稳定力矩，保证了单向推力墩不会遭到损坏。某拱桥采用这种形式，墩厚 1cm，截面尺寸如图 7-60所示，计算该桥墩的工程量并套用定额。

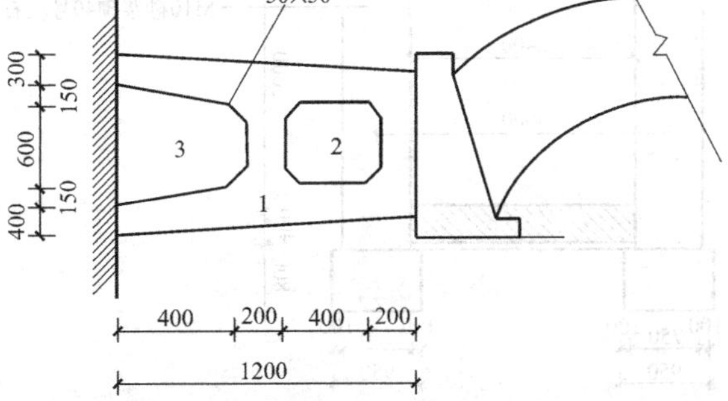

图 7-60　单向推力墩尺寸

解：

计算详情表 表 7-62

项　目	桥　墩
清单工程量计算	同定额工程量计算
定额工程量计算	$V_1=1/2[(0.15+0.6+0.15)+(0.3+0.15\times2+0.6+0.4)]\times1.2\times1=1.5m^3$ $V_2=0.4\times0.6\times1-1/2\times0.05\times0.05\times1\times4=0.235m^3$ $V_3 1/2\times(0.6+0.6+0.15\times2)\times0.4\times1-1/2\times0.05\times0.05\times1\times2=0.295m^3$ $V=2(V_1-V_2-V_3)=1.934m^3$
套用定额	457-4-6-2-6
定额单位	$10m^3$ 实体
定额直接费	1.934×2724/10=526.828 元

【例 7-31】 某涵洞工程的纵向布置图及断面图如图 7-61 和图 7-62 所示，涵洞标准跨径为 3.0m，净跨径为 2.4m，下部结构中 M10 砂浆砌石、40 号块石台身、M10 水泥砂浆砌块石截水墙，河床铺砌，7cm 厚砂垫层；两涵台之间共设 3 道支撑梁，试计算浆砌石料工程量并套用定额。

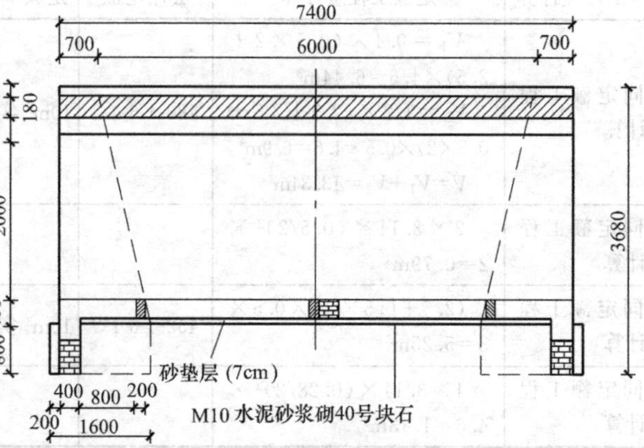

图 7-61　洞深纵断面图

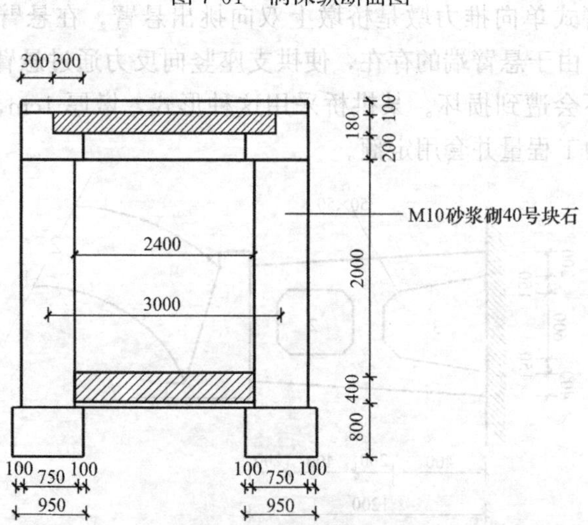

图 7-62　涵洞横断面图

解：

计算详情表　　表 7-63

项　目	涵洞工程浆砌石料
清单工程量计算	同定额工程量计算
定额工程量计算	(1)M10 水泥砂浆，40 号浆砌涵台，内侧勾缝： $V_1=0.75\times2.4\times7.4\times2=26.64m^3$ (2)M10 水泥砂浆砌块石截水墙，河床铺砌，7cm 厚砂垫层： $V_2=2.4\times(0.4-0.07)\times7.4-0.2\times(0.4-0.07)\times2.4\times3+0.4\times0.87\times0.95\times2\times2=6.71m^3$ 浆砌石料的总工程量为： $V=V_1+V_2=26.64+6.71=33.35m^3$
套用定额	442-4-5-3-5
定额单位	$10m^3$
定额直接费	33.35×2051/10＝6840.09 元

【例 7-32】　某公路桥梁在修筑时采用 T 型梁现场预制，T 型梁长 18.6m，面板宽 3.2m，其截面示意图如图 7-63 和图 7-64 所示，该桥梁共需 16 根预制 T 型梁，2 根边梁，14 根中梁，试计算预制 T 型梁的混凝土工程量及占用面积的工程量并套用定额。

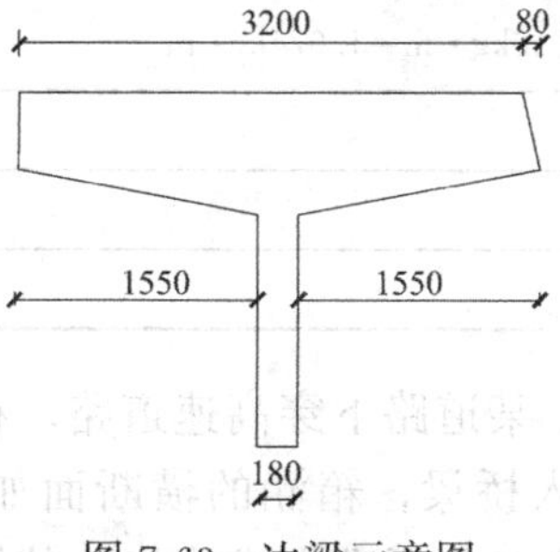

图 7-63　边梁示意图

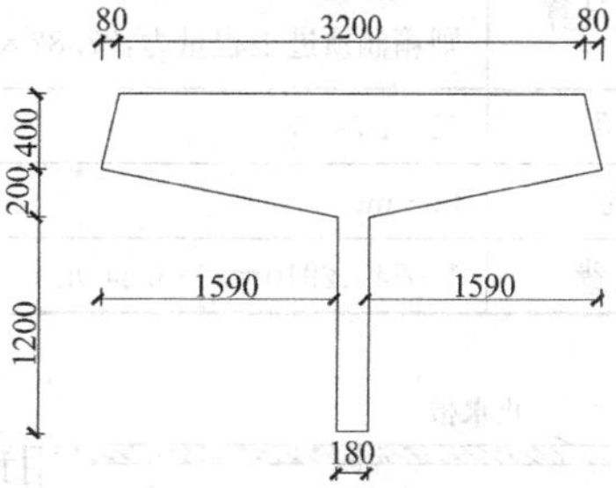

图 7-64　中梁示意图

解：

计算详情表　　表 7-64

项　目	预制 T 型梁的混凝土工程量及占用面积的工程量
清单工程量计算	同定额工程量计算
定额工程量计算	(1)混凝土工程量： ①边梁(2 根)：$V_1=[0.18\times1.2+0.5\times(0.18+0.18+1.55\times2)\times2+(3.2+0.08)\times0.4-0.5\times0.4\times0.08]\times18.6\times2=61.89m^3$ ②中梁(14 根)：$V_2=[0.18\times1.2+0.5\times(0.18+0.18+1.59\times2)\times0.2+(3.2+0.08\times2)\times0.4-0.4\times0.08]\times18.6\times14=429.04m^3$ 预制 T 型梁的混凝土总量：$V=V_1+V_2=490.93m^3$ (2)占用平面面积工程量 ①边梁：$S_1=(18.6+2)\times(3.28+1)\times2=176.34m^2$ ②中梁：$S_2=(18.6+2)\times(3.36+1)\times14=1257.42m^2$ 占用平面面积工程量为 $S=S_1+S_2=1433.76m^2$
套用定额	533-4-7-12-1
定额单位	$10m^3$ 实体
定额直接费	490.93×5152/10＝252927.14 元

【例 7-33】 某道路下穿高速公路，施工时采用预制分节顶入桥涵，箱涵的横断面如图 7-65 所示，试计算该项工程箱涵接缝工程量及箱涵顶进工程量并套用定额（混凝土密度为 2300kg/m³）。

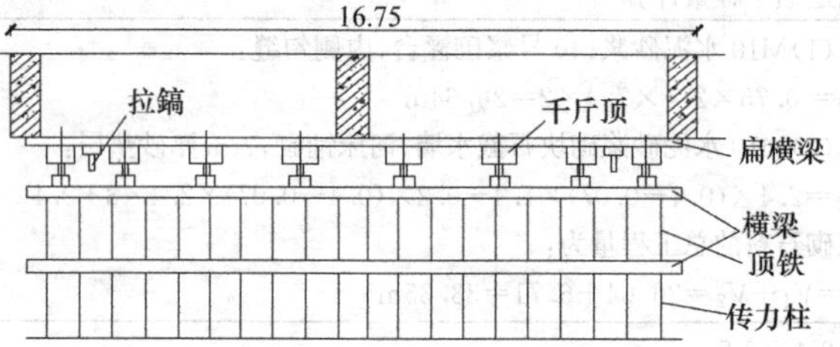

图 7-65 单节箱涵顶进示意图 单位：m

解：

计算详情表 表 7-65

项目	箱涵接缝及箱涵顶进工程
清单工程量计算	同定额工程量计算
定额工程量计算	$V=(2\times16.75\times0.25+3\times0.25\times6.1+2\times0.1\times0.1)\times6=77.82m^3$ 则箱涵顶进工程量为：77.82×2300×6=1073916kg·m=1.074kt·m
套用定额	524-4-7-8-5
定额单位	kt·m
定额直接费	1.074×2910=3125.34 元

【例 7-34】 某道路下穿高速道路，在施工时采用预制分节顶入桥梁，箱涵的横断面如图 7-66 所示，整个箱涵分三节顶进完成施工，其纵剖面如图所示，分节箱涵的节间节缝按设计要求设置有止水带，试计算该项工程箱涵工程量及箱涵顶进工程量并套用定额（混凝土密度为 2300kg/m³）。

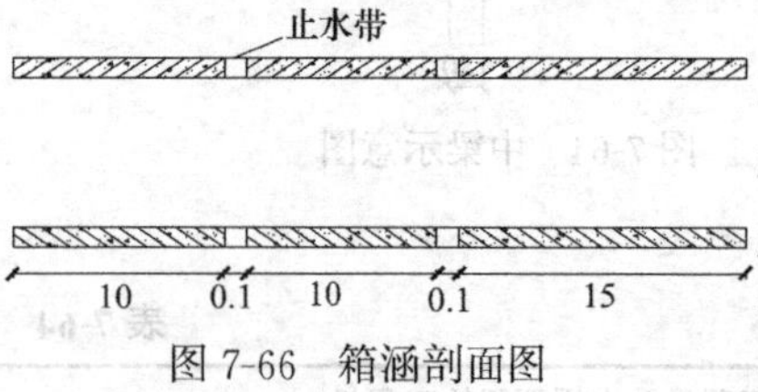

图 7-66 箱涵剖面图

解：

计算详情表 表 7-66

项目	箱涵工程量及箱涵顶进工程量
清单工程量计算	同定额工程量计算
定额工程量计算	(1)接缝工程量：l=[(16.75+6.6)×2+6.6]×2=106.6m (2)箱涵顶进工程量：(2×16.75×0.25+3×0.25×6.1+2×0.1×0.1)×2300×(15×35.2+10×20.1+10×10)=24729899kg·m=24.73kt·m
套用定额	524-4-7-8-5
定额单位	kt·m
定额直接费	24.73×2910=71964.3 元

【例 7-35】 某桥梁工程，采用锥形护坡，如图 7-67 所示，锥坡计算如图 7-68 所示，试计算该锥坡护坡浆砌石料工程量并套用定额。

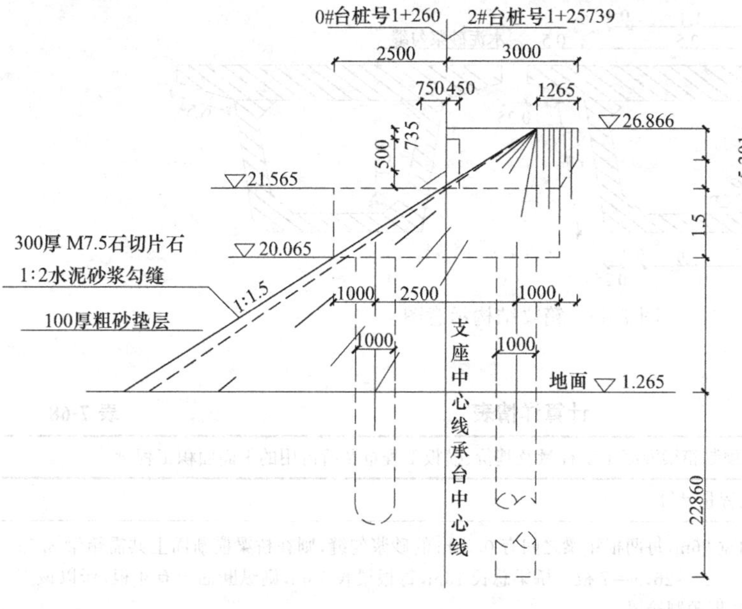

图 7-67　锥坡侧面图

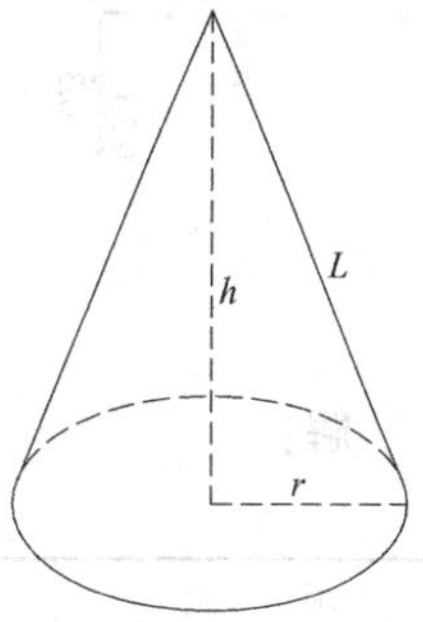

图 7-68　锥形计算示意图

解:

计算详情表　　表 7-67

项　　目	锥坡护坡浆砌石料工程量
清单工程量计算	同定额工程量计算
定额工程量计算	(1)锥坡：$h=26.866-18.807=8.07$m $r=8.07\times1.5=12.1$m $l^2=r^2+h^2=14.54^2$　　$l=14.54$m (2)锥坡 M7.5 砂浆块石 300mm(厚)：$3.14\times r\times l\times0.3=3.14\times9.02\times12.1\times0.3=102.78\text{m}^2$ (3)锥坡边护坡：$12.1\times2.5\times4\times0.3=36.3\text{m}^3$ (4)锥坡护脚：$4.15\times1.5\times40\times0.25=62.25\text{m}^3$ (5)桥下护坡：$4.15\times1.5\times40\times0.25=16\text{m}^3$ (6)1：2 水泥砂浆勾缝：$3.14\times9.02\times12.1\times2.5\times4+1\times(14.284\times3.14+2.5\times4)+4.15\times1.5\times40+1\times40=807.41\text{m}^3$ 粗砂垫层：$[342.6+120.9+249+(\sqrt{0.2^2+0.5^2}\times2+0.6)\times(54.91+40)]\times0.1=87.2\text{m}^3$
套用定额	442-4-5-3-10
定额单位	10m^3
定额直接费	$102.78\times2104/10=21624.19$ 元

【例 7-36】 某桥梁工程采用预制钢筋混凝土箱梁，箱梁结构如图 7-69 所示，已知每根梁长 16m，该桥总长 64m，桥面路宽 26m，为双向六车道，试计算该工程的预制箱梁混凝土工程量及基价、模板工程量及所占用的平面面积工程量并套用定额。

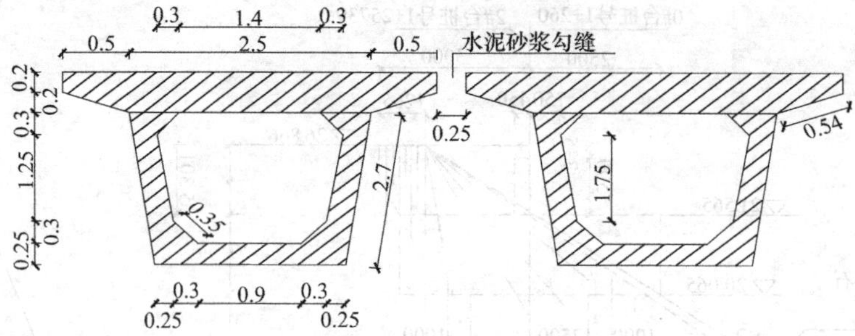

图 7-69　箱梁结构示意图

解：

计算详情表　　表 7-68

项　　目	预制箱梁混凝土工程量及基价、模板工程量及所占用的平面面积工程量
清单工程量计算	同定额工程量计算
定额工程量计算	由于桥面宽 26m，每两根箱梁之间有 0.25m 的砂浆勾缝，则在桥梁横断面上共需箱梁 $3.5x+(x-1)\times0.25=26$，$x=7$ 根。桥梁总长 16m，每根梁长 16m，则纵断面上有 4 根，所以该工程总共需 28 根预制箱梁。 (1)预制混凝土工程量：$V=[(3.5+2.5)\times0.4+(2.5+2.0)\times0.5\times2.1-(1.5+2.0)\times0.5\times1.85+4\times0.5\times0.3\times0.3]\times16\times28=1284.64m^3$ (2)预制箱梁混凝土工程量：$S=(3.5+2.0+2.7\times2+0.54\times2+0.2\times2+0.9+1.4+0.35\times4+1.75\times2)\times16\times28=8771.84m^3$ (3)梁所占用的平面面积工程量：$S_0=(16+2)\times(3.5+1)\times28=2268m^3$
套用定额	551-4-7-16-1
定额单位	$10m^3$ 实体
定额直接费	1284.64×5137/10=660048.03 元

五、防护工程

1. 说明

(1) 定额中未列出的其他结构形式的砌石防护工程，需要时按“桥涵工程”项目的有关定额计算。

(2) 定额中除注明者外，均不包括挖基，基础垫层的工程内容，需要时按“桥涵工程”项目的有关定额计算。

(3) 定额中除注明者外，均已包括按设计要求需要设置的伸缩缝、沉降缝的费用。

(4) 定额中除注明者外，均已包括水泥混凝土的拌合费用。

(5) 植草护坡定额中均已综合考虑黏结剂、保水剂、营养土、肥料、覆盖薄膜等的费用，使用定额时不得另行计算。

(6) 现浇拱形骨架护坡可参考本章定额中的现浇框格（架）式护坡进行计算。

(7) 预应力锚索护坡定额中的脚手架系按钢管脚手架编制的，脚手架宽度按 2.5m 考虑。

(8) 工程量计算规则：

① 铺草皮工程量按所铺边坡的坡面面积计算。

② 护坡定额中以 100m 或 1000m 为计量单位的子目的工程量，按设计需要防护的边

坡坡面面积计算。

③ 木笼、竹笼、铁丝笼填石护坡的工程量按填石体积计算。

④ 本章定额砌筑工程的工程量为砌体的实际体积，包括构成砌体的砂浆体积。

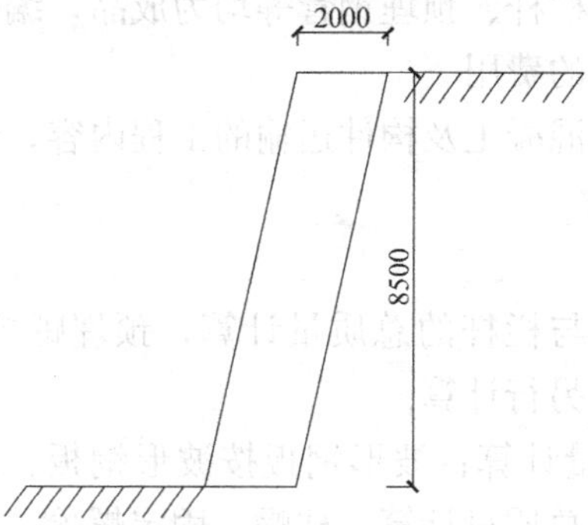

图 7-70　挡土墙

⑤ 本章定额预制混凝土构件的工程量为预制构件的实际体积，不包括预制构件中空心部分的体积。

⑥ 预应力锚索的工程量为锚索（钢绞线）长度与工作长度的质量之和。

⑦ 抗滑桩挖孔工程量按护壁外缘所包围的面积乘设计孔深计算

2. 综合应用示例

【例 7-37】 某运河大桥工程中，其桥下边坡采用如图 7-70 所示的仰斜式挡土墙，其墙厚为 3m，计算其工程量并套用定额。

解：

计算详情表　　**表 7-69**

项　目		清单工程量计算	定额工程量计算	套用定额	定额单位	定额直接费
1	仰斜式挡土墙	同定额工程量计算	$8.5\times2\times3=51\text{m}^3$	754-5-1-18-2	10m^3	$51\times3235/10=16447.5$元

【例 7-38】 某新修立交桥，部分桥墩需采用抛石挤淤的方法换垫层，垫层宽 0.7m，已知有四座中部桥墩位于河道中，大小相同，每座桥墩的基础开挖如图 7-71 所示。使计算该工程抛石工程量并套用定额。

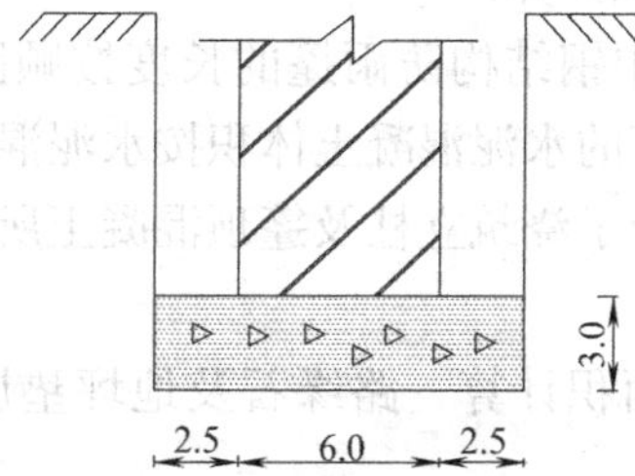

图 7-71　桥墩基础开挖图

解：

计算详情表　　**表 7-70**

项　目		清单工程量计算	定额工程量计算	套用定额	定额单位	定额直接费
1	抛石工程量	同定额工程量计算	$11\times0.7\times3\times4=92.4\text{m}^3$	734-5-1-12-2	100m^3	$92.4\times3739/100=3454.84$元

六、交通工程及沿线设施

交通工程及沿线设施定额包括交通安全设施、服务设施和管理设施等项目。

(一) 安全设施说明

安全设施定额包括柱式护栏，墙式护栏，波形钢板护栏，隔离栅，中间带，车道分离块，标志牌，轮廓标，路面标线，机械铺筑拦水带，里程碑、百米桩、界碑，公共汽车停靠站防雨篷等项目。

(1) 定额中波形钢板、型钢立柱、钢管立柱、镀锌钢管、护栏、钢板网、钢板标志、铝合金板标志、柱式轮廓标、钢管防撞立柱、镀锌钢管栏杆、预埋钢管等均为成品，编制预算时按成品价格计算。其中标志牌单价中不含反光膜的费用。

(2) 水泥混凝土构件的预制、安装定额中均包括了混凝土及构件运输的工程内容，使用定额时，不得另行计算。

(3) 工程量计算规则：

① 钢筋混凝土防撞护栏中铸铁柱与钢管栏杆按柱与栏杆的总质量计算，预埋螺栓、螺母及垫圈等附件已综合在定额内，使用定额时，不得另行计算。

② 波形钢板护栏中钢管柱、型钢柱按柱的成品质量计算；波形钢板按波形钢板、端头板（包括端部稳定的锚碇板、夹具、挡板）与撑架的总质量计算，柱帽、固定螺栓、连接螺栓、钢丝绳、螺母及垫圈等附件已综合在定额内，使用定额时，不得另行计算。

③ 隔离栅中钢管柱按钢管与网框型钢的总质量计算，型钢立柱按柱与斜撑的总质量计算，钢管柱定额中已综合了螺栓、螺母、垫圈及柱帽钢板的数量，型钢立柱定额中已综合了各种连接件及地锚钢筋的数量，使用定额时，不得另行计算。

钢板网面积按各网框外边缘所包围的净面积之和计算。

刺铁丝网按刺铁丝的总质量计算；铁丝编织网面积按网高（幅宽）乘以网长计算。

④ 中间带隔离墩上的钢管栏杆与防眩板分别按钢管与钢板的总质量计算。

⑤ 金属标志牌中立柱质量按立柱、横梁、法兰盘等的总质量计算；面板质量按面板、加固槽钢、抱箍、螺栓、滑块等的总质量计算。

⑥ 路面标线按画线的净面积计算。

⑦ 公共汽车停靠站防雨篷中钢结构防雨篷的长度按顺路方向防雨篷两端立柱中心间的长度计算；钢筋混凝土防雨篷的水泥混凝土体积按水泥混凝土垫层、基础、立柱及顶棚的体积之和计算，定额中已综合了浇筑立柱及篷顶混凝土所需的支架等，使用定额时，不得另行计算。

站台地坪按地坪铺砌的净面积计算，路缘石及地坪垫层已综合在定额中，使用定额时，不得另行计算。

(二) 监控、收费系统说明

(1) 包括监控、收费系统中管理站、分中心、中心（计算机及网络设备，视频控制设备安装，附属配套设备），收费车道设备，外场管理设备（车辆检测设备安装、调试，环境检测设备安装、调试，信息显示设备安装、调试，视频监控与传输设备安装、调试），系统互联与调试，系统试运行，收费岛和人（手）孔等十二个项目。

(2) 不包括以下工作内容：

① 设备本身的功能性故障排除。

② 制作缺件、配件。

③ 在特殊环境条件下的设备加固、防护。

④ 与计算机系统以外的外系统联试、校验或统调。

⑤ 设备基础和隐蔽管线施工。

⑥ 外场主干通信电缆和信号控制电缆的敷设施工及试运行。

⑦ 接地装置、避雷装置的制作与安装，安装调试设备必需的技术改造和修复施工。

(3) 收费岛上涂刷反光标志漆和粘贴反光膜的数量，已综合收费岛混凝土定额中，使用定额时，均不得另行计算。

(4) 防撞栏杆的预埋钢套管的数量已综合在定额中，使用定额时，不得另行计算。

(5) 防撞立柱的预埋钢套管及立柱填充水泥混凝土、立柱与预埋钢套管之间灌填水泥砂浆的数量，均已综合在定额中，使用定额时，不得另行计算。

(6) 设备基础混凝土定额中综合了预埋钢筋、地脚螺母、底座法兰盘等的数量，使用定额时，不得另行计算。

(7) 敷设电线钢套管定额中综合了螺栓、螺母、镀锌管接头、钢管用塑料护口、醇酸防锈漆、裸铜线、钢锯条、溶剂汽油等的数量，使用定额时，不得另行计算。

(8) 如设计采用的人（手）孔混凝土强度等级和数量与定额不同时，可调整定额用量。

(9) 工程量计算规则：

① 设备安装定额单位除LED显示屏以m计、系统试运行以系统月计外，其余均以台或套计。

② 计算机系统可靠性、稳定性运行按计算机系统24h连续计算确定的，超过要求时，其费用另行计算。

③ 收费岛混凝土工程量按岛身、收费亭基础、收费岛敷设穿线钢管水泥混凝土垫层、防撞柱水泥混凝土基础、配电箱水泥混凝土基础和控制箱水泥混凝土基础体积之和计算。

④ 收费岛钢筋工程量按收费岛、收费亭基础的钢筋数量之和计算。

⑤ 设备基础混凝土工程量按设备水泥混凝土基础体积计算。

⑥ 镀锌防撞护栏的工程量按镀锌防撞护栏的质量计算。

⑦ 钢管防撞柱的工程量按钢管防撞立柱的质量计算。

⑧ 配电箱基础预埋PVC管的工程量按PVC管长度计算。

⑨ 敷设电线钢套管的工程量按敷设电线钢套管质量计算。

(三) 通信系统说明

(1) 定额适用于通信系统工程，内容包括光电传输设备安装，程控交换设备安装、调试，有线广播设备安装，会议专用设备安装，微波通信系统的安装、调试，无线通信系统的安装、调试，电源安装、通信管道敷设和包封等共二十三个项目。

(2) 安装电缆走线架定额中，不包括通过沉降（伸缩）缝和要做特殊处理的内容，需要时按有关定额另行计算。

(3) 布放电缆定额只适用于在电缆走道、槽道及机房内地槽中布放。

(4) 2.5Gbit/s 系统的 ADM 分插复用器，分插支路是按 8 个 155Mbit/s（或 140Mbit/s）光口或电口考虑的，当支路数超过 8 个时，每增加 1 个 155Mbit/s（或 140Mbit/s）支路增加 2 个工日。

(5) 通信铁塔的安装是按在正常的气象条件下施工确定的，定额中不包括铁塔基础施工、预埋件埋设及防雷接地工程等内容，需要时按有关定额另行计算。

(6) 安装通信天线，不论有无操作平台均执行本定额；安装天线的高度均指天线底部距塔（杆）座的高度。

(7) 通信管道定额中不包括管道过桥时的托架和管箱等工程内容，应按相关定额另行计算；挖管沟本定额也未包括，应按"路基工程"项目人工挖运土方定额计算。

(8) 硅芯管敷设定额中已综合标石的制作及埋放、人孔处的包封等，使用定额时，不得另行计算。

(9) 镀锌钢管敷设定额中已综合接口处套管的切割、焊接、防锈处理等内容，使用定额时，不得另行计算。

(10) 敷设管道和管道包封的工程量均按管道（不含桥梁）长度计算。

(四) 供电、照明系统说明

(1) 供电、照明系统定额包括干式变压器安装，电力变压器干燥，杆上、埋地变压器安装，组合型成套箱式变电站安装，控制、继电、模拟及配电屏安装，电力系统调整试验，柴油发电机组及其附属设备安装，排气系统安装，其他配电设备安装，灯架安装，立灯杆，杆座安装，高杆灯具安装，照明灯具安装，标志、诱导装饰灯具安装，其他灯具安装等十六个项目。

(2) 干式变压器如果带有保护外罩时，人工和机械乘以系数 1.2。

(3) 变压器油是按设备自带考虑的，但施工中变压器油的过滤损耗及操作损耗已包括在定额中。变压器安装过程中放注油、油过滤所使用的油罐，已摊入油过滤定额中。

(4) 高压成套配电柜中断路器安装定额系综合考虑的，不分容量大小，也不包括母线配制及设备干燥。

(5) 组合型成套箱式变电站主要是指 10kV 以下的箱式变电站，一般布置形式为变压器在箱的中间，箱的一端为高压开关位置，另一端为低压开关位置。

(6) 控制设备安装未包括支架的制作和安装，需要时可按相关定额另行计算。

(7) 送配电设备系统调试包括系统内的电缆试验、瓷瓶耐压等全套调试工作。供电桥回路中的断路器、母线分段断路器皆作为独立的供电系统计算，定额皆按一个系统一侧配一台断路器考虑，若两侧皆有断路器时，则按两个系统计算。如果分配电箱内只有刀开关、熔断器等不含调试元件的供电回路，则不再作为调试系统计算。

(8) 3～10kV 母线系统调试含一组电压互感器，1kV 以下母线系统调试定额不含电压互感器，适用于低压配电装置的各种母线（包括软母线）的调试。

(9) 灯具安装定额是按灯具类型分别编制的，对于灯具本身及异型光源，定额已综合了安装费，但未包括其本身的价值，应另行计算。

(10) 各种灯架元器具件的配线，均已综合考虑在定额内，使用时不做调整。

(11) 本节定额已包括利用仪表测量绝缘及一般灯具的试亮等工作内容，使用定额时，不得另行计算，但不包括全负荷试运行。

(12) 本节定额未包括电缆接头的制作及导线的焊压接线端子。

(13) 各种灯柱穿线均套相应的配管配线定额。

(14) 室内照明灯具的安装高度，投光灯、碘钨灯和混光灯定额是按 10m 以下编制的，其他照明灯具安装高度均按 5m 以下编制的。

(15) 普通吸顶灯、荧光灯、嵌入式灯、标志灯等成套灯具安装是按灯具出厂时达到安装条件编制的，其他成套灯具安装所需配线，定额中均已包括。

(16) 立灯杆定额中未包括防雷及接地装置。

(17) 25m 以上高杆灯安装，未包括杆内电缆敷设。

(五) 光缆、电缆敷设说明

(1) 光缆、电缆敷设定额包括：室内光缆穿放和连接、安装测试光缆终端盒、室外敷设管道光缆、光缆接续、光纤测试、塑料子管、穿放或布放电话线、敷设双绞线缆、跳线架和配线架安装、布放同轴电缆、敷设多芯电缆、安装线槽、开槽、电缆沟铺砂盖板、揭盖板、顶管、铜芯电缆敷设、热缩式电缆终端头或中间头制作安装、控制电缆头制作安装、桥架或支架安装等共十八个项目。

(2) 本节定额均包括：准备工作、施工安全防护、搬运、开箱、检查、定位、安装、清理、接电源、接口正确性检查和调试、清理现场和办理交验手续等工作内容。

(3) 本节定额不包括：设备本身的功能性故障排除，制作缺件、配件，在特殊环境下的设备加固、防护等工作内容。

(4) 双绞线缆的敷设及跳线架和配线架的安装、打接定额消耗量是按五类非屏蔽布线系统编制的，高于五类的布线工程按定额人工工日消耗量增加10%、屏蔽系统增加20%计取。

(5) 工程量计算规则：

① 电缆敷设按单根延长米计算（如一个架上敷设 3 根各长 100m 的电缆，工程量应按 300m 计算，以此类推）。电缆附加及预留的长度是电缆敷设长度的组成部分，应计入电缆工程量之内。电缆进入建筑物预留长度按 2m 计算，电缆进入沟内或吊架预留长度按 1.5m 计算，电缆中间接头盒预留长度两端各按 2m 计算。

② 电缆沟盖板揭、盖定额，按每揭、盖一次以延长米计算。如又揭又盖，则按两次计算。

③ 用于扩（改）建工程时，所用定额的人工工日乘以 1.35 系数；用于拆除工程时，所用定额的人工工日乘以 0.25 系数。施工单位为配合认证单位验收测试而发生的费用，按本定额验证测试子目的工日、仪器仪表台班总用量乘以 0.30 系数计取。

(六) 配管、配线及接地工程说明

(1) 定额包括镀锌钢管、给水管道、钢管地埋敷设、钢管砖、混凝土结构、钢管钢结构支架配管、PVC 阻燃塑料管、母线、母线槽、落地式控制箱、成套配电箱、接线箱、接线盒的安装、接地装置安装、避雷针及引下线安装、防雷装置安装、防雷接地装置测试等共十四个项目。

(2) 镀锌钢管法兰连接定额中，管件是按成品、弯头两端是按短管焊法兰考虑的，包括了直管、管件、法兰等全部安装工序内容。

(3) 接地装置是按变配电系统接地、车间接地和设备接地等工业设施接地编制的。定额中未包括接地电阻率高的土质换土和化学处理的土壤及由此发生的接地电阻测试等费用，需要时应另行计算。接地装置换填土执行电缆沟挖填土相应子目。

(4) 定额中避雷针安装、避雷引下线的安装均已考虑了高空作业的因素。避雷针按成品件考虑。

(5) 工程量计算规则：

① 给水管道：室内外界线以建筑物外墙皮 1.5m 为界，入口处设阀门者以阀门为界；与市政管道界线以水表井为界，无水表井者，以与市政管道碰头点为界。

② 配管的工程量计算不扣除管路中的接线箱（盒）、灯盒、开关盒所占的长度。

（七）绿化工程说明

（1）死苗补植在栽植子目中已包含，使用定额时不得更改。盆栽植物均按脱盆的规格套用相应的定额子目。

（2）苗木及地被植物的场内运输已在定额中综合考虑，使用定额时不得另行增加。

（3）本定额的工作内容中清理场地，是指工程完工后将树穴余泥杂物清除并归堆，若有余泥杂物需外运时，其费用另按土石方有关定额子目计算。

（4）栽植子目中均按土可用的情况进行编制，若需要换土，则按有关子目进行计算。

（5）当编制中央分隔带部分的绿化工程预算时，若中央分隔带内的填土没有计入该项工程预算，其填土可按路基土方有关定额子目计算，但应扣减树穴所占的体积。

（6）为了确保路基边坡的稳定而修建各种形式的网格植草或播种草籽等护坡，应并入防护工程内计算。

（7）测量放样均指在场地平整好，达到设计要求后进行的，场地平整费用另按场地平整定额子目计算。

（8）运苗木子目仅适用于自运苗木的运输。

（9）本定额适用于公路沿线及管理服务区的绿化和公路交叉处（互通立交、平交）的美化绿化工程。

（10）本定额中的胸径是指：距地坪 1.30m 高处的树干直径；株高是指：树顶端距地坪的高度；篱高是指：绿篱苗木顶端距地坪的高度。

（八）综合计算示例

【例 7-39】 某城市三号道路，其中 K0＋260～K0＋630 之间一段道路路宽为 30m，其中行车道宽度为 18m，两侧人行道宽度各为 6m，在人行道下设有 9 座接线工作井，其邮电管道设施随路建设。已知邮电管道为 6 孔 PVC 管，管内穿线的预留长度共为 30m，工程竣工后，安装车行道中间的隔离护栏及视线诱导器，行车道分向标线为一条，宽为 0.15m，两侧车辆与人行道之间用护栏隔离，每 100m 安装一只视线诱导器（吊杆式）。道路横断面示意图、行车道结构示意图、道路平面示意图如下图所示，已知电杆高为 20m，相邻电杆的间距为 10m，试计算道路工程量、PVC 邮电塑料管、穿线管的铺排长度、管内穿线长度、隔离护栏的长度以及视线诱导器的工程量并套用定额。

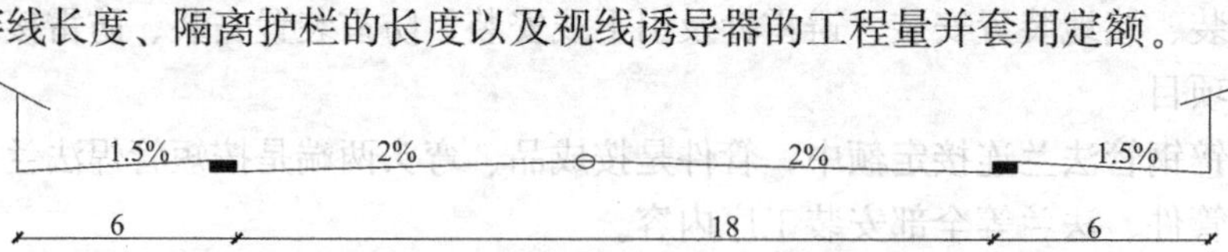

图 7-72　道路横断面示意图　单位：m

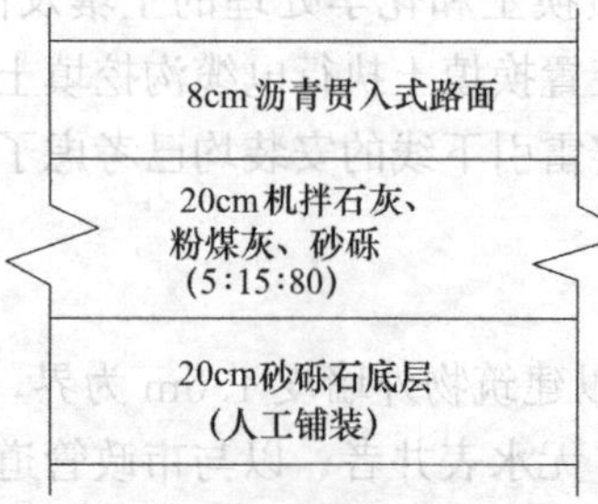

图 7-73　行车道结构示意图

解：

计算详情表　　表 7-71

项目		清单工程量计算	定额工程量计算	套用定额	定额单位	定额直接费
1	人工铺装砂砾石底基层面积	同定额工程量计算	18×(630−260)=6660m²	80-2-1-2-2 80-2-1-2-7	1000m²	6660/1000×(7649+5×479)=66893.04 元
2	机拌石灰、粉煤灰、砂砾基层面积	同定额工程量计算	18×(630−260)=6660m²	97-2-1-4-33 97-2-1-4-34	1000m²	6660/1000×(10599+5×611)=90935.64 元
3	沥青贯入式路面面层的面积	同定额工程量计算	18×(630−260)=6660m²	140-2-2-8-5	1000m²	6660/1000×41640=277322.4 元
4	立电杆的根数	同定额工程量计算	(630−260)/10+1=38 根	881-6-4-11-3	根	38/1×725=27550 元
5	信号灯架空走线的长度	同定额工程量计算	(630−260)×2=740m=0.74km			
6	邮电塑料管(6孔)总长	同定额工程量计算	370m	862-6-3-22-5	1000m	89333×0.37=33217.49 元
7	穿线管的铺排长度	同定额工程量计算	370×6=22220m			
8	管内穿线长度	同定额工程量计算	(370×6+30)=2250m			
9	隔离护栏的长度	同定额工程量计算	370×2=740m			
10	分向标线面积	同定额工程量计算	370×0.15=55.5m²	799-6-1-9-1	100m²	2146×0.555=1191.03 元
11	视线诱导器的只数	同定额工程量计算	370/100+1≈4 只	885-6-4-15-2	100 套	57491×0.04=2299.64 元

【例 7-40】 某地区一号道路长为 2000m，路面宽度为 15m，一侧路基加宽值为 a，其中，K0+310～K0+940 之间土基比较湿软，采用砂井办法对其进行处理，袋装砂井示意图如下图所示，前后砂井的距离为 1.9m。由于在 K0+290～K0+900 之间排水比较困难，会影响路基的稳定性，所以采用盲沟排水，道路结构图和盲沟结构图如图 7-74～图 7-76 所示。此外，每隔 100m 设置一标杆，用来引导驾驶员，同时为保证行人安全，竖立 25 个标杆于大型建筑物附近。试计算该道路的工程量并套用定额。

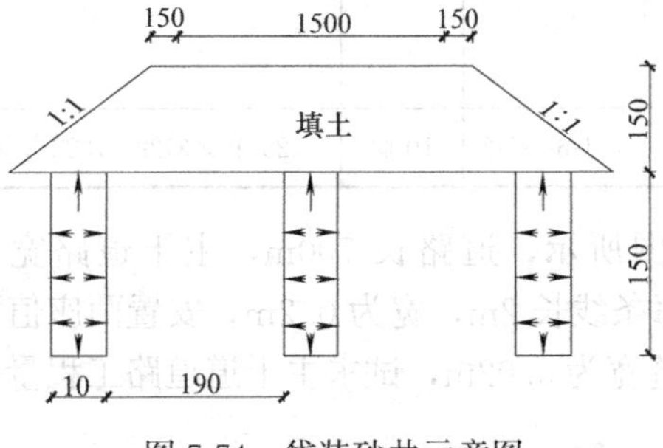

图 7-74　袋装砂井示意图

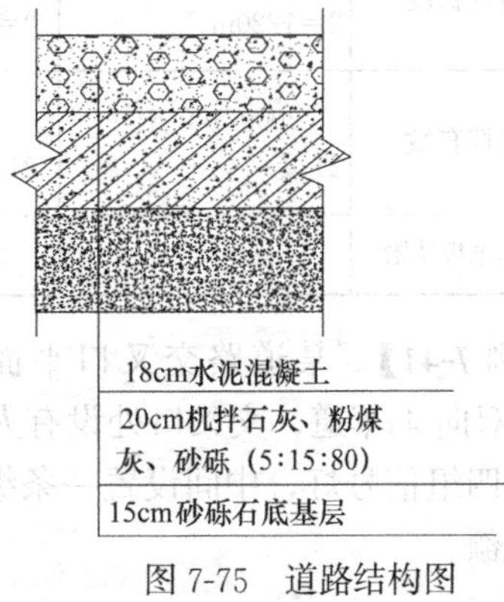

图 7-75　道路结构图

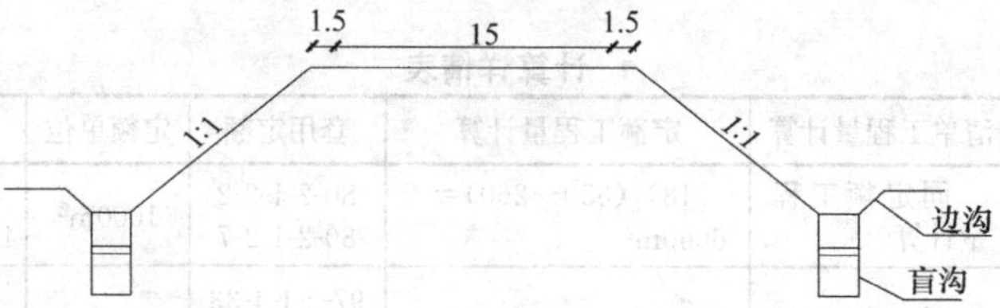

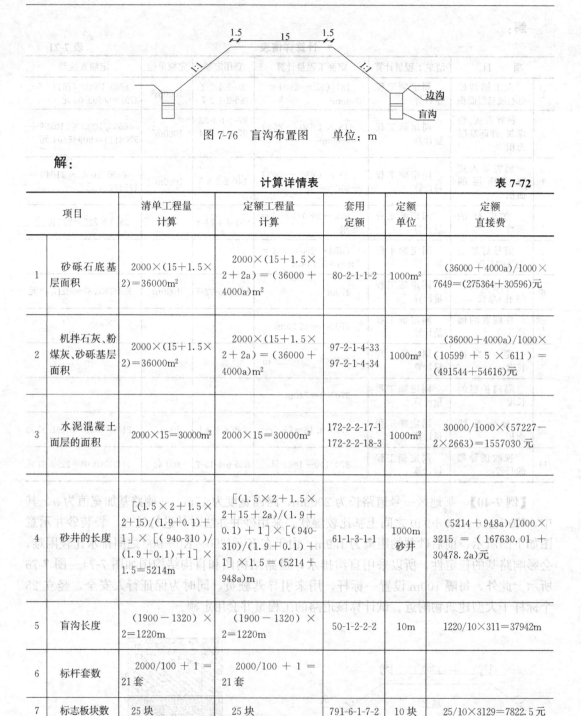

图 7-76　盲沟布置图　单位：m

解：

计算详情表　　表 7-72

项目		清单工程量计算	定额工程量计算	套用定额	定额单位	定额直接费
1	砂砾石底基层面积	2000×(15+1.5×2)=36000m²	2000×(15+1.5×2+2a)=(36000+4000a)m²	80-2-1-1-2	1000m²	(36000+4000a)/1000×7649=(275364+30596)元
2	机拌石灰、粉煤灰、砂砾基层面积	2000×(15+1.5×2)=36000m²	2000×(15+1.5×2+2a)=(36000+4000a)m²	97-2-1-4-33 97-2-1-4-34	1000m²	(36000+4000a)/1000×(10599+5×611)=(491544+54616)元
3	水泥混凝土面层的面积	2000×15=30000m²	2000×15=30000m²	172-2-2-17-1 172-2-2-18-3	1000m²	30000/1000×(57227−2×2663)=1557030元
4	砂井的长度	[(1.5×2+1.5×2+15)/(1.9+0.1)+1]×[(940-310)/(1.9+0.1)+1]×1.5=5214m	[(1.5×2+1.5×2+15+2a)/(1.9+0.1)+1]×[(940-310)/(1.9+0.1)+1]×1.5=(5214+948a)m	61-1-3-1-1	1000m砂井	(5214+948a)/1000×3215=(167630.01+30478.2a)元
5	盲沟长度	(1900−1320)×2=1220m	(1900−1320)×2=1220m	50-1-2-2-2	10m	1220/10×311=37942m
6	标杆套数	2000/100+1=21套	2000/100+1=21套			
7	标志板块数	25块	25块	791-6-1-7-2	10块	25/10×3129=7822.5元

【例 7-41】　某道路交叉口平面示意图如下图所示，道路长 700m，主干道路宽为 22m，双向 4 车道，交叉口处设有人行横道线，每条线长 2m，宽为 0.2m，安置两座值警亭，有四组信号灯，中间设置一条纵向伸缩缝，缝宽为 0.02m，试求主干道道路工程量并套用定额。

解：

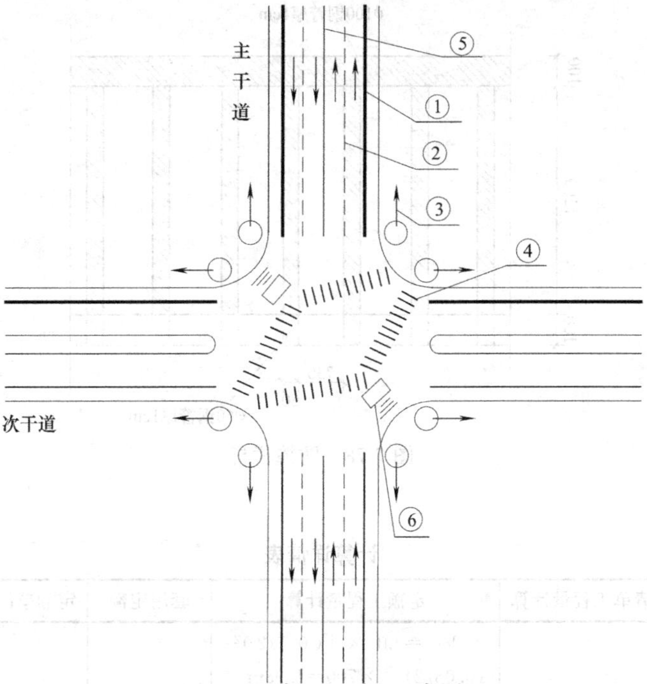

图 7-77　交叉口平面示意图

①—缘石；②—标线；③—信号灯；④—横道线；⑤—伸缩缝；⑥—值警亭

计算详情表　　表 7-73

项目		清单工程量计算	定额工程量计算	套用定额	定额单位	定额直接费
1	标线面积	同定额工程量计算	700×2×0.15=210m²	799-6-1-9-1	100m²	2146×2.1=4506.6 元
2	纵缝面积	同定额工程量计算	700×0.02=14m²			
3	值警亭座数	同定额工程量计算	两座			
4	路缘石长度	同定额工程量计算	700×2=1400m			
5	信号灯套数	同定额工程量计算	4 套			
6	横道线面积	同定额工程量计算	2×0.2×(11+11+13+11)=18.4m²	799-6-1-9-1	100m²	2146×0.184=394.86 元

【例 7-42】 某混凝土斜拉桥，桥长 700m，立桥为 120m+260m+120m 的三跨混凝土斜拉桥，桥宽 28.5m，即 2×11.25m（行车道）+2×1.5m（两边人行道）+2×1.0m（索区）+2×0.5m（外侧防撞护栏）。防撞栏杆如图 7-78 所示。计算该桥的防撞护栏工程量并套用定额。（只考虑主跨部分）

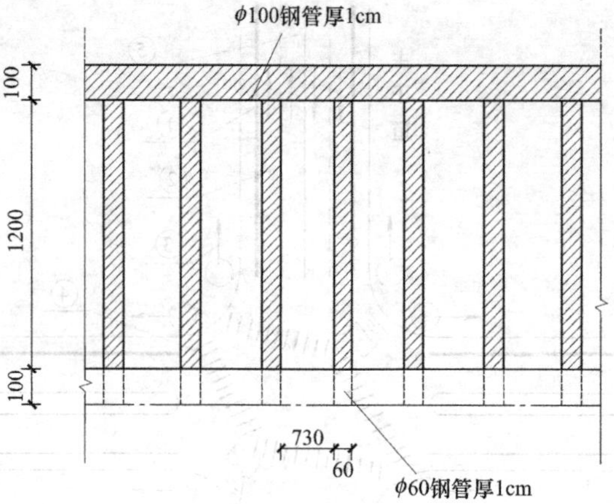

图 7-78 防撞栏杆

解：

计算详情表 表 7-74

项目		清单工程量计算	定额工程量计算	套用定额	定额单位	定额直接费
1	横栏(扶手)		$V_1 = \pi \times [(0.1/2)^2 - (0.08/2)^2] \times 700 = 1.98m^3$			
2	竖栏(扶手)		$V_2 = 0.002m^3$			
3	桥一侧竖栏个数		[(700 − 0.06)/(0.73 + 0.06)+1]=887 个			
4	栏杆钢的用量	同定额工程量计算	$7.87\times10^3\times(V_1+887V_2)\times 2=59090kg$	778-6-1-2-4	1t	59.09×4150/1=245223.5 元

七、临时工程说明

(1) 临时工程定额包括汽车便道，临时便桥，临时码头，轨道铺设，架设输电、电信线路，人工夯打小圆木桩共六个项目。

(2) 汽车便道按路基宽度为 7.0m 和 4.5m 分别编制，便道路面宽度按 6.0m 和 3.5m 分别编制，路基宽度 4.5m 的定额中已包括错车道的设置。汽车便道项目中未包括便道使用期内养护所需的工、料、机数量，如便道使用期内需要养护，编制预算时，可根据施工期按表 7-75 增加数量。

汽车便道路基宽度表 表 7-75

序号	项目	单位	代号	汽车便道路基宽度(m)	
				7.0	4.5
1	人工	工日	1	3.0	2.0
2	天然级配	m^3	908	18.00	10.80
3	6～8t 光轮压路机	台班	1075	2.20	1.32

(3) 临时汽车便桥按桥面净宽 4m、单孔跨径 21m 编制。

(4) 重力式砌石码头定额中不包括拆除的工程内容，需要时可按“桥涵工程”项目的“拆除旧建筑物”定额另行计算。

（5）轨道铺设定额中轻轨（11kg/m，15kg/m）部分未考虑道砟，轨距为75cm，枕距为80cm，枕长为1.2m；重轨（32kg/m）部分轨距为1.435m，枕距为80cm，枕长为2.5m，岔枕长3.35m，并考虑了道砟铺筑。

（6）人工夯打小圆木桩的土质划分及桩入土深度的计算方法与打桩工程相同。圆木桩的体积，根据设计桩长和梢径（小头直径），按木材体积表计算。

（7）定额中便桥，输电、电信线路的木料、电线的材料消耗均按一次使用量计列，编制预算时英按规定计算回收；其他各项定额分别不同情况，按其周转次数摊入材料数量。

八、材料采集及加工说明

（1）材料计量单位标准，除有特别说明者外，土、黏土、砂、石屑、碎（砾）石、碎（砾）石土、煤渣、矿渣均按堆方计算；片石、块石、大卵石均按码方计算；料石、盖板石均按实方计算。

（2）开炸路基石方的片（块）石如需利用时，应按本章捡清片（块）石项目计算。

（3）材料采集及加工定额中，已包括采、筛、洗、堆及加工等操作损耗在内。

九、材料运输说明

（1）汽车运输项目中因路基不平、土路松软、泥泞、急弯、陡坡而增加的时间消耗，定额内已予考虑。

（2）人力装卸船舶可按人力挑抬运输、手推车运输相应项目定额计算。

（3）所有材料的运输及装卸定额中，均未包括堆、码方工日。

（4）本章定额中未列名称的材料，可按下列规定执行，其中不是以质量计量的应按单位质量进行换算。

① 水按运输沥青、油料定额乘以0.85系数计算。

② 与碎石运输定额相同的材料有：天然级配、石碴、风化石。

③ 定额中未列的其他材料，一律按水泥运输定额计算。

第八章 公路工程施工图预算的编制

第一节 施工图预算的编制

一、施工图预算的基本概念

1. 施工图预算的含义

施工图预算是由设计单位在施工图设计阶段，根据施工图设计图纸、现行公路工程预算定额、公路工程基本建设项目概算预算编制办法、公路工程机械台班费用定额以及当地工、料、机等预算单价编制和确定的建筑安装工程造价的文件。

2. 施工图预算的作用

(1) 施工图预算是设计阶段控制工程造价的重要环节，是控制施工图设计不突破设计概算的重要措施。

(2) 施工图预算是编制或调整固定资产投资计划的依据。

(3) 对于实行施工招标的工程，施工图预算是编制标底的依据，也是施工单位投标报价的依据。

(4) 对于不宜实行施工招标的工程，施工图预算可作为确定合同价款的基础。

3. 施工图预算的编制依据

(1) 施工图设计图纸及批准的设计概算等资料。

(2) 公路工程预算定额。

(3) 公路工程基本建设项目概算预算编制办法。

(4) 公路工程机械台班费用定额。

(5) 地方补充规定。

(6) 工程所在地的材料价格信息。

(7) 预算手册及工具书。

二、施工图预算（概算）的项目表划分（表 8-1）

概、预算项目划分表（部分） **表 8-1**

项	目	节	细目	工程或费用名称	单位	备 注
				第一部分 建筑安装工程费	公路公里	建设项目路线总长度(主线长度)
一				临时工程	公路公里	
	1			临时道路	km	新建便道与利用原有道路的总长
			1	临时便道的修建与维护	km	新建便道长度
			2	原有道路的维护与恢复	km	利用原有道路长度
				……		
	2			临时便桥	m/座	指汽车便桥
	3			临时轨道铺设	km	
	4			临时电力线路	km	

续表

项	目	节	细目	工程或费用名称	单位	备　注
一	5			临时电信线路	km	不包括广播线
	6			临时码头	座	按不同的形式划分节或细目
二				路基工程	km	扣除桥梁、隧道和互通立交的主线长度，独立桥梁或隧道为引道或接线长度
	1			场地清理	km	
		1		清理与掘除	m^2	按清除内容的不同划分细目
			1	清除表土	m^3	
			2	伐树、挖根、除草	m^2	
				……		
		2		挖除旧路面	m^2	按不同的路面类型和厚度划分细目
			1	挖除水泥混凝土路面	m^2	
			2	挖除沥青混凝土路面	m^2	
			3	挖除碎(砾)石路面	m^2	
				……		
		3		拆除旧建筑物、构筑物	m^3	按不同的构筑材料划分细目
			1	拆除钢筋混凝土结构	m^3	
			2	拆除混凝土结构	m^3	
			3	拆除砖石及其他砌体	m^3	
				……		
	2			挖方	m^3	
		1		挖土方	m^3	按不同的地点划分细目
			1	挖路基土方	m^3	
			2	挖改路、改河、改渠土方	m^3	
				……		
		2		挖石方	m^3	按不同的地点划分细目
			1	挖路基石方	m^3	
			2	挖改路、改河、改渠石方	m^3	
				……		
		3		挖非适用材料	m^3	
		4		弃方运输	m^3	
	3			填方	m^3	
		1		路基填方	m^3	按不同的填筑材料划分细目
				……		
		3		坡面喷浆防护	m^2	按不同的材料划分细目
			1	抹面、捶面护坡	m^2	
			2	喷浆护坡	m^2	
			3	喷射混凝土护坡	m^3/m^2	
				……		
		4		坡面加固	m^2	按不同的材料划分细目
			1	预应力锚索	t/m	
			2	锚杆、锚钉	t/m	
			3	锚固板	m^3	
				……		
		5		挡土墙	m^3/m	按不同的材料和形式划分细目
			1	现浇混凝土挡土墙	m^3/m	
			2	锚杆挡土墙	m^3/m	
			3	锚碇板挡土墙	m^3/m	
			4	加筋土挡土墙	m^3/m	

续表

项	目	节	细目	工程或费用名称	单位	备　注
			5	扶壁式、悬臂式挡土墙	m^3/m	
			6	桩板墙	m^3/m	
			7	浆砌片石挡土墙	m^3/m	
			8	浆砌块石挡土墙	m^3/m	
			9	浆砌护肩墙	m^3/m	
			10	浆砌(干砌)护脚	m^3/m	
				……		
		6		抗滑桩	m^3	按不同的规格划分细目
				……		
		7		冲刷防护	m^3	按不同的材料和形式划分细目
			1	浆砌片石河床铺砌	m^3	
			2	导流坝	m^3/处	
			3	驳岸	m^3/m	
			4	石笼	m^3/处	
				……		
		8		其他工程	km	根据具体情况划分细目
				……		
三				路面工程	km	
	1			路面垫层	m^2	按不同的材料分节
		1		碎石垫层	m^2	按不同的厚度划分细目
		2		砂砾垫层	m^2	按不同的厚度划分细目
				……		
	2			路面底基层	m^2	按不同的材料分节
		1		石灰稳定类底基层	m^2	按不同的厚度划分细目
		2		水泥稳定类底基层	m^2	按不同的厚度划分细目
		3		石灰粉煤灰稳定类底基层	m^2	按不同的厚度划分细目
		4		级配碎(砾)石底基层	m^2	按不同的厚度划分细目
				……		
	3			路面基层	m^2	按不同的材料分节
		1		石灰稳定类基层	m^2	按不同的厚度划分细目
		2		水泥稳定类基层	m^2	按不同的厚度划分细目
		3		石灰粉煤灰稳定类基层	m^2	按不同的厚度划分细目
		4		级配碎(砾)石基层	m^2	按不同的厚度划分细目
		5		水泥混凝土基层	m^2	按不同的厚度划分细目
		6		沥青碎石混合料基层	m^2	按不同的厚度划分细目
				……		
	4			透层、黏层、封层	m^2	按不同的形式分节
		1		透层	m^2	
		2		黏层	m^2	
		3		封层	m^2	按不同的材料划分细目
			1	沥青表处封层	m^2	
			2	稀浆封层	m^2	
				……		
		4		单面烧毛纤维土工布	m^2	
		5		玻璃纤维格栅	m^2	
				……		
	5			沥青混凝土面层	m^2	指上面层面积
		1		粗粒式沥青混凝土面层	m^2	按不同的厚度划分细目

续表

项	目	节	细目	工程或费用名称	单位	备　注
		2		中粒式沥青混凝土面层	m^2	按不同的厚度划分细目
		3		细粒式沥青混凝土面层	m^2	按不同的厚度划分细目
		4		改性沥青混凝土面层	m^2	按不同的厚度划分细目
		5		沥青玛蹄脂碎石混合料面层	m^2	按不同的厚度划分细目
				……		
	6			水泥混凝土面层	m^2	按不同的材料分节
		1		水泥混凝土面层	m^2	按不同的厚度划分细目
		2		连续配筋混凝土面层	m^2	按不同的厚度划分细目
		3		钢筋	t	
	7			其他面层	m^2	按不同的类型分节
		1		沥青表面处治面层	m^2	按不同的厚度划分细目
		2		沥青贯入式面层	m^2	按不同的厚度划分细目
		3		沥青上拌下贯式面层	m^2	按不同的厚度划分细目
		4		泥结碎石面层	m^2	按不同的厚度划分细目
		5		级配碎(砾)石面层	m^2	按不同的厚度划分细目
		6		天然砂砾面层	m^2	按不同的厚度划分细目
				……		
	8			路槽、路肩及中央分隔带	km	
		1		挖路槽	m^2	按不同的土质划分细目
			1	土质路槽	m^2	
			2	石质路槽	m^2	
		2		培路肩	m^2	按不同的厚度划分细目
		3		土路肩加固	m^2	按不同的加固方式划分细目
			1	现浇混凝土	m^2	
			2	铺砌混凝土预制块	m^2	
			3	浆砌片石	m^2	
				……		
		4		中央分隔带回填土	m^3	
		5		路缘石	m^3	按现浇和预制安装划分细目
				……		
	9			路面排水	km	按不同的类型分节
		1		拦水带	m	按不同的材料划分细目
		3		收费系统设备	公路公里	按不同设备分别计算
		4		供电照明系统设备	公路公里	按不同设备分别计算
		5		养护设备	公路公里	按不同设备分别计算
二				工具、器具购置	公路公里	
三				办公及生活用家具购置	公路公里	
				第三部分　工程建设其他费用	公路公里	
一				土地征用及拆迁补偿费	公路公里	
二				建设项目管理费	公路公里	
	1			建设单位(业主)管理费	公路公里	
	2			工程质量监督费	公路公里	
	3			工程监理费	公路公里	
	4			工程定额测定费	公路公里	
	5			设计文件审查费	公路公里	
	6			竣(交)工验收试验检测费	公路公里	
三				研究试验费	公路公里	
四				建设项目前期工作费	公路公里	

续表

项	目	节	细目	工程或费用名称	单位	备　注
五				专项评价(估)费	公路公里	
六				施工机构迁移费	公路公里	
七				供电帖费	公路公里	
八				联合试运转费	公路公里	
九				生产人员培训费	公路公里	
十				固定资产投资方向调节税	公路公里	
十一				建设期贷款利息	公路公里	
				第一、二、三部分费用合计	公路公里	
				预备费	元	
				1. 价差预备费	元	
				2. 基本预备费	元	预算实行包干时列系数包干费
				概(预)算总金额	元	
				其中:回收金额	元	
				公路基本造价	公路公里	

公路工程概、预算的编制必须严格按照概、预算项目表的序列及内容进行，如实际出现的工程和费用项目项目与项目表的内容不完全相符时，“一、二、三部分”和项的序号应保留不变，“目”、“节”、“细目”可随需要增减，并按项目表的顺序以实际出现的“目”、“节”、“细目”依次排列，不保留缺少的“目”、“节”、“细目”序号。如第二部分设备工具器具购置费在该工程中不发生时，第三部分工程建设其他费用仍为第三部分。

三、施工图预算（概算）文件组成

概、预算文件由封面及目录，概、预算编制说明及全部概、预算计算表格组成。

1. 封面及目录

概、预算文件的封面和扉页应按《公路工程基本建设项目设计文件编制办法》中的规定制作，扉页的次页应有建设项目名称，编制单位，编制、复核人员姓名并加盖资格印章，编制日期及第几册共几册等内容。目录应按概、预算表的表号顺序编排。

2. 概、预算编制说明

概、预算编制完成后，应写出编制说明，文字力求简明扼要。应叙述的内容一般有：

(1) 建设项目设计资料的依据及有关文号，如建设项目可行性研究报告批准文件号、初步设计和概算批准文号（编修正概算及预算时），以及根据何时的测设资料及比选方案进行编制的等。

(2) 采用的定额、费用标准，人工、材料、机械台班单价的依据或来源，补充定额及编制依据的详细说明。

(3) 与概、预算有关的委托书、协议书、会议纪要的主要内容（或将抄件附后）。

(4) 总概、预算金额，人工、钢材、水泥、木料、沥青的总需要量情况，各设计方案的经济比较，以及编制中存在的问题。

(5) 其他与概、预算有关但不能在表格中反映的事项。

3. 概、预算表格

公路工程概、预算应按统一的概、预算表格计算（表格式样见附录），其中概、预算相同的表式，在印制表格时，应将概算表与预算表分别印制。

4. 甲组文件与乙组文件

概、预算文件是设计文件的组成部分，按不同的需要分为两组，甲组文件为各项费用计算表，乙组文件为建筑安装工程费各项基础数据计算表（只供审批使用），（乙组文件表式征得省、自治区、直辖市交通厅同意后，结合实际情况允许变动或增加某些计算过度表式）。甲、乙组文件应按《公路工程基本建设项目设计文件编制办法》关于设计文件报送份数，随设计文件一并报送。报送乙组文件时，还应提供“建筑安装工程费各项基础数据计算表”的电子文档和编制补充定额的详细资料，并随同概、预算文件一并报送。

甲组文件：

编制说明；

总概（预）算汇总表（01—1 表）；

总概（预）算人工、主要材料、机械台班数量汇总表（02—1 表）；

总概（预）算（01 表）；

人工、主要材料、机械台班数量汇总表（02 表）；

建筑安装工程费计算表（03 表）；

其他直接费、现场经费及间接综合费率计算表（04 表）；

设备、工具、器具购置费计算表（05 表）；

工程建设其他费用及回收金额计算表（06 表）；

人工、材料、机械台班单价汇总表（07 表）。

乙组文件中的“建筑安装工程费计算数据表”（08—1 表）和“分项工程概（预）算表”（08—2 表）应根据审批部门或建设项目业主单位的要求全部提供或仅提供其中的一种。

概、预算应按一个建设项目（如一条路线或一座独立大、中桥）进行编制。当一个编制项目需要分段或分部编制时，应根据需要分别编制，但必须汇总编制“总概（预）算汇总表”。

乙组文件：

建筑安装工程费计算数据表（08—1 表）；

分项工程概（预）算表（08—2 表）；

材料预算单价计算表（09 表）；

自采材料料场价格计算表（10 表）；

机械台班单价计算表（11 表）；

辅助生产工、料、机械台班单位数量表（12 表）。

四、施工图预算（概算）的编制顺序

（1）熟悉施工设计图纸和整理外业调查资料。

（2）研究分析施工组织设计资料。

（3）预算项目划分。

（4）工程量计算

（5）编制人工、材料、机械台班预算价格。应按预算编制办法所规定的计算表格的内容和要求，完成下列各项计算工作。

① 人工费单价的分析取定。

② 机械台班单价计算。

③ 自采材料料场单价计算。

④ 材料预算单价计算。

⑤ 人工、材料、机械台班单价汇总。

⑥ 辅助生产工、料、机械台班单位数量计算。

(6) 确定各种费率的收费标准，进行其他工程费、间接费综合费率计算。

(7) 进行工、料、机分析。根据摘取的工程量与预算定额等资料进行如下两项计算工作：

① 分项工程预算计算。

② 建筑安装工程费计算。

(8) 计算设备、工具、器具购置费。

(9) 计算工程建设其他费用及回收金额。

(10) 编制总预算。包括以下各项计算工作内容：

① 总预算计算（分段）。

② 总预算汇总计算。

③ 辅助生产所需人工、材料、机械台班数量计算。

④ 临时设施所需人工、材料及冬季、雨季和夜间施工等增加工计算。

⑤ 分段人工、主要材料、机械台班数量统计汇总。

⑥ 总预算人工、主要材料、机械台班数量统计汇总。

(11) 编写预算编制说明书。

(12) 进行复核、审核和出版。

五、公路工程建设各项费用的计算程序及计算方式（表 8-2）

公路工程建设各项费用的计算程序及计算方式　　表 8-2

代号	项　目	说明及计算式
一	直接工程费(即工、料、机费)	按编制年工程所在地的预算价格计算
二	其他工程费	(一)×其他工程费综合费率或各类工程人工费和机械费之和×其他工程费综合费率
三	直接费	(一)+(二)
四	间接费	各类工程人工费×规费综合费率+(三)×企业管理费综合费率
五	利润	[(三)+(四)～规费]×利润率
六	税金	[(三)+(四)+(五)]×综合税率
七	建筑安装工程费	(三)+(四)+(五)+(六)
八	设备、工具、器具购置费(包括备品备件)	Σ(设备、工具、器具购置数量×单价+运杂费)×(1+采购保管费率)
	办公和生活用家具购置费	按有关定额计算
九	工程建设其他费用	
	土地征用及拆迁补偿费	按有关规定计算
	建设单位(业主)管理费	(七)×费率
	工程质量监督费	(七)×费率
	工程定额测定费	(七)×费率
	设计文件审查费	(七)×费率
	竣(交)工验收试验检测费	按有关规定计算
	工程监理费	(七)×费率
	研究试验费	按批准的计划编制

续表

代号	项目	说明及计算式
	前期工作费	按有关规定计算
	专项评价(估)费	按有关规定计算
	施工机构迁移费	按实计算
	供电贴费	按有关规定计算
	联合试运转费	(七)×费率
	生产人员培训费	按有关规定计算
	固定资产投资方向调节税	按有关规定计算
	建设期贷款利息	按实际贷款数及利率计算
十	预备费	包括价差预备费和基本预备费两项
	价差预备费	按规定的公式计算
	基本预备费	[(七)+(八)+(九)～固定资产投资方向调节税～建设期贷款利息]×费率
	预备费中施工图预算包干系数	[(三)+(四)]×费率
十一	建设项目总费用	(七)+(八)+(九)+(十)

第二节 编制施工图预算的调查工作

编制施工图预算的外业调查工作，是为了给计算人工、材料、征地拆迁单价提供依据，也为编制预算提供原始资料。外业调查是否深入细致，资料是否齐全、准确，直接影响到预算的编制质量，做好外业调查是编好预算的一个重要方面。随着我国改革开放政策的不断扩大和深化，材料价格已全部放开，随着市场供求关系的变化和时间的不同，材料价格的变化也比较大，所以在外业调查工作中要特别注意各种价格的时间性。在预算编制的过程中，如果调查工作与预算编制相隔的时间较长，而且又是处在市场价格变化比较大的时期，外业的调查价格应根据市场的变化进行必要的分析调整。

由于材料价格的放开，材料供应的渠道也随之多样化，有的材料是通过物资部门；有的是通过生产厂家的主管公司；有的则不通过材料供应的中间环节，由生产厂家与用户直接见面。所以在进行外业调查时应从多方面进行，有的特殊材料或半成品，物资部门并不掌握，必须通过生产厂家才能了解到，比如桥梁用的各种锚具、大吨位支座、伸缩缝等。

编制施工图预算的外业调查应和建设项目的外业勘察工作同步进行，并与有关勘察工作进行很好地协调与分工。外业调查工作主要应由造价工程师担任，调查工作中比较大的项目或与其他调查有关的项目，比如征地、拆迁，应由其他人员配合进行。在调查时如果已成立了建设单位的项目管理机构，可请他们配合共同进行调查工作。一般情况下，建设单位对当地的情况了解得比较清楚，熟悉各方面的关系和建设环境，对调查工作中所遇到的问题能够及时地进行解决和处理，这样可以给调查工作带来很大的方便，有利于提高资料的可靠性。外业调查工作比较繁琐，对调查的项目、内容和要求应该作出安排，按计划进行。对于调查搜集的资料应及时分析整理，对出入比较大、不真实的资料应当剔除或落实；资料的来源要真实可靠，有依有据。在调查过程中可请对方对提供的资料加以确认和证明，在可能的情况下双方可以签订意向性的协议，为实施阶段提供必要的依据。当一个建设项目有两个以上的单位承担编制施工图预算时，应当把各参编单位搜集的资料进行进一步的分析平衡，通过分析，最后取定有代表性的资料作为各分编单位预算的编制依据，以统一整个建设项目预算编制资料的标准。

施工图预算的外业调查，是在初步设计或技术设计调查的基础上进行的，是对原有调查资料的补充与修正，尤其是对审批中提出的问题作出进一步的落实，据以分析比较两者之间存在的差异，以利做好施工图预算的编制工作。外业调查工作，应包括以下各项内容。

一、人工工资、施工机械养路费、车船使用税

人工费是由各省、自治区、直辖市公路（交通）工程定额（造价管理）站负责发布的，是一种指令性的价格，系结合省内不同工资地区类别以及哪些地区享有地区生活补贴等情况，以属于生产工人开支范围的各项费用为依据，分别制定不同地区和施工企业性质的人工费标准。在实际编制施工图预算时，应根据工程所在地人工费的标准选用，并应征得建设工程的主管部门或建设单位的认可。

机械养路费和车船使用税的外业调查要收集国家、各省、自治区、直辖市对于机械养路费和车船使用税的有关文件和规定，了解费用的征收标准、机械应征收或免征的范围以及计征办法，有关机械的年工作台班，计算吨位等等，为计算机械台班养路费和车船使用税提供依据。

二、材料供应价格

材料供应价格的外业调查，包括建设项目中所发生的一切建筑材料、零件、构件、半成品、成品的规格品种、质量、数量和价格，以及自采加工材料的料场情况调查工作。一个工程建设项目所需要的建筑材料品种比较多，用量也比较大，而施工图预算又是指导施工的依据，故在外业调查前要做好准备工作，有计划地安排好外业调查工作。外购材料、地方性材料、自采加工材料要分开进行。外购材料的调查应由造价工程师承担；地方性材料、自采加工材料则应由造价工程师和地质人员共同配合进行调查，造价工程师主要考察确定材料料场价和材料运输方面的有关问题，而地质人员则应着重确定材料的质量和储量问题。就自采加工材料料场的调查而言，造价工程师应对全线的料场进行一次全面的调查，先初步确定各种自采加工材料料场的位置，然后再和地质人员及其他有关人员一起做进一步的勘察。对于不能直接观察到或取样的有覆盖层的料场，要进行必要的勘探，可以采取挖试坑、扦探甚至钻探的办法取样并查明覆盖层的厚度和岩土种类和数量，以确定覆盖层剥离方法和材料开采的方法。造价工程师还应对整个料场的开采、加工、材料及覆盖层弃土的堆放等整个料场用地面积进行丈量，必要时测绘料场平面图，以作为临时用地的依据。对于水源也要作深入的了解。

需要外部供水的要确定临时供水的方法，造价工程师还应一并对材料的运输条件进行调查，比如是否需要修建临时便桥、便道，临时便道的长度和标准，都应进行具体的丈量并确定上路的具体位置和桩号；临时便道需要征地时，要计算其占地面积。

对于砂石材料，工程地质人员应通过现场勘察或通过必要的取样试验对材料的物理、化学、力学性能作出判断，以确定材料的质量。通过勘察钻探或试验，估算出材料的储藏量、开采率或成品率，为材料料场单价计算提供依据。所有外业调查、勘察、试验报告均应清楚、完善、可靠并整理成册。

在材料价格调查中，一个建设项目需要调查的材料品种特别多，为避免遗漏，满足预算编制的需要，外业调查前应把需要调查的材料填写在表上，注明材料的名称、单位、规格及质量要求、材料的品种可以参照以前类似工程的预算文件和《公路工程预算定额》中人工、材料、半成品的附录资料填写，但应注意材料的名称在概算定额和预算定额中的划分是不一样的，如概算定额中的水泥是混合强度等级，而预算定额中则分 32.5、42.5、52.5 级等。在材料价格调查中一定要按照预算定额中材料划分的品种进行；材料的计量单位也应和预算定额材料计量单位一致，这样避免在材料价格调查中和预算单价计算中，由于调查材料的单位和预算定额不一致而产生错误。

材料供应价格除砂石材料外，是由省、自治区、直辖市公路（交通）工程定额（造价管理）站定期负责发布的，是一种指令性的价格信息，故在外业调查时，主要应了解供应渠道、规格品种和质量是否能满足建设工程的技术要求。至于外购的砂石材料则应调查了解当地主管部门的有关规定和市场销售情况，作为取定其供应价格的依据。

在材料价格调查时，有条件的可以请建设单位的人员配合进行，对调查的资料要非常可靠，尽可能地取得调查资料的凭证，使调查资料有可靠的根据，并应满足不同材料品种、规格、质量要求，要明确各种材料的供货方式和交货地点，作为材料预算单价计算的依据。

根据调查和对调查记录的整理，应填写好"沿线筑路材料料场表"、"主要材料试验资料表"，绘制"沿线筑路材料供应示意图"，图中应示出路线的里程桩号、大中桥、隧道、立体交叉、大型挡土墙及两侧主要料场的相互位置，材料的上路桩号及距离。大桥、隧道、互通式立体交叉亦可各自分别计算运距，路面及其他构造物可全线或分段计算平均运距，其中复杂中桥和分离式立体交叉及大型挡土墙也可分别计算运距，并分别编制材料预算价格。

三、材料运输情况

材料运输情况外业调查主要是针对材料的运距、运输方式、运价、装卸费和运输过程中有关费用的调查，为材料预算价格运杂费的计算提供依据。材料的运距起点为供应点，终点为工地仓库或堆料场，当施工组织不能提供工地仓库位置时，其运价终点为：独立大桥为桥梁中心桩号，路线工程的外购材料（不包括砂石材料）为路线的中点里程。若工程分布不均衡也可按加权平均法求出卸料的重心位置，计算出平均运距的里程。自采加工材料或地方经营的砂石材料运距应当根据材料供应示意图，采用加权平均法计算。

材料的供应点及交货点确定以后可根据材料运输距离的远近、当地的运输条件、运费的多少来采用不同的运输方式。材料运输有时采用一种运输方式就可以到达目的地，有时采用两种以上的运输方式才能完成。汽车运输机动性强，可以直接运送到目的地，而火车、轮船运输就很难做到，一般情况下都是由汽车或其他运输工具把货物送到发货站或轮船码头，到达卸货站后也是要经过转运才能到达工地，采用火车、轮船运输装卸次数多，材料损耗大，周转时间长，除了零担的货物以外，很少采用火车运输；轮船运输运价虽然比较低，但若两头都需要转运，通过计算有时不一定比直接采用汽车运输便宜，运输方式的选择要进行经济比较后确定。

当采用社会汽车运输时，应根据当地交通部门颁发的"公路营运里程图表"计算汽车运距，进入便道或上路以后的距离应实地测算确定。汽车货物运价标准是根据运价线路等级划分的，汽车运输距离确定以后还应根据运输通过的不同路段，按当地交通部门规定的"公路运价线路分级示意图"，确定不同运价等级的距离，按不同运价和相应的等级计算运费。运价调查要到省、市运输公司了解，运价已放开的省、市应以市场运输价格为依据。

装卸费一般应向当地搬运公司了解，在材料运输经过的线路中还应调查有无汽车渡口和需要收费的道路、桥梁以及收费标准。

四、征用土地

公路建设大多数是规模大、占地数量多。一条公路长达几十公里至上百公里，路线横向要求一定标准的路基很宽。又由于立体交叉、通道和其他构造物的设置，路基填土很高，由于这两方面的原因，路基地面宽度很大，形成带状。

现代的公路建设不仅仅是公路本身的工程建设，还包括公路沿线的各种其他工程和附属工程等等。因此公路建设用地是指与公路建设有关的各项工程占用土地的总和。也就是说公路建设用地内容多，涉及面广。在做征用土地调查、用地图测量以及计算征用土地面积时要全面考虑，不要遗漏。

为了使公路建设用地考虑全面，工作中不至于漏项，占地内容更加明确，公路建设用地可按四个方面划分：①公路路线用地；②附属设施（交通工程）用地；③沿线其他工程用地；④临时用地。

公路路线用地是指公路本身的用地，包括路基、桥梁、防护工程、分离式和互通式立体交叉等。

附属设施（交通工程）用地，一是公路管理养护机构（管理所或管理站）用地，包括办公楼、宿舍、修理厂、加工厂、养路用房、变电所、监控室、停车坪、材料堆放场等。二是服务区建筑用地，包括旅馆、餐厅、宿舍、小卖部、加油站、变电所、停车坪、锅炉房等。三是沿线汽车停靠站用地，包括停车坪、厕所、加油站等。四是收费站用地，包括收费岛前后车道加宽部分（也可以列入主线）、办公楼等。

沿线其他工程用地，包括高等级公路修建（改建）的汽车辅道（便道）、高等级公路与城镇修建的联络线、被交叉道的改移、扩建、改河改沟工程、取土、弃土占地等。

临时性用地，包括施工企业的办公、生活用房、加工厂、修理间、预制场、路面材料的拌合场、沿线的堆料场、施工便道、临时轨道铺设、自采材料的加工厂、材料运输便道等，临时性用地施工完成后不能恢复耕地的应按永久性占地考虑。

根据有关规定，新建公路路堤两侧排水沟外边缘（无排水沟时为路堤或护坡道坡脚）以外，路堑坡顶截水沟外边缘（无截水沟为坡顶）以外不少于 1m 的土地为公路用地范围；在有条件的地段，高速公路、一级公路不少于 3m，二级公路不少于 2m 的土地为公路用地范围；高填深挖地段，为保证路基的稳定，应根据计算确定用地范围。种植多行林带的路段，应根据实际情况确定用地范围。

土地种类的划分和各种土地的征用补偿办法，当地政府制定的土地管理实施办法和实施细则中都作了具体的规定，征用土地调查中要取得这些资料。

公路用地图测量是征用土地外业调查工作中非常重要的一项内容，它是计算占地面积和上报国土管理部门审批征用土地的主要依据。公路用地图测量应能测绘出沿公路两侧纵向、横向（一定范围）土地类别和分界线以及与路线相应的里程桩号，土地所属市、县、乡、镇，公路用地图还应示出路线用地界线（变宽点处注明前后用地宽度及里程桩号）。图纸应清晰、准确、能满足计算征用土地面积的要求。

在公路用地图外业的测量中，应同时进行征用土地的外业调查和资料收集工作。通过调查要弄清沿线各类土地平均产量（产值），以县、乡、镇为单位的各类土地的所有量和人口数量，以便计算人平均占有耕地亩数，为耕地赔偿费计算提供依据。

通过公路用地图的外业测量和实地调查，可以清楚地绘制出沿线各种土地的分布情况和相对位置，待路基横断面图出来后，按横断面两边（包括防护、排水设施等）实际的占地宽度加上公路用地范围所规定的预留宽度，得出两边需要的占地宽度；再将每个横断面两边需要的占地宽度按相应的里程桩号点绘到用地图上，得出两边的变宽点；变宽点之间纵向相连即绘制出公路用地图的界线（红线）。公路用地界线纵向应顺直圆滑，不宜折线太多。公路用地范围确定以后，即可根据公路用地图计算出各类土地的占地面积，沿线其他工程用地可以比照上述方法计算。

沿线服务区、管理区用地以及施工单位临时用地等可以根据它们各自的平面总体布置图红线所确定的建筑范围计算各类土地的征地面积。

施工图预算编制阶段，一般情况下工程的开工期已经基本确定，有的甚至已经开工，在这个阶段注意调查在征地范围内地面上各类青苗生长的情况。青苗补偿费和土地征用费的土地类别划分往往是不一样的，如蔬菜基地，征地是按不同的类别，而青苗补偿则按蔬菜的品种补偿，施工图预算阶段青苗补偿的调查应详细一些。

一个公路建设项目一般通过一个或几个地、市区，公路征用土地的征地和安置补偿费，应根据公路所通过不同的地区，按当地具体的规定计算。南方各省征用土地补偿费和安置补助费，一般以水田补偿费为计算依据，其他类别的土地则折合成水田补偿费的系数计算，比如旱地按临近水田的0.6倍，菜地1.0倍计算等。

根据国务院发布的《中华人民共和国耕地占用税暂行条例》，为了合理利用土地资源，加强土地管理，保护农用耕地，凡占用耕地从事其他非农业建设的单位和个人都要缴纳耕地占用税，耕地占用税以纳税人实际占用的面积计算，按照规定税额一次性征收，故应了解调查当地政府规定的税额和有关规定。

公路勘察设计中通过调查测量计算出各类土地征地费用，这些费用仅仅是征地费用的总体控制数，初步设计批准后或施工图设计经审定后，在工程未开工前，要办理好各种征地手续，包括跟各级有关政府的联系，签订各种合同或协议，对被征土地逐块地进行重新丈量，直到付清征地的所有费用为止。这些工作比较复杂，需要耗用大量的人力和时间，因此除了土地的征用费外，还应计算土地征用管理费。土地征用管理费一般以征地总费用为计算基数，费率为百分之三左右。

五、拆迁房屋及建筑物

一条公路需要通过很多田野、城镇、村庄，公路建设提倡靠近城市而不进城市，但由于路线长，规模大，从技术标准的要求和工程经济来考虑，在很多情况下要和许多建筑物发生干扰，这样就必须进行拆迁。建筑物的拆迁和征用土地一样，在公路用地图测量中把沿路线两边的建筑物绘制在用地图上，注明左右的距离、各部尺寸以及地名。在外业工作中除在图上示意外，还要做好调查工作，对房屋的轮廓尺寸、结构类型（混凝土结构、砖瓦结构、砖木结构、土木结构、竹木结构），楼房的层数以及其他设施（牛棚、猪圈、粪池、晒谷坪、围墙、护坡、明沟暗道、城市里的供水供气管道），都要调查清楚并注明各种建筑物的所属单位和个人。房屋、附属设施分类应根据当地政府主管部门制定的拆迁生活、生产房屋以及附属设施补偿标准的分类执行。

建筑物拆迁的范围应该是在确定的公路用地范围内，所有的房屋和附属设施都是被拆迁征用的对象。拆迁房屋要有一定的根据，必须持有国家规定的批准文件、拆迁计划、房屋调查资料和补偿、安置方案，向省、市、县政府房屋拆迁的主管部门提出申请，经批准并发给房屋拆迁许可证后方可拆迁。房屋拆迁需要变更土地使用权的必须依法取得土地使用权。拆除军事设施、教堂、寺庙、文物古迹等一般都有特殊的法律、法规，应依照有关的法律、法规执行。拆迁违章建筑、临时建筑一般不予补偿。

拆迁单位的生产、营业用房必须停产、停业的，从停产停业之日起应计算停产停业补助费；设备搬迁、运输费应当另计补助费。居民房屋内设施的拆迁和居民搬家要给予一次性的补助，此部分费用也可摊到各类房屋拆迁补偿费用的单价内一并计算。房屋及建筑物的拆迁以拆迁赔偿总额为计算基数，计算3%左右的拆迁管理费。

六、拆迁电力、电信线路

公路建设点多线长，公路通过的地区一般都有电力、电信线路，特别是靠近城镇地区电力线路纵横交错，干扰更大，需要拆迁的数量也很多。电力、电信线路沿公路两边的分布，在公路路线平面图和公路用地图测量时应准确地测绘在图纸上，同时也要做好野外调查工作。电力、电信线路种类比较多，造价也不一样，拆迁补偿费用也不相同，调查中要弄清电力、电信线路的分类和所属单位。电力线路分类以按电压分类等级划分为主；其次是杆塔的结构类型，混凝土杆或铁塔杆计算拆迁长度，要确定电力线路与公路的交角，一般来讲都是按线路电压等级进行拆迁赔偿的。电力、电信线路的拆迁范围应控制在公路用地范围以内，但拆迁和其他建筑物不同，拆迁一个杆塔就会影响到前后两个也要拆迁，拆迁范围要留有余地。有的电力、电信线路在公路上空跨过，虽然横向净空能满足要求，但净高不一定满足要求，因为导线弧垂最低点至公路路面和行驶的车辆要有一定的安全高度，所以导线弧垂最低点至地面的高度一般需要丈量，这对路基高程设计非常重要，通过路基高程设计，虽然宽度没有问题，往往也要进行拆迁。

对电力线路的拆迁调查，如果缺乏必要的常识，就很难分清供电线路的种类，也难以正确确定赔偿费用，所以公路工程造价工程师具备一些有关电力、电信线路的常识也是必要的。

送电线路有架空送电和电缆送电线路。送电线路的作用是连接发电厂、变电所之间的35kV及以上电压等级的线路，一般称为送电线路，亦称输电线路。其作用是将发电厂发出的电力送到变电所，组成电力网。送电线路按电流划分有交流送电线路和直流送电线路；按架设形式分有架空送电线路和地下电缆线路；按电压分有35kV、66kV、110kV、220kV、330kV、550kV的送电线路。

七、工地转移费和主副食运费补贴里程的调查及其他

1. 工地转移费

根据公路工程概预算编制办法，工地转移费系指施工企业根据建设任务的需要，由已竣工的工地或后方基地迁至新工地的搬迁费用。调遣距离以调遣前后工程主管单位（如工程处、队或工程公司、分公司等）驻地距离或两路线中点的距离计。在施工图设计阶段如果施工单位明确，即可按上述规定计算其调遣距离。施工单位尚不明确时，大型工程项目及世界银行、亚洲银行贷款项目，可按省城至工地的里程计算工地转移费；对工程规模不大的地方性工程、小型的自筹资金项目、有上级补助的项目，一般由地区级施工队伍施工，可按地区所在市至工地的里程计算工地转移费。

2. 主副食运费补贴

主副食运费补贴里程的调查，要严格按照公路工程概预算编制办法有关主副食运费补贴综合里程计算的规定执行。综合里程是指四种生活物资运距的综合里程，即粮食、燃料、蔬菜、水四种生活物资，这四种物资对生活来说用量不同，供应地点也不一样，生活用水对南方来讲水源充足，就近可以满足生活需要，适当地设置一些抽水设备和供水管路就可解决问题，而且在施工基地选址时预先就已考虑了水源问题。一般情况下水的运距要比其他三种生活物资的运距近的多。在缺水地区，如西北地区天气干旱，水源缺乏，生活用水需用汽车远距离运输，水的费用相对来讲是比较贵的。

粮食、燃料、蔬菜的运输距离也应根据它们实际的不同供应点至工地的距离分别计算。在考虑各种生活物资供应点时，一方面要有供应的部门和市场，另一方面还要考虑能提供的数量。因为一条路的修建规模大，时间长，需要的劳动力很多，所以生活物资需要量也大，有时看来虽有供应，但并不能满足数量的需求。在确定某一供应点时，同时要考虑能否满足数量方面的要求。各种生活物资的运距务必以调查的实际距离按规定的综合运距计算公式计算综合运距。

3. 其他方面的调查

一条公路的修建需要消耗大量的电力，各种电动机械需要用电、夜间施工需要用电、工地照明需要用电、办公及生活需要用电等等。工地供电电源一般有两种可能，即国家电网的电源或自发电。公路建设应该首先使用国家电网的电力，在外业调查中要了解沿线电力线路的分布情况，和供电部门取得联系，确定沿线各处能够接线供电的具体位置和每处的供电范围，根据提供的供电电量地点和范围，计算沿线应该架设的临时电力线路的长度。

一条公路的修建耗电量巨大，尤其是大型桥梁基础施工，一台大直径钻机需要的电量就很大，由于施工可能涉及周围很多工厂用电的问题，调查中不但应了解供电的可能性，还要考虑供电的能力。在国家电网距离较远或供电不足的情况下，应考虑自发电，自发电一般比国家电网费用高一些，要分别计算电价；有国家电网发电又有自发电时应计算出各自在总用量中所占的比重，以便确定自发电的电量和发电设备的配备。外部供电要计算电贴费。电信线路也要考虑接线点的问题，以便确定临时电信线路的架设长度。

临时便道和便桥除了材料料场需要修建外，重点应考虑路基土石方和材料运输的施工便道。根据施工组织设计一般应采用流水作业的施工方式，先修建桥涵及构造物，然后再进行路基土石方施工，这样就可以把新修建的路基作为施工便道。但有时很难做到，桥涵还没完工、路基土石方已开始施工，有时两者同时进行，这样为了土石方的调运就不得不在某些桥涵地段修建临时便道和便桥。在高等级公路的修建中，临时便道和便桥的数量是很大的，有时为了全面组织施工，临时便道是全线贯通的。临时便道的修建一方面需要一定的经费，另一方面临时占地太多，因此，临时便道在能满足施工的前提下应尽量减少。有旧路的尽量利用原有路作为便道。根据施工组织设计的安排，在需要修建便道的地方，通过外业调查确定其便道、便桥的修建长度以及便道的路基宽度和是否需要铺筑路面等，以满足临时便道、便桥费用计算的需要。

施工图预算阶段的外业调查工作一般是在初步设计或技术设计的调查基础上进一步地深化和落实，完成初步设计或技术设计中未完善的工作。一阶段施工图设计的一切外业调查工作，应按调查深度要求一次到位。施工图预算编制外业调查工作还有很多，比如沿线的气温、雨量、路线是否通过文物保护区等等。凡是与编制施工图预算有关的影响因素都是外业调查的对象，总的目的就是满足预算编制办法的规定和计算费用的需要。外业调查工作应脚踏实地、深入细致地进行，资料应完整，依据应可靠，有些调查资料（如征地、拆迁等）要有法律法规上的依据，情况允许时可以签订一些有关的初步协议、合同或有关的证明文件。

施工图预算的编制方法与概算不同之处，主要表现在构成施工图预算第一部分建筑安装工程费的编制依据之一的工程定额，前者是预算定额，而后者是概算定额；是根据摘取的工程量套用预算定额，通过累计计算，层层汇总来完成的。至于第二、三部分费用的编制方法，则基本上是一样的。而编制概预算的重点和难点又恰恰为第一部分建筑安装工程费。

在前面的章节中讲述了预算定额的运用及专业造价管理软件的应用，但要完整地编制工程概预算，仍会存在很多问题，漏项与不能正确选用定额和定额调整是最大的问题，特别是对初学者来说更是如此。由于繁多的计算已由计算机完成，工程造价计算最后就变成了完成确定项目、正确选用定额及定额调整等计算机不能代替的工作。公路工程概预算定额是依照施工工序进行子目划分，要熟练地运用定额和正确合理地计算工程造价，必须熟悉公路工程的施工方法和施工顺序。下面我们将从路基、路面、隧道、桥涵等单位工程，结合施工工艺流程讲述计价子目的确定和预算定额的正确使用。

第三节 路基工程施工图预算的编制

路基工程中由于路基土石方工程量大，占整个工程造价的比重较大，因此本节主要讲述路基土石方的造价编制。

一、挖方路基

（一）土方路基开挖

1. 施工工艺流程框图（见图8-1）

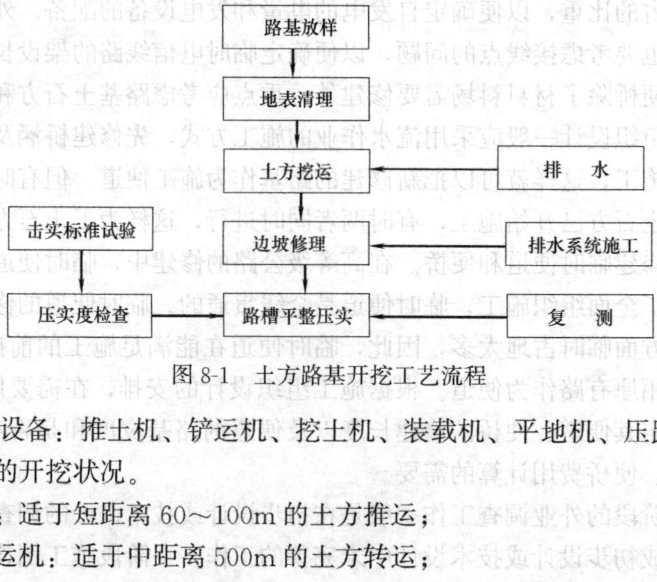

图8-1　土方路基开挖工艺流程

2. 主要机械设备：推土机、铲运机、挖土机、装载机、平地机、压路机、自卸汽车。它们适用于不同的开挖状况。

(1) 推土机：适于短距离60～100m的土方推运；

(2) 拖式铲运机：适于中距离500m的土方转运；

(3) 自行式大铲运机：适于1km以内的大规模的土方挖运；

(4) 装载机：适于装松散土、砂石（需运输机械配合运输）和装运卸循环时间少于3min的土方转运；

(5) 挖掘机：运用非常广的挖土机械，通常需运输机械配合运土；

(6) 自卸汽车：适于运距1.5km以上的土方运输。

路基土石方机械并不是单一的选用，往往是由几种机械组合而成。施工机械的配合见表8-3。

施工机械配合表 表8-3

工作种类	施工机械
半填半挖	推土机
半挖装载	挖掘机、装载机＋自卸汽车
明挖	推土机 铲运机 挖掘机、装载机＋自卸汽车

3. 影响路基土石方开挖的因素

(1) 土壤级别。

(2) 运输距离。

(3) 施工方法（施工机械的选择）。

4. 挖土方路基定额套用

(1) 测量放样、试验及质量检查：无专门的定额子目，在施工辅助费中计取。

(2) 伐树挖根：预算定额第一章路基工程1～1～1伐树、挖根、除草、清除表土定额。

(3) 排水沟：施工排水沟已包含在开挖定额中，不再单独计算，永久性排水沟开挖套用预算定额1～2～1人工挖截水沟、排水沟。

(4) 运距20m内（本桩利用）与运距100m内（远桩利用）：挖装运综合为一项，预算定额第一章路基工程1～1～12推土机推土。

(5) 运距1000m内（远桩利用）：挖＋装＋运

预算定额1～1～6人工挖运土方（土方数量小，运距短时采用）；

预算定额1～1～6人工挖运土方＋1～1～8机动翻斗车、手扶拖拉机配合人工运土石方（土方数量较少时，运距1000m内时采用）；

预算定额1～1～13铲运机铲运土方；

预算定额1～1～9挖掘机挖装土石方＋1～1～11自卸汽车运土石方（开挖量大时）；

预算定额1～1～10装载机装土石方＋1～1～11自卸汽车运土石方＋1～1～12推土机推土（定额×0.8系数）。

(6) 运距1000m以上的远桩利用方与弃方：挖装运

预算定额1～1～9挖掘机挖装土石方＋1～1～11自卸汽车运土石方；

预算定额1～1～10装载机装土石方＋1～1～11自卸汽车运土石方＋1～1～12推土机推土（定额×0.8系数）。

(7) 整修边坡、路拱：预算定额1～1～20整修路基。

(8) 路槽平整压实：预算定额1～1～18机械碾压路基Ⅱ.零填及挖方路基。

(二) 石方路基爆破开挖

1. 施工工艺流程框图（见图8-2）

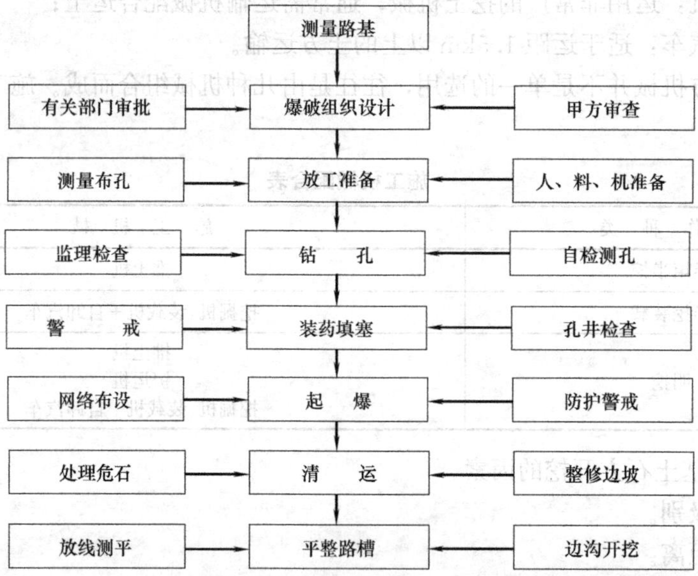

图8-2　石方路基开挖工艺流程

2. 主要机械设备

空压机，手风钻，潜孔钻，推土机，装载机，平地机，压路机，自卸汽车，爆破仪表等设备。

3. 爆破开挖石方路基定额套用

(1) 钻孔、装药、起爆、推土机推集石碴：预算定额1～1～14人工开炸石方，1～1～15机械打眼开炸石方；

(2) 装载机装石碴：预算定额1～1～10装载机装土石方；

(3) 运输：预算定额1～1～11自卸汽车运土石方；

(4) 整修边坡、路拱：预算定额1～1～20整修路基；

(5) 平整路槽：预算定额1～1～18机械碾压路基Ⅱ.零填及挖方路基。

二、填方路基：

1. 工艺流程图（见图8-3）

2. 主要机械设备

推土机、铲运机、挖土机、装载机、平地机、压路机、水车、自卸汽车、蛙式夯、气夯等。

3. 定额套用

(1) 取土场取土、运输（借方）：挖装运与运输至弃土场挖装运相同；

预算定额1～1～9挖掘机挖装土石方+1～1～11自卸汽车运土石方；

预算定额1～1～10装载机装土石方+1～1～11自卸汽车运土石方+1～1～12推土机推土（定额×0.8系数）；

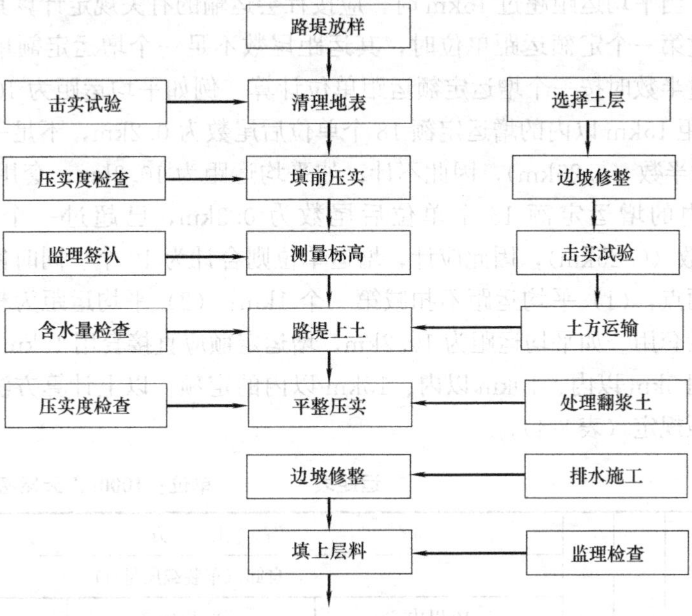

图 8-3 填方路基施工工艺流程

(2) 利用方、运输：已在土方开挖中计算，在此不再重复计算；

(3) 清表：预算定额第一章路基工程 1～1～1 伐树、挖根、除草、清除表土定额；

(4) 填前压实：预算定额 1～1～18 机械碾压路基Ⅱ. 零填及挖方路基；

(5) 推土机推平、平地机整平、压路机压实：预算定额 1～1～18 机械碾压路基Ⅰ填方路基；

(6) 洒水车洒水：预算定额 1～1～22 洒水汽车洒水；

(7) 刷坡：预算定额 1～1～21 刷坡；

(8) 整修路拱：预算定额 1～1～20 整修路基。

三、路基工程定额套用注意问题

1. 天然密实方和压实方的换算

土方挖方按天然密实体积计算，填方按压（夯）实后的体积计算；石方爆破按天然密实体积计算。当以填方压实体积为工程量，采用以天然密实方为计量单位的定额时，应乘以压实系数。

推土机、铲运机施工土方的增运定额按普通土栏目的系数计算；人工挖运土方的增运定额和机械翻斗车、手扶拖拉机运输土方、自卸汽车运输土方的运输定额在上表系数的基础上增加 0.03 的土方运输损耗，但弃方运输不应计算运输损耗。增加 0.03 的土方运输损耗指套用汽车运土方定额时才增加，而套挖、装定额时则不予增加。例如某高速公路工程压实方为 $10000m^3$，全为借土（普通土），则挖、装的工程量为 $11600m^3$，汽车运土的工程量为 $11900m^3$。

2. 机械选择

3. 运距

定额规定自卸汽车运输路基土、石方定额项目，仅适用于平均运距在 15km 以内的土、石方运输，当平均运距超过 15km 时，应按社会运输的有关规定计算其运输费用。

当运距超过第一个定额运距单位时，其运距尾数不足一个增运定额单位的半数时不计，等于或超过半数时按一个增运定额运距单位计算。例如平均运距为 10.2km，套用第一个 1km 和运距 15km 以内的增运定额 18 个单位后尾数为 0.2km，不足一个增运定额单位（0.5km）的半数（0.25km），因此不计；如平均运距为 10.3km，套用第一个 1km 和运距 15km 以内的增运定额 18 个单位后尾数为 0.3km，已超过一个增运定额单位（0.5km）的半数（0.25km），因此应计，增运单位则合计为 19 个。同时使用增运定额套用时候要注意两点：（1）平均运距不扣减第一个 1km；（2）平均运距为整个距离内直接套用，不是分段套用。如平均运距为 10.2km，增运定额应直接套用 15km 内的增运定额，而不是分段套用 5km 以内、10km 以内、15km 以内的定额。以上计算方法同样适用于路面及桥涵的运距规定（表 8-4）。

运距表　　单位：1000m³ 天然密实方　表 8-4

顺序号	项目	单位	代号	土方											
				自卸汽车装载质量(t)											
				10 以内				12 以内				15 以内			
				第一个 1km	每增运 0.5km			第一个 1km	每增运 0.5km			第一个 1km	每增运 0.5km		
					平均运距(km)				平均运距(km)				平均运距(km)		
					5 以内	10 以内	15 以内		5 以内	10 以内	15 以内		5 以内	10 以内	15 以内
				13	14	15	16	17	18	19	20	21	22	23	24
1	3t 以内自卸汽车	台班	1382	—	—	—	—	—	—	—	—	—	—	—	—
2	6t 以内自卸汽车	台班	1384	—	—	—	—	—	—	—	—	—	—	—	—
3	8t 以内自卸汽车	台班	1385	—	—	—	—	—	—	—	—	—	—	—	—
4	10t 以内自卸汽车	台班	1386	7.58	1.02	0.92	0.88	—	—	—	—	—	—	—	—
5	12t 以内自卸汽车	台班	1387	—	—	—	—	6.62	0.88	0.80	0.77	—	—	—	—
6	15t 以内自卸汽车	台班	1388	—	—	—	—	—	—	—	—	5.57	0.70	0.64	0.61
7	20t 以内自卸汽车	台班	1390	—	—	—	—	—	—	—	—	—	—	—	—
8	基价	元	1999	4233	570	514	491	4124	548	498	480	3816	480	438	418

4. 工作的划分界限

【例 8-1】 某二级公路第×合同段长 15km，路基宽度 12m，其中挖方路段长 4.5km，填方路段长 10.5km，施工图设计图纸提供的路基土石方数量如下：

挖方（m³）：普通土 150000　软石 75000；

本桩利用（m³）：土方 35000　石方 15000；

远运利用（m³）：土方 115000　石方 50000；

填方（m³）：550000　注：以上挖方、利用方均指天然密实方，填方指压实方。

已知：远运利用土、石方的平均运距为 400m，借方、弃方的平均运距为 3km。

问题：请列出该土石方工程造价所涉及的相关定额的名称、单位、定额代号、数量等内容，计算定额直接费。

本题要点：(1) 天然密实方与压实方的换算；

(2) 开挖机械选择；

(3) 路基土石方工程常用的定额组合。

答：工程数量计算：

1. 借方数量

利用方数量（压实方）：

$$(35000+115000)/1.16+(15000+50000)/0.92=199963\text{m}^3$$

借方数量（压实方）：550000～199963＝350037m^3

借方数量（天然密实方）：

$$(550000\sim199963)\times1.16=406043\text{m}^3$$

2. 弃方数量的计算

弃土方数量（天然密实方）：150000～35000～115000＝0

弃石方数量（天然密实方）：75000～15000～50000＝10000m^3

3. 整修路拱数量：12×15000＝180000m^2

4. 零填及挖方段路基碾压数量：12×4500＝54000m^2

5. 填前压实数量：20（估计值）×10500＝210000m^2

定额套用及调整表 **表 8-5**

工程细目名称		定额表号	单位	数量	基价(元)	定额调整
135kW 推土机推土方		1～1～12～14	1000m^3 天然密实方	35	1807	
机械开炸石方 135kw 推土机推石方（第 1 个 20m 开炸运）		1～1～15～24	同上	750	8944	
10m^3 铲运机铲运土方	第 1 个 100m	1～1～13～6	同上	115	2839	
	每增运 50m	1～1～13～8	同上	115	423	6
12t 自卸汽车运利用(弃)石方	2m^3 装载机装车	1～1～10～2	同上	60	1515	
	第 1 个 1km	1～1～11～45	同上	60	6741	
	每增运 0.5km	1～1～11～46	同上	60	860	4
12t 自卸汽车运借土方	2m^3 挖掘机装车	1～1～9～8	同上	350.37	1991	1.16
	第 1 个 1km	1～1～11～17	同上	350.37	4124	1.19
	每增运 0.5km	1～1～11～18	同上	350.37	548	4×1.19
填前压实		1～1～5～4	1000m^2	210	261	
零填及挖方段路基碾压		1～1～18～31	1000m^2	54	1618	
碾压路基土方		1～1～18～9	1000m^3 压实方	479.35	3218	
碾压路基石方		1～1～18～20	1000m^3 压实方	70.652	4724	
整修路拱		1～1～20～1	1000m^2	180	121	
整修边坡		1～1～20～3	1km	15	16566	

【例 8-2】 某四车道一级公路，路基宽 24m。地处平原微丘区，建设工期三年。该工程中有一段路基工程，全部是借土填方，平均每公里约 10 万 m^3 左右。有一座 250m 长的大桥，水深 1～2m，设计为灌注桩基础，预应力混凝土 T 形梁，河东岸有一片高地，为指

定取土范围，土质为普通土，河西岸新建公路10km长，路基填土方计1，000，000m³，全部由河东岸借土汽车远运至西岸。河上游5km处有一座旧公路桥，连接一条三级公路，可通往取土地和河西岸新建公路填方起点，详见图8-4所示。

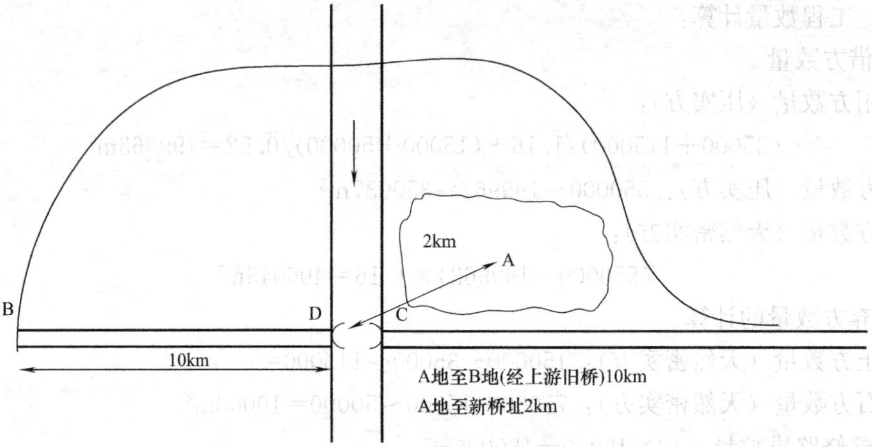

图8-4 ［例8-2］示意图

问题：分析比较土方运输方案，一是走旧桥方案，一是走利用并加宽大桥施工便桥(加宽至8m，50％费用摊入填方内）方案。分别给出两种运输方案路基填方的工程细目、工程量及定额表号。(不考虑路基边缘加宽填方和需要洒水的费用)

此案例较为综合，土石方工程为常规做法，但增加了施工便桥的费用计算。

方案一：走老路（运距：10km＋5km＝15km）结果表，结果见表8-6。

结果表一 **表8-6**

工程细目名称	单位	数量	定额表号	基价(元)	定额调整	基价合计(元)
165kW推土机推土	1000m³	1000	1～1～12～18	1715	1.16×0.8	1591520
3m³装载机装土	1000m³	1000	1～1～10～3	985	1.16	1142600
15t自卸汽车运第1km	1000m³	1000	1～1～11～21	3816	1.19	4541040
每增运0.5km	1000m³	1000	1～1～11～24	418	1.19×28	13927760
机械碾压路基填方	1000m³	1000	1～1～18～4	3884		3884000
整修路拱	1000m²	240	1～1～20～1	121		29040
整修边坡	km	10	1～1～20～3	16566		165660
定额直接费合计					25281620	

基价合计＝数量×基价×定额调整

方案二：走施工便桥（运距：2km＋5km＝7km）结果见表8-7。

结果表二 **表8-7**

工程细目名称	单位	数量	定额表号	基价(元)	定额调整	基价合计(元)
165kW推土机推土	1000m³	1000	1～1～12～18	1715	1.16×0.8	1591520
3m³装载机装土	1000m³	1000	1～1～10～3	985	1.16	1142600
15t自卸汽车运第1km	1000m³	1000	1～1～11～21	3816	1.19	4541040

续表

工程细目名称		单位	数量	定额表号	基价(元)	定额调整	基价合计(元)
每增运 0.5km		1000m³	1000	1～1～11～24	418	1.19×12	5969040
机械碾压路基填方		1000m³	1000	1～1～18～4	3884		3884000
整修路拱		1000m²	240	1～1～20～1	121		29040
整修边坡		km	10	1～1～20～3	16566		165660
施工便桥	钢便桥	10m	25	7～1～2～1	12530		313250
	设备摊销费增加	10m	25		2353.3	32/4	470660
	便桥墩	座	11	7～1～2～2	1940		21340
	桥墩钢管增加	座	11		0.152×5000	2	8360
定额直接费合计							18136510

显然方案二优于方案一，故选择方案二：运土方走施工便桥，并加宽施工便桥。

第四节　路 面 工 程

路面工程包括底基层、基层、面层，底基层、基层的类型有水泥稳定类、石灰稳定类、二灰（石灰、粉煤灰）稳定类、级配碎石及级配砂砾等种类，面层主要有水泥混凝土面层、沥青混凝土面层等。底基层、基层的施工方法有路拌法和厂拌法，下面以水泥稳定类为例讲述基层的施工方法及其定额使用。

一、水泥稳定土基层或底基层

1. 路拌法

（1）仅适用于底基层第一层的路拌法施工要求。

（2）路拌法工工艺流程（见图 8-5）

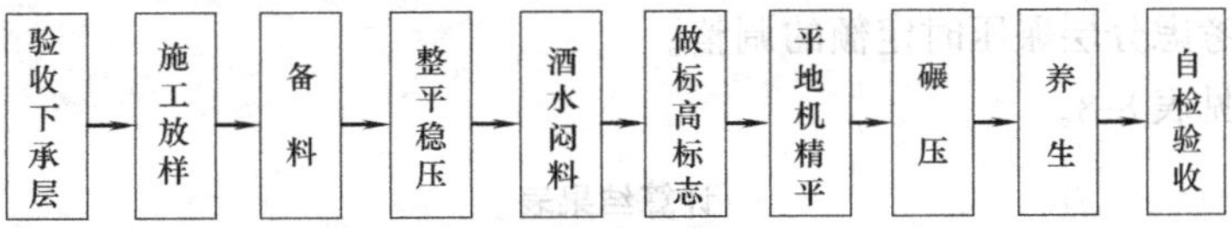

图 8-5　水泥稳定土底基层施工工艺流程（路拌法）

（3）主要机械设备：推土机、平地机、压路机、自卸汽车、水车、结合料洒布机、路拌稳定拌合机。

（4）路拌法施工工序及定额套用

定额套用：所有工序综合为一个定额子目，预算定额第二章路面工程中 2～1～2 至 2～1～6 路拌法各类稳定土基层。

2. 厂拌法

（1）适用于基层和厂拌法施工要求

（2）工艺流程（见图 8-6）

（3）主要机械设备：推土机，厂拌稳定土拌合设备，稳定土摊铺机，胶轮压路机，震动压路机，洒水车，装载机，自卸汽车。

（4）厂拌法施工工序及定额套用

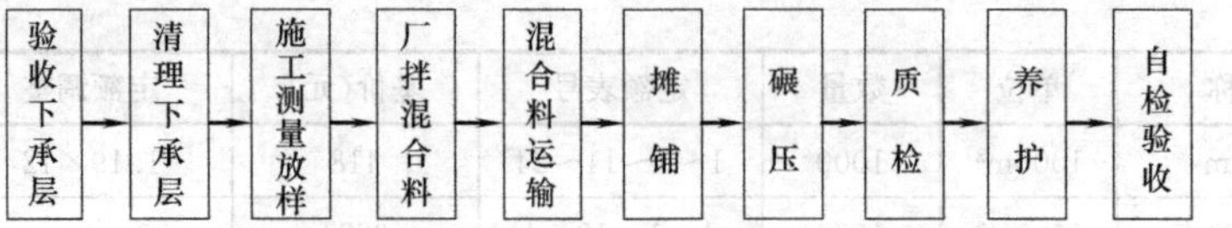

图 8-6　水泥稳定土底基层施工工艺流程（厂拌法）

① 集中拌料：预算定额 2～1～7 厂拌基层稳定土混合料。

② 运输：预算定额 2～1～8 厂拌基层稳定土混合料运输。

③ 摊铺、整平、压路机碾压、洒水养生（综合为一个定额子目）：预算定额 2～1～9 机械铺筑厂拌基层稳定土混合料。

④拌合设备安装、拆卸：预算定额 2～1～10 基层稳定土厂拌设备安装、拆除。

3. 稳定土基层定额套用注意问题

（1）配合比调整。

（2）压实厚度：各类稳定土基层、级配碎石的压实厚度在 15cm 以内，如超过以上压实厚度进行分层拌合碾压时，拖拉机、平地机和压路机台班按定额数量加倍，每 1000m² 增加 3.0 工日。

（3）运距：自卸汽车运输稳定土混合料、沥青混合料和水泥混凝土定额项目，仅适用于平均运距在 15km 以内的混合料运输，当平均运距超过 15km 时，应按社会运输的有关规定计算其运输费用。当运距超过第一个定额运距单位时，其运距尾数不足一个增运定额单位的半数时不计，超过半数时按一个增运定额运距单位计算。

【例 8-3】 ××公路工程中路面基层为 30cm 厚的水泥稳定碎石，计 300000m²，采用厂拌法施工，120kW 平地机铺筑，15t 自卸汽车运 5km，水泥含量为 5%。（不考虑拌合站建设费用）

问题：给出该路面基层的工程细目，工程量，定额表号，定额基价及定额调整。

此题主要考虑分层碾压时定额的调整。

计算结果见表 8-8。

计算结果表　　**表 8-8**

序号	工程细目名称		定额表号	单位	工程数量	基价(元)	定额调整
1	稳定土厂拌设备拌合(压实厚度 15cm)		2～1～7～5	1000m²	300	12230	
2	每增加 1cm		2～1～7～6	1000m²	300	818	15
3	15t 自卸汽车运输混合料第一个 1km		2～1～8～21	1000m²	90.9	4042	
4	增运 4km		2～1～8～22	1000m³	90.9	452	4
5	基层混合料铺筑		2～1～9～3	1000m²	300	1285	
6	分层铺筑增加	人工		1000m²	300	49.20	3.0
		120kW 平地机		1000m²	300	908.89	0.37
		6～8t 光轮压路机		1000m²	300	251.49	0.14
		12～15t 光轮压路机		1000m²	300	411.77	1.27

二、面层

（一）混凝土面层

混凝土路面施工方法主要有人工铺筑和摊铺机摊铺，人工铺筑适用于一般数量不大的混凝土路面，二级及二级以上等级公路的水泥混凝土路面应采用摊铺机铺筑。

1. 主要工艺流程

原材料及机具准备→混凝土配合比设计→混凝土拌合站搭设→清理基层→施工放样→安装模板及传力杆→混凝土拌合运输→混凝土摊铺→养生及拆模→切缝及填缝

2. 主要施工机具

水泥混凝土拌合机、水泥混凝土运送罐车（自卸翻斗车）、摊铺机、装载机、自卸汽车、振捣器、电动抹平机、水车、锯缝机。

3. 定额套用

① 施工准备——切缝填缝（全部工序都包括在预算定额 2～2～17 水泥混凝土路面一个定额子目里）。

② 钢筋及传力杆加工安放：预算定额 2～2～17 水泥混凝土路面Ⅲ拉杆、传力杆及钢筋。

③ 混凝土拌合站安拆（若为混凝土拌合站集中拌合）：预算定额 4～11～11 混凝土拌合及运输Ⅲ混凝土搅拌站（楼）安拆。

④ 拌合站场地处理：按施工组织设计内容套用相应定额。

（二）沥青混凝土路面

1. 施工准备

（1）在验收合格的基层上恢复中线（底面层施工时）。在边线外侧 0.3～0.5m 处每隔 5～10m 钉边桩进行水平测量，拉好基准线，画好边线。

（2）对下承层进行清扫，底面层施工前二天在基层上洒透层油，在中底面层上喷洒粘层油。

2. 封层、透层与黏层

封层是为堵塞表面空隙、防止水分渗入，而在沥青面层或基层上铺设有一定厚度的沥青混合料薄层，铺筑在沥青表面的称为上封层，铺筑在基层表面的称为下封层；透层是为使封层与基层有良好的结合，而喷洒透层油；黏层是为使沥青层之间有良好的结合，而喷洒黏层油。

3. 沥青混合料的拌合

（1）在沥青混凝土拌合站集中拌合沥青混合料。

（2）沥青的加热温度控制在规范规定的范围之内，即 150～170℃。集料的加热温度控制在 160～180℃；拌合料的出厂温度控制在 140～165℃。当混合料出厂温度过高应废弃。混合料运至施工现场的温度控制在不低于 120～150℃。

4. 混合料的运输

根据拌合站的产量、运距合理安排运输车辆。

5. 混合料的摊铺

（1）根据路面宽度选用 1～2 台具有可自动调节摊铺厚度及找平装置，可加热的振动熨平板，并运行良好的高密度沥青摊铺机进行摊铺。

（2）摊铺机均匀行驶，行走速度和拌合站产量相匹配，以确保所摊铺路面均匀不间断摊铺。在摊铺过程中不准随意变换速度，尽量避免中途停顿。

6. 混合料的压实

压路机由二台或三台双轮双振压路机及2～3台总质量不小于15t胶轮压路机组成，进行初压、复压、终压。

7. 定额套用

(1) 洒透层（下封层）沥青：预算定额2～2～16透层、黏层、封层。

(2) 沥青混合料拌合：预算定额2～2～11沥青混凝土混合料拌合。

(3) 沥青混合料运输：预算定额2～2～13沥青混合料运输。

(4) 底面层沥青混合料摊铺：预算定额2～2～14沥青混合料路面铺筑。

(5) 洒粘层沥青：预算定额2～2～16透层、黏层、封层。

(6) 面层沥青混合料摊铺：预算定额2～2～14沥青混合料路面铺筑。

(7) 拌合设备安拆：预算定额2～2～15沥青混合料拌合设备安装、拆卸。

【例8-4】 ××公路工程采用沥青混凝土路面。施工图设计的路面面层为中粒式沥青混合料厚度为15cm（4＋5＋6）。其中某标段路线长度30km，面层数量为650，000m²，要求采用集中拌合施工。在施工过程中，由于某种原因造成中面层施工结束后相隔较长的时间才铺筑上面层。根据施工组织设计资料，在距路线两端1/3处各有一块比较平坦的场地，且与路线间约有2km的土质机耕道相接。路面施工工期为12个月。

问题：列出本标段路面工程造价的相关定额的名称、单位、定额代号、数量等内容。

案例为一综合题，除了路面工程的常规定额选用外，还要合理地组织施工，如本题中综合运距的计算，与质量相关的拌合设备型号的选择，都要考虑进来。

1. 面层混合料综合平均运距

根据施工工期安排，沿线应设沥青混合料拌合站一处，每处约占地18000～20000m²；安装（100～150)t/h沥青拌合设备2台。其混合料综合平均运距为：(20/2＋2)×2/3＋(10/2＋2)×1/3＝10.33km。

2. 拌合站场地处理

(1) 平整场地面积：20000m²

(2) 砂砾垫层面积：20000×60％＝12000m²

(3) 水泥砂浆抹面：20000×30％＝6000m²

定额选用见表8-9。

定额选用表 表8-9

工程细目名称	定额表号	单 位	数量	调整系数
透层沥青	2～2～16～4	1000m²	710.85	
沥青混凝土面层拌合		1000m³ 路面实体	71.5	
沥青混合料抗滑表层拌合		1000m³ 路面实体	26	
15t自卸汽车运第1km		1000m³ 路面实体	97.5	
每增运1km		1000m³ 路面实体	97.5	9
沥青混合料摊铺		1000m³ 路面实体	97.5	
粘层沥青		1000m²	710.85	
沥青拌合站安拆		1座	2	

续表

工程细目名称	定额表号	单　位	数量	调整系数
拌合站场地平整		$1000m^2$	20	
拌合站场地碾压		$1000m^2$	12	
拌合站铺砂砾垫层		$10m^3$	240	
水泥砂浆抹面	4～11～6～17	$100m^2$	60	
临时便道		km	2	
便道路面		km	2	
便道养护		km×月	24	

第五节　桥涵工程

与路基、路面工程相比，桥梁工程结构类型较多、施工工艺复杂，在工程概算、预算的编制中，往往需要结合施工方案、施工工艺、分项工程数量等因素，取定辅助工程的工程量，准确地套用相关概算、预算定额，从而合理确定和有效控制桥梁工程的工程造价。由于技术复杂大桥的施工方案涉及较多的施工技术、施工机械等，在此主要就一般桥梁工程的施工方案与概算、预算编制的有关问题展开。

一、基础工程

常见桥梁基础工程的结构类型主要包括扩大基础、桩基础、沉井基础、管桩基础、地下连续墙等。对一般桥梁工程，沉井基础、管桩基础、地下连续墙较少采用，我们仅对扩大基础及桩基础工程进行介绍。

(一) 明挖扩大基础

扩大基础的施工工艺包括开挖基坑、对基底进行处理（当地基的承载力不满足设计要求时需对地基进行加固），然后砌筑圬工或立模、绑扎钢筋、浇筑混凝土。其中开挖基坑是施工的主要工序，在开挖过程中必须解决挡土与止水的问题。当土质坚硬时，对基坑的坑壁可不进行支护，此类基坑的适用条件主要有：在干涸无水的河滩、河沟中，或虽有水但经改河或填堤能排除地表水的河沟中；地下水位低于基底，或渗透量小、不影响坑壁的稳定性；基础埋置不深，施工期较短，挖基时不影响邻近建筑物的安全等，对于无需加固坑壁的基坑，开挖时仅按一般坡度要求进行开挖。在采用土、石围堰或土质疏松的情况下，当地下水位较高而基坑较深、坑壁土质不易稳定、工期紧、放坡开挖工程量较大或对邻近建筑物影响较大等情况下，一般应对开挖后的基坑坑壁进行加固，以防止坑壁坍塌。支护的方法有挡板支护加固、板桩加固、混凝土及喷射混凝土加固等。另外对于大体积混凝土基坑的开挖，有关技术部门应考虑支护加固的设计（如地锚基坑的开挖等）。

扩大基础施工的难易程度主要与地下水处理的难易有关，当地下水位高于基础的设计底面高程时，施工时必须采取止水措施，如打钢板桩或考虑集水井并用水泵排水、深井排水及井点法等使地下水位降低至开挖面以下，以使开挖工作能在干燥的状态下进行。还可采用化学灌浆及帷幕法（包括冻结法、硅化法、水泥灌浆法和沥青灌浆法等）进行止水或排水。但扩大基础的各种施工方法都有各自的制约条件，因此在选择时应特别注意。

对刚性扩大基础的施工，一般均采用明挖，根据开挖深度、边坡土质、渗水情况及施工场地、开挖方式、施工方法有多种选择。

1. 开挖方式

开挖作业方式以机械作业为主，采用反铲挖掘机配自卸汽车运输作业辅以人工清槽。单斗挖掘机（反铲）斗容量根据土方量和运输车辆的配置可选择 0.1～0.4m^3，控制深度 4～6m。挖基土应外运或远离基坑边缘卸土，以免塌方和影响施工。基坑开挖前，依据设计图提供的勘探资料，先估算渗水量，选择施工方法和排水设备。抽水设备可采用电动或内燃的离心式水泵或潜水泵。采用人工降低地下水位，井点法适用于基坑土质容易流沙的砂土层，不能用直接排水法的情况下，降低地下水位效果较好。

2. 坑壁的支撑

坑壁的支撑方式可选以下几种：

（1）挡板支撑：适用于基坑断面尺寸较小，可以边挖边支撑的情况。挡板可竖立或横立，板厚 5～6cm，加方木带，板的支撑用钢、木均可。

（2）喷射混凝土护壁是一种常用的边坡支护方法，在人工修整过程的边坡上采用混凝土喷射机喷射 C20 混凝土，厚度一般为 5～10cm（或特殊设计），石子粒径 0.5～1.5cm，随着基坑向下开挖 1.0～2.0m，即开始喷射混凝土护壁，以后挖一节喷一节直到基底。

（3）围堰：在有地表水的地段，开挖基坑应设置围堰。根据施工的不同环境，水文情况，围堰可以采用土围堰、草（麻）袋围堰、木板或钢板桩围堰等多种形式，施工时应注重充分利用当地材料和现有设备，尽可能缩短工期，提高工效，保证安全。要求堰顶面至少高出施工期最高水位 0.5～1.0m，围堰应尽量少压缩河床断面，要满足强度和稳定的要求。

（4）垂直开挖：许多城市立交桥因受场地和行车条件所限，基坑要进行垂直开挖，上口开挖面尺寸基本与基坑下口尺寸相同。为有效地保证基坑侧壁施工中的安全，并承受周边建筑和土产生的侧压力，桥梁基础开挖可选用长螺旋钻孔灌注桩护壁（起挡土墙作用）。

3. 基坑开挖定额套用

（1）基坑机械开挖及回填：预算定额 4～1～1 至 4～1～3 开挖基坑。

（2）基坑挡土板：4～1～4 基坑挡土板。

（3）土围堰修筑及拆除：4～2～1 草土围堰。

（4）草（麻）袋围堰修筑及拆除：4～2～2 草（麻）袋围堰。

（5）钢板桩围堰打设及拆除：4～3～5 打钢板桩、4～3～6 拔钢板桩。

（6）钻孔灌注桩护壁：详见钻孔灌注桩基础定额套用。

（7）基础混凝土：4～37 基础承台及支撑梁。

（8）排水：按第四章第一节基坑开挖说明中有关排水费用计算。

以上（2）～（6）应据实际围堰类型分别选用。

4. 预算编制中应注意的问题

（1）基坑开挖

扩大基础的基坑开挖工程量一般在设计图中应明确，但也有部分设计图纸未明确提出，此时基坑开挖工程量则需概预算人员计算。

关于挖基定额的选用：现行的部分布预算定额中基坑开挖按人工挖基、人工挖卷扬机吊运及机械挖基三种方法计算，定额中均包括了回填夯实的工作内容。其中人工挖基适用于开挖数量不大的项目；人工挖卷扬机吊运适用于开挖深度较深的项目；机械开挖则适用于开挖数量较大的项目（实际工作中很难明确人工挖基与机械挖基的划分界限，但考虑到人工挖基定额的消耗量偏大，一般基坑均应套用机械挖基定额；而对于深度在 6m 以内的基坑一般不考虑采用人工挖卷扬吊运）。

（2）基坑排水

对于湿处挖基应考虑排水问题，较常用的方法有集水坑排水法和井点排水法。其中集水坑排水法适用范围较广，除严重流沙外，一般情况均可适用；而基坑土质不好，地下水位较高，用集水坑排水时有流沙涌泥等现象出现时则采用井点排水法，主要目的是降低地下水位。

在现行的部颁预算定额中，采用集水坑排水法开挖基坑时，其排水费用是根据定额说明的规定计算水泵的台班数量，增加到挖基定额中计算的。其中定额说明中水泵台班消耗量的计算方法仅适用于地下水而非地表水，基坑水泵台班消耗，可根据覆盖层土壤类别和施工水位高度采用表列数值计算。预算定额中对基坑水泵台班消耗作了如下规定：

① 墩（台）基坑水泵台班消耗＝湿处挖基工程量×挖基水泵台班＋墩（台）座数×修筑水泵台班。

② 基坑水泵台班消耗表中水位高度栏中“地面水”适用于围堰内挖基，水位高度指施工水位至坑顶的高度（如图 8-7 所示）；其水泵消耗台班已包括排除地下水所需台班数量，不得再按“地下水”加计水泵台班；“地下水”适用于岸滩湿处的挖基，水位高度指施工水位至坑底的高度，其工程量应为施工水位以下的湿处挖基工程数量，施工水位至坑顶部分的挖基，应按干处挖基对待，不计水泵台班。

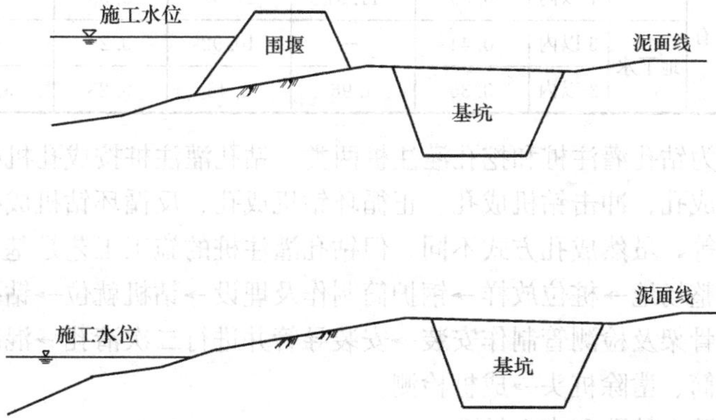

图 8-7　地面水及地下水位高度示意图

③ 基坑水泵台班消耗量如表 8-10，表列水泵台班均为 ϕ150mm 水泵。

（3）基坑支护

基坑支护采用挡土板时可按支护面积直接套预算定额计算；当采用混凝土及喷射混凝土加固时，应根据设计图纸套用相应的定额计算；采用钢管桩、钢板桩支护时，可参考围堰工程计算。

（二）桩基础

桩基础主要包括沉入桩基础及灌注桩基础，最常用的是灌注桩基础。沉入桩基础主要在一些辅助工程或临时工程中采用，如管桩工作平台、管桩支架基础等。灌注桩基础按不

基坑水泵台班消耗　　表 8-10

覆盖层土壤类别		水位高度(m)		河中桥墩 挖基(10m³)	河中桥墩 每座墩(台)修筑水泵台班 基坑深3m以内	河中桥墩 每座墩(台)修筑水泵台班 基坑深6m以内	靠岸墩台 挖基(10m³)	靠岸墩台 每座墩(台)修筑水泵台班 基坑深3m以内	靠岸墩台 每座墩(台)修筑水泵台班 基坑深6m以内
Ⅰ	1. 亚黏土 2. 粉砂土 3. 较密实的细砂土(0.10～0.25mm 颗粒含量占多数) 4. 松软的黄土 5. 有透水孔道的黏土	地面水	4 以内	0.19	7.58	10.83	0.12	4.88	7.04
			3 以内	0.15	5.96	8.67	0.10	3.79	5.42
			2 以内	0.12	5.42	7.58	0.08	3.52	4.88
			1 以内	0.11	0.48	7.04	0.07	3.25	4.33
		地下水	6 以内	0.08	—	5.42	0.05	—	3.79
			3 以内	0.07	3.79	3.79	0.04	2.71	2.71
Ⅱ	1. 中类砂土(0.25～0.50mm 颗粒含量占多数) 2. 紧密的颗粒较细的砂砾石层 3. 有裂缝透水的岩层	地面水	4 以内	0.54	16.12	24.96	0.35	10.32	16.12
			3 以内	0.44	11.96	18.72	0.29	7.74	11.96
			2 以内	0.36	8.32	14.04	0.23	5.16	9.36
			1 以内	0.31	6.24	10.92	0.19	4.13	7.28
		地下水	6 以内	0.23	—	7.28	0.15	—	4.68
			3 以内	0.19	4.16	4.68	0.12	2.58	3.12
Ⅲ	1. 粗粒砂(0.50～1.00mm 颗粒含量占多数) 2. 砂砾石层(砾石含量大于 50%) 3. 透水岩石并有泉眼	地面水	4 以内	1.04	30.76	47.14	0.68	19.85	30.76
			3 以内	0.84	22.33	35.73	0.55	14.39	23.32
			2 以内	0.69	16.37	26.79	0.45	10.42	17.37
			1 以内	0.59	11.91	21.34	0.39	7.94	13.89
		地下水	6 以内	0.44	—	10.92	0.29	—	6.95
			3 以内	0.35	4.96	5.46	0.23	3.47	3.47

同的成孔方法可分为钻孔灌注桩和挖孔灌注桩两类。钻孔灌注桩按成孔机械又分为螺旋钻机成孔、潜水钻机成孔、冲击钻机成孔、正循环钻机成孔、反循环钻机成孔、冲抓钻机成孔及旋挖钻机成孔等，虽然成孔方式不同，但钻孔灌注桩的施工工艺是基本一致的，简单的工艺流程为：平整场地→桩位放样→钢护筒制作及埋设→钻机就位→钻孔→成孔检验及验收→清孔→钢筋骨架及检测管制作安装→安装导管并进行二次清孔→混凝土配制、运输及灌注→拆除钢护筒、凿除桩头→成桩检测。

钻孔灌注桩分陆上钻孔和水上钻孔。

1. 钻孔桩施工方法（施工工艺图如图 8-8 所示）

（1）钻孔平台搭设、测量放线：施工前首先进行钻孔工作平台的搭设，水上工作平台一般为钢管桩基础。

（2）埋设钢护筒：钢护筒采用厚 3～10mm 钢板制成，陆上钢护筒考虑多次周转。护筒内径，使用旋转钻机时比桩径大 10～20cm，使用冲击钻时比桩径大 20～30cm，埋置护筒要考虑桩位的地质和水文情况，为保持水头护筒要高出施工水位（或地下水位）1.5～2.0m，无水地层护筒宜高出地面 0.3～0.5m。为避免护筒底悬空，造成坍孔，漏水，漏浆，护筒底应坐在天然的结实的土层上（或夯实的黏土层上）。护筒四周应回填黏土并夯实，护筒平面位置的偏差应不超过 5cm。护筒的入土深度应根据工程所在地的水文和地质

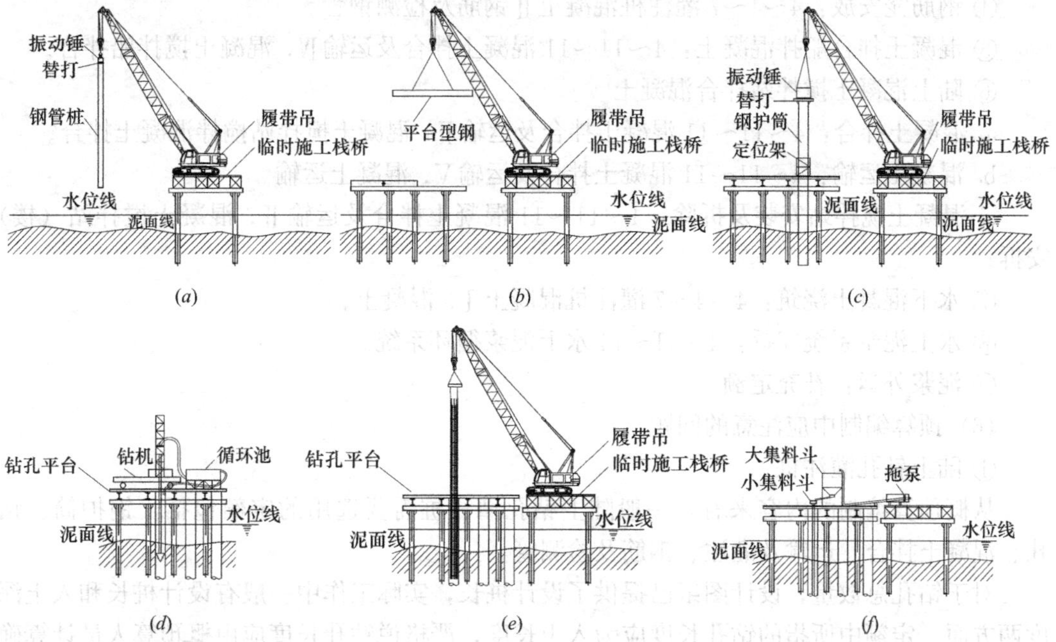

图 8-8 水上钻孔桩施工工艺图

(*a*) 钢管桩下沉；(*b*) 钻孔平台型钢安装；(*c*) 钻孔桩钢护筒下沉；(*d*) 钻机钻孔；(*e*) 钢筋笼下放；(*f*) 混凝土灌注

情况而定，护筒底面调和应穿过透水层（黏性土的入土深度至少 2m，砂性土的入土深度至少 3m）。护筒埋置深度：在无水地区一般为 1～2 倍的护筒直径；在有水地区一般入土深度为水深的 0.8～1.1 倍（无冲刷之前）。

（3）选择钻孔机械：正循环钻机，适合黏性土、砂类土、粒径小于 2cm 砾、卵石，钻孔直径 80～250cm，孔深 30～100m。反循环钻机，适合黏性土、砂类土、卵石粒径小于钻杆内径 2/3，钻孔直径 80～250cm，孔深泵吸＜40m，气举 100m。正循环潜水钻机，适合淤泥、黏性土、砂类土、砾卵石粒径小于 10cm，钻孔直径 60～150cm，孔深 50m。全套管冲板抓和冲击钻机，适用于各类土层，孔径 80～150cm，孔深 30～40m。

（4）主要机械设备：钻机、混凝土搅拌机、混凝土运输车、吊车、空压机、导管、泵车、装载机、电焊机、发电机、水车等。

（5）钻孔灌注桩定额套用

① 施工平台：预算定额 4～4～9 灌注桩工作平台。

② 埋设护筒：4～4～8 护筒制作、埋设、拆除。

③ 钻孔：4～4～2 卷扬机带冲抓锥冲孔、4～4～3 卷扬机带冲击锥冲孔、4～4～4 冲击钻机冲孔、4～4～5 回旋钻机钻孔、4～4～6 潜水钻机钻孔。当桩径不一样时，可按表 8-11 进行调整。

钻孔定额桩径调整表 **表 8-11**

桩径(cm)	130	140	160	170	180	190	210	220	230	240
调整系数	0.94	0.97	0.70	0.79	0.89	0.95	0.93	0.94	0.96	0.98
计算基数	桩径 150cm 以内		桩径 200cm 以内				桩径 250cm 以内			

④ 钢筋笼安放：4～4～7 灌注桩混凝土Ⅱ钢筋及检测钢管。

⑤ 混凝土拌合船拌混凝土：4～11～11 混凝土拌合及运输Ⅳ. 混凝土搅拌船拌合。

⑥ 陆上混凝土搅拌站拌合混凝土

a. 混凝土拌合：4～11～11 混凝土拌合及运输Ⅱ. 混凝土搅拌站搅拌混凝土拌合。

b. 混凝土运输：4～11～11 混凝土拌合及运输Ⅴ. 混凝土运输。

c. 混凝土搅拌站安装及拆除：4～11～11 混凝土拌合及运输Ⅱ. 混凝土搅拌站（楼）安拆。

⑦ 水下混凝土浇筑：4～4～7 灌注桩混凝土Ⅰ. 混凝土。

⑧ 水上泥浆系统安拆：4～11～14 水上泥浆循环系统。

⑨ 泥浆外运：补充定额。

（6）预算编制中应注意的问题

① 陆上钻孔灌注桩

从概预算编制的内容来看，一般陆上钻孔灌注桩需要选用的定额包括：钢护筒、钻孔、混凝土拌合、运输及灌注、钢筋及检测管。

对于钻孔总数量，设计图纸已提供了设计桩长，实际工作中一般有设计桩长和入土深度两方面。定额中所指的钻孔长度应为入土长度，严格说钻孔长度应由概预算人员计算确定（尤其是承台埋置较深或是围堰筑岛施工的项目）。

钢护筒的工程量按护筒的设计质量计算。当设计提供不出钢护筒的质量时，可参考第二章的相关内容进行计算。

关于桩基检测管数量，一般施工图应列出工程数量，初步设计则较少提出。根据有关资料，一般来说，其检测管按每桩最少按 3 根布置（每根检测管的长度与设计桩长相同），每延米桩长质量约 12kg，检测管一般采用 $\phi57\times3$mm 的钢管，每米质量约 4kg；桩径在 2.5m（含 2.5m）以上的桩基，则按每桩 4 根布置。

关于钻孔地质层的问题：钻孔费用在钻孔灌注桩费用中所占比重较大，各地质层的定额费用相差很大，因此钻孔地质层的分类统计是否合理往往决定了钻孔灌注桩工程的造价确定是否合理。现行的部颁定额对于地质层的划分是按土质、粒径、含量等描述性的概念划分的，总体上较为模糊，这给概预算人员对钻孔地质层的划分带来了较大的难度。

② 水中钻孔灌注桩

相对于陆上钻孔来说，水中钻孔灌注桩主要在围堰筑岛、水上工作平台等辅助工程方面有所差别。另外水中钢护筒的设置、泥浆船的使用、水上拌合站、施工栈桥等也是需要考虑的问题。在条件允许的情况下首先考虑围堰筑岛的方案是较经济的，当浅滩水深≤1.5m、流速≤0.5m/s 且河床渗水性较小时，可采用土围堰。

桩基工作平台的计算及定额使用问题：桩基工作平台一般采用钢管桩工作平台，主要组成构件包括钢管桩支架、型钢平台、桁架平台和型钢桁架组合平台等，其中钢管桩外径一般为 0.6～1.2m（0.8m 采用较多），壁厚约 6～12mm，平台顶面高程约高于施工水位 0.5～0.7m，钢管桩底面高程一般要进入持力层（应通过计算确定）。概预算定额中工作平台以 $100m^2$ 为单位，平台面积一般按承台或系梁结构外围尺寸加工作宽度计算，工作宽度一般为 2～3m。对于结构尺寸较小的工程还应考虑钻机的最小尺寸（最小边约 6m）及布置方向，若施工平台距河岸较近时还应计算连接平台的钢栈桥。

水中钢护筒每米质量仍应参考定额说明的方法计算，也可根据施工组织计算，如施工组织未提供护筒数量，可按前述埋设钢护筒的内容进行估算。

2. 挖孔桩施工方法

挖孔灌注桩主要适用于无地下水或地下水量很少的密实土层或岩石层，桩径一般在1.0～2.5m，最大可达3.5m，桩长宜小于30m，桩长10m以内时桩径不小于0.8m，桩长20m以内时桩径不小于1.2m，桩长大于20m时桩径至少要在1.5m以上，孔深大于15m时应考虑通风及安全设施。

挖孔灌注桩，主要工艺流程包括：平整场地→桩位放样→埋设护筒→安装出渣设备(卷扬机)→挖孔出渣及安设护壁斗→成孔检验及验收→钢筋骨架制作安装混凝土配制、运输及灌注。

(1) 准备工作

平整场地→放中桩（包括护桩)→布置排水沟→桩位上搭雨棚→安装提升设备→修整出渣道路。

(2) 孔口开挖及衬砌

在地面按衬砌处理挖深1m，安放模板，浇筑C15（或C20）混凝土形成井圈。井圈上口即井台座比周围地面高出20～30m以避免井口进水，每开挖1m衬砌1m，衬砌厚度15～25cm。

(3) 孔内通风

在地面上用鼓风机或风扇，通过ϕ50的塑料管不断地将新鲜空气运到孔底，以确保人员安全。

(4) 排水

孔内如渗水量不大，可以采用人工排水。当挖到桩底时，可在桩位的一角挖一个0.6m×0.5m×0.5m的集水坑，用潜水泵抽水，渗水较大时应边施工边采用集水坑抽水。如同一墩台有几个桩孔同时施工，可以安排超前开挖，使地下水集中在一孔内排除。一般说混凝土衬砌有较好的防水作用，是挖孔桩护壁支撑的首选施工方案。

(5) 吊装钢筋笼及灌筑桩身混凝土

钢筋笼的加工、吊装、接长，与钻孔灌注桩相同。混凝土浇筑由于桩孔内渗水情况不同，可选择不同的浇筑方法。

① 当桩内基本无水时，采用常见的混凝土浇筑方法，有条件的地方最好使用混凝土输送泵泵送混凝土。

② 当孔内渗水较快，但还能快速抽干渗水的桩孔，采用简易导管法施工。

(6) 定额套用

① 人工挖孔：预算定额4～4～1人工挖孔。

② 钢筋混凝土护壁：4～4～1～11现浇混凝土护壁。

③ 钢筋笼制作及安放：4～4～7灌注桩混凝土Ⅱ钢筋及检测钢管。

④ 桩混凝土浇筑：4～4～7灌注桩混凝土。

⑤ 混凝土拌合：4～11～11混凝土拌合及运输Ⅱ. 混凝土搅拌站搅拌混凝土拌合。

⑥ 排水：小量排水已包括在4～4～1人工挖孔定额中，不再单计；若大量排水如采用集水井排水时则需单独计算排水费用。

(三) 承台

1. 开挖方式的选择

(1) 当承台位置处于干处时，一般直接采用明挖基坑，并根据基坑状况采取一定措施后，在其上安装模板，浇注承台混凝土。

(2) 当承台位置位于水中时，一般先设围堰（钢板桩围堰或吊箱围堰）将群桩用在堰内，然后在堰内河底灌注水下混凝土封底，凝结后，将水抽干，使各桩处于干地，再安装承台模板，在干处灌注承台混凝土。

(3) 对于承台底标高位于河床以上的水中，采用有底吊箱或其他方法在水中将承台模板支撑和固定。如利用桩基，或临时支撑直接设置，承台模板安装完毕后抽水，堵漏，即可在干处灌注承台混凝土。承台模板支承方式的选择应根据水深、承台的类型、现有的条件等因素综合考虑。

2. 围堰

围堰的形式根据地质情况、水深、流速、设备条件等因素综合考虑，围堰类型及适用条件汇总如表 8-12 所示。

钢套箱围堰如图 8-9 所示。

围堰选择 **表 8-12**

项目	围堰类型	适用条件
土石堰	土堰	适于水深＜2m，流速≤0.5m/s，河床不透水，宜在河边浅滩，如外坡有防护措施时，可不限于小于 0.5m/s 的流速
	草(麻)袋堰	适于水深 3.5m 以内，流速 1.0～2.0m/s，河床不透水
	木桩竹条堰	适于水深 1.5～7m，流速≤2.0m/s，能打桩、不透水河床，盛产竹木地区
	竹篱堰	适于水深 1.5～7m，流速≤2.0m/s，能打桩、不透水河床，盛产竹木地区
	竹笼堰	适用范围较广，盛产竹木地区
	堆石土堰	适用于河床不透水，多岩石的河谷，水流速在 3m/s 以内
木堰	木板堰	适用于水深 2m，流速≤2.0m/s，较坚实土质河床，盛产木材地区
	木笼堰	适用于深水，急流，或有流水，深谷，险滩，河床坚硬平坦无覆盖层，盛产木材地区
套箱	木(钢)套箱	适用于深水，流速≤2.0m/s，无覆盖层，平坦的岩石河床
	钢丝混凝土套箱	适用于深水，流速≤2.0m/s，无覆盖层，平坦的岩石河床
板桩围堰	木板桩围堰	单层木板桩适用于水深在 2～4m，能打下木板桩的土质河床；双层木板桩中填粉质黏土、黏土墙，适用于水深 4～6m
	钢板桩围堰	适用于深水或深基坑，较坚硬的土石河床，防水性能好，整体刚度性较强
	钢筋混凝土板桩围堰	适用于深水或深基坑，各种土质河床，可作为基础结构的一部分，亦有采用拔除周转使用的，能节省大量木材

3. 开挖基坑

同明挖扩大基础中的基坑开挖。

4. 承台底的处理

(1) 低桩承台：当承台底层土质有足够的承载力，又无地下水或能排干时，可按天然地基上修筑基础的施工方法进行施工。当承台底层土质为松软土，且能排干水施工时，可挖除松软土，换填 10～30cm 厚砂砾土垫层，使其符合基底的设计标高并整平，即立模灌

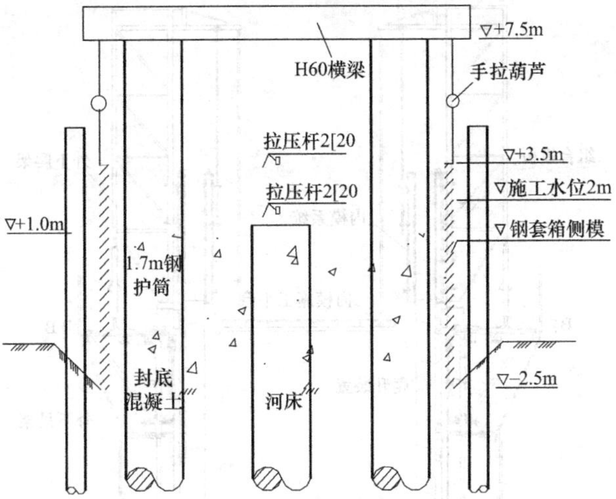

图 8-9　钢套箱结构图

筑承台混凝土。如不能排干水时，用静水挖泥方法换填水稳性材料，立模灌筑水下混凝土封底后，再抽干水灌筑承台混凝土。

（2）高桩承台：采用吊箱围堰施工。

5. 模板及钢筋

一般先拼成若干大块，再由吊车或浮吊（水中）安装就位，支撑牢固。钢筋的制作严格按技术规范及设计图纸的要求进行，墩身的预埋钢筋位置要准确、牢固。

6. 混凝土的浇注

（1）混凝土拌合采用拌合站集中拌合，混凝土罐车通过便桥或船只运输到浇注位置。采用流槽、漏斗或泵车浇注。也可由混凝土地泵直接在岸上泵入。

（2）大体积混凝土的浇注：随着桥梁跨度越来越大，承台的体积变得很大。越来越大量进行承台等大体积混凝土施工，其大体积混凝土的灌注必须采取下列措施降低水化热。

7. 水中承台施工工艺流程

下钢围堰——封底混凝土——抽水——绑扎钢筋——浇承台混凝土。

二、下部构造

桥梁下部构造主要由墩台身、墩台盖梁、耳背墙、拱座、索塔等构件组成，总体概括为墩台身。墩身的施工方法有支架及模板法、爬升模板法、滑动模板法。当桥桥墩塔或桥墩高度较小时，通常采用传统的方法，从地面或墩顶搭设支架工作台平台、立模一次或几次的方法浇筑混凝土。对于水中高桥墩则常采用爬升模板法或滑动模板法。浇筑空心高墩台混凝土宜搭设内脚手架，并兼作提升吊装。水中高桥墩施工爬升模板法见图 8-10 所示。

1. 桥墩施工

（1）施工顺序

测量放样→钢筋绑扎→提升模架安装→模板安装→混凝土浇筑、养护→拆模。

（2）提升模架

对于高桥墩的提升模架应根据施工组织设计计算其重量，若缺少该部分设计，可参考表 8-13 计取提升模架整套设备重量。

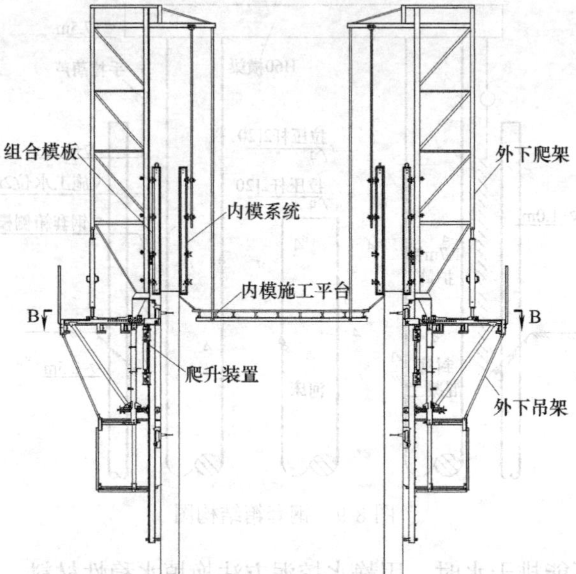

图 8-10　液压自动爬模系统立面示意图

2. 定额套用

(1) 支架及模板法

① 混凝土浇筑：预算定额 4～6～2 墩、台身。

② 混凝土拌合：4～11～11 混凝土拌合及运输Ⅱ. 混凝土搅拌站搅拌混凝土拌合。

③ 钢筋加工：预算定额 4～6～2 墩、台身中的钢筋子目。

(2) 爬升模板法定额套用

① 混凝土浇筑（含模板）：预算定额 4～6～2 墩、台身。

② 混凝土拌合：4～11～11 混凝土拌合及运输Ⅱ. 混凝土搅拌站搅拌混凝土拌合。

③ 钢筋加工：预算定额 4～6～2 墩、台身中的钢筋子目。

④ 提升模架：预算定额 4～7～31 金属结构吊装设备中的提升模架，提升模架质量应按施工组织设计计算，若无资料，可参考表 8-13 取定。

提升模架及墩顶拐角门架设备质量表　　表 8-13

项目	提升模架			墩顶拐角门架
	方柱式墩(间距 6.4m)	空心墩	索塔	
断面尺寸	2 个×1.6m×1.8m 墩	8.6m×2.6m	2 个×2m×4m 塔柱间距 25m	
全套设备质量(t)	9.7	11.0	60.0	36

⑤ 塔吊安装拆卸：预算定额 4～11～16 施工塔式起重机Ⅰ安拆。

⑥ 塔吊使用费：预算定额 4～11～16 施工塔式起重机Ⅱ使用。

⑦ 施工电梯安装拆卸：预算定额 4～11～15 施工电梯Ⅰ安拆。

⑧ 施工电梯使用费：预算定额 4～11～15 施工电梯Ⅱ使用。

三、上部构造

桥梁上部构造的结构形式多种多样，施工方法也较多。但除一些比较特殊的施工方法外，大致可分为预制安装和现浇两大类，这也是一般桥梁工程最基本的施工方法。预制安装施工主要包括自行式吊车安装、跨墩龙门架安装、架桥机（单导梁、双导梁以及架桥机的定型专用产品）安装、扒杆安装、顶推施工、浮吊架设、缆索吊装、悬臂拼装等；现浇施工主要有支架现浇、悬臂现浇等。

目前公路桥梁施工中采用最多的现浇法有支架现浇及悬臂现浇两大类。支架现浇包括固定支架现浇、逐孔现浇及移动模架逐孔现浇（一般指造桥机现浇）等，其施工方法基本相同，主要适用于旱地上的钢筋混凝土及预应力混凝土中小跨径简支梁或连续梁桥的施工。根据支架构造的不同可分为满布式、柱式、梁式和梁柱式几种类型，所用材料有木材的和钢材的，其中钢材的有门式支架、扣件式支架、腕扣式支架、贝雷构架、万能杆件及各种型钢组合件等，除造桥机现浇外，其他支架形式均应考虑支架地基基础的稳定性及可靠性，必要时需对地基进行加固处理。一般满布式支架的地基基础加固有灰土垫层、砂砾垫层、碎石垫层等，对于柱式、梁式等支架，一般可考虑采用混凝土垫层、混凝土条形基础等方式进行基础加固。

造桥机现浇则适用于现浇规模较大的工程（如桥长超过 500m 以上的现浇工程）或地基基础处理费用过高、有少量地面水等情况。悬臂现浇最常见的是挂篮悬浇，适用于大跨径的预应力混凝土悬臂梁桥、连续梁桥、T 形刚构、连续刚构等结构，其特点是无需建立落地支架、无需大型起重及运输机具等。

（一）预应力混凝土连续箱梁的现浇施工

城市立交及高架桥、大型桥梁的引桥等一般都设在旱地，采用有支架就地浇注施工。

1. 施工方法

（1）地基处理

（2）支架搭设

用于混凝土箱梁施工的支架主要有：①用万能杆件进行拼装；②强力支柱与桁架，工字钢的组合体系；③贝雷片拼装；④轻型钢筋支架；⑤其他钢木混合结构。确定采用何类支架必须根据现有材料设备情况及工程特点。目前轻型门型支架应用较多。

支架应根据技术规范的要求进行预压，以收集支架、地基的变形数据，作为设置预拱度的依据，预拱度设置时要考虑张拉上拱的影响。预拱一般按二次抛物线设置。

（3）模板

模板由底模、侧模及内模三个部分组成，一般预先分别制作成组件，在使用时进行拼装，模板以钢模板为主，在齿板、堵头或棱角处采用木模板。

（4）普通钢筋、预应力筋

在安装并调好底模及侧模后，开始底、腹板普遍钢筋绑扎及预应力管道的预设，混凝土一次浇注时，在底、腹板钢筋及预应力管道完成后，安装内模，再绑扎顶板钢筋及预应力管道。混凝土二次浇注时，底、腹板钢筋及预应力管道完成后，浇注第一次混凝土，混凝土终凝后，再支内模顶板，绑扎顶板钢筋及预应力管道，进行混凝土的第二次浇注。

预应力管道采用镀锌钢带或塑料波纹管制作，接头要平顺，外用胶布缠牢，在管道的高点设置排气孔。

（5）混凝土的浇注

箱梁混凝土方量较大，混凝土拌合宜采用拌合站拌合，或采用若干拌合机组成拌合机组进行拌合，运输采用混凝土罐车运输，混凝土泵车泵送入模。

(6) 张拉

当梁体混凝土强度达到设计规定的张拉强度（试压与梁体同条件养生的试件）时，方可进行张拉。

(7) 压浆、封锚

张拉完成后要尽快进行孔道压浆和封锚，压浆完成后，应将锚具周围冲洗干净并凿毛，设置钢筋网，浇注封锚混凝土。

2. 主要机械设备

支架、张拉设备、压浆设备、混凝土拌合设备、混凝土运输车、混凝土泵车、吊车等。

3. 现浇构件定额套用（有支架）

(1) 地基处理：据施工组织设计采用的地基处理方法套用定额。

(2) 支架搭设：预算定额 4～9～3 桥梁支架、4～9～2 桥梁拱盔。

(3) 现浇混凝土（含除支架外的模板）：预算定额 4～6～8 至 4～6～10 各种构件现浇。

(4) 混凝土拌合：4～11～11 混凝土拌合及运输Ⅱ. 混凝土搅拌站搅拌混凝土拌合。

(5) 非预应力钢筋加工：预算定额 4～6～8 至 4～6～10 各种构件现浇中的钢筋子目。

(6) 预应力钢筋加工：预算定额 4～7～20 预应力钢筋、钢丝束及钢绞线。

(二) 预应力混凝土连续箱梁悬浇施工

预应力连续箱梁的悬浇施工，可以在不设支架和不使用大型吊机的情况下采用挂篮浇注大跨径预应力混凝土箱梁。可广泛用于 T 型刚构桥，连续梁桥，连续刚构桥，拱桥，斜拉桥等。施工工艺主要包括：托架安装及预压→在墩托架上现浇 0 号块件和 1 号块件→在 1 号块件上安装悬浇挂篮，并向两侧依次对称地分段悬浇主梁至合龙前段→在临时支架或梁端与边墩的临时托架上浇筑现浇段→利用悬浇挂篮或简易托架现浇合龙段。

1. 施工方法

(1) 施工准备

① 挂篮设计及加工：挂篮是悬浇箱梁的主要设备，它是沿着轨道行走的活动脚手架及模板支架。挂篮中主桁架、锚固、平衡系统及吊杆、纵横梁等部分组成，由工厂或现场根据挂篮设计图纸精心加工而成。

② 0 号、1 号块的施工：挂篮是利用已浇注的箱梁段，作为支撑点，通过桁架等主梁系统、底模系统，人为创造一个作平台。对于 0 号、1 号块挂篮没有支撑点或支撑长度不够。需采用其他方式浇注。一般采用扇形托架浇注。扇形托架可用万能杆件、贝雷片或其他装配式杆件组成，托架可支撑在桥墩基础承台上或墩身上。托架除须满足承重强度要求外，还须具有一定的刚度，各连续点应紧密连接，旋紧螺栓，以减少变形，防止梁段下沉和裂缝。

(2) 悬浇施工

① 上挂篮：上挂篮前 0 号、1 号块必须是浇注完成并张拉，然后才能将挂篮组件吊至 0 号、1 号块梁段上进行组装。挂篮拼装完毕后，为验证挂篮的可靠性和消除其非弹性变形及测出挂篮在不同荷载下的实际变形量，以便在挠度控制中修正立模标高，在第一次使

用前对挂篮进行试压。试压的方式常用的有：水箱加载法、千斤顶高强度钢筋加力法等。

② 模板校正、就位

模板分为底模、外侧模及内模。底模支承吊篮底的纵、横梁上，外侧模一般由外框架预先装成整体，内模由侧模、顶模及内框架组成，内模的模板及框架的每一梁段均须修改高度，不宜做成整体。

③ 普通钢筋，预应力管道

④ 混凝土浇筑

悬浇箱梁的混凝土标号一般都较高，必须认真做好混凝土的配比设计，混凝土的拌合根据条件可采用陆上拌合，水上运输至现场，或直接在水上拌合。悬浇时，必须对称浇注，重量偏差不超过设计规定的要求，浇注从前端开始逐步向后端，最后与已浇梁端连接。混凝土成型后，要适时覆盖，洒水养生。

⑤ 张拉、压浆

张拉前按规范要求对千斤顶、油泵进行标正，对管道进行清洗、穿束，准备张拉工作平台等。当混凝土达到设计及规范要求的张拉强度后按设计规定先后次序，分批、对称进行张拉，严格按照张拉程序进行。张拉后按规范要求对管道进行压浆。

⑥ 拆模及移动挂篮

本梁段设计的张拉束张拉后，落底模，铺设前移轨道，移动挂篮就位，开始下一梁段的施工。

(3) 合龙段的施工及体系转换

中间合龙段混凝土一段采用吊架最后浇筑。

(4) 边跨施工

靠近桥台部位的梁段混凝土，一般采用支架现浇或采用在墩台旁设临时支柱，安装吊篮进行浇注。当这一部分较短时，也可用吊架浇筑。

2. 主要机械设备

挂篮、混凝土拌合、运输设备、混凝土泵车式地泵、张拉设备、压浆设备等。

3. 现浇构件定额套用（悬浇方法）

(1) 混凝土浇筑：预算定额 4～6～11 悬浇预应力箱梁上部构造。

(2) 混凝土拌合：4～11～11 混凝土拌合及运输Ⅱ. 混凝土搅拌站搅拌混凝土拌合。

(3) 非预应力钢筋加工：预算定额 4～6～11 悬浇预应力箱梁上部构造中的钢筋子目。

(4) 预应力钢筋加工：预算定额 4～7～20 预应力钢筋、钢丝束及钢绞线。

(5) 挂篮设备安拆：预算定额 4～7～31 金属结构吊装设备中的挂篮子目。

(6) 塔吊安装拆卸：预算定额 4～11～16 施工塔式起重机Ⅰ安拆。

(7) 塔吊使用费：预算定额 4～11～16 施工塔式起重机Ⅱ使用。

(8) 施工电梯安装拆卸：预算定额 4～11～15 施工电梯Ⅰ安拆。

(9) 施工电梯使用费：预算定额 4～11～15 施工电梯Ⅱ使用。

4. 编制概预算时应注意的几个问题

(1) 现浇支架数量的计算：一般可根据支架的高度、长度计算支架的立面积，直接套用“桥梁支架定额”计算。但要注意桥梁的宽度问题，定额中综合的桥梁宽度木支架为 8.5m，钢支架为 12m，超过宽度时应进行系数调整。根据一般经验，该定额消耗水平偏低，若能计算出支架设备的全套数量，建议套用金属结构吊装设备计算，并按拼装设备的总数量计算。另外由于钢管桩支架在目前的现浇工程中被广泛采用，设备数量计算时可将钢管桩单列计算，同时还要考虑支架预压费用，可套用相关补充定额计算。

（2）支架地基基础处理工程量的计算：一般灰土垫层（石灰稳定土、水泥稳定土）、砂砾垫层、碎石垫层等的厚度可按 15～30cm 计算。若采用柱式、梁式、桁构式支架时，可适当考虑部分混凝土垫层。

（3）挂篮设备的计算：挂篮设备的计算可按定额说明提供的设备参考质量计算，其中块件质量指最大节段的混凝土质量（可按 $2.5t/m^3$ 混凝土计算）。

（4）0 号块托架设备的计算：0 号块托架设备的计算可根据 0 号块的长度（底板的横向宽度）按定额说明提供的设备参考质量（7t/m）计算。

（5）现浇段支架设备的计算：可参考现浇支架数量的计算方法进行计算。

（三）预应力钢筋混凝土 T 梁预制

公路桥梁施工中采用最多的预制安装方法有自行式吊车安装、跨墩龙门架安装、架桥机安装等几种。对于跨径在 30m 以内的板梁、现场运输条件较好的工程可采用此方法，尤其在城市桥梁中应用较广；当桥梁预制场设置在桥头引道或桥下，且桥位为地形平坦的旱地、桥墩高度不大、桥梁宽度适宜时可选择跨墩龙门架安装法，此方法在一般高架桥或较长的引桥中应用广泛，其优点是可将场地龙门架和架桥机合并为一套设备，安装施工高效快捷。架桥机安装法是预制梁的典型架设安装方法，按形式的不同，架桥机可分为单导梁、双导梁、斜拉式和悬吊式等，其特点是不受桥跨、墩高、桥宽、桥下地形、预制场地等因素的制约，尤其在山岭地区优越性较大。

1. 施工方法

（1）按施工需要规划预制场地，预制场地应整平压实，低洼不平处及软弱土质要处理改善，完善排水系统，确保场内不积水。

（2）根据预制梁的尺寸、数量、工期，确定预制台座的数量、尺寸。

（3）根据施工需要及设备条件，选用塔吊或跨梁龙门吊作运工具，并铺设其行走轨道。

（4）拼装模板。

（5）在绑扎工作台上将钢筋绑扎焊接成钢筋骨架。

（6）用龙门吊机将钢筋骨架吊装及模。

（7）将质量合格的混凝土用混凝土拌合车运输，卸入吊斗，由龙门吊从梁的一端向另一端浇注。

（8）混凝土成活后要将表面抹平、拉毛，收浆后适时覆盖，洒水湿养不少于 7d，蒸汽养生恒温不宜超过 60℃，也可采用喷洒养生剂养生。

（9）使用龙门吊拆除模板。

（10）当构件混凝土达到规定强度时，安装千斤顶等张拉设备，进行张拉。

（11）用龙门吊机将梁移运至存放场。

（12）梁、板运输可用平板车或大型拖车，运输时构件要平衡放正，使用特制的固定架，防止倾覆，并采取防止构件产生过大的负弯矩的措施，以免断裂。

（13）根据具体情况，选用不同的安装方法：

① 自行式吊机架设法：即直接用吊车将运来桥孔的梁板吊放到安装位置上。

a. 一台吊机架设法；

b. 二台吊机架设法；

c. 适用条件：平坦无水桥孔的中小跨径预制梁板安装。

② 简易型钢导梁架设法：将用型钢组拼成的导梁移运到架设桥孔，在导梁上铺设轻轨，将导梁用轨道平车运到桥孔，再用墩顶龙门吊机将梁横移就位，之后随着架梁的需要，移动导梁和龙门架。

适用条件：地面有水，孔数较多的中小跨径预制梁板安装。

③ 联合架桥机架设法：采用钢导梁配合墩顶龙门托架等完成预制梁的安装。

适用条件：孔数较多的中型梁板吊装。

④ 双导梁架桥机架设法：将轨道上拼装的架桥机推移到安装孔，固定好架桥机后，将预制梁由平车运至架桥机后跨，二端同时起吊，横移小平车置于梁跨正中并固定，将梁纵移到安装跨，固定纵移平车，用横移小平车将梁横移到设计位置下落就位，待一跨梁全部吊完，小型车置于梁跨正中并固定，将梁纵移到安装跨，固定纵移平车，将横移小平车退到后端，前移架桥机，拆除前支架与墩顶联结螺栓，把前支架挂在鼻架上。重复上述程序进行下一跨梁的安装。

适用条件：孔数较多的重型梁吊装。

⑤ 跨墩龙门架架设法：预制梁由轨道平车运至桥孔一侧，用二台同步运行的跨墩龙门吊将梁吊起再横移到设计位置落梁就位。

适用条件：无水或浅水河滩，孔数较多的中型梁板安装：

⑥ 浮运、浮吊架梁：将预制梁用各种方法移装到浮船上，浮运到架设孔以后就位安装。

预制梁装船的方法有：用大吨位、大伸幅的吊车将梁从岸上吊装至浮船上；用大吨位、大伸幅的浮式吊机将梁从岸上吊至浮船上；用栈桥码头将预制梁纵向拖拉上船；用栈桥码头横移大梁上船。

2. 主要机械设备

龙门吊机或搭吊、混凝土拌合机、拌合运输车、张拉、压浆设备。

3. 吊装设备重量确定

预制构件吊装设备重量应根据施工组织设计具体提出，若无该方面资料，可参考表8-14～表8-16取定。

导梁设备质量表　　**表 8-14**

标准跨径(m)	13	16	20	25	30	43	50
单导梁	43.5	46.2	53.1				
双导梁				115.7	130.0	165.0	200.0

跨墩门架一套（二个）设备质量表　　**表 8-15**

门架高(m)		9	12	16
跨径(m)	20	29.7	43.9	
	30	35.2	52.5	73.9

一个悬臂吊机及悬浇挂篮设备质量表　　表 8-16

块件重(t)	50	70	100	130	150	200
悬臂吊机	47.4	59.8	90.0	117.0	135.0	180.0
悬浇挂篮			55.5	63.3	105.0	140.0
零号块托架	按零号块顶面梁宽 7t/m 计算质量					

4. 预制构件定额套用

(1) 混凝土预制（含模板）：预算定额第四章第七节预制、安装混凝土及钢筋混凝土构件中的混凝土预制。

(2) 混凝土拌合：4～11～11 混凝土拌合及运输Ⅱ. 混凝土搅拌站搅拌混凝土拌合。

(3) 非预应力钢筋加工：预算定额第四章第七节预制、安装混凝土及钢筋混凝土构件中的钢筋子目。

(4) 预应力钢筋加工：预算定额 4～7～20 预应力钢筋、钢丝束及钢绞线。

(5) 构件运输：预算定额第四章第八节构件运输。

(6) 构件安装：预算定额第四章第七节预制、安装混凝土及钢筋混凝土构件中的构件安装。

(7) 构件底座：预算定额第四章 4～11～9 大型预制构件底座。

(8) 预制场吊装设备安拆：预算定额 4～7～31 金属结构吊装设备。

(9) 安装设备安拆（单、双导梁，跨墩门架等）：预算定额 4～7～31 金属结构吊装设备，本定额中的设备摊销费按每 t 每月 90 元，并按使用 4 个月编制，如施工工期不同时，可以调整。

(10) 轨道铺设：预算定额第七章临时工程 7～1～4 轨道铺设。

桥梁工程结构复杂，计价项目繁多，编制桥梁工程造价时，要熟悉施工工艺才能尽可能做到不漏项。计价项目除了主体工程（即构成桥梁工程实体的基础、下部和上部构造）的分项工程外，还要考虑须计价的辅助工程，辅助工程是为完成主体工程所必须采取的措施，工程完工后，它们随之拆除或消失，如属于基础工程部分的，有挖基、围堰、排水、工作平台、护筒、泥浆船及其循环系统等；属于上下部工程的，有支架、拱盔、吊装设备、提升模架、施工电梯等；与基础工程和上下部构造有关的，有混凝土拌合站、混凝土构件运输、预制场及其设施（如大型预制构件底座、张拉台座、龙门架等）。这些辅助工程在设计文件中往往没有，而这部分的费用特别是在大型桥梁建设中，该费用巨大，甚至占到整个造价的 30%，因此在编制桥梁工程造价时，需依据实际情况和施工组织设计的要求，并参考以往的成功经验计算辅助工程的工程量。

在桥涵工程定额使用时，时常会遇到有关普通钢筋和预应力钢筋定额调整，定额中的普通钢筋含量即 HPB235 钢筋与 HRB335 钢筋的含量及钢绞线中每吨钢绞线的束数是对已完较为典型工程的 HPB235 钢筋、HRB335 钢筋数量和钢绞线束数的统计以及对各种结构标准图综合考虑后得出的，具有一定的代表性。由于桥梁工程的特殊性，如结构形式、截面形式和大小、跨径大小、施工方法、地质条件等因素，不可能用一个指标来准确表示，所以对某一具体的工程就有必要对定额 HPB235 钢筋与 HRB335 钢筋的用量和钢绞线束数作出调整。方法如下：

1. 普通钢筋数量调整

Ⅰ(Ⅱ)调整后消耗量＝Ⅰ(Ⅱ)设计用量÷(Ⅰ(Ⅱ)设计用量＋Ⅰ(Ⅱ)设计用量)×(Ⅰ定额消耗量＋Ⅱ定额消耗量)

2. 预应力钢绞线数量调整

预应力钢绞线数量调整前，首先介绍几个概念。

(1) 根（或丝）：指1根钢丝。

(2) 股：指由几根钢丝组成的1股钢绞线，如由7根钢丝组成的钢绞线直径15.24mm（7Φ5）为1股。

(3) 束：预应力构件横截面上的孔道数即为钢绞线束数，每一束钢绞线配2套锚具(构件两端各1套)。

(4) 束长：为一次张拉长度。

(5) 孔：锚具的型号，也即锚具上的最少孔数。

(6) 每吨××束：指在标准张拉长度内，每吨钢绞线折合多少束，计算的目的是为了调整定额，每吨的束数＝设计束数/设计重量（t）。

【例8-5】 某大桥上部结构预应力箱梁的纵向预应力钢绞线为ϕ15.24～7，即每束7股（定额中的7孔），每股为7ϕ5钢丝，共有180束，总长6420m，总重量为84.74t，进行定额调整，确定其基价。

首先进行定额中有关参数计算。

1. 平均束长：6420÷180＝35.67m

2. 每t钢绞线所含钢绞线束数：180÷84.74＝2.12束/t

3. 选用预算定额4～7～20～29，与定额中每t3.82束比较，增减束数：2.12－3.82＝－1.70束/t

选择定额和定额调整后基价：

定额套用：4～7～20～29＋4～7～20～30×(－1.70)

基价：10201＋636×(－1.70)＝9119.80元/t

【例8-6】 某省拟修建一座预应力混凝土连续钢构大桥，桥跨组合为：3×30m＋60m＋2×100m＋60m＋3×30m，桥梁全长505.50m，桥梁宽度为12.50m。其中：30m跨径为现浇预应力混凝土连续箱梁。基础为钻孔灌注桩，采用回旋钻机施工，连续钢构桥主墩（单墩）为每排三根共6根1.50m的桩，过渡墩（单墩）为每排两根共4根1.20m的桩，桥台及现浇箱梁段均为2根1.20m的桩，1.50m的桩平均设计桩长为63.00m、1.20m的桩平均设计桩长为28.00m。主墩承台尺寸为7.50m×11.50m×3m。除连续钢构主墩为水中施工（水深5m以内）外，其他均为干处施工。连续钢构上部构造采用悬臂浇筑法施工，最大块件的混凝土数量为50m^3。混凝土均采用泵送施工，水上混凝土施工考虑搭便桥的方法，便桥费用不计入本工程造价中。连续钢构上部构造边跨现浇段长度均为10.00m，两岸过渡墩高度均为10.00m，两岸桥台的高度均为6.00m。本工程计划工期为18个月。

其主要工程项目的工程量如表8-17。

主要工程量表 **表 8-17**

部位	序 号	工程项目名称	单 位	工程量
基础	1	φ1.50m 桩径钻孔深度		
	(1)	砂、粘土	m	69
	(2)	砂砾	m	871.4
	(3)	软石	m	175.5
	(4)	次坚石	m	26.9
	2	φ1.20m 桩径钻孔深度		
	(1)	砂、粘土	m	66.8
	(2)	砂砾	m	333.2
	(3)	软石	m	160
	3	灌注桩混凝土	m^3	2637.3
	4	灌注桩钢筋(Ⅰ/Ⅱ)	t	118.423
	5	承台封底混凝土	m^3	341
	6	承台混凝土	m^3	1376.3
	7	承台钢筋(Ⅰ/Ⅱ)	t	34.067
上部	1	悬浇 100m 连续钢构		
	(1)	墩顶 0 号块混凝土	m^3	537
	(2)	0 号块钢筋	t	66.237
	(3)	箱梁混凝土	m^3	2621.4
	(4)	箱梁钢筋	t	310.897
	2	现浇 30m 箱梁		
	(1)	箱梁混凝土		1176.8
	(2)	箱梁钢筋	t	207.25
	3	钢绞线		
	(1)	束长 80m 内 19 孔锚具束数	t/束	91.097/76
	(2)	束长 40m 内 19 孔锚具束数	t/束	39.46/68
	(3)	束长 20m 内 3 锚具束数(单锚)	t/束	14.64/338
	(4)	束长 20m 内 19 孔锚具束数	t/束	11.184/40
	4	预应力粗钢筋(660 根)	t	25.76
	5	人行道混凝土预制块	m^3	161
	6	人行道混凝土钢筋	t	12.411
	7	现浇搭板混凝土	m^3	96.3
	8	现浇搭板钢筋(Ⅰ/Ⅱ)	t	5.204

费率表 **表 8-18**

项目	其他工程费费率	间接费费率	利润率	项目	其他工程费费率	间接费费率	利润率
构造物Ⅰ	6.58	5.29	0.07	构造物Ⅱ	7.11	6.47	0.07
技术复杂大桥	8.12	6.89	0.07	钢桥上部	7.9	5.03	0.07

问题：假设市场价等于基价，分析计算该桥梁工程造价。

分析要点：

1. 工程造价＝工程量×定额基价×(1＋其他工程费费率)×(1＋间接费费率)×(1＋

利润率)

2. 构造物Ⅰ综合费率：(1+0.0658)×(1+0.0529)×(1+0.07)=1.201

构造物Ⅱ综合费率：(1+0.0711)×(1+0.0647)×(1+0.07)=1.22

3. 桥梁基础工程应考虑的附属工程：护筒、钻孔工作平台、套箱围堰；

4. 桥梁上部构造应考虑的附属工程：现浇支架、悬浇挂篮、0号块托架、墩顶龙门架等。

答：1. 桩径120cm的钻孔灌注桩

桩径120cm桩共20根，根据钻孔土质情况，拟定护筒长度平均为3.5m，重量为：20×3.5×0.2313=16.191t。混凝土数量为：$28\times20\times1.2^2\times\pi\div4=633.345m^3$

2. 桩径150cm的钻孔灌注桩

桩径150cm的桩共18根，根据钻孔土质情况，拟定护筒长度平均为10m，重量为：18×10×0.2801=50.418t。混凝土数量为：$63\times18\times1.5^2\times\pi\div4=2003.943m^3$。钻孔平台面积为：$8\times15\times3=360m^2$

3. 主墩承台考虑采用钢套箱施工，重量为：(7.5+11.5)×2×5.5×0.15×3=94.05t

4. 现浇箱梁混凝土考虑采用门式轻型钢支架施工，数量为 $(10+6)\div2\times30\times2+10\times30\times4=1680m^2$

5. 钢绞线

束长80m (19孔)：76÷91.097=0.416束/t

束长40m (19孔)：68÷39.46=1.723束/t

束长20m (19孔)：40÷11.184=3.577束/t

束长20m (3孔)：338÷14.64=23.087束/t

6. 悬浇100m连续钢构

考虑到工期关系，三个T同时施工，挂篮重量为：63.6×3×2=381.6t，墩顶拐角门架按36.0×3=108t考虑，施工期按6个月考虑；墩顶0号块拖架重量为：7×3×12.5=262.5t，施工期按三个月考虑；边跨现浇段采用门式轻型钢支架施工，数量为：$10\times10\times2=200m^2$，支架宽度按桥宽加1m考虑。

7. 人行道预制构件运输按手推车运250m考虑。

定额套用及计算结果见表8-19。

计算结果表　　　　**表8-19**

序号	工程细目		定额表号	单位	数量	调整	基价(元)	费率	建安费(元)
1	桩径1.2m	成孔(砂土)	4～4～5～17	10m	6.68		2602	1.22	21205
2		成孔(砂砾)	4～4～5～19	10m	33.32		4684	1.22	190406
3		成孔(软石)	4～4～5～22	10m	16		13281	1.22	259245
4		钢护筒	4～4～8～7	t	16.191		1037	1.22	20484
5		桩混凝土	4～4～7～15	$10m^3$	63.3345		2802	1.22	216505
6		混凝土拌合	4～11～11～10	$10m^3$	63.3345		1237	1.22	116991
7	桩径1.5m	砂土	4～4～5～257	10m	6.9		5083	1.22	42789
8		砂砾	4～4～5～259	10m	87.14		8710	1.22	925967

续表

序号	工程细目		定额表号	单位	数量	调整	基价（元）	费率	建安费（元）
9	桩径1.5m	软石	4～4～5～262	10m	17.55		26286	1.22	562810
10		次坚石	4～4～5～263	10m	2.69		37525	1.22	123150
11		泵送混凝土	4～4～7～15	$10m^3$	200.394		2802	1.22	685035
12		混凝土拌合	4～11～11～10	$10m^3$	200.394		1237	1.22	370165
13		钢护筒	4～4～8～9	t	50.418		5925	1.22	364447
14		工作平台	4～4～9～2	$100m^2$	3.6		31767	1.22	139521
15	灌注桩钢筋		4～4～7～22	t	118.423		3948	1.22	570391
16	承台封底混凝土		4～6～1～11	$10m^3$	34.1		2101	1.22	87406
17	承台混凝土		4～6～1～10	$10m^3$	137.63		2409	1.22	404492
18	混凝土拌合		4～11～11～10	$10m^3$	171.73		1237	1.22	269531
19	主墩承台钢套箱		4～2～6～2	10t	9.405		28734	1.22	329697
20	承台钢筋		4～6～1～13	t	34.067		3933	1.22	163462
21	悬浇100m连续刚构	现浇0号块混凝土	4～6～11～3	$10m^3$	53.7		4178	1.22	273717
22		挂篮悬浇连续刚构	4～6～11～4	$10m^3$	262.14		4736	1.22	1514624
23		混凝土拌合	4～11～11～10	$10m^3$	315.84		1237	1.22	495713
24		挂篮制安	4～7～31～6	10t	38.16	＋1800	12199	1.22	651726
25		墩顶拐脚门架	4～7～31～4	10t	10.8	＋1800	8537	1.22	136200
26		0号块托架	4～7～31～1	10t	26.25	-900	8299	1.22	236953
27		边跨现浇段钢支架	4～9～3～10	$100m^2$	2	13.5/12	678	1.22	1861
28		钢绞线束长80m内19孔	4～7～20～41	t	91.097		8844	1.22	982907
29		减少0.416束/t	4～7～20～42	t	91.097	(－0.416)	1560	1.22	－72124
30		束长40m内19孔	4～7～20～33	t	39.46		9568	1.22	460615
31		增加0.313束/t	4～7～20～34	t	39.46	0.313	1495	1.22	22527
32		束长20m内19孔	4～7～20～21	t	11.184		11816	1.22	161223
33		增加4.113束/t	4～7～20～22	t	11.184	4.113	1433	1.22	80420
34		束长20m内3孔	4～7～20～15	t	14.64		13989	1.22	249855
35		增加0.723束/t	4～7～20～16	t	14.64	0.723	295	1.22	3809
36		箱梁普通钢筋	4～6～11～6	t	310.897		4089	1.22	1550935
37		0号块普通钢筋	4～6～11～5	t	66.237		4073	1.22	329136
38	现浇30m箱梁混凝土		4～6～10～2	$10m^3$	117.68		4835	1.22	694159
39	混凝土拌合		4～11～11～10	$10m^3$	117.68		1237	1.22	184699
40	30m箱梁普通钢筋		4～6～10～4	t	207.25		4062	1.22	1027056
41	现浇30m箱梁支架		4～9～3～9	$100m^2$	16.80	13.5/12	683	1.22	15749
42	现浇桥头搭板混凝土		4～6～14～1	$10m^3$	9.63		2863	1.201	33112
43	混凝土拌合		4～11～11～10	$10m^3$	9.63		1237	1.201	14593
44	桥头搭板钢筋		4～6～14～3	t	5.204		4048	1.201	25300

续表

序号	工程细目		定额表号	单位	数量	调整	基价（元）	费率	建安费（元）
45	人行道板	构件预制	4～7～27～1	$10m^3$	16.1	1.01	6495	1.201	126844
46		构件安装	4～7～27～3	10m3	16.1		1260	1.201	24363
47		构件钢筋	4～7～27～2	t	12.411	1.01	3833	1.201	57705
48		构件运输	4～8～3～1	$10m^3$	16.1		5643	1.201	109114
49	合　计							15256489	

四、涵洞工程

涵洞是公路路基范围的主要引排水设施，是为宣泄地面水流而设置的横穿路基的人工小型排水构造物。涵洞的结构形式可作为人行、农机具从路基下穿过往通道，一般情况过水的称之为涵洞，既能过水又可通过人群、农机具的称为通道涵。

涵洞按形状分为圆管涵、盖板涵、箱涵与拱涵等。涵洞结构由洞口、洞身及附属工程组成。

洞口建筑设置在涵洞的两端，包括进水口和出水口，分别有八字、一字及井字等结构形式。

洞身是涵洞过水的主体，为涵洞的主体工程。洞身工程内容包括洞身、基础、垫层、支撑梁。

沉降缝是为了适应地基压缩性（沉降）差异等因素而设置的垂直缝，一道涵洞沉降缝是从涵洞的顶部到基底断开的通缝。为防止洞身结构不均匀沉降，应在涵身长度方向每隔4～6m设沉降缝一道，具体设置应视地基情况及路堤填土高度而定。沉降缝应采用具有弹性和不透水性填缝料，并应填塞紧密，缝宽一般为20～30mm。

涵洞基础一般为浅埋基础。其基坑开挖是在保证坑壁（边坡）稳定的情况下进行，涵洞基坑宽度一般超出基础结构尺寸0.5m，开挖基坑采用机械施工，开挖至设计调和以上20～30cm，应改用人工清理至设计高程。

涵洞处路堤缺口填土应从涵洞洞身两侧不小于2倍跨径范围内，同时按水平分层、对称地按照设计要求的压实度填筑、夯（压）实。填料宜采用透水性材料。

盖板涵工艺流程图如图8-11所示。

【例8-7】 某六车道高速公路，路基宽26.00m，设计若干座钢筋混凝土C25盖板涵，其中一座标准跨径为4.00m，涵高3.00m，C25矩形板混凝土71.7m^3，钢筋6.02t，10座盖板涵设一处预制场地，计10000m^2，场地需平整碾压，30%面积需铺砂砾垫层，厚15cm，20%面积用水泥砂浆2cm厚进行抹面，作为构件预制底板。预制场至涵址平均运距10km，用汽车运输。涵洞有浅水0.30m深，须用草袋围堰，适当平整用砂砾垫层3.00m^3加固后才能架设涵洞支架，以便现浇上部矩形板混凝土。

问题：

分别确定采用预制安装和现浇矩形板两种施工方法时，计算造价所涉及的工程细目，预算定额表号、工程量及每m^3矩形板的定额直接费。

分析要点：涵洞施工采用不同的方法时，工程造价的构成内容。

答：两种施工方法的工程细目、工程量及定额表号分别见预制方案表（表8-20）、现

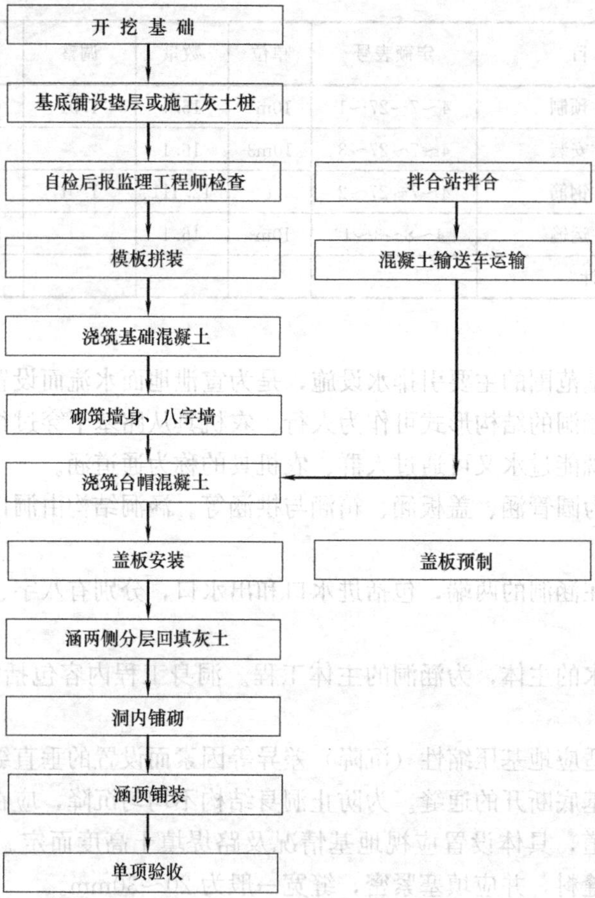

图 8-11 盖板涵施工工艺框图

浇方案表（表 8-21）。

预制方案表 **表 8-20**

工程细目名称		定额表号	单位	数量	定额调整	基价(元)	基价合计(元)
预制矩形板混凝土		4～7～9～1	$10m^3$	7.17		3493	25045
预制矩形板钢筋		4～7～9～3	t	6.02		3869	23291
运输构件	第一个 1km	4～8～3～8	$100m^3$	0.717		3075	2205
	每增运 1km	4～8～3～16	$100m^3$	0.717	9	97	626
起重机安装矩形板		4～7～10～2	$10m^3$	7.17		950	6812
预制场地平整		4～11～1～2	$1000m^2$	1		2291	2291
预制场地铺砂砾垫层		4～11～5～1	$10m^3$	4.5		693	3119
预制场地水泥砂浆抹面		4～11～6～17	$100m^2$	2		713	1426
定额直接费合计							64814

预制方案每 m^3 矩形板的定额直接费：64814÷71.7＝954.17 元

预制方案每 m^3 矩形板的定额直接费：61259÷71.7＝854.38 元

现浇方案表　　表 8-21

工程细目名称	定额表号	单位	数量	定额调整	基价(元)	基价合计(元)
现浇矩形板混凝土	4～6～8～1	$10m^3$	7.17		3647	26149
现浇矩形板钢筋	4～6～8～4	t	6.02		3842	23129
现浇支架	4～9～1～3	$100m^2$	1.30		5537	7198
支架基础排水围堰	4～2～2～1	10m	6		707	4242
河床平整	4～11～1～1	$1000m^2$	0.15		2224	334
支架底河床铺砂砾垫层	4～11～5～1	$10m^3$	0.3		693	208
定额直接费合计						61259

采用现浇方案。预制方案比现浇方法造价高，主要是辅助工程略多，且构件运输距离长。若工期比较紧，构件运输距离较短，采用预制方案的施工方法还是可行的。

第六节　隧 道 工 程

一、概述

隧道有各种断面形状，但其构造组成大体相同，均由主体结构和附属工程两大部分组成。主体结构包括主洞工程、横洞工程和路面工程，主洞工程又包括洞口、明洞、洞身开挖、洞身和防排水工程等。

洞口工程是隧道出入口部分的建筑物，包括洞门、边坡防护、仰坡支挡构造物及排水设施和引道等，隧道洞口段是指隧道洞口暗挖进洞一定长度体贴，覆盖层厚度小于 2 倍的开挖隧道断面宽度。

隧道工程中，根据地形一般需要在洞门后建筑一定长度的明洞，即路基与隧道洞口的不良地质、边坡塌方、岩堆、落石、泥石流等危害又不宜避开的地段，以及为了保证洞口的自然环境而延伸与隧道洞身的衔接，需设置明洞。明洞是采用明挖方法施工并回填而成隧道。

隧道主洞洞身是采取暗挖岩土空间经衬砌而成。当隧道通过浅埋、严重偏压、岩溶流泥地段、软弱破碎地层、断层破碎带以及大面积淋水或涌水地段时，应采取必要的辅助工程措施。辅助工程措施主要有管棚、超前小导管、超前钻孔注浆、超前锚杆、地表砂浆锚杆、地表注浆加固、护拱、井点降水、深井排水等。

洞身开挖常采用新奥法，对洞身的开挖爆破是采用光面爆破或预裂爆破技术，辅以装载机装渣和大吨位的自卸汽车运渣等工序，根据新奥法的施工技术要求，洞身开挖的施工顺序为：钻爆——通风——出渣——喷锚（初期支护）——模筑混凝土（二次衬砌）——装饰。

二、定额套用

（1）洞门工程：预算定额第三章隧道工程第二节洞门工程 3～2～1 洞门墙砌筑、3～2～2 现浇混凝土洞门墙、3～2～3 洞门墙装修。

（2）钻爆、通风、出渣：预算定额第三章隧道工程 3～1～2 机械开挖轻轨斗车运输、3～1～3 正洞机械开挖自卸汽车运输。

（3）锚杆、钢支撑、金属网等：预算定额 3～1～5 钢支撑，3～1～6 锚杆及金属网。

(4) 喷射混凝土：3～1～8 喷射混凝土。

(5) 模筑混凝土：3～1～9 现浇混凝土衬砌。

(6) 辅助工程：3～1～7 管棚、小导管。

(7) 装饰：3～1～21 洞内装饰。

以上只是给出了常规施工方法下的定额套用，实际应用时还应视围岩的复杂情况，据设计文件增加其他工程细目。

套用定额时需注意以下几个问题：

(1) 洞身开挖定额中围岩按现行隧道设计、施工技术规范分为六级，即Ⅰ级～Ⅵ级，隧道长度按 4000m 以内编制，当隧道长度超过 4000m 时，按每增加 1000m 定额叠加使用。

(2) 开挖定额中已综合考虑超挖及预留变形因素。

(3) 洞内出渣运输定额已综合洞门外 500m 运距，当洞门外运距超过此运距时，可按照路基工程自卸汽车运输土石方的增运定额加计增部分的费用。

(4) 本章定额未考虑施工时所需进行的监控量测以及超前地质预报的费用，监控量测的费用已在《公路工程基本建设项目概算预算编制办法》的施工辅助费中综合考虑，使用定额时不得另行计算，超前地质预报的费用可根据需要另行计算。

(5) 洞内工程项目如需采用其他章节的有关项目时，所采用定额的人工工日、机械台班数量及小型机具使用费，应乘 1.26 的系数。

【例 8-8】 某高速公路山区分离隧道，长 1481m。

(1) 洞门土方 6000m^3，Ⅴ类围岩占 30%，Ⅳ类围岩占有 70%，浆砌片石截水沟 78m^3，浆砌洞门墙 202m^3。

(2) 洞身：断面积 165m^2，土方量 247800m^3，其中Ⅴ类围岩 10%，Ⅳ类围岩 70%，Ⅲ类围岩 20%，钢支撑 1863t，锚杆 $\phi25$ 3214m，$\phi22$ 34321m，钢筋网 230t，喷射混凝土 19085m^3；拱身混凝土 43940m^3，HPB235 级钢筋 294t，HRB335 级钢筋 346t。

(3) 洞内路面：水泥混凝土 26800m^2，厚 26cm。

(4) 不考虑照明、通风设施。

(5) 洞外出渣 1500m。

问题：根据上述资料列出本隧道工程造价所涉及的相关定额的名称、单位、定额表号、数量等内容，需要时应列式计算。

分析要点：

1. 洞身开挖工程量：定额中规定洞身开挖出渣工程量应按设计数量（成洞断面加衬砌断面）计算，定额中已考虑超挖因素，不得将超挖数量计入工程量；

2. 洞内外工程的界定，洞内工程采用洞外项目时，人工、机械定额乘以系数 1.26；

3. 洞外出渣距离。

答：1. 开挖、出渣工程量：

$$165\times1481=244365\text{m}^3$$

2. 锚杆重量：$(\pi\times0.025^2\div4\times3214+\pi\times0.022^2\div4\times34321)\times7.85=104\text{t}$

定额套用见表 8-22 所示：

定额套用　　**表 8-22**

序号	工程细目		定额表号	定额调整	单位	数量
1	洞门	$2m^3$ 装载机装土方	1～1～10～2		m^3	6000×0.3
2		$2m^3$ 装载机装软石	1～1～10～5		m^3	6000×0.7
3		12t 自卸汽车运土方第 1 个 1km	1～1～11～17		m^3	6000×0.3
4		每增运 500m	1～1～11～18	2	m^3	6000×0.3
5		12t 自卸汽车运石方第 1 个 1km	1～1～11～45		m^3	6000×0.7
6		每增运 500m	1～1～11～46	2	m^3	6000×0.7
7		浆砌片石截水沟	1～2～3～1		m^3	78
8		浆砌片石洞门墙	3～2～1～4		m^3	202
9	洞身	Ⅴ类围岩开挖	3～1～3～11		m^3	244365×0.1
10		Ⅳ类围岩开挖	3～1～3～10		m^3	244365×0.7
11		Ⅲ类围岩开挖	3～1～3～9		m^3	244365×0.2
12		出渣Ⅳ～Ⅴ级	3～1～3～41			244365×0.8
13		出渣Ⅲ级	3～1～3～40			244365×0.2
14		钢支撑	3～1～5～1		t	1863
15		锚杆	3～1～6～1		t	104
16		钢筋网	3～1～6～4		t	230
17		喷射混凝土	3～1～8～1		m^3	19085
18		拱身混凝土	3～1～9～1		m^3	43940
19		混凝土运输	3～1～9～7		m^3	43940
20		HPB235 钢筋	3～1～9～6		t	294
21		HPB335 钢筋	3～1～9～6	HPB235 钢筋换为 HPB335 级	t	346
22	洞内路面	集中拌合水泥混凝土路面 20cm	2～2～17～3	1.26	m^2	26800
23		增厚 6cm	2～2～17～4	6×1.26	m^2	26800
24		$25m^3/h$ 混凝土拌站安拆	4～11～11～6		座	1
25	洞外出渣 12t 汽车运土方		1～1～11～18	2	m^3	241800
26	洞外出渣 12t 汽车运石方		1～1～11～46	2	m^3	241800

第七节　施工组织设计对预算的影响

施工组织设计和施工图预算是相互依存、相互影响的，确切地说，施工图预算的编制过程也是施工组织设计的过程。施工组织设计中的施工计划决定着施工图预算，反过来，施工图预算又制约着施工组织设计，两者是辩证统一的关系，是相辅相成的。

从预算的组成来分析，预算主要是由建筑安装工程费、设备、工具、器具及家具购置费、工程建设其他费用、预留费等项组成。与施工组织设计关系最大的是建筑安装工程费，而建筑安装工程费又是由直接工程费、其他工程费、直接费、间接费、利润和税金组成。就费用的计算过程来看，直接工程费的高低基本决定了建筑安装费的高低；

从设计过程分析，只要降低了建筑安装工程的直接工程费，就达到了降低整个工程费的目的。

施工组织设计对预算的影响是多方面的，但主要是对直接工程费的影响，现就影响较大的主要因素进行分析和举例，说明施工组织设计在预算编制过程中的作用和影响，以求达到举一反三的目的。

一、施工现场平面布置对预算的影响

施工现场平面布置是施工组织设计在空间上的综合描述，是施工组织设计的重要组成部分。它是在基础资料调查的基础上，结合建设工程的实际情况，按照一定的布置原则和方法，对建设工程在施工过程中的材料供应和运输路线、供电、供水、临时工程、工地仓库、生活设施、管理、机械设备、服务区、加油站、道班房、预制场、拌合场以及大型机械设备工作面的布置和安排。平面布置的确定，也就决定了预算中的直接费，如场内运输的价格、临时工程的费用以及租用土地费、平整场地费用等。在施工组织设计中应精心进行平面布置，从经济分析的角度反复比较技术上和经济上的合理性。平面布置一般应遵循以下原则：

（1）凡是永久性占用土地或需临时性租用土地的，应结合地形、地貌，在满足施工的前提下，选择交通便利、运输条件好、材料供应方便，尽可能利用荒山、荒地、少占农田和场地平整工程量小的地点布置。

（2）确定外购材料工地仓库和自采材料堆放点，预制场、拌合站的位置，应避免材料的二次倒运和减短材料的场内运距，以上平面位置的合理确定对材料的预算单价影响甚大，在设计中应该慎重考虑，多方比较。

（3）施工平面布置应与施工进度、施工方法等相适应，要重视保护生态环境。

（4）材料费在公路工程建设中占的比重很大，应给予足够的重视。据有关资料统计，其费用占建筑安装费的40%～50%，有的高达60%，因此，合理选择材料、确定经济运距和运输方案是控制预算造价的重要手段，也是设计中的重点。公路施工建设中，虽然材料的品种多，规格不一，但根据工程消耗量分析，主要外购材料如水泥、木材、钢材、沥青和自采材料，如块片石、碎（砾）石、沙等，材料费的高低决定于材料的原价、运距及可行的运输方法。材料费是考虑经济成本的主要因素，要经过细致的计算方能得出合理经济的费用。如某平原微丘区二级汽车公路施工图设计，通过外业勘察和调查，拟采用的路面结构的基层材料有：碎石、粉煤灰、矿渣、砂、土、水泥、石灰，经施工现场平面布置资料分析计算，得到了各种材料的预算价格。路面基层的材料费与材料的原价、运距及选择的运输方式、拟采用的结构形式有关。如果在施工组织设计中通过分析比较，并据以确定路面的结构形式，就控制了材料费的高低，对整个造价的高低也会产生影响，当然是必须满足在结构上的合理条件下选取最经济的材料品种。

二、施工工期对预算的影响

任何一个建筑产品都有一定的合理生产周期。根据建设工程的实际情况，合理确定施工工期，对工程质量和预算造价都产生极大的影响，公路工程也不例外。如路基土石方施工在填方路段的自然沉陷一般需要1～2年；混凝土施工达到标准强度的时间一般为28d左右等，所以在施工组织设计中应按合理的工期进行劳动力安排、材料的供应和机械设备的配置。

三、施工方法的选择对预算的影响

在公路工程设计和建设中，施工方法的选择至关重要，必须依据工程条件和经济合理的原则进行多方面的比较。随着施工工艺、施工技术的不断发展和更新，要求设计人员根据工程的条件，选择最经济又适用的施工方法。

1. 路基施工方法的选择

路基工程中，土石方施工的工程量是施工组织设计中控制预算造价的主要因素，施工方法的选择对土石方施工中的工日消耗、机械台班消耗有很大影响。目前公路路基工程施工中，为了保证施工质量，一般高等级公路都采用机械化施工；而低等级公路一般采用人工、机械组合进行施工。

2. 路面施工方法的选择

路面工程的施工方法选择，对于路面基层主要分路拌合厂拌；对于面层施工主要有热拌、冷拌、贯入、厂拌等方法，各种施工方法的工程成本消耗各不相同，当路面基层结构一定时，选择不同的施工方法的每 $1000m^2$ 造价不一样，因此，应结合公路等级对路面的质量要求、路面工程规模和工期要求进行综合分析确定。当高等级路面采用集中拌合自卸汽车运输摊铺机摊铺时，其机械设备的能力应配套，即拌合能力与摊铺能力互相适应，自卸汽车运输距离与车辆台数（车辆吨位）相互配套，以免停工待料或在汽车上积压过久，造成沥青混凝土温度下降或水泥混凝土初凝。

3. 构造物施工方法的选择

在公路建设工程中，通常将除路基土石方和路面工程以外的桥梁、涵洞、防护等各项工程，统称为构造物。由于其种类多，结构各异，又各有不同的技术经济特征和施工工艺要求，所以其施工方法也各不相同。如石砌圬工是以人工施工为主，混凝土工程不是采用木模就是钢模，没有更多的施工方法可供优选；有些构造物各有特殊的专业施工方法，如有采用预制安装，这在工程设计时就已确定，如 T 形梁的安装，一般都采用导梁作为安装工具，箱形拱桥则要采用缆索来进行吊装，悬臂拼装就要配悬臂吊机等，这是从长期建设实践经验中积累完善起来的施工方法和配置的定型配套的安装工具。还有的采用支架现浇，如山区拱桥施工，竹木料较多，采用木支架、拱盔现浇施工；大型的连续梁桥或连续刚构上部构造采用钢支架（三角挂篮）现浇施工等等。当在一个建设项目中桥涵工程比较多时，在进行桥型结构设计时，要尽可能采用标准设计，避免结构形式上的多样化，既有利于施工，还可减少辅助工程费用。在进行施工组织设计时，则应尽可能按流水作业的原则安排施工进度计划，如某建设项目中有三座同跨径的石拱桥，支砌拱圈的工作应在总的控制工期内实行流水作业，确定各个桥的拱圈施工起建时间。这样，就可提高拱盔支架的周转次数，达到降低工程造价的目的。另外在混凝土构件的预制与安装工作中，也存在类似的情况，所以，在编制施工组织设计时，要充分重视这些因素，这是有效控制工程造价的关键环节。

四、运输组织计划对预算的影响

运输组织计划是施工组织设计中的一项重要内容，它不仅直接影响施工进度，而且在很大程度上也影响了工程造价。为了确保施工进度计划的执行，力求最大限度降低工程造价，要求编制出合理的运输组织计划。运输组织计划一般应达到下列要求：

（1）运距最短，运输量最小；

(2) 减少运转次数，力求直达工地；

(3) 装卸迅速和运转方便；

(4) 尽量利用原有交通条件，减少临时运输设施的投资；

(5) 充分发挥运输工具的载运条件。

在实际运作时，为达到上述要求，一般需经过必要的分析计算。

第九章　清单计价下的招投标与工程结算

第一节　概　　述

工程量清单招标是建设工程招标投标活动中按照国家有关部门统一的工程量清单计价规定，由招标人提供工程量清单，投标人根据市场行情和本企业实际情况自主报价，经评审低价中标的工程造价计价模式。其特点是“量变价不变”。

按照《建设工程工程量清单计价规范》的统一规定，从2003年7月1日开始，全部使用国有资金投资或国有资金投资为主的大中型建设工程推行工程量清单招标。实行工程量清单招标后，各施工企业按照招标人提供的统一工程量清单，结合工程实际情况和自身实力，自主报价，不再执行原有的专用定额。工程量清单招标是建设工程招投标制度的一次变革，是适应对外开放和国内、国际工程建筑市场的需要，对于优化各种相关资源配置，提高经济效益，具有十分重要的意义。

工程量清单招标是在建设工程施工招投标时招标人依据工程施工图纸、招标文件要求，以统一的工程量计算规则和统一的施工项目划分规定，为投标人提供实物工程量项目和技术性措施项目的数量清单；投标人在国家定额指导下，结合工程情况、市场竞争情况和本企业实力，并充分考虑各种风险因素，自主填报清单开列项目中包括工程直接成本、间接成本、利润和税金在内的综合单价与合计汇总价，并以所报综合单价作为竣工结算调整价的招标投标方式。

《中华人民共和国招标投标法》的颁布实施和国家七部委第12号令《评标委员会和评标方法暂行规定》及一些相关条例的出台，从法律上对招投标提出了更高的要求，同时为依法招投标提供了法律保障和支持。工程量清单招标是招投标发展到一定水平，为推进和完善招投标制度、改进行政监督机制、引导招投标向市场经济过渡，进而实现与国际惯例接轨所采取的比较科学、合理的招投标方式。

与以往的招投标方法相比，在招标中采用工程量清单计价具有明显优势：

1. 适应市场经济发展的需要

实行工程量清单招标，实现了量价分离、风险分担，现行变以预算定额为基础的静态计价模式为将各种因素考虑在全费用单价内的动态计价模式，同时，能够反映出工程个别成本。所有投标人均在统一量的基础上结合工程具体情况和企业自身实力，并充分考虑各种市场风险因素，即同一起跑线上公平竞争，优胜劣汰，避免投标报价的盲目性，符合市场经济发展的规律。

2. 有利于规范招标行为

实行工程量清单招标，发包人不需要编制标底，淡化了标底的作用，避免了工程招标中的弄虚作假，暗箱操作等违规行为。有利于廉政建设和净化建筑市场环境，规范招标动作，减少腐败现象。

3. 节约工程投资

实行工程量清单招标，合理适度的增加投标的竞争性，特别是经评审低价中标的方式，有利于控制工程建设项目总投资，降低工程造价，为建设单位节约资金，以最少的投资达到最大的经济效益。

4. 有利于推动企业提高自身管理水平

工程量清单招标要求施工企业加强成本核算，苦练内功，提升市场竞争力，提高资源配置效率，降低施工成本。构建适合本企业投标系统，促使施工企业自主制定企业定额，不断提高管理水平。同时也便于工程造价管理部门分析和编制适应市场变化的造价信息，更加有力的推动政府工程造价信息制度的快速发展。

5. 降低社会成本，提高工作效率

实行工程量清单招标避免了招标方、审核部门、投标单位的重复做预算，节省了大量人力、财力，同时缩短了时间，提高了功效。克服由于误差带来的负面影响，准确、合理、公正，便于实际操作。采用工程量清单报价，工程清单为招标单位，投标者可集中力量进行单价分析与施工方案的编写，投标标底的编制费用也节省一半。避免了各投标单位因预算人员水平参差不齐，素质各异而造成同一份施工图纸，所报价的工程量相差甚远，不便于评标与定标，也不利于业主选择合适的承建商。而此计价法则提供招标者一个平等竞争的基础，符合商品交换要以价值为基础，进行等价交换的原则。

6. 实现与国际惯例接轨

我国加入世贸组织后，行业技术贸易壁垒下降，建设市场将进一步对外开放，我国的建设企业将更广泛地参与国际竞争。目前，工程量清单招标形式国际上采用最为普遍，其计价法是一种既符合建设市场竞争规则、市场经济发展需要，又符合国际通行计价原则，为适应建设市场对外开放发展的需要，采用工程量清单招标，有利于与国际惯例接轨，加强国际交流与合作，促使国内建筑企业参与国际竞争，不断提高我国工程建设管理水平。

第二节　施工招标

一、公路工程施工招标文件组成

招标文件时招标单位向投标单位介绍招标工程情况和招标的具体要求的综合性文件，一般包括以下内容：

（1）工程综合说明书，包括项目名称，工程质量检验标准、施工条件等；

（2）施工图纸和必要技术资料；

（3）工程款支付方式；

（4）实物工程量清单；

（5）材料供应方式及主要材料，设备订货情况；

（6）投标起止日期和开标时间、地点；

（7）对工程的特殊要求及对投标企业的相应要求；

（8）合同主要条款；

（9）其他规定和要求。

二、工程量清单施工招标的主要工作程序

（1）招标准备阶段，招标人首先编制或委托有资质的工程造价咨询单位（或招标代理

机构）编制招标文件，包括工程量清单。在编制工程量清单时，若该工程“全部使用国有资金投资或国有资金投资为主的大中型建设工程”，应严格执行交通部颁发的《公路工程工程量清单计量规则》。

（2）工程量清单编制完成后，作为招标文件的一部分，发给各投标单位。投标单位在接到招标文件后，可对工程量清单进行简单复核，如果没有大的错误，即可考虑各种因素进行工程报价；如果投标单位发现工程量清单中工程量与有关图纸的差异较大，可要求招标单位进行澄清，但投标单位不得擅自变动工程量。

（3）招标单位在规定时间带领投标单位踏勘现场并公开答疑。

（4）投标报价完成后，投标单位在约定的时间内提交投标文件。

（5）评标委员会根据招标文件确定的评标标准和方法进行评定标。

（6）在规定时间内与中标单位签订施工合同。

三、工程量清单的编制

（1）编制人：《招标投标法》规定：招标文件可由由编制能力的招标人自行编制，或委托招标代理机构办理招标事宜。工程量清单应由具有编制招标文件能力的招标人或受其委托具有相应资质的中介结构编制，其中，有资质的中介机构一般包括招标代理机构和工程造价咨询机构。

（2）编制依据：招标文件、施工设计图纸、标准图集、施工现场条件和国家制定的统一工程量计算规则、分部分项工程项目划分、计量单位等。应严格按照《公路工程工程量清单计量规则》进行编制。

（3）编制内容：应包括分部工程量清单、措施项目清单、其他项目清单，且必须严格按照《公路工程工程量清单计量规则》规定的计价规则和标准格式进行。

第三节　标底的编制

在公路工程招投标活动中，标底的编制是工程招标中重要的环节之一，是评标、定标的重要依据，且工作时间紧、保密性强，是一项比较繁重的工作。标底的编制一般由招标单位委托由建设行政主管部门批准具有与建设工程相应造价资质的中介机构代理编制，标底应客观、公正的反映建设工程的预期价格，也是招标单位掌握工程造价的重要依据，使标底在招标过程中显示出其重要的作用。因此，标底编制的合理性、准确性直接影响工程造价。

一、标底的经济特征和编制要求

标底并不是决定投标能否中标的标准价，而只是对投标进行评审和比较时的一个参考价，因此，科学合理地制定标底是做好评标工作的前提和基础。科学合理的标底应具备以下经济特征：

（1）标底的编制应遵循价值规律，即标底作为一种价格应反映建设项目的价值。

（2）标底的编制应服从供求规律，即在编制标底时应考虑建筑市场的供求状况对建筑产品价格的影响，力求使标底和建筑产品的市场价格相适应。

（3）标底在编制过程中应反映建筑市场当前平均先进的劳动生产力水平。

编制标底时，一般应注意：

（1）根据设计图纸及有关资料、招标文件，参照国家规定的技术、经济标准定额及规范，确定工程量和设定标底；

(2) 标底价格应由成本、利润和税金组成，一般应控制在批准的建设项目总概算及投资包干限额内；

(3) 标底价格作为招标人的期望值，应力求与市场实际变化吻合，有利于竞争和保证工程质量；

(4) 标底价格考虑人工、材料、机械台班等价格变动因素，还应包括施工不可预见费、包干费和措施费等。工程要求优良的，还应增加相应费用；

(5) 一个标段只能编制一个标底。

二、标底编制方法和步骤

1. 拟定工程量清单

工程量清单一般和招标文件同时发售，标底编制一般在发售之后由项目业主组织人员封闭进行。工程量清单、招标文件是标底编制的基础和依据，清单应采用国家发布的标准范本，按照设计图纸的工程量拟定，拟定过程中对图纸中不清楚或有疑问的部分应及时与设计单位沟通，澄清或修正图纸中的错误。清单数量和设计图纸的工程量在名称、单位、工作内容和数量计算方法上是有一定区别的。清单数量通常采用技术规范中的"净值"原则，同时有的图纸上的工作内容是作为项目的附属工作，不另计量。有时习惯按照编制公路工程施工预算的项目组成和计算方法来编制工程量清单，经常造成清单项目单位和数量不符合招标文件的规定，影响标底计算。由于公路工程招标目前大部分都是采用单价承包模式，所以要特别注意清单项目的编号、名称、单位等的规范和准确。工程量清单必须安排他人复核。

2. 确定合理的材料价格

材料的单价是标底的计价基础，是影响标底价格的主要方面，其合理性直接关系到标底的合理与否。一般情况下，根据外业调查的资料（包括材料、半成品的供应价格和运输方式及运距、质量情况等），按照编制办法规定计算材料的单价。

3. 确定合理的施工方案

图纸上对一个设计的施工会做必要的要求，但实际施工时，可以选择的施工方案一般会有多个，不同施工方案的造价必然不同，甚至会相差较多。因此，在编制标底时，应根据工程规模和技术复杂程度，熟悉设计图纸中关于施工方案的部分，了解设计意图；认真对工程施工现场条件和周围环境进行调查，收集工程所需当地建材的质量、料源、储量情况；场内外交通运输条件，周围道路和桥梁的通行能力；施工供水、供电条件；生产、生活用房和场地情况及租赁条件；地质、水文、气象资料；当地环境对施工的影响；招标文件对工期和质量的要求等，制定合理的施工方案；对于特别复杂的工程应征求专家委员会的意见。只有因地制宜、实事求是地确定施工方案，才能使标底价格与投标单位的价格具有可比性，从而选择出最有竞争力的报价。制定切实可行的施工方案是决定标底是否合理的重要方面。

4. 熟悉设计图纸、计算工程数量

在编制标底前，应全面熟悉设计图纸，按照清单和图纸拟定清单项目中包含的工作内容和数量。这里的数量应按图纸、施工方案和预算定额、编制办法等计算，和清单数量在项目和数值上往往是不同的，大部分清单项目都包含几个工作内容，因此不能漏项或重复计算。计算工程数量需要充分理解和熟悉技术规范、预算定额、编制办法等。

5. 确定定额和取费标准，初步计算

做好了以上的工作，选择合适的定额和取费标准，计算造价和以往的编制预算没有太大的区别。但这是一项要求编制人员认真和细致的工作，需要注意的是项目的数量和单位不要搞错。要想用定额准确计算工程造价，首先应该学好定额、读懂定额。在了解定额总说明、章节说明的同时，更要了解定额的工程量计算规则、定额的单位、定额所包含的工作内容和适用范围、定额表格下面的附注及是否允许调整的说明。避免因工程量计算不准确、单位不一致、重算、漏算及随意调整定额给标底价格带来的影响，提高标底的合理性。取费标准一般执行国家和省、市的有关规定，有的项目已经包含了部分费率的，比如安全生产费，要做好区分和调整，避免漏计或重复计算。

6. 审查、复核和调整，确定标底

逐一审查单项价格、全面分析整体造价水平是保证编制质量、避免低级错误的重要内容。审查包括项目本身各部位相互之间造价关系是否合理以及与其他相关或相似结构工程造价相比是否合理。数量较大的项目是审查的重点。若发现不合理之处，要及时查找原因。属于工程量的问题，应重新审阅图纸；属于工程量以外的内容，要核对材料价格、定额选取等方面是否有误。审查无误，应安排另外的人再认真复核清单。

审查、复核完成，通常会根据项目工程的规模、技术复杂程度、工期和质量要求，分项工程的市场价格水平，相关合同条款等对标底进行小幅调整，以期编制的标底与工程具体情况和市场更吻合。

第四节 工程量清单与施工合同

一、工程量清单与施工合同主要条款的关系

工程量清单与施工合同关系紧密，合同文本内很多条款涉及工程量清单：

1. 工程量清单时合同文件的组成部分

施工合同不仅仅指发包人和承包人签订的协议书，它还包括与建设项目施工有关的资料和施工过程中的补充、变更文件。《公路工程工程量清单计量规则》颁布实施后，工程造价采用工程量清单计价模式的，其施工合同也就是通常所说的“工程量清单合同”或“单价合同”。

组成《示范文本》的合同文件及优先解释顺序为：

（1）合同协议书；

（2）中标通知书；

（3）投标书及其附件；

（4）合同专用条款；

（5）合同通用条款；

（6）标准、规范及有关的技术文件；

（7）图纸；

（8）工程量清单；

（9）工程报价单或预算书。

对于招标工程而言，工程量清单是合同的组成部分。非招标的建设项目，其计价获得

也必须遵守《公路工程工程量清单计量规则》，作为工程造价的计算方式和施工履行的标准之一，其合同内容也必须涵盖工程量清单。因此，无论招标还是非招标的建设工程，工程量清单都是施工合同的组成部分。

2. 工程量清单是计算合同价款和确认工程量的依据

工程量清单中所载工程量是计算投标价格、合同价款的基础，承发包双方必须依据工程量清单所约定的规则，最终计量和确认工程量。

3. 工程量清单是计算工程变更价款和追加合同价款的依据

工程施工过程中，因设计变更或追加工程影响工程造价时，合同双方应依据工程量清单和合同其他约定调整合同价格。一般按以下原则进行：①清单或合同中已有适用于变更工程的价格，按已有价格变更合同价款；②清单或合同中至于类似于变更工程的价格，可以参照类似价格变更合同价款；③清单或合同中内有适用或类似于变更工程的价格，由承包人提出适当的变更价格，经工程师确认后执行。

4. 工程量清单是支付工程进度款和竣工结算的计算基础

工程施工过程中，发包人应按照合同约定和施工进度支付工程款，依据已完项目工程量和相应单价计算工程进度款。工程竣工验收通过，承包人应按照合同约定办理竣工结算，依据工程量清单约定的计算规则、竣工图纸对实际工程进行计量，调整工程量清单中的工程量，并依此计算工程结算价款。

5. 工程量清单是索赔依据之一

合同履行过程中，对于并非己方过错，而应由对方承担责任的情况造成的实际损失，合同一方可向对方提出经济补偿和（或）工期顺延的要求，即“索赔”。当一方向另一方提出索赔要求时，要求正当索赔理由，且有索赔事件发生时的有效证据，工程量清单作为合同文件的组成部分也是理由和证据。

二、清单合同的特点

工程量清单合同的生命力主要在于清单合同的特点和优势。

（1）单价具有综合型和固定性。工程量清单报价均采用综合单价形式，综合单价中包含了清单项目所需的材料、人工、施工机械、管理费、利润以及风险因素，具有一定综合性。清单合同的单价简单明了，能直观反映各清单项目所需的小号和资源。而且，清单合同报价一经合同确认，竣工结算不能改变，单价具有固定性。

（2）便于施工合同价的计算。施工过程中，发包人代表或工程师可依据承包人提交的经核实的进度报表，拨付工程进度款；依据合同中的计日工单价、依据或参考合同中已有的单价或总价，有利于工程变更价的确定和费用索赔的处理。工程结算时，承包人可依据竣工图纸、设计变更和工程签证等资料计算实际完成的工程量，对与原清单不符的部分提出调整，并最终依据实际完成工程量确定工程造价。

（3）清单合同更加适合招标投标。清单报价能真实反映造价，在清单招标投标中，投标单位可根据自身的设备情况、技术水平、管理水平，对不同项目进行价格计算，充分反映投标人的实力水平和价格水平。

第五节　清单计价下工程款的结算

工程结算是指承包商与业主之间根据双方协议进行的财务结算。

一、工程结算的分类

根据工程建设的不同时期以及结算对象的不同，工程结算分为预付款结算、中间结算和竣工结算。

(1) 工程预付款，是指由施工单位自行采购建筑材料，根据工程承包合同（协议），建设单位在工程开工前按年度工程量的一定比例预付给施工单位的备料款，工程预付款的结算是指在工程后期随工程所需材料储备逐渐减少，预付款以抵冲工程价款的方式陆续扣回。

(2) 中间结算是指在工程建设过程中，施工单位根据实际完成的工程数量计算工程价款与建设单位办理价款结算。中间结算分为按月结算和分段结算两种。

(3) 竣工结算指施工单位按合同（协议）规定的内容全部完工、交工后，施工单位与建设单位按照合同（协议）约定的合同价款及合同价款调整内容进行的最终工程款结算。

二、工程结算的方式

根据工程性质、规模、资金来源、工期长短以及承包方式的差异，工程结算的方式主要有以下几种：

(1) 按月结算

实行旬末或月中预支，月终结算，竣工后清算的方法。跨年度竣工的工程，在年终进行工程盘点，办理年度结算。

(2) 竣工后一次结算

建设项目或单项工程全部建筑安装工程建设期在12个月以内，或者工程承包合同价值在100万元以下的，可以实行工程价款每月月中预支，竣工后一次结算。

(3) 分段结算

即当年开工，当年不能竣工的单项工程或单位工程按照工程形象，划分不同阶段进行结算。分段结算可以按月预支工程款。分段的划分标准，由各部门、自治区、直辖市、计划单列市规定。

(4) 目标结款方式

即在工程合同中，将承包工程的内容分解成不同的控制界面，以业主验收控制界面作为支付工程价款的前提条件。也就是说，将合同中的工程内容分解成不同的验收单元，当承包商完成单元工程内容并经业主（或其委托人）验收后，业主支付构成单元工程内容的工程价款。

目标结款方式下，承包商要想获得工程价款，必须按照合同约定的质量标准完成界面内的工程内容；要想尽早获得工程价款，承包商必须充分发挥自己的组织实施能力，在保证质量前提下，加快施工进度。可见，目标结款方式实质上是运用合同手段、财务手段对工程的完成进行主动控制。

目标结款方式中，对控制界面的设定应明确描述，便于量化和质量控制，同时要适应项目资金的供应周期和支付频率。

(5) 结算双方约定的其他结算方式

三、工程进度款支付

工程进度款要在对已完成工程量确认、计量后按规定的程序进行：

(1) 工程量的确认。对施工单位已完成工程量的确认，是建设单位支付工程款的前提，其具体的确认程序为：

① 承包人向工程师提交已完工程量的报告。承包人应按专用条款约定的时间，向工程师提交已完工程量的报告。

② 工程师的计量。工程师接到报告 7 天内按设计图纸核实已完工程量（简称计量），并在计量前 24 小时通知承包人，承包人为计量提供便利条件并派人参加。承包人收到通知后不参加计量，计量结果应为有效，可作为工程价款支付的依据。

(2) 工程款的支付。在确认计量结果后 14 天内，发包人应向承包人支付工程款（进度款）。按约定时间发包人应扣回的预付款与工程款（进度款）同期结算。可调价格合同中调整的合同价款、工程变更调整的合同价款及其他条款中约定的追加合同条款，应与工程款（进度款）同期结算。

四、工程索赔

工程索赔是指在合同履行过程中，对于并非己方过错，而应由对方承担责任的事件造成的实际损失，向对方提出经济补偿或工期顺延的要求。

1. 工程索赔原则

索赔的根本目的在于保护自身利益，追回损失，要取得索赔成功，索赔要求必须符合三个基本条件：

(1) 客观性。确实存在不符合合同或违反合同的干扰事件，它对承包商的工期和成本造成影响。

(2) 合法性。干扰事件费承包商自身责任引起，按照合同条款对方应给予补（赔）偿。索赔要求必须符合本工程承包合同的规定。不同的合同条件，索赔要求就有不同的合法性，就会有不同的处理结果。

(3) 合理性。索赔要求合情合理，符合实际情况，真实反映由于干扰事件引起的实际损失，采用合理的计算方法和计算基础。

2. 索赔依据

索赔证据是支持索赔的证明文件和资料。它是附在索赔报告正文后的附录部分，是索赔文件的重要组成部分。证据不全、不足或是没有证据，索赔时不可能成功的。可以直接或间接作为索赔证据的资料主要有：

施工记录方面	财务记录方面
(1)施工日志	(1)施工进度款支付申请单
(2)施工检查员报告	(2)工人劳动计时卡
(3)逐月分项施工纪要	(3)工人分布记录
(4)施工工长日报	(4)材料、设备、配件等采购单
(5)每日工时记录	(5)工人工资单
(6)同发包人代表的往来信函及文件	(6)付款收据
(7)施工进度及特殊问题的照片或视频文件	(7)收款单据
(8)会议记录或纪要	(8)标书中财务部分章节
(9)施工图纸	(9)工地的施工预算
(10)发包人或其代表的电话记录	(10)工地开支报表
(11)投标时的施工进度表	(11)会计日报表
(12)修正后的施工进度表	(12)会计总账
(13)施工质量检查记录	(13)批准的财务报告
(14)施工设备使用记录	(14)汇集往来信函及文件
(15)施工材料使用记录	(15)通用货币汇率变化表
(16)气象报告	(16)官方的物价指数、工资指数
(17)验收报告和技术鉴定报告	

五、工程款结算

1. 工程预付款结算

(1) 包工包料工程的预付款按合同约定拨付，原则上预付比例不低于合同金额的10%，不高于合同金额的30%，对重大工程项目，按年度工程计划逐年预付。进行工程量清单计价的工程，实体性消耗和非实体性消耗部分应在合同中分别约定预付款比例。

(2) 在具备施工条件的前提下，发包人应在双方签订合同后的一个月内或不迟于约定的开工日期前的7天内预付工程款，发包人不按约定预付，承包人应在预付时间到期后10天内向发包人发出要求预付的通知，发包人收到通知后仍不按要求预付，承包人可在发出通知14天后停止施工，发包人应从约定应付之日起向承包人支付应付款的利息（利率按同期银行贷款利率计），并承担违约责任。

(3) 预付的工程款必须在合同中约定抵扣方式，并在工程进度款中进行抵扣。

(4) 凡是没有签订合同或不具备施工条件的工程，发包人不得预付工程款，不得以预付款为名转移资金。

2. 工程进度款结算与支付

(1) 工程量计算

① 承包人应按照合同约定的方法和时间，向发包人提交已完工程量的报告。发包人接到报告后14天内核实已完工程量，并在核实前1天通知承包人，承包人应提供条件并派人参加核实，承包人收到通知后不参加核实，以发包人核实的工程量作为工程款支付依据。发包人不按约定时间通知承包人，致使承包人未能参加核实，核实结果无效。

② 发包人收到承包人报告后14天内未核实完工程量，从第15天起，承包人报告的工程量即视为被确认，作为工程款支付依据，双方合同另有约定的，按合同执行。

③ 对承包人超出设计图纸（含设计变更）范围和因承包人原因造成返工的工程量，发包人不予计量。

(2) 工程进度款支付

① 根据确定的工程计量结果，承包人向发包人提出支付工程进度款申请，14天内，发包人应按不低于工程款60%，不高于工程款90%向承包人支付工程进度款。按约定时间发包人应扣回的预付款，与工程进度款同期结算抵扣。

② 发包人超过约定的支付时间不支付工程进度款，承包人应及时向发包人发出要求付款的通知，发包人收到承包人通知后仍不能按要求付款，可与承包人协商签订延期付款协议，经承包人同意后可延期支付，协议应明确延期支付的时间和从工程计量结果确认后第15天起计算应付款的利息（利率按同期银行贷款利率计）。

③ 发包人不按合同约定支付工程进度款，双方又未达成延期付款协议，导致施工无法进行，承包人可停止施工，由发包人承担违约责任。

3. 竣工结算

竣工结算工程款的计算方法为：

竣工结算工程款＝合同款＋合同款调整数额－预付及已结算的工程款－保修金。

(1) 工程竣工结算分为单位工程竣工结算、单项工程竣工结算和建设项目竣工总结算。

(2) 单位工程竣工结算由承包人编制，发包人审查；实行总承包的工程，由具体承包人编制，在总包人审查的基础上，发包人审查。

(3) 单项工程竣工结算或建设项目竣工总结算由总（承）包人编制，发包人可直接进行审查，也可以委托具有相应资质的工程造价咨询机构进行审查。政府投资项目，由同级财政部门审查。单项工程竣工结算或建设项目竣工总结算经发、承包人签字盖章后有效。

承包人应在合同约定期限内完成项目竣工结算编制工作，未在规定期限内完成的并且不能提出正当理由延期的，责任自负。

(4) 单项工程竣工后，承包人应在提交竣工验收报告的同时，向发包人递交竣工结算报告及完整的结算资料，发包人应按一下规定时限进行核对（审查）并提出审查意见。

建设项目竣工总结算在最后一个单项工程竣工结算审查确认 15 天内汇总，送发包人后 30 天内审查完成。

(5) 工程竣工价款结算。发包人收到承包人递交的竣工结算报告及完整的结算资料后，应按规定的期限（合同约定有期限的，从其约定）进行核实，给予确认或提出修改意见。发包人根据确认的竣工结算报告向承包人支付工程竣工结算价款，保留 5%左右的质量保证（保修）金，待工程交付使用一年质保期到期后清算（合同另有约定的，从其约定)，质保期内如有返修，发生费用应在质量保证（保修）金内扣除。

(6) 索赔价款结算。发、承包人未能按合同约定履行自己的各项义务或发生错误，给另一方造成经济损失的，由受损方按合同约定提出索赔，索赔金额按合同约定支付。

(7) 合同以外零星项目工程价款结算。发包人要求承包人完成合同以外零星项目，承包人应在接受发包人要求的 7 天内就用工数量和单价、机械台班数量和单价、使用材料和金额等向发包人提出施工签证，发包人签证后施工，如发包人未签证，承包人施工后发生争议的，责任由承包人自负。

4. 工程款结算争议处理

(1) 工程造价咨询机构接受发包人或承包人委托，编审工程竣工结算，应按合同约定和实际履约事项认真办理，出具的竣工结算报告经发、承包双方签字后生效。当事人一方对报告有异议的，可对工程结算中有异议部分，向有关部门申请咨询后协商处理，若不能达成一致的，双方可按合同约定的争议或纠纷解决程序办理。

(2) 发包人对工程质量有异议，已竣工验收或已竣工未验收但实际投入使用的工程，其质量争议按该工程保修合同执行；已竣工未验收且未实际投入使用的工程以及停工、停建工程的质量争议，应当就有争议部分的竣工结算暂缓办理，双方可就有争议的工程委托有资质的检测鉴定机构进行检测，根据检测结果确定解决方案，或按工程质量监督机构的处理决定执行，其余部分的竣工结算依照约定办理。

(3) 当事人对工程造价发生合同纠纷时，可通过下列办法解决：

① 双方协商确定；

② 按合同条款约定的办法提请调解；

③ 向有关仲裁机构申请仲裁或向人民法院起诉。

5. 工程款结算管理

(1) 工程竣工后，发、承包双方应及时办清工程竣工结算，否则，工程不得交付使用，有关部门不予办理权属登记。

(2) 发包人与中标的承包人不按照招标文件和中标的承包人的投标文件订立合同的，

或发包人、中标的承包人背离合同实质性内容另行订立协议，造成工程款结算纠纷的，另行订立的协议无效，由建设行政主管部门责令改正，并按《中华人民共和国招标投标法》第五十九条进行处罚。

(3) 接受委托承接有关工程结算咨询业务的工程造价咨询机构应具有工程造价咨询单位资质，其出具的办理拨付工程价款和工程结算的文件，应当由造价工程师签字，并应加盖执业专用章和单位公章。

6. 工程价款竣工结算方法

竣工结算工程款计算公式中，结算过程存在两个关键问题：一是合同款的确定，二是合同款的调整数额问题。

7. 合同价款的确定

合同价款的确定应注意以下三方面的问题：

(1) 在签订施工合同时，凡属于不确定在施工中是否发生、发生多少的费用项目，不宜包括在合同价款中；如根据有关规定，已将上述因素的费用包括在合同价款中时，则应在合同条款中明确结算办法；

(2) 在签订合同价款时，凡属于已确定的非施工方发生的费用（如甲供材料的购置费）不宜包括在合同价款内；

(3) 合同价款的确定是一项复杂而细致的工作，合同双方应本着在维护双方利益的前提条件下，公平合理的确定工程价款。

8. 合同款的调整数额

清单计价下工程造价的组成内容有：分部分项工程费、措施项目费、其他项目费、规费和税金，相应的工程价款若进行调整，则应从五个方面进行：

(1) 分部分项工程费的调整

分部分项工程费调整数额的确定一方面是工程量变更的调整办法，另一方面是合同中的综合单价因工程量变更需调整。

1) 工程量变更的调整方法

由于工程量清单误差和设计变更引起的“量差”在《实施细则》第二十九条第一款中规定：“招标人提供的工程量清单有误或漏项，以及设计变更引起的新的工程量清单项目或清单项目工程数量的增减，经发包人签字认可后，结算时，均应按实调整。”施工中应注意收集并保留工程变更的证明材料。

2) 工程量变更综合单价的确定

根据《建设工程工程量清单计价规范》4.0.9 条规定：第一，工程量清单漏项或设计变更引起的新的工程量清单项目，其相应综合单价由承包人提出，发包人确认后作为结算的依据；第二，工程量清单的数量有误或设计变更引起的工程量增减，属合同约定幅度以内，执行原有综合单价；属合同约定幅度以外的，其增加部分的工程量或减少后剩余部分的工程量的综合单价由承包人提出，发包人确认后作为结算的依据。

不管哪一种情况下，承包人提出的新的综合单价也就是工程变更价款又根据《建设工程施工合同（示范文本）》约定有以下三种方式：

① 合同中已有适用于变更工程的价格，按合同已有的价格变更合同价款；

② 合同中只有类似于变更工程的价格，可以参照类似价格变更合同价款；

③ 合同中没有适用或类似于变更工程的价格，由承包人或发包人提出适当的变更价格，经对方确认后执行。

（2）施工技术措施费的调整

1）施工技术措施费调整范围

实行清单计价的一个最重要的特点就是实体性费用与措施费的分离，措施费更要能体现企业实际水平。因此措施费的范围完全由投标人决定，而措施费的报价具有包干性。但《建设工程工程量清单计价规范》GB 50500—2008 中，第 4.0.10 条规定："由于工程量的变更，且实际发生了除本规范 4.0.9 条规定以外的费用损失，承包人提出索赔要求，与发包人协商确认后，给予补偿"。这一条款表明，由于工程量的变更或其他适当的原因造成承包人措施费的损失可以给予补偿，实质上这给措施费的价格带来较大的弹性，甚至可能使原来措施费报价在一定程度上失去意义。因此，在招标文件和合同条件中应明确工程量变更引起措施费调整的范围，约定范围外措施费在结算时不得调整，属承包商报价风险。

2）施工技术施工措施的约束力

工程建设实施前，承包商一般要向业主提交项目实施方案，经业主批准后方可开工建设。在工程实施过程中承包商可能会改变施工措施，由此会带来费用的变化，此时需要进行合同责任分析来决定措施费的调整与否。按照国际工程惯例，施工方案不是合同文件但具有约束力。经批准的施工措施的约束力对业主来说主要是业主相关配合责任，而对承包商来说就是安全、稳定、高效地完成工程目标的责任。承包商有权选择更加科学合理的施工方案，除非业主有足够证据证明施工方案的改变会影响到工程目标的实现，否则业主拒绝新方案会被视为一个工程变更。显然，承包商使用经批准的新方案所带来的费用节省应为其实力强和水平高的回报，业主没有理由扣除。

（3）施工组织措施费的调整

分部分项工程量（工程实体部分）的数量变化，引起施工组织措施费因计算基数的变化而改变。因为工程实体的数量与措施费用直接相关。因此在工程签订合同时其一可以约定施工组织措施费作相应调整；其二分部分项工程量的数量变化组织措施费不得调整，这样结算起来比较方便。

（4）规费和税金的调整

分部分项工程量（工程实体部分）的数量变化，导致分部分项工程费和措施费的变化，从而引起规费和税金计算基数的变化引而改变。因为工程实体和措施费用的价值与规费和税金的确定有关，前者为后者的计算基础。因此在工程签订合同时约定规费和税金应作相应调整。

参考文献

[1] 高继伟主编. 图解公路工程工程量计算手册. 北京：机械工业出版社，2009

[2] 交通公路工程定额站. 公路基本建设工程概算、预算编制办法. 北京：人民交通出版社，2007

[3] 交通公路工程定额站. 公路工程预算定额. 北京：人民交通出版社，2007

[4] 住房和城乡建设部标准定额研究所. 建设工程工程量清单计价规范. 北京：中国计划出版社，2008

[5] 谢步瀛、袁果主编. 道路工程制图（第四版）. 北京：人民交通出版社，2006

[6] 曹雪梅、王海春主编. 道路工程制图与识图【M】. 重庆：重庆大学出版社，2007